Guy Claxton

Der Takt des Denkens

Guy Claxton

Der Takt des Denkens

Über die Vorteile der Langsamkeit

Aus dem Englischen von
Regina Schneider

Ullstein

Claxton, Guy:
Der Takt des Denkens : über die Vorteile der Langsamkeit / Guy
Claxton. Aus dem Engl. von Regina Schneider. – Dt. Ausg. – Berlin :
Ullstein, 1998
Einheitssacht.: Hare brain tortoise mind <dt.>
ISBN 3-550-06971-5

Titel der englischen Originalausgabe
Hare Brain Tortoise Mind
First published in Great Britain in 1997
by Fourth Estate Limited, London
Copyright © 1997 by Guy Claxton
Aus dem Englischen von Regina Schneider
Deutsche Ausgabe © 1998 by Ullstein Buchverlage GmbH & Co. KG,
Berlin
Alle Rechte vorbehalten
Abbildung 8 © by *Scientific American*
Satz: Mitterweger Werksatz, Plankstadt
Druck und Verarbeitung: Grafischer Großbetrieb Pößneck GmbH
Printed in Germany
ISBN 3 550 06971 5

Gedruckt auf alterungsbeständigem Papier
mit chlorfrei gebleichtem Zellstoff

Für Jo

Alles ist Austragen und dann gebären. Jeden Eindruck und jeden Keim eines Gefühls ganz in sich, im Dunkel, im Unsagbaren, Unbewußten, dem eigenen Verstande Unerreichbaren sich vollenden lassen und mit tiefer Demut und Geduld die Stunde der Niederkunft einer neuen Klarheit abwarten: das allein heißt künstlerisch leben: im Verstehen wie im Schaffen.

Da gibt es kein Messen mit der Zeit, da gilt kein Jahr, und zehn Jahre sind nichts, Künstler sein heißt: nicht rechnen und zählen; reifen wie der Baum, der seine Säfte nicht drängt und getrost in den Stürmen des Frühlings steht ohne die Angst, daß dahinter kein Sommer kommen könnte. Er kommt doch. Aber er kommt nur zu den Geduldigen, die da sind, als ob die Ewigkeit vor ihnen läge, so sorglos still und weit.

Rainer Maria Rilke

Inhalt

Dank

Ich möchte einer Reihe von Leuten danken, die mich während der langen Zeit, in der sich dieses Buch entwickelte, ermutigt, unterstützt und begleitet haben: Stephen Batchelor (für Entenbraten zum Abendessen), Mark Brown (für seinen Enthusiasmus), Merophie Carr, Polly Carr, Isabelle Gall, Rod Jenkinson (der das Buch »The Sin of Certainty« nennen wollte), Kikan Massara, Helen und Colin Moore (für ihr Zimmer) und meiner Mutter, Ruby Claxton (für ihre Liebe und dafür, daß sie nie störte). Für fachlichen Rat und die vielen Stunden an Zeit und Wissen, die sie mit mir teilten, danke ich Peter Abbs, Maurice Ash, Brian Bates, Susan Blackmore, Alan Bleakley, Laurinda Brown, Fritjof Capra, Martin Conway, Peter Fenwick, Brian Godwin, Susan Greenfield, Valerie Hall, Jane Henry, Tony Marcel, Richard Morris, Brian Nicholson, Dick Passingham, Mark Price, Robin Skynner, John Teasdale, Francisco Valera, Max Velmans und Larry Weiskrantz. Besonders danke ich Margaret Carr für anregende Gespräche und ihr und ihrem Gatten Malcolm für ihre Freundschaft und dafür, daß sie mir, wieder einmal, ihr stimmungsvolles Strandhaus in Raglan, Neuseeland, zur Verfügung stellten. Michelle Macdonald, Steven Smith und Christopher Titmuss halfen mir dabei, die Kunst des langsamen Denkens zu lernen. Christopher Potter und Emma Rhind-Tutt von Fourt Estate regten mich immer wieder zu Verbesserungen an diesem Buch an. Emmas Liebe zur Sprache und

11

ihre Unnachgiebigkeit, Ungenauigkeiten in der Sache oder im Text durchgehen zu lassen, waren der Form und dem Inhalt dieses Buches sehr zuträglich. Sollten doch noch ein paar Ungenauigkeiten oder unglückliche Formulierungen zu finden sein, so geht das auf meine Kappe.

KAPITEL 1

Die Geschwindigkeit
des Denkens

Die Schildkröte vergräbt ihre Gedanken wie ihre
Eier im Sand und läßt die Sonne die Jungen ausbrüten. Sieh dir die alte Fabel von der Schildkröte und
dem Hasen an und entscheide selbst, ob du es mit
der Schildkröte halten willst oder nicht.
Medizinkarten der amerikanischen Ureinwohner

Ein altes polnisches Sprichwort sagt: »Schlaft schneller,
wir brauchen die Kissen.« Es erinnert uns daran, daß es
Tätigkeiten gibt, die sich nicht antreiben lassen. Sie brauchen die Zeit, die sie brauchen. Wenn man spät dran ist,
kann man sich beeilen. Wenn Bratkartoffeln nur langsam
bräunen, kann man den Herd stärker stellen. Doch wenn
man versucht, Meringen schneller zu backen, verbrennen
sie. Wenn man Mayonnaise macht, ungeduldig ist und das
Öl zu schnell hinzugibt, fällt sie zusammen. Zerrt man
verzweifelt an einer verhedderten Angelschnur, wird der
Knoten nur noch fester.

Auch unser Denken arbeitet mit unterschiedlichen
Geschwindigkeiten. Manche Denkprozesse werden blitzschnell vollzogen, für andere brauchen wir Sekunden,
Minuten, Stunden oder auch Jahre, um sie zu vollenden.
Manche können wir beschleunigen – beim Kreuzworträtsel oder beim Kopfrechnen etwa können wir schneller
werden. Andere wiederum können nicht angetrieben werden; tut man es dennoch, fallen sie zusammen wie die
Mayonnaise, oder sie verheddern sich wie die Angelschnur. »Denkt schnell, wir brauchen Ergebnisse« mag
mitunter eine genauso unsinnige – oder zumindest eine
ebenso kontraproduktive – Vorstellung sein wie der Ver-

such, den nächtlichen Schlaf in nur halb soviel Zeit zu schlafen. Wir lernen, denken und begreifen auf vielfältige Arten und Weisen. Diese Denkweisen laufen mit unterschiedlicher Geschwindigkeit ab und sind für verschiedene mentale Aufgaben nütze. »Wer zaudert, ist verloren«, sagt ein Sprichwort; ein anderes meint: »Erst besinn's, dann beginn's«. Und beide sind zutreffend.

Unser Gedächtnis verfügt, grob gesagt, bei der Informationsverarbeitung über drei unterschiedliche Geschwindigkeitsstufen. Stufe eins kommt vor dem bewußten Denkprozeß. Manche Situationen erfordern eine unbewußte, unmittelbare Reaktion. Als mein Motorrad vor ein paar Jahren in London auf einem nassen Straßenschachtdeckel aus der Kurve rutschte, choreographierten mein Gehirn und mein Körper sofort einen komplizierten und wirkungsvollen Bewegungsablauf, der es mir möglich machte, auf dem Motorrad sitzenzubleiben – und erst als alles vorüber war, stellten sich meine bewußte Wahrnehmung und meine Gefühle ein. Auch ein Konzertpianist oder ein olympischer Fechtmeister haben nicht lange Zeit zu überlegen, was sie als nächstes tun. Es gibt eine Art von »Intelligenz«, die schneller abläuft als das bewußte Denken. Diese Art von schneller, physischer Intelligenz könnte man auch als unseren »sinnlichen Verstand« bezeichnen – die fünf Sinne nannte man ursprünglich »die fünf Fähigkeiten des Verstands«.

Die nächste Stufe ist das bewußte Denken selbst – die Art von Intelligenz, zu der das Berechnen und Erklären von Dingen gehört, das Abwägen von Für und Wider, das Argumentieren und das Lösen von Problemen: ein Mechaniker, der sich überlegt, warum eine Maschine nicht anspringt, eine Familie, die sich beim Durchsehen von Reiseprospekten darüber streitet, wohin es in den nächsten Sommerferien gehen soll, ein Wissenschaftler, der versucht, ein faszinierendes Versuchsergebnis zu erklären, ein Student, der sich mit einer Prüfungsfrage abmüht. Alle bedienen sich dabei einer Art von Kenntnis, die auf Vernunft und Logik aufbaut, auf überlegtes, bewußtes Denken. Wir nennen diese Form der Intelligenz auch »Intellekt« – doch um diesen Begriff etwas klarer zu umreißen, spreche ich hier von der »D-Denkweise«, wobei »D« für »Deliberation« – Überlegung, Berechnung, klares Kalkül – steht. Eine Person, der es leichtfällt, derartige Fragestellungen zu lösen, bezeichnen wir als »gescheit« oder »klug«.

Doch unterhalb dieser Denkweise liegt ein geistiges Register, das einem langsameren Takt folgt. Die Gedanken sind dabei weniger zielgerichtet und eindeutig, eher verspielt, versonnen oder verträumt. Dabei sinnen oder denken wir lange über Dinge nach, sind gedankenvoll oder in Gedanken versunken. Wir hängen eher unseren Gedanken nach, als daß wir ein Problem wirklich ernsthaft angehen wollen, oder wir sehen einfach nur müßig dem Lauf der Dinge zu. Was sich dabei in Gedanken abspielt, kann völlig bruchstückhaft sein, was wir denken, muß nicht unbedingt einen Sinn ergeben, und vieles ist uns vielleicht überhaupt nicht richtig bewußt. So wie ein englischer Tölpel vom Lande einmal gesagt haben soll: »Manchmal ich sitzen da und denken, aber meistens ich sitzen einfach da.« Hoch oben auf einem Felsen am Meer, versunken in den Klang und Wellenschlag der Brandung, oder wenn wir einfach schweben zwischen Schlaf und Wachsein, befinden wir uns in einem anderen Geisteszustand, als wenn wir ein Menü vorbereiten oder einen Brief diktieren. Diese seelenruhigen Denk- und Erfahrungsweisen, anscheinend planloses Sinnieren, sind ebenso »intelligent« wie die anderen, schneller ablaufenden Denkweisen. Unseren Gedanken freien Lauf zu gönnen ist kein Luxus, den man ohne weiteres wieder abschaffen kann, wenn einen Leben und Arbeit stärker in Anspruch nehmen. Im Gegenteil, langsames Denken ist lebenswichtiger Bestandteil unseres kognitiven Denkwerkzeugs. Den bedächtigen Geist einer Schildkröte brauchen wir ebensosehr wie den flinken Verstand eines Hasen. Manche Alltagsprobleme geht man besser langsam an. Mitunter läßt sich *nur* mit einer entspannten, nicht hinterfragenden Einstellung Licht ins Dunkel bringen. Manchmal geht einem das Verständnis einfach nicht auf, versucht man auch noch so sehr es wachzurufen. Im »Tao-Te-King« heißt es:

Also der Erwachte:
Ihn lenkt Durchdrängtes / nicht Verdorrtes
Lenkt Innen / nicht Außen
Bewirkt Außen Blindnis /
Wirkt Innen Sicht.

Wissenschaftliche Belege aus jüngster Zeit zeigen in überzeugender Weise, daß gemächliche, weniger bewußt ablaufende Denkweisen sich besonders gut dazu eignen, sich in verzwickten, rätselhaften oder zweifelhaften Situationen Klarheit zu verschaffen. Überlegtes, bewußtes Denken (D-Denkweise) funktioniert ganz gut, wenn es sich um leicht nachvollziehbare Probleme handelt. Bei der Frage, wohin es in den Ferien gehen soll, liegen die strittigen Punkte auf der Hand: Was können wir uns leisten, wann können wir weg, was wollen wir gerne unternehmen und so weiter. Doch wenn wir nicht so genau wissen, welche Fragen zu klären sind oder was genau in Betracht zu ziehen ist – oder wenn die Sache zu subtil ist, um mit den gewohnten Denkmustern unserer bewußten Denkweise erfaßt zu werden –, brauchen wir die Schildkröten-Denkweise. Liegt das Problem nicht darin, ob es in die Türkei oder nach Griechenland gehen soll, sondern darin, wie man am besten mit einer Gruppe schwieriger Kollegen

16

umgeht oder ob man die Arbeit als Betriebsleiter lieber aufgeben und auf Lehrer umschulen soll, sollte man besser innehalten und nachdenken, als auf Teufel komm raus auf Erklärungen und Lösungen zu drängen. Diese dritte Art von Intelligenz hat mit schöpferischer Kraft zu tun oder gar mit »Weisheit«.

Dichter waren sich seit eh und je über die Begrenztheit des bewußten, überlegten Denkens im klaren, und sie waren bestrebt, sich der eher langsamen, undurchschaubareren Erkenntnisweisen zu befleißigen. Von Spinoza und Leibniz bis hin zu Martin Heidegger und Suzanne Langer haben Philosophen über Denkbereiche geschrieben, die jenseits von und unter unserem bewußten Intellekt liegen. Für Psychotherapeuten ist »das Unbewußte« nicht nur Quell persönlicher Probleme; ein korrigiertes Verhältnis zum eigenen Unbewußten ist auch der »Heilung« förderlich. Weise und Mystiker aller Religionen geben Zeugnis von spontanen Bewußtseinsveränderungen, die entstehen, wenn man »das unbestimmte Geheimnis« im tiefsten Innern der Seele bereitwillig annimmt – sei es die »Gottheit« bei Meister Eckhart oder »das Ungeborene« bei Zen-Meister Bankei. Sogar Wissenschaftler, zumindest diejenigen, die mit einem schöpferischen Geist ausgestattet sind, räumen ein, daß ihre Genialität geistigen Ebenen entspringt, über die sie wenig oder gar keine Kontrolle haben, sie fühlen sich irgendwie wie mit fremden Federn geschmückt, wenn sie persönliche Anerkennung erhalten für Erkenntnisse, die ihnen einfach nur »gekommen sind«.[1]

Doch erst seit kurzem befassen sich Wissenschaftler ernsthaft mit der Erforschung der langsamen, weniger bewußt ablaufenden Denkweisen der unmittelbaren Erkenntnis. Die neu geschaffene Disziplin der »Kognitiven Wissenschaft«, die Neurowissenschaften, Philosophie, künstliche Intelligenz und experimentelle Psychologie vereint, zeigt auf, daß unbewußte Bereiche des menschlichen Verstands zahlreiche ungewöhnliche, interessante und wichtige Aufgaben mit Erfolg ausführen können, *gibt man ihnen Zeit.* Sie entwickeln mit der Zeit Denkstrukturen, so fein und scharfsinnig, wie sie unser normales Bewußtsein nicht einmal wahrnehmen kann. Sie klären Situationen, die zu komplex sind, um analysiert zu werden, und bei so manch schwieriger Fragestellung dringen sie eher zum Kern der Sache vor als der hinterfragende Intellekt. Sie sind empfänglich für den tieferen Sinn der Dinge und spüren ihn auf, in Dichtung und Kunst ebenso wie in Beziehungen, die nicht eindeutig benannt werden können.

Mit diesem Buch möchte ich unter anderem diese faszinierenden Untersuchungen einem breiten Publikum nahebringen, da sie eine tiefgehende und heilsame Herausforderung an unsere gewohnte Ansicht von den Denkweisen und ihren Abläufen stellen.

Doch diese empirischen Belege sind mehr als interessant: Sie sind wichtig. Ich ziehe daraus nicht einfach nur den Schluß, daß langsame Wege der Erkenntnis durchaus existieren und nützlich sind. Vielmehr haben wir in unserer Kultur verlernt, sie zu schätzen, sie werden als Randerscheinungen abgetan und nicht sehr ernst genommen. Auf diese Weise schließen wir von vornherein Bereiche psychologischer Erkenntnisquellen aus, die wir brauchen. So wie beim Computer gibt es in der westlichen Denkweise einen *Default,* eine bestimmte Standardvorgabe, die man als eine von vielen möglichen Erkenntnisweisen angenommen hat: die D-Denkweise, wobei das »D« sowohl für *Default* als auch für *Deliberation,* bewußte Denkweise, stehen kann.

Die westliche Gesellschaft hat im großen und ganzen den Bezug zum Wert des nachdenklichen Betrachtens verloren. Lediglich aktives Denken gilt als produktiv. Einfach nur dasitzen und geistesabwesend die Wand im Büro anstarren oder aus dem Klassenzimmerfenster schauen, gilt nichts. Doch viele von denen, die unsere Gesellschaft als Ikonen der Schöpferkraft und Weisheit preist, haben viel Zeit mit Nichtstun verbracht. Einstein, so sagt man, saß des öfteren in seinem Büro in Princeton und starrte ins Leere. Der Dalai Lama verbringt jeden Tag mehrere Stunden mit Meditation. Sogar über Sherlock Holmes, den Inbegriff von Scharfsinn und Einsicht, sagt sein Erfinder, daß er »mit einem verträumten, leeren Ausdruck in den Augen« in Gedanken versänke.

Es gibt eine Reihe von Gründen dafür, warum langsame Erkenntnisweisen außer Gebrauch gekommen sind. Zum Teil liegt es an unserer veränderten Auffassung von Zeit und unserer Einstellung dazu. Im Europa vor dem 17. Jahrhundert war es üblich, gedankliche Betrachtungen eher mit Muße anzugehen, und das ist in anderen Kulturen auch heute noch so. Eine Stammesversammlung bei den Maori, ein *marae*, kann tagelang dauern, so lange, bis jeder Zeit gehabt hat, den Sachverhalt aufzunehmen, sich dazu zu äußern, und ein Konsens gefunden worden ist. Die Vorstellung jedoch, daß Zeit im Überfluß vorhanden ist, gilt in vielen Teilen der Welt als lachhaft altmodisch und anstößig.

Die schwedische Anthropologin Helena Norberg-Hodge hat beispielsweise aufgezeigt, auf welch radikale Weise sich mit der westlichen Kultur das Tempo der Lebensweise in der traditionellen Gesellschaft der Ladakh verändert hat.[2] Noch vor zehn Jahren dauerte eine Ladakhi-Hochzeit zwei Wochen. Doch der Lebensstil änderte sich rapide mit der Einführung einiger Neuerungen zur Arbeitserleichterung: Arbeitsgeräte wie der Rotovator-Pflug zum Beispiel, um schneller und leichter pflügen zu können; neue Getreidesorten und Vieh wie etwa Milchkühe. Verglichen mit dem traditionellen Yak, liefern Kühe mehr Milch, als eine Familie braucht, und erbringen einen Überschuß, der zu

Käse verarbeitet werden kann und so zusätzliche Einnahmen verschafft. Während nichts dabei ist, das Leben ein bißchen leichter zu gestalten und Familien darin zu unterstützen, ein wenig »Wohlstand« anzuhäufen, geht mit diesem wohlwollenden »Hilfspaket« leider auch eine neue Sichtweise von Zeit einher: Zeit als etwas zu knapp Bemessenes. Anstatt daß die Pfluggeräte und Kühe *mehr* freie Zeit schaffen, haben sie diese in Wirklichkeit verkürzt. Die Leute sind heute beschäftigter als früher – und zwar damit, »Wohlstand zu schaffen« und »Zeit zu sparen«. Heutzutage dauert eine Ladakhi-Hochzeit nicht einmal mehr einen Tag. Westlicher Auffassung zufolge ist Zeit ein Gebrauchsgut, und eine unvermeidbare Folgeerscheinung von dieser Ansicht ist der Druck, »schneller zu denken«: Probleme rasch zu lösen und Entscheidungen eilends zu treffen.

Zum Teil hat der Rückgang der langsamen Denkweise auch mit dem Aufkommen dessen zu tun, was der amerikanische Sozialkritiker Neil Postman als »Technopolie« bezeichnet hat: die weitverbreitete Ansicht, daß jedes Übel ein Problem darstellt, für das es eine potentielle Lösung gibt. Lösungen liefert der technologische Fortschritt, der durch klares, zweckgerichtetes, diszipliniertes Denken erzeugt wird; und je schneller Probleme gelöst werden, desto besser. Somit – und darin gehen die Ladakhi seit kurzem mit uns konform – ist Zeit ein Widersacher, über den die Technologie triumphieren kann. Grundlage für die Technopolie bildet nach Postman:

> die allgemeine Überzeugung, daß das oberste, wenn nicht gar das einzige Ziel menschlicher Arbeit und menschlichen Denkens Leistung heißt; daß technische Berechnung in jeder Hinsicht menschlichem Ermessen überlegen ist; daß auf menschliche Bewertung im Grunde kein Verlaß ist, da sie an Ungenauigkeit und

Doppelsinnigkeit krankt und unnötig kompliziert ist; daß Subjektivität klaren Gedankengängen im Wege steht; daß das, was nicht berechnet werden kann, entweder gar nicht existiert oder von keinerlei Wert ist; und daß staatsbürgerliche Belange am besten von »Experten« geleitet und geregelt werden.[3]

Zeit mit der Erörterung eines Problems zu verbringen, findet in einer solchen Kultur nur insoweit Rechtfertigung, als dies klar und eindeutig zur Lösung des Problems führt. Zeit vertrödeln, um zu sehen, ob das Problem vielleicht zu einer *tieferliegenden* Frage führt, scheint vergeudete Zeit, ungehörig oder gar pervers.

So wie es aussieht, haben wir in der »westlichen« Gesellschaftsform der heutigen Zeit – die sich im Grunde genommen über den ganzen Globus erstreckt – eine innere psychologische Kultur entwickelt, in der sich die äußere Kultur von Leistungsfähigkeit und Leistungskraft widerspiegelt und die von Tempo, Zeitdruck und dem Ansinnen, alles unter Kontrolle halten zu wollen, bestimmt wird und wo der Zugang zu den langsameren Denkweisen verlorengegangen ist. Man will schnellstmöglich Bescheid wissen, Antworten finden, Pläne entwerfen und Fragen lösen. Wir wollen kurzerhand Erklärungen: eine Gott-und-die-Welt-Theorie, vom ehelichen Seitensprung bis zum Ursprung des Universums. Wir wollen mehr Daten, mehr Konzepte und das immer schneller; und wir wollen all das ein bißchen auch mit dem Hintergedanken, eine Vorgabe zu haben, damit wir ganz genau wissen, was zu tun ist.

Wir befinden uns in einer Kultur, die verlernt hat, zwischen einigen grundlegenden Merkmalen zu unterscheiden, zwischen weise sein, schlau sein, seine fünf Sinne beisammen zu haben und lediglich gut Bescheid zu wissen. Ungewollt tappten wir in die Falle der eingleisigen Denkweise, für die Informationsbeschaffung, Intellekt und Ungeduld kennzeichnend sind, wo man klare Gedanken haben, zielbewußt sein und »Taten vorweisen« muß. Somit sind wir festgelegt und beschränkt auf jene Denkweisen, die in solch einer geistigen Hochgeschwindigkeitsatmosphäre auch funktionieren können, in erster Linie auf jene, die Sprache oder andere Zeichensysteme als Mittel und *Deliberation* als Methode verwenden. Infolgedessen sind wir, was unsere Kultur anbelangt, ganz gut im Lösen von analytischen und technologischen Fragestellungen. Der Haken dabei ist, daß wir mehr und mehr dazu neigen, alle menschlichen Notlagen genauso zu handhaben, als handele es sich dabei um derartige Probleme; auch jene, denen man nicht mit intellektuellen Denkwerkzeugen beikommen kann. Herausforderungen, die eigentlich nur mit Geduld, Intuition und Entspannung angegangen werden können, begegnen wir mit Schlauheit, klarem Ansatz und Berechnung.

Um die gemächlichen Denk- und Erfahrungsweisen zu erschließen, muß man den Mut haben, abzuwarten. Wissen erwächst aus Nicht-Wissen und ist eine Reaktion darauf. Lernen – der Prozeß, um zu Wissen zu gelangen – erwächst aus dem Gefühl, im unklaren zu sein. Lernen will diese Ungewißheit vermindern, indem Fremdes zu Vertrautem gemacht wird, was auf eine Art ambivalent ist, denn Lernen muß Ungewißheit auch zulassen können, und zwar als Brutstätte, in der Ideen keimen und Antworten ersonnen werden. Überwiegt eine der beiden Seiten, ist das seelische Gleichgewicht gestört. Wird Nicht-Wissen untätig hingenommen, geht die aktive Suche nach Bedeutungsinhalten und Beherrschung der Dinge verloren, was zu Fatalismus und Abhängigkeitsdenken führen kann. Wächst sich dagegen der Drang nach Wissen und Klarheit übermäßig aus und untergräbt die geistige Fähigkeit, auch unklare Gedanken zuzulassen, stoßen Demagogie und

Lehrsätze auf offene Türen, Meinungen und Überzeugungen, an denen man festhalten kann, die den Anforderungen vielleicht nicht so ganz entsprechen, aber immerhin den Wissensdurst stillen.

Der Hauptgrund für den Rückgang der langsamen Erkenntniswege liegt vielleicht aber auch darin, daß wir als Kulturgemeinschaft den Sinn für die *unbewußte Intelligenz* verloren haben, zu der die ruhigeren Denkweisen Zugang schaffen, ein Verlust, für den gemeinhin René Descartes verantwortlich gemacht wird. Wenn wir unserem vielbeschäftigten, bewußten Verstand einmal die Zeit gönnen, still und schweigend zu verharren, zu warten auf etwas, daß aller Voraussicht nach einer Quelle jenseits seines Wissenshorizontes und seiner Kontrolle entspringen wird, so muß unser Verstand zumindest die Existenz einer solchen Quelle anerkennen. Die moderne westliche Kultur hat das intelligente Unbewußte – den *Unterverstand*, wie ich es bisweilen bezeichne – derart vernachlässigt, daß wir nicht einmal mehr wissen, daß wir es haben, uns nicht erinnern, zu was es gut ist, und es daher bei Bedarf auch nicht finden können.[4] Wir halten das Unbewußte nicht für eine wertvolle Quelle, sondern – falls wir überhaupt darüber nachdenken – für ein ungebändigtes und unkontrollierbares »Ding«, das unseren Verstand und unser kontrolliertes Denken bedroht und im gefährlichen freudianischen Verlies unserer Seele zu Hause ist.[5] Statt dessen schenken wir dem bewußten, überlegten, zielgerichteten Denken – der D-Denkweise – ausschließlichen Glauben. Die D-Denkweise hat zahllose verschiedene Facetten, die weiter reichen als streng logische oder wissenschaftliche Gedankengänge, obgleich diese natürlich auch dazugehören.

Die D-Denkweise will eher Antworten und Lösungen finden als Fragen erörtern. Als primäres Instrument der Technopolie, und von daher hauptsächlich mit der Problemlösung befaßt, betrachtet die D-Denkweise jede unerwünschte oder unbequeme Lebenslage als »Makel«, den es zu beseitigen gilt. So als ob es sich beim Nachlassen der Libido oder bei einem wirtschaftlichen Strukturwandel um technische Fehlfunktionen handele, die man imstande sein sollte zu beheben – entweder alleine oder mit Hilfe eines »Experten«, etwa einem Berater für Lebensfragen oder einem Marktforscher. *Die D-Denkweise betrachtet die Wahrnehmung als unkompliziert.* Sie geht davon aus, daß die Dinge so sind, wie man sie sieht. Das wird als erwiesen und selbstverständlich angenommen. Der Gedanke, daß der Irrtum womöglich darin liegt, wie oder durch welche Brille eine Sachlage wahrgenommen wird, oder daß die Dinge bei näherem Betrachten ganz anders aussehen könnten, kommt der D-Denkweise nicht so ohne weiteres in den Sinn.

Eine bewußte, streng eindeutige Auffassung von den Dingen ist für die D-Denkweise Grundlage jeglicher Handlung; überlegtes Denken wichtiges Werkzeug zur Problemlösung. Die D-Denkweise strebt vorwiegend nach intellektuellem Verständnis, will verstehen und begreifen. Dazu kann eine unfehlbare, vernunftbestimmte Denkweise gehören nach Art des Prototyps Wissenschaftler, mit Gleichungen, Flußdiagrammen und Fachausdrücken. Es kann auch ganz alltägliche Denkweisen umfassen: das Abwägen von Für und Wider bei Entscheidungsfragen, das Gespräch mit einem Freund über bestimmte Dinge, flüchtig niedergeschriebene Merkhilfen oder Stichworte auf der Rückseite eines Briefumschlages, sich beim Essen über strittige Fragen auseinandersetzen, Fragen des familiären Zusammenlebens besprechen oder jemanden um den Finger wickeln. Wenn auch diese letzteren, alltäglichen Denkweisen nicht so recht zum anspruchsvollen Niveau eines gelehrten Philosophen oder Mathematikers passen mögen und sie oft auch hinken, ohne daß man es merkt, so sind sie dennoch in ihrer Art und Weise und ihrem Ziel und Zweck »quasi«- oder »proto«-rational.

Wissenschaftliche Erklärungen haben in der D-Denkweise einen höheren Stellenwert als wissenschaftliche Beobachtungen; es geht mehr um das »Warum« als um das »Was«. Mitunter zielen Berechnungen direkt auf die praktische Umsetzung. Doch in aller Regel, ob als Mittel und Weg oder Mittel zum Zweck, streben sie nach klarem Verständnis oder nach Erklärungen. Das Verlangen nach intellektuellem Verständnis, danach, einen akzeptablen Nutzen aus etwas ziehen zu können – für sich selbst oder für andere –, ist fester Bestandteil der D-Denkweise. Bereits im Kindergarten werden die Kleinen von Erwachsenen gefragt: »Was probierst du denn da aus?« oder »Das sieht aber interessant aus; wozu hast du das denn gemacht?« Und so begreifen Kinder schnell, daß sie sich stets darüber im klaren sein sollten, worauf sie hinauswollen, welches Ziel sie vor Augen haben, und daß sie in der Lage sein sollten, anderen gegenüber Rechenschaft abzulegen über sich selbst und die Beweggründe für ihr Tun. Zusammen mit Eltern und Erziehern gelangen sie zu der Annahme, daß es ganz normal sei, zweckbestimmt zu denken, und ganz zweckmäßig, Erklärungen liefern zu können. Insoweit gibt es kein Problem *per se,* denn eigentlich ist das eine sehr hilfreiche Fähigkeit. Doch wird diese zielgerichtete, alles rechtfertigende Einstellung nach dem Motto »Zeig stets deine Leistung« zum festen Bestandteil der alles bestimmenden Standard-Denkweise unseres bewußten Verstandes, kommt es leicht dazu, daß andere Erkenntnisweisen unterdrückt werden; es macht uns mißtrauisch, wenn wir den »springenden Punkt« einer Sache nicht unmittelbar mit dem bewußten Verstand »sehen« können.

In der D-Denkweise sind »vernünftige« und stichhaltige Erklärungen und Überlegungen eher gefragt als intuitive.

Der Anspruch, Gedankengänge immer auch mit Begründungen und Erklärungen zu untermauern, kann dazu verleiten, solche Gedanken von der Hand zu weisen, die eigentlich äußerst fruchtbar sind, jedoch keinen Aufschluß über ihre Herkunft oder die Väter dieser Gedanken geben. So kann es sein, daß schöpferisches, intuitives Wissen zugunsten gründlich durchdachter Gedankengänge übersehen wird. Führt das soweit, daß vernunftmäßige Erklärung als ein unbedingter Mittler zwischen Problem und Lösung betrachtet wird – wenn man sich also nicht in der Lage sieht, ohne verstandesmäßige, logische Grundlage zu handeln –, dann könnte es auch passieren, daß einem einfache Patentlösungen und glänzende Ideen entgehen. Zweifel hegen aus Mangel an bewußtem Verständnis, ist einer Sache eher hinderlich als förderlich; mehr eine Falle als ein Sprungbrett.

Bei der D-Denkweise geht es in erster Linie um Klarheit; gedankliche Verworrenheit ist weder beabsichtigt, noch wird sie gutgeheißen. Die D-Denkweise möchte die Dinge schwarz auf weiß haben, wandelt daher sehr gerne auf einem hell erleuchteten Pfad vom Problem zur Lösung und hält auf dem Weg dorthin dem intellektuellen Verständnis bestmöglich die Treue. Am besten hüpft man dabei von einem Trittstein zum anderen, ohne sich die Füße naß zu machen; ein bißchen wie bei einer mathematischen Beweisführung oder einem gut abgefaßten Untersuchungsbericht, der in flüssigem Stil zügig vom Problem zur klaren Analyse schreitet, zu einer Lösung mit Hand und Fuß, und schließlich ein umsetzbares Ergebnis präsentiert. Manche Kenntnisse erwerben wir vielleicht in diesem Punkt-für-Punkt-Schema, doch beileibe nicht alle. Häufig entsteht Erkenntnis nach und nach, auf eher ganzheitliche Art, und erst, nachdem man sich eine Weile umgeschaut hat, in welche Richtung es wohl weitergehen mag, wie bei einer Meute Jagdhunde, die die Fährte verloren hat. Nehmen wir einen Künstler, der ein Stilleben entwirft, einen Patienten in psychotherapeutischer Behandlung oder gar einen Wissenschaftler an der Schwelle zum Ruhm – in der D-Denkweise würde nicht einer von ihnen etwas zustande bekommen, wie wir noch sehen werden. Um sich auf diese langsame Art der Wissenserfahrung einzulassen, muß man sich Ruhe gönnen können, eine Weile »die Seele baumeln lassen«.

Die D-Denkweise läuft mit einem gewissen Zeitdruck und einer gewissen Ungeduld ab. Begleiterscheinung dabei ist das dunkle – manchmal auch sichere – Gefühl, nicht genügend Zeit zu haben; man will alles so schnell wie möglich geklärt haben, oder man reagiert gereizt, wenn es nicht schnell genug geht. Dieser Zeitdruck liefert uns in zunehmendem Maße den Zündstoff für Fahrten auf der Überholspur. Und die Technologie hält Schritt – ob mit Flugzeugen oder Notebooks, Mikrowelle oder Modems –, kanalisiert Bedürfnisse und treibt sie ins Uferlose. Wirklich mit von der Partie zu sein heißt, nicht auf die Nachrichten von morgen warten zu müssen, um vom Börsenklatsch an der Wall Street oder einem leichten Erdbeben in Peru zu erfahren. Wir ertragen es nicht, wenn unser Informationsbedürfnis nicht gestillt ist, wir dulden auch keinen Aufschub, und dieses Verhalten diktiert früher oder später die Denkweise, mit der wir jeglicher Art von Unstimmigkeit, *egal welcher,* begegnen.

Die D-Denkweise ist eher zielgerichtet und mühselig als spielerisch und heiter. Probleme ungeduldig lösen zu wollen, bringt ein Gefühl von seelischem Druck mit sich; man drängt auf Antworten, die nicht von alleine kommen wollen und schon gar nicht schnell genug. In der D-Denkweise hat man permanent das Gefühl – mal vage, mal ganz deutlich –, unter Zeitdruck zu stehen, zweckgerichtet, zielgerichtet und strebsam handeln zu müssen, unbedingt die Antwort auf eine bereits vorhandene Frage haben zu müs-

27

sen, gleich, ob es sich um einen Fehler im Betriebsablauf handelt oder ob es sich um den Sinn des Lebens dreht. Kommt es soweit, daß dieses hektische Tun und Treiben, die *Default*-Denkweise, all unser Denken und Handeln bestimmt, werden wir die Früchte einer *ruhigen und entspannten Erkenntnisweise* nie ernten können. *Die D-Denkweise ist eindeutig;* sie zielt darauf ab, sich mit Aufgabenstellungen, mit eindeutig definierten Bedeutungsmerkmalen zu befassen, vornehmlich unter Verwendung von hyper-genauen Begrifflichkeiten der Mathematik und Wissenschaft, wo jeder Fachausdruck transparent und in sich geschlossen zu sein scheint. Einem staatswirtschaftlichen Modell als hochentwickeltem Computerprogramm, wo allem, was wichtig ist, eine Maßeinheit zugeordnet werden kann – und wo demzufolge alles ohne Maßeinheit keinen Platz und keinen Wert findet –, wird mehr Bedeutung beigemessen als einem Modell, das uns vielleicht eine größere Übersicht über die menschliche Natur gibt, aber weniger explizit und eindeutig ist. Die Geschichte der wissenschaftlichen Psychologie – die Hauptgeschäftsstelle der D-Denkweise, falls es so etwas je gegeben hat – ist voll von einleuchtenden Theorien, beispielsweise darüber, wie unser Gedächtnis funktioniert. Sie macht quantitative Vorhersagen über die geheime Denkwerkstätte, läßt aber so ziemlich alles außer acht, was die Menschen wirklich an den geheimnisvollen Mächten ihrer eigenen Gedächtnisleistung in bezug auf Lernen interessiert. Als ich an meiner Dissertation über das Thema Gedächtnis arbeitete, ließ ich es irgendwann bleiben, den Leuten auf Partys davon zu erzählen, denn sie fingen unweigerlich an, mir alle möglichen interessanten Fragen zu stellen, auf die ich mein eigentlich profundes Wissen peinlicherweise nicht anwenden konnte. Gott sei Dank hat sich in den letzten 25 Jahren auf dem Gebiet der Gedächtnisforschung einiges getan.

Die D-Denkweise stützt sich auf eine Sprache, die den Eindruck erweckt, nüchtern und differenziert zu sein; sie hegt schnell Mißtrauen gegenüber sprachlichen Welten der Metaphorik und Bildhaftigkeit, die sie für schlüpfrig und nebulös hält. Wenn etwas verstanden werden kann, dann kann es klar und eindeutig verstanden werden – sagt der Intellekt. Erkenntnisse, die sich nicht ganz offenbaren, die irgendwie schleierhaft oder verschwommen bleiben, hält die D-Denkweise für nichts weiter als eine verarmte Art von logischem Denkvermögen. Entweder muß man sie klarer artikulieren, oder man sollte sie gar nicht beachten. Die Poesie fängt nicht einfach irgend etwas ein, was im Grunde nicht besser und klarer in Prosa wiedergegeben werden kann, und Rhetorik ist ein verarmter Vetter von logisch aufgebauter Erklärung.

Die D-Denkweise arbeitet mit Konzepten und Verallgemeinerungen; wo immer es geht, wendet sie »Regeln« und »Prinzipien« an. Abstrakte Theorien sind der D-Denkweise lieber als eigentümliche Besonderheiten. Sie beschäftigt sich mit allgemein typischen oder prototypischen Dingen, redet über »die Belegschaft«, »den Otto Normalverbraucher«, »den typischen Lehrer«, »die Umwelt«, »Ferien« oder »Gefühle«. Sogar mit Individuen wird so verfahren, bestimmte Charakterzüge und Veranlagungen werden verallgemeinert. »John Major« und »Cher« sind genauso abstrakte Begriffe wie »Staatsschuld« oder »Land des Welsh Rugby«. Der Gedanke, man könnte hinter etwas wie Wahrheit kommen, indem man eine Sache immer wieder dreht und wendet, ohne dabei zu denken, ist der D-Denkweise fremd.

Sprache gibt automatisch eine gewisse Geschwindigkeit vor und setzt so der Erkenntnisgewinnung einen deutlichen Zeitrahmen. Daher muß sich also die D-Denkweise nach der relativen Geschwindigkeit richten, mit der Sprache rezipiert, artikuliert und weitergegeben werden kann.

Spricht man schnell und schneller, wird das Gesprochene schnell unverständlich. Verlangsamt man die Sprechgeschwindigkeit immer mehr, klingt es ab einem gewissen Punkt wie Kauderwelsch, so wie wenn man alte Single-Schallplatten nicht mit 45 Umdrehungen pro Minute, sondern 33 oder 78 abspielt. Die üblichen sprachlichen Ausdrucksmittel wie Wörter und Sätze können daher bei den Denkweisen, die sehr langsam ablaufen – oder, wie im Beispiel, sehr schnell –, nicht eingesetzt werden. Langsame Denkweisen brauchen andere Inhaltsformen, andere Bestimmungsfaktoren – oder vielleicht überhaupt gar keine Elemente des bewußten Denkens. Und ohne den vertrauten Telegraphenstreifen voller Wörter, der über unseren gedanklichen Bildschirm rollt, beschleicht uns womöglich das beunruhigende Gefühl, nichts mehr vorhersagen zu können und die Kontrolle verloren zu haben. *Also hält die D-Denkweise am Vernunftdenken fest, das eher beherrscht und überlegt ist* als unwillkürlich oder eigenwillig.

Die D-Denkweise löst eine schwierige Aufgabe gut, wenn sie sich als Gefüge einzeln benennbarer Teile erörtern läßt. Es liegt in der Natur der Sprache, in einzelne Segmente zu zerlegen und zu zergliedern. Durch die sprachliche Brille betrachtet, sieht die Welt perforiert aus; sie läßt sich ohne weiteres in logische Begriffe zerpflücken, die sichtlich »real« oder »naturgemäß« scheinen und die im Sinne ihrer Beziehungen untereinander analysiert werden können. Vieles in der traditionellen Wissenschaft funktioniert genau deshalb so gut, weil die Welt, die von ihr unter die Lupe genommen wird, genau diese Art von Welt ist. Doch wendet sich der Verstand Lebensumständen zu, bei denen es um die Beziehungen der Menschen zu ihrer Umwelt in ihrer Gesamtheit geht, die zu verworren sind, um auf diese Weise zerlegt zu werden, dann sind die Grenzen der sprachlichen und analytischen Betrachtungsweise der D-

Denkweise schnell erreicht. Und das wird höchstwahrscheinlich mit allem so gehen, das eher mit einem organischen Ganzen in Zusammenhang steht als mit etwas mechanisch Technischem. Die »neuen Wissenschaften«, Chaostheorie und Komplexitätslehre, sind zum Teil die Antwort auf die Erfahrung, daß die D-Denkweise im Prinzip nicht der Aufgabe gewachsen ist, so verquickte und hochkomplizierte Zusammenhänge wie das Wetter oder das Verhalten von Tieren in freier Wildbahn zu erklären. Mit dem Aufleben dieser neuen Wissenschaften muß in einem Zug auch eine Neubewertung der langsameren Erkenntnisweisen – der Intuition als unentbehrlichen Ergänzungsstücks zum vernunftgesteuerten Verstand – stattfinden.

Die Tatsache, daß Sprache komplexe Zusammenhänge nur bis zu einem gewissen Grad verständlich meistern kann, läßt sich leicht zeigen. Nehmen wir folgenden Satz:

Der Ökologe konnte den Buchhalter nicht leiden.

Das ist unschwer zu verstehen. Auch der nächste Satz ist noch einwandfrei verständlich:

Der Buchhalter, den der Ökologe nicht leiden konnte, schikanierte den Kellner.

Nun füge man einen weiteren Nebensatz hinzu:

Der Kellner, den der Buchhalter, welchen der Ökologe nicht leiden konnte, schikanierte, liebte den Erzbischof.

Hier ist es mit dem Verstehen schon nicht mehr so leicht. Und bei dem jetzt folgenden Satz müssen wir uns ganz schön anstrengen, um ihn zu begreifen:

Der Erzbischof, den der Kellner liebte, den der Buchhalter schikanierte, welchen der Ökologe nicht leiden konnte, schloß sich der Verschwörung an.

Man braucht schon eine Art kognitive Prothese, ein Diagramm etwa, will man die Begrenztheit unseres Gedächtnisses und Verstehensvermögens, die sich hier auftut, bezwingen. Ohne ein gedankliches Gerüst müßte man sehr angestrengt überlegen, um herauszufinden, wer jetzt wen schikanierte. Strapaziert man die D-Denkweise bis zum Äußersten, wird es mühselig und ist uns irgendwann zu dumm. Hier ein weiteres Beispiel von Sprache, grammatikalisch zwar völlig korrekt, eigentlich aber nicht zu verstehen:

Wir können die Erklärung, die wir bekommen haben, nicht prüfen, indem wir sie durch die Variante der Erklärung:»Wir können die Erklärung, die wir bekommen haben, nicht prüfen, indem wir sie durch die Variante der Erklärung Y, der Bezeichnung der Erklärung in der Frage, ersetzen«, die Bezeichnung der Erklärung in der Frage, ersetzen.

Wenn wir nicht gerade Jahre damit zugebracht haben, uns an Ausdrucksformen dieser Art zu gewöhnen, bleibt uns mit der D-Denkweise nichts anderes übrig, als zu kapitulieren. Einem Professor der Logik mag es vielleicht gelingen, sich einen Weg durch diesen abstrakten Wortschungel zu bahnen. Die D-Denkweise erlaubt zwar ein fachmännisch hohes Niveau, doch sollte uns dies nicht über die Begrenztheit, die ihr anhaftet, hinwegtäuschen. Auch Sprache und Logik können, wie man sieht, im Handumdrehen außer Kontrolle geraten. Von daher stellt sich die noch offene Frage, ob es Formen und Stufen von komplexen Zusammenhängen gibt, die besser auf andere Art und Weise gehandhabt werden sollten.

Gehen wir davon aus, daß die D-Denkweise die einzige Form von Intelligenz ist, dann müssen wir, versagt sie einmal, annehmen, wir seien nicht »helle« genug, hätten nicht »gründlich« genug nachgedacht oder nicht genügend »Datenmaterial« verfügbar. Aus einem solchen Versagen ziehen wir die Lehre, daß wir bessere Modelle entwickeln, mehr Daten sammeln und eingehender überlegen müssen. Auf den Gedanken, womöglich *auf die falsche Art und Weise* gedacht zu haben, kommen wir dabei nicht. Solange diese epistemologische Attitüde unsichtbar und unwidersprochen bleibt, muß die Suche nach besseren Antworten auf persönliche, soziale, politische und gesellschaftliche Fragen im Licht des bewußten Denkens fortgeführt werden. Es geht uns dabei so wie dem Mann, der unter der Straßenlaterne nach seinen Autoschlüsseln suchte – obwohl er sie sonstwo verloren hatte –, da dort der einzige Ort war, wo er etwas *sehen* konnte. Insofern bleiben Wissenschaftler, Forscher, Intellektuelle und Programmierer, die Computer mit komplizierten Formeln füttern, um wirtschaftliche Entwicklungen prognostizieren zu können, die Instanzen, in die wir angesichts von Schwierigkeiten und Unsicherheiten gerne unsere Erwartungen setzen. Sie sind diejenigen, die – und das findet allgemeinem Beifall – über die vorbildlichsten und differenziertesten Modelle und die meisten Informationen verfügen, und sie sind die fähigsten Denker überhaupt. Wir vertrauen ihnen. Wo sonst könnten wir Halt finden?

Die »langsamen Erkenntnisweisen« sind im großen und ganzen all die, denen es an einigen, wenn nicht an allen charakteristischen Merkmalen der D-Denkweise mangelt. Sie vertreiben sich die Zeit damit, zu enthüllen, was hinter einer speziellen Frage stecken mag. Sie stürzen sich nicht auf logisch begriffliche Vorstellungen, sondern wollen erst einmal, so gut es geht, erkunden, wie die Dinge liegen, ehe sie eine Entscheidung treffen. Sie halten sich mehr an die besonderen Merkmale. Dabei machen ihnen am Rande liegende, spärliche, flüchtige, kurzlebige oder mehrdeutige Informationen nichts aus; sie verweilen gedanklich gerne bei Details, die nicht »passen wollen« und nicht sofort einen Sinn ergeben. Sie arbeiten entspannt, ohne Hast und spielerisch; sie wollen etwas herausfinden, ohne zu wissen, was sie suchen. Unkenntnis und Verworrenheit sind für sie der Boden, aus dem Erkenntnis wachsen kann. Als Mittel zur Erkenntnis dienen die facetten- und bilderreichen Welten der Vorstellungskraft, des Mythos und der Träume. Ihr Geist ist eher aufnahmebereit als auf Taten aus. Sie genießen es, loszulassen und der Spontaneität der Gedanken freien Lauf zu lassen. Und sie sind darauf gefaßt, Ideen aus heiterem Himmel ernst zu nehmen und aufzugreifen, ohne sie gleich mit vorgefertigten, vernunftgesteuerten Gedankengängen rechtfertigen zu wollen. Um solche Denkweisen geht es in den nachfolgenden Kapiteln. Es sollen sowohl charakteristische Eigenarten und qualitative Werte herausgestellt als auch mögliche Wege zur Aktivierung dieser Denkweisen aufgezeigt werden.

Um die langsamen Erkenntniswege wieder aufzunehmen, müssen wir uns zunächst eine andere Sichtweise zulegen. Wir müssen Verstand als etwas Ganzes sehen, als etwas, das auch über solche Quellen von Wissen verfügt, die weniger deutlich, weniger bewußt und weniger verläßlich hervorbrechen. Der Unterverstand ist die wichtigste Quelle, aus der sich die langsamen Erkenntnisweisen speisen. Wir brauchen also neue Metaphern und sprachliche Zeichen für die Beziehung zwischen Bewußtem und Unbewußtem, und zwar solche, die nichts mit der Polarisierung zu tun haben, die Descartes wie Freud beide, wenn auch aus verschiedenen Gründen, absegneten. Nur vor dem Hintergrund neuer Vorstellungsmodelle von Verstand werden wir die Möglichkeiten und die Bedeutung der bedächtigeren, rezeptiven Erkenntnisweisen erkennen

und in der Lage sein, die dazugehörigen Rahmenbedin-
gungen zu schaffen – und zu bejahen.

Der entscheidende Schritt bei der Entdeckung liegt
nicht im Erwerb neuer psychologischer Verfahren, wie
Brainstorming, Veranschaulichung, Memotechnik und so
weiter, sondern vielmehr in einer neu überdachten Auffassung vom menschlichen Verstand, in der Bereitschaft, sich
in die dunklen Bereiche des Unbewußten hineinzubegeben und lieber das auszukosten, was dort abläuft, als das,
was sich hell und klar bei bewußtem Verstand abzeichnet.
Ausgeklügelte psychologisch-technische Verfahrensweisen
– Erfindungen, die die Quelle der »rechten Hemisphäre«
des Großhirns »anzapfen«, als wäre es ein Bierfaß –
begreifen nicht das Wesentliche, solange es unverändert
bei einer ruhelosen, alles hinterfragenden Geisteshaltung
bleibt. In vielen Kursen über »kreatives Management«
oder »empirisches Lernen« heißt es nur *plus ça change,
plus c'est la même chose*. Eine Sitzung wird nicht anbe-
raumt, um ein Problem zu »diskutieren«, sondern um es
zu »brainstormen« oder es kurz zu skizzieren. Doch der
Druck nach Ergebnissen und eine festverankerte Ungeduld sind noch immer vorhanden. Der Schlüssel zum
Unterverstand liegt nicht in einer Planpause der Technik,
sondern in einer radikalen Neuerung der Denkgebilde.
Sobald der bewußte Verstand langsamer tritt und sich entspannt, kommen andere Wege der Erkenntnis automatisch
wieder zum Vorschein. Erst wenn eine Veränderung der
inneren Haltung stattfindet, kann die eine oder andere
neue und ungewöhnliche Denkform in der Tat hilfreich
sein, doch ohne diese Veränderung bleibt sie nutzlos. Dies
erklärt übrigens, warum die Begeisterung für jedes neu-
modische psychologisch-technische Verfahren von so ent-
täuschend kurzer Dauer ist.[6]

Ein anderer Schritt zur Belebung der langsameren
Erkenntnisweisen liegt darin zu begreifen, daß sie nicht in

35

den ausschließlichen Wirkungskreis bestimmter Personengruppen fallen – Dichter, Mystiker oder Weise – und auch nicht nur in besonderen Situationen auftreten. Hin und wieder beschrieb man sie recht geheimnisvoll als Tätigkeit der »Muse«, als bedeutende, wunderbare Gaben oder besondere Gnaden, was den Eindruck erweckt, die langsamen Erkenntnisweisen seien etwas Rätselhaftes und Ehrfurchtgebietendes. Das schüchtert eher ein, als ob derlei geistige Kräfte für Normalsterbliche sowieso unerreichbar wären und ohnehin wenig zu tun hätten mit den irdisch-materiellen Realitäten des modernen Lebens. Dieser Eindruck ist falsch und nicht gerade förderlich. Die »poetische Erkenntnisweise« ist nicht das besondere Privileg jener Leute, die Wörter kunstvoll zusammenbasteln. Sie ist für jedermann zugänglich und wertvoll. Zwar kann sie nicht eingeübt, gelehrt oder konstruiert werden, doch jedermann kann sie für sich nutzbar machen.

In diesem Buch geht es um die *Hasen-Denkweise* – den flinken, scharfen Verstand – und die *Schildkröten-Denkweise* – um die langsame, besonnene Erkenntnis – und darum, warum es manchmal gar nicht so schlecht ist, sich von der Super-Datenautobahn in das Super-Datendickicht am Wegesrand zu schlagen. Anhalten, nicht noch mehr Daten und noch besseren Lösungen hinterherjagen, sondern eine Weile Pause machen. Es geht darum, warum es manchmal klüger ist, weniger Hast und Eile an den Tag zu legen, und warum man mit Müßiggang an geistige Orte gelangt, die sich emsigem, zielgerichtetem Erkenntnisstreben nicht erschließen. Und es geht darum, warum diese natürlichen Gaben des menschlichen Verstands in der euro-amerikanischen Kultur des 20. Jahrhunderts immer mehr vernachlässigt wurden und warum sie nun in dieser Kultur so schmerzlich vermißt werden.

KAPITEL 2

Ur-Intelligenz:
Lernen durch Osmose

Es ist eine höchst irrtümliche Binsenwahrheit, die von
jedem Blättchen und sonstigen Berühmtheiten nachge-
plappert wird, daß wir an unserer bewußten Denkweise,
an unserem bewußten Tun arbeiten müssen. Doch das
genaue Gegenteil ist der Fall. Die moderne Gesellschaft
entwickelt sich fort, indem wir wichtige Denkvorgänge,
die wir, *ohne* viel nachzudenken, vollziehen können,
immer mehr ausweiten. Denkvorgänge sind wie Gefechts-
ladungen einer Kavallerie in der Schlacht – streng limi-
tierte Anzahl, kräftige Pferde und Einsatz nur im entscheidenden Moment.

A. N. Whitehead

Februar: Sommer in Neuseeland. Ich habe mich mit meinem Laptop in ein Strandhaus an der Westküste der Nord-
insel mit Blick aufs Meer verzogen; laut Surfern die beste
Gegend für Left-Hand-Breaks in der südlichen Hemisphäre. Und es gibt massenweise Mücken. Besonders die
fetten braunen finde ich ganz widerlich und zerquetsche
sie – trotz meinem Hang zum Buddhismus. Es gibt auch
eine ganze Menge Spinnen, langfüßige, mit kleinem Körper, die mir dagegen fast gefallen. Heute morgen ließ ich
eine frisch zerquetschte Mücke in eine der Spinnweben
fallen. Danach beobachtete ich 20 Minuten lang gespannt,
wie die Spinne die Mücke von da, wo ich sie habe hinfallen
lassen, in ihr Speiseareal manövrierte; eine Strecke von
gut 12 Zentimetern. Zuerst spann sie einen Mantel um die
Mücke, um sie gut festhalten zu können. Dann sägte sie
mit viel Feingefühl die Spinnfäden ab, die die Mücke hielten, bis diese nur noch an ein paar wenigen Fäden hing

und links vom Netz hinunterbaumelte. Die Spinne hielt sich jetzt mit zwei Beinen oben am Netz fest und umklammerte die Mücke mit den anderen Beinen. Sie zog sie etwa einen halben Zentimeter zu sich her und machte sie mit einem weiteren Faden fest. Die restlichen Fäden, die die Mücke noch unten festhielten, machte sie jetzt los, so daß die Mücke ein wenig in die gewünschte Richtung schwang, und spann noch ein paar weitere Fäden, um ihr Opfer in seiner neuen Position festzuschnüren. Jetzt drehte sie sich schräg zur Mücke, zog von der Seite her erneut an ihrer Beute, machte sie fest und löste dann wieder die Spinnfäden, die sie noch festhielten. Und das ging so weiter, bis ihr Mittagessen schließlich an Ort und Stelle war.

Das wäre genauso, rechnete ich aus, wie wenn ich, sagen wir, einen Blauwal einhändig 120 Meter weit über eine abgrundtiefe Schlucht befördern müßte und nichts weiter dabei hätte als ein paar sehr starke, elastische Greifhaken und ein scharfes Messer. Dieses gefährliche Kunststück hätte mich einiges an Kopfzerbrechen und Vorausberechnung gekostet, denn ich wäre dem ständigen Risiko ausgesetzt gewesen, daß eine falsche Bewegung – etwa den falschen Faden im falschen Moment abzuschneiden – den Wal, und höchstwahrscheinlich auch mich, in den unendlich leeren Raum unter uns stürzen lassen würde. Die Spinne dagegen, mit einer Gesamtkörperlänge von 2 Millimetern und einem winzigen Gehirn, machte keinen einzigen Fehler. Ich war beeindruckt. Zwar fühlte ich mich nicht gerade bewogen, der Spinne ein logisch denkendes Bewußtsein zuzugestehen, doch ihre Intelligenz verlangte mir Bewunderung ab.

Seit einiger Zeit lebt das Interesse am Begriff der »Intelligenz« wieder auf, was vorwiegend durch das wachsende Mißfallen an der Vorstellung hervorgerufen wird, daß die D-Denkweise Anfang und Ende aller menschlichen Erkenntnis sein soll. Der Psychologe Howard Gardner von der Harvard University geht von »multiplen Intelligenz-mustern« aus und behauptet, achteinhalb davon identifiziert zu haben, die dem Unterrichtsmuster der traditionellen Schullehrpläne ganz ähnlich seien.[1] Mit seiner Idee von einem »emotionalen Intelligenzmuster« will Daniel Goleman den Bezug zwischen Verstand und Gefühl wiederherstellen.[2] Doch um besser zu verstehen, was es mit diesen verschiedenen Gesichtern der Intelligenz auf sich hat, müssen wir eine Betrachtungsweise finden, die nicht die Vorrangigkeit des Intellekts voraussetzt.

Prinzipiell wird ein Lebewesen durch Intelligenz befähigt, seine Ziele und Interessen innerhalb seines komplizierten Umfelds so erfolgreich wie möglich zu verfolgen. Meine Spinne wurde von der Evolution ausgerüstet, innerhalb ihrer eigenen Welt die wohl schwierigste aller Aufgaben mit Bravour zu meistern. Solche Wunder intelligenter Anpassung sind in der Tierwelt nichts Außergewöhnliches, und viele solcher Wunder sind bereits differenzierter dokumentiert worden als das meiner Spinne.

Frißt eine Ratte ein Mischmasch aus gewohnter und ungewohnter Nahrung und ihr wird infolgedessen übel, so wird sie künftig die bis dahin unbekannte Kost meiden, nicht aber die gewohnte.[3] Und das ist, wie ich meine, intelligent.

Auch die menschliche Intelligenz hat in weiten Teilen wenig zu tun mit der D-Denkweise. Ein Baby ist intelligent, wenn es seine Mutter erwartungsfroh anlächelt oder sich abwendet, wenn ihm etwas fremd ist. Ein Teenager ist intelligent, wenn er begreift, daß es besser für ihn ist, sich in der Schule unauffällig zurückzuhalten oder einen entwaffnenden Humor zu entwickeln. Ein Dichter ist intelligent, wenn er eine ganze Reihe von möglichen Kandidaten für das *mot juste* unter die Lupe nimmt. Und selbst ein Mathematiker, der alles daransetzt, eine knifflige Aufgabe zu lösen, ist intelligent, wenngleich seine äußerst ausgefeilte intellektuelle Fähigkeit nur eine Spielart von Intelligenz darstellt und eine sehr seltsame und rätselhafte obendrein. Man kann Intelligenz in Verbindung mit Wörtern, logischen Argumenten, ausführlichen Gedankengängen oder klar verständlichen Erläuterungen bringen, aber genausogut auch nicht. Im Grunde genommen verhilft Intelligenz den Tieren, wie auch uns Menschen, zu überleben.

Gemeinsamer Nenner all dieser Verhaltensweisen – und das ist allen Evolutionsstufen von Leben, von der Amöbe bis zum Erzbischof, gemeinsam – ist der in Fleisch und Blut übergegangene Drang, dem Überleben zuträgliche Voraussetzungen zu schaffen und zu erhalten und alles, was sich nachteilig auswirkt, zu meiden oder fernzuhalten. Erstere Voraussetzungen bezeichnen wir als »unabdingbar«, letztere als »bedrohlich«. Die Evolution hat jedes Tier, ob groß oder klein, mit einer ganzen Reihe von Möglichkeiten ausgerüstet, Gefahren zu bannen und zum eigenen Wohl zu handeln. Die Spinne webt ihr Netz, manövriert ihre Beute und verharrt bewegungslos in ihrer Position, wenn ein unangenehmes Lüftchen sie streift. Die Grabwespe, *sphex ichneumoneus,* die intelligenterweise eine lahmgelegte Grille im Brutbau neben ihren Eiern vergräbt, damit die frischgeschlüpften Larven Nahrung haben, legt diese immer erst vor dem Bau ab, geht dann hinein, vergewissert sich, daß drinnen alles in Ordnung ist, und zieht ihre Beute erst danach in den Bau hinein.[4] Selbst bei solch einem Reflexverhalten schließt die Wespe mögliche Gefahren nicht aus.

Zwar sind die genetisch bedingten Reaktionsmechanismen für bedrohliche Situationen – wie beispielsweise bei Kampf oder Flucht reglos zu verharren und die Lage zu peilen – ganz hilfreich, keineswegs aber immer verläßlich. So kann es vorkommen, daß eine Spinne erstarrt, obgleich sie auf einer weißen Badewannenwand sitzt und angestrahlt wird. Wenn jetzt ein Ethologe der *sphex* die Grille immer dann klaut, wenn diese gerade ihren unterirdischen Kontrollgang macht, wird sich ihr Verhalten dennoch nicht ändern. Sie wird nie verstehen, daß es in der neuen Situation doch vielleicht sinnvoller wäre, die Grille gleich beim ersten Mal in den Bau hineinzuziehen. Ein Baby ist verängstigt, auch wenn das sich bedrohlich vergrößernde Etwas in Wirklichkeit nur ein schnell aufgeblasener Luftballon ist und kein Projektil. Doch Reflexe, so intelligent sie auch sind, können durch bislang unbekannte Ereignisse – solche, für die die Evolution keine Zeit gehabt hatte, sich etwas einfallen zu lassen – schaden statt nützen. Solche Reflexe gehören zur Grundausstattung des intelligenten Überlebensinstinkts. Doch sobald ein Tier es nicht mehr vermag, sich auf diese intuitiven, ursprünglichen Reaktionsmechanismen zu verlassen, ist es einer veränderten Situation äußerst verletzlich ausgeliefert.

Der nächste Schritt in der Entwicklung von Intelligenz heißt also *Lernen*. Kenntnisse zu sammeln und fachmännisches Geschick zu entwickeln sind Überlebensstrategien. In unbekannten Situationen sind Tiere Gefahren ausgeliefert. Sie sind nicht in der Lage abzuschätzen, was passiert, und die Situation im Griff zu behalten. Eventuell bestehende Möglichkeiten sich zu schützen bleiben unerkannt. Drohende Gefahren werden vielleicht nicht wahrgenommen, bis es zu spät ist. Ungewißheit kann immer auch Gefahr bedeuten. Aus diesem Grund bietet die Fähigkeit, Ungewißheit abbauen und befremdliches Un-Wissen zu gründlichem Wissen machen zu können, einen gewaltigen entwicklungsgeschichtlichen Vorteil. All die verschiedenen Lernmethoden und Erkenntnisweisen – wie ausgeklügelt sie auch sein mögen – entspringen letztlich diesem biologischen Imperativ. Man könnte »Erkenntnis« als ein mentales Register bezeichnen, wo wir alle nutzbringenden, mustergültigen Strukturen unserer Umwelt, die unser zukünftiges Handeln in eine bestimmte Bahn lenken können, archivieren. »Lernen« ist das Aneignen von Wissen, das, womit wir diese Strukturen aufspüren. Und auf dieser Ebene bezieht sich »Intelligenz« auf die Ressourcen, die Lernen, und demzufolge auch Erkenntnis, möglich machen.

In der Tierwelt ist die Fähigkeit, die charakteristischen Merkmale in den Beziehungsstrukturen einzelner Lebensbedingungen auszumachen, aufzunehmen und zu nutzen, weit verbreitet. Nehmen wir zum Beispiel die Meergrundler. Man hat herausgefunden, daß bestimmte Fische dieser Art sich auch bei Ebbe zurechtfinden. Sie schaffen es, von einer Wasserlache zur nächsten zu gelangen, indem sie zielgenau von einem Felsvorsprung zum nächsten springen. Sich auf diese Weise fortzubewegen ist ein äußerst riskantes Unterfangen, ein Fehler, und sie werden an Land gespült oder verletzen sich. Doch sie schaffen es in der Tat. Daß sie sich hierfür sensorische Anhaltspunkte wie Lichtreflexe oder Gerüche zunutze machen könnten, ist laut Studien ausgeschlossen. Befinden sie sich in einem unbekannten Wasserloch, springen sie eben nicht. Die einzig denkbare Erklärung für diese bemerkenswerte Fähigkeit ist die, daß die Fische bei Flut über und um die Felsriffe, Felshöhlungen und Mulden am Meeresboden schwimmen und dabei eine detaillierte Landkarte des gesamten Gebiets anlegen, die sie in ihrem Gedächtnis abspeichern. Sie dient ihnen dann als Orientierungsvorlage zur Berechnung der Sprünge, wenn sie bei Ebbe in den Wasserlöchern »eingesperrt« sind.[5]

Auf die gleiche Weise erkennt ein Baby recht bald nicht nur den Unterschied zwischen einem Ball, einem Ballon und einem Gesicht, sondern auch den zwischen dem Gesicht der Mutter und dem des Vaters und stimmt seine Reaktionen entsprechend ab. Der Verstand eines Babys kann ausgebildet werden, und zwar nicht nur durch die

Erfahrungen der Vorfahren, er wird zudem geprägt durch die spezifischen Eigenarten der eigenen Erfahrungen – und das um einiges mehr, als dies bei den Meergrundlern der Fall ist. Der Verstand ist formbar, denn er wandelt Unkenntnis in Sachkenntnis, und das macht er außerordentlich perfekt. So schlagen sich allgemeine Begriffsklassen und Begriffe aus einzelnen, zufälligen Begebenheiten im Verstand nieder, so daß auf die Frage, »was soll ich als nächstes machen« eine Suche nach Übereinstimmungen aus den Aufzeichnungen unter der Kategorie »was gab es bisher« in Gang gesetzt wird. Das geht solange, bis sich mit etwas Glück ein gangbarer Weg auftut, um mit »so etwas wie dem« umzugehen – großer Hund, Reifenpanne, finsteres Gesicht, neuer Lehrer –, und das Selbstbewußtsein wiederhergestellt ist. Frühere Fehler können so vermieden und neue begangen werden. Die Welt auf diese Art kennenzulernen, ihre Strukturmuster aufzuzeichnen, weiterzuentwickeln und sie mit vernünftigen Reaktionen zu verknüpfen, ist das, was ein hochentwickeltes Nervensystem – ich nenne es auch »Hirn-und-Verstand-System« – tut. Es ist so konstruiert, daß es sich in Einklang bringt mit Schwingungen, die im Gehirn bestimmte Informationsfrequenzen durchlaufen und diese mit all den unzähligen, ausbaufähigen Leistungen verknüpft.

In der Evolution des Wissens folgt auf die Ausbildung des Verstands der nächste große Schritt, die »Neugierde«. Anstatt einfach aus Reaktionen auf unbekannte Situationen zu lernen, werden Tiere von selbst aktiv, sind wißbegierig, waghalsig und verspielt. Sofern gerade nichts Wichtigeres ansteht, lohnt es sich, den Erfahrungshorizont zu erweitern und folglich auch die eigenen Fähigkeiten und das Sicherheitsgefühl auszubauen, sich aufzumachen und aktiv auf Entdeckungsreise zu gehen. »Neugierde« ist von derart großem Nutzen, daß die Natur viele Spezies mit diesem Grundtrieb ausgestattet hat. Läßt man Ratten ein Labyrinth erkunden, bis sie jede Ecke kennen, und fügt dann eine neue Ecke hinzu, so werden sie diese blitzschnell untersuchen, auch wenn sie ihr Futter sonst immer in einer bestimmten gewohnten Ecke bekommen haben. Setzt man Affen in eine Kiste, so drücken sie mehrmals gegen den schweren Deckel, um zu sehen, was draußen vor sich geht; stundenlang spielen sie mit den Metallbeschlägen, auch wenn sie dafür keine Belohnung bekommen. Für ein Experiment über »Sinnesentzug« meldeten sich für 40 Dollar am Tag ein paar Freiwillige. Alles, was sie tun mußten, war, sich in einem Raum aufzuhalten, in dem es keinerlei sinnliche Reize gab, woraufhin sie sehr schnell verzweifelt nach irgend etwas Unterhaltsamem suchten und immer wieder einen Knopf betätigten, um eine Stimme zu hören, die längst überholte Börsennotierungen verlas.[6]

Zu den Funktionen Bildungsfähigkeit und Neugierde des Hirn-und-Verstand-Systems kommen Lernfähigkeit und Aufmerksamkeit, Erfahrungen machen wollen und darauf aus sein, die eigenen Fähigkeiten zu erweitern und Ungewißheiten einzuschränken. Um diese Funktionen zu erfüllen, bedarf es keiner zusätzlichen Ermutigung oder Disziplin – keiner bewußten Absicht, keiner Anstrengung, keiner Überlegung, keines Sich-erklären-müssens. Das bewußte Erarbeiten logischer Grundlagen gehört nicht zu den ursprünglich charakteristischen Besonderheiten von Lernen. Wissen – in seiner Ursprünglichkeit – ist implizit, praktisch orientiert und intuitiv. Unser Gehirn erkennt Grundmuster und stimmt Reaktionen ab; es wird programmiert von Eindrücken und Erfahrungen; die Programmierung läuft über Neuronen, wo eine Fülle von winzigen funktionalen Veränderungen aufgezeichnet wird und sich im Gesamtverhalten eines Lebewesens niederschlägt.

Die Natur hat uns mit dem besonderen Vorzug der unbewußten Intelligenz ausgezeichnet – intuitives Wissen kommt vor expliziter Kenntnis. Was also sind unserer Ansicht nach die wesentlichen Unterschiede zwischen unbewußten und bewußten Erkenntnisweisen?[7] Zunächst könnten wir meinen, daß unsere unbewußten Fähigkeiten stärker sind als unsere bewußten, daß sie nicht unterzukriegen und äußerst wehrhaft sind. Genau das zeigen auch neurologische Studien über Hirnschädigungen. Sind Erinnerungs-, Wahrnehmungsvermögen oder der kontrollierte Bewegungsablauf beeinträchtigt, gehen die bewußt ablaufenden Denkweisen als erste verloren, während die unbewußt ablaufenden Denkprozesse nach wie vor funktionieren.[8]

Zudem könnten wir meinen, daß die unbewußten Fähigkeiten – sofern wir sie als niedere Funktionen betrachten, die eher dem Erfolg der Evolution zuzurechnen sind als der zivilisierten Kultur – sich von Person zu Person nicht so sehr unterscheiden wie die bewußten, überlegten Denkweisen. Eins sollten wir allerdings nicht meinen, nämlich, daß intuitives Wissen mit Maßeinheiten der »bewußten Intelligenz« wie dem IQ viel gemein hat – denn das ist nicht der Fall. Die menschliche Fähigkeit, praktische Geschicklichkeiten – »praktische Intelligenz«, wie der Psychologe Robert Sternberg von der Harvard University es nennt – zu erlernen, die ihnen das tägliche Leben abverlangt, ist unabhängig von geistigen oder sprachlichen Begabungen. Straßenkinder in Brasilien sind in der Lage, Kopfrechnungen – auch nach gängigem Schulstandard mit äußerst komplizierten Zahlenreihen – fehlerlos zu meistern, wenn sie sie brauchen, obwohl sie laut Testergebnissen sehr schlechte mathematische Fähigkeiten haben. Amerikanische Handikapper, die auf Rennbahnen arbeiten, können Spielausgleichsberechnungen, die nach einer hochkomplizierten Regel mit bis zu sieben verschiedenen Variablen errechnet werden, durchführen, wobei diese Fähigkeit mit dem jeweiligen IQ-Wert nichts zu tun hat.[9]

Der noch unentwickelte Verstand von Kindern muß sich eher auf die unbewußt als auf die bewußt ablaufenden geistigen Tätigkeiten verlassen. Babys lernen, die Menschen zu erkennen, die für sie von Bedeutung sind, und sie lernen, am festen, familiären Tagesablauf immer mehr teilzuhaben – Badezeit, Essenszeit, Schlafenszeit –, und das lange bevor sie sich zu ihrem Tun äußern oder es reflektieren können. Laufen lernen sie durch die Trial-and-error-Methode; aus dem Wechselspiel zwischen dem Muskelapparat von Schultern, Rumpf und Beinen und den Sinnesorganen für Sehvermögen, Tast- und Gleichgewichtssinn ergeben sich mit der Zeit Tausende von automatischen Bewegungen. Sprechen lernen sie, indem sie die Sprache ihres Kulturkreises hören, ohne dabei über bestimmte grammatische Kenntnisse zu verfügen. Sie entwickeln Techniken, mit denen sie Dinge zueinander ins Verhältnis setzen, ohne dafür in einem Lehrbuch nachschlagen zu müssen. Und wenn sie dann älter werden, lernen sie Rad fahren, Geige spielen, Fußball spielen, Rendezvous zu haben, Essen zu machen, einzukaufen, zu fliegen und zu lieben, ohne vernünftig erklären zu können, wie es sich mit all den Dingen verhält, warum sie tun, was sie tun, oder wie sie all das erlernt haben.

Das meiste, was wir an brauchbarem Wissen im Laufe unseres Lebens erwerben, sind nicht explizite, bewußte Kenntnisse, sondern implizites, intuitives Wissen. Es geht uns in erster Linie nicht darum, daß wir imstande sind, über das zu reden, was wir tun, sondern es geht darum, es schlicht und einfach zu tun – gekonnt, mühelos, weitgehend unbewußt und ohne darüber nachdenken zu müssen. Und die dazugehörige Art und Weise von Lernen, die, mit der wir dieses intuitive Wissen erlangen – »Lernen durch Osmose«, wie ich es bezeichne –, legen wir nicht einfach mit der Zeit ab. Es ist unser biologisches Erbe, in der Lage zu sein, mit Hirn und Verstand fast unmerkliche

Regelmäßigkeiten in den durch Erfahrung erworbenen Kenntnissen aufzuspüren und sie als Leitfaden zur Entfaltung und Entwicklung von wirksamen Handlungsmustern nutzen zu können. Diese elementare Befähigung wird durch das Ausbilden von komplizierteren Lernmethoden ergänzt, nicht aber ersetzt. Die Präsenz der unbewußten Intelligenz, die nicht vom bewußten, klaren Verstand überlagert wird, fällt bei Tieren und kleinen Kindern viel mehr auf, doch ist es ein Fehler zu meinen, daß wir mit dem Älterwerden über sie hinauswachsen.

Dennoch wird dieser Fehler gemacht, und das ist teilweise das Verdienst des Schweizer Experimentalpsychologen – oder »Entwicklungsepistemologen«, wie er sich lieber bezeichnet – Jean Piaget. Die Fähigkeit, diese intuitive Erfahrenheit vollkommen zu beherrschen, nannte Piaget »sensorisch-motorische Intelligenz«. Er behauptete, daß sie während der ersten beiden Lebensjahre von höchster Bedeutung sei, mit der Zeit aber von anderen, stärkeren, abstrakten und in zunehmendem Maße auch intellektuellen Erkenntnisweisen eingeholt und verändert werden. In seiner außerordentlich einflußreichen »Entwicklungsstufen-Theorie« pflichtet Piaget stillschweigend der im Erziehungswesen verbreiteten Ansicht bei, daß die D-Denkweise die höchste Form von Intelligenz wäre. Durch den nachhaltigen Einfluß, den seine Betrachtungsweise auf ganze Erziehergenerationen hatte, half er ungewollt mit, daß die Schulen – auch bereits Vorschulen und Kindergärten – ihre Aufgabe vorwiegend darin sahen, Kinder davon abzubringen, sich auf ihre Sinne und ihre Intuition zu verlassen, als sie vielmehr so schnell wie möglich zu verstandesgesteuerten Welterklärern zu machen.

Die Gabe, aus alltäglichen Erfahrungen nützliche Aufzeichnungen und Mustervorlagen herauszufiltern, ist eine sehr natürliche und so eng mit unserem irdischen Dasein verbunden, daß sie in vielerlei Hinsicht der unbesungene

Held unseres kognitiven Potentials ist. Wir setzen sie ununterbrochen ein, ganz automatisch und so unbewußt, daß wir sehr leicht übersehen können, wie wertvoll und »intelligent« diese Befähigung eigentlich ist. Sie verkörpert die »armselige, unrühmliche Infanterie« unseres Geistes, ist weniger prunkvoll als die pompöse, hochgeschätzte Kavallerie, die auf unser bewußtes Denken einstürmt. Doch dieses unaufhörliche Wetzen und Schärfen unseres »sinnlichen Verstandes« – ich meine damit die fünf Sinne, die »fünf Fähigkeiten des Verstandes« wie ich im vorangegangenen Kapitel ausgeführt habe – beachten wir nicht, verachten es gar, zu unseren eigenen Ungunsten, denn wie sich zeigt, erlernen wir so manches, was die D-Denkweise nicht meistern kann, durch diesen langsamen, still und schweigend ablaufenden Denkprozeß. Es zeigt sich darüber hinaus, daß die D-Denkweise auf diese langsame Erkenntnisweise störend einwirkt, wenn wir uns ihrer allzu überschwenglich bedienen. Lernen durch Osmose – so heißt die Schulter, auf der der bewußte menschliche Verstand liegt. Die D-Denkweise ist ein aus Evolution und Kultur hervorgegangener Emporkömmling, dessen Eigenarten und Grenzen wir nicht richtig abschätzen können, wenn wir nicht einen Blick auf den stützenden Sockel werfen.

Ein Leben lang machen wir von dieser wenig beobachteten Befähigung Gebrauch, Grundmuster aufzunehmen und unser Verhalten entsprechend abzustimmen, ohne jedoch sagen zu können, was wir eigentlich erlernt haben, nicht einmal, daß wir überhaupt etwas gelernt haben. Hören wir ein Stück eines bestimmten Komponisten, fängt unser Gedächtnis sogleich an, alle charakteristischen Merkmale wie Instrumente, Klangbild oder Rhythmus herauszuhorchen, die uns darauf bringen zu sagen: »Ist das nicht Bruckner?« Doch wie wir darauf gekommen sind, können wir beileibe nicht sagen, es sei denn, wir sind

Musikwissenschaftler. Wer viele Krimis liest, ist irgendwann mit dem Genre so vertraut, wenn auch unbewußt, daß er, ohne darüber nachzudenken, weiß, daß der Mörder am Ende irgendeine flüchtige Randfigur aus Kapitel zwei sein wird. In einem neuen Job achten wir ganz bewußt und so genau wie möglich auf Gewohnheiten, etwa wie Kollegen miteinander umgehen, oder auf Gepflogenheiten am Arbeitsplatz. Doch wir lernen während der ersten Tage und Wochen auch eine ganze Menge automatisch: wie man sich morgens grüßt, wie man ganz beschäftigt tut, auch wenn man es gar nicht ist, welche Witze man »lustig« findet und welche eher »plump« oder »sexistisch« und so weiter. Auch bei Beförderungen, in festen Beziehungen, wenn man Kinder hat oder schmerzlichen Verlusten gegenübersteht, nimmt diese wertvolle Befähigung, intuitives Wissen durch winzige Poren aufzusaugen, nicht ab.

Neueste psychologische Forschungen in England und Amerika haben die Bedeutung dieses impliziten, intuitiven Lernvorgangs erneut bestätigt und aufgezeigt, wie er sich auf Dauer entwickelt. Eine berufliche Fragestellung, etwa wie man den städtischen Verkehrsfluß regelt, wird gelöst, indem man die Anzahl der Busse, Parkmöglichkeiten und -gebühren der Situation anpaßt. Oder wir lernen, wie man beispielsweise einen Schuletat einteilt oder komplizierte Vorgänge in der Industrie unter Kontrolle hält, beispielsweise die Arbeitsleistung in einer Fabrik oder die Energieabgabe in einem Elektrizitätswerk. Dianne Berry und der verstorbene Donald Broadbent von der Oxford University haben solche Vorgänge erforscht.[10] Betrachten wir einmal das Problem der Ertragsleistung in einem Betrieb. Als »Computerspiel« simuliert, sind auf dem Bildschirm die Ebenen verschiedener Faktoren – Mitarbeiterzahl und Lohnkosten – und die Ebene der Ertragsleistung zu sehen. Aufgabe des »Spielers« ist es nun, die Ertragsleistung durch geschickte Veränderung der Eingabe-Variablen stabil zu halten. Die Einflußgröße jeder einzelnen Variablen wird dabei von einer ziemlich komplizierten Gleichung ermittelt, von der der Spieler allerdings nichts weiß.

In ihrer Rolle als »Manager-Lehrling« sind die Spieler mit der Zeit in der Lage, die Eingabe-Variablen so zu verändern, daß die Ertragsleistung tatsächlich den gewünschten Wert erreicht – sie können jedoch nicht sagen, wie sie das machen, oder erklären, warum es funktioniert. Fragt man, warum sie sich für diesen oder jenen »Schritt« entschieden haben, bekommt man allenfalls zu hören: »Ich hatte so 'ne Ahnung« oder »gutes Gefühl gehabt«. Auch wenn der Schritt vollkommen richtig war, haben sie ihrer Meinung nach nur geraten. Beobachtet man über ein paar Tage hinweg die Leistung von Leuten bei einer ziemlich schwierigen Aufgabenstellung, so entwickeln sich praktisches, intuitives Wissen mit Bezug auf die Aufgabe und explizites, bewußtes Wissen – das, was die Leute selbst über ihre Leistung aussagen können – erstaunlich unterschiedlich. Die Fähigkeit, den Job zu bewältigen, entwickelt sich relativ schnell, zuweilen auch recht plötzlich; recht langsam hingegen wächst die Fähigkeit, das so gewonnene Wissen in Worte zu fassen und auszudrücken.

Was die Forschungsergebnisse von Broadbent und Berry zeigen, ist durchaus auch im alltäglichen Leben zu beobachten. Sportler oder Musiker entwickeln ein hohes Können, doch dieses zu werten oder zu erklären, bringt sie oft in große Verlegenheit. Lehrer sind mit der Zeit in der Lage, umgehend Entscheidungen zu fällen, etwa darüber, in welcher Form sie den Unterrichtsstoff vermitteln oder wie sie mit einer bestimmten Situation in der Klasse umgehen, könnten ihr Verhalten einem neugierig fragenden Schüler allerdings kaum begründen. Im Vorwort zu ihrem Werk über »Prinzipien der Problementstehung und Problemlösung« beschreiben der amerikanische Psycho-

50

therapeut Paul Watzlawick und seine Kollegen, wie es zu dem Buch kam. In jahrelanger Zusammenarbeit entwikkelten sie neue überzeugende Wege zum – wie sie es formulierten –»Umgang mit menschlichen Problemsituationen«, so daß Auswege aus anscheinend ausweglosen Situationen gefunden und Veränderungen herbeigeführt werden konnten. Durch Vorträge und Seminare stieß ihre Methode bei immer mehr Leuten auf Interesse, und als sie merkten, daß sie keine Erklärung dafür hatten, wie und warum ihre Methoden so erfolgreich sind, waren sie doch recht verlegen. »Erst allmählich waren wir imstande, unsere Vorgehensweise gedanklich klar zu umreißen«, schreiben sie über ihre Art des Vorgehens, die sie – auf einer anderen Ebene – ohne Probleme verstanden.[11]

Andere Aspekte des »implizierten Lernens« wurden auf experimentellem Wege von Pawel Lewicki und einigen Kollegen an der Universität im amerikanischen Tulsa untersucht.[12] Zwar sind manche Versuche in der langen Reihe von Experimenten ziemlich konstruiert, doch insgesamt gesehen sind sie sehr aufschlußreich. Genau wie die britischen Forscher haben auch sie Lernmethoden erforscht, welche Versuchspersonen die Lösung einer bestimmten Aufgabe dadurch erleichtern, daß sie fast unmerkliche, regelmäßige Muster aus Hunderten von Beispielen präsentiert bekommen. Doch die Versuche sind recht unterschiedlich angelegt. Bei einem Projekt sitzen die Versuchspersonen vor einem Computer und sehen auf dem Bildschirm vier Quadrate. In den Quadraten erscheinen beliebige Zahlen. Die Aufgabe der Versuchspersonen besteht nun darin, eine Zahl, sagen wir die 6, herauszufinden. Jedesmal, wenn sie auftaucht, muß die Person einen von vier Knöpfen vor sich drücken, um anzuzeigen, in welchem der vier Quadrate sich die Zahl 6 befindet. Der Computer zeichnet automatisch auf, wie lange der Proband gebraucht hat, die Zahl ausfindig zu machen, und ob

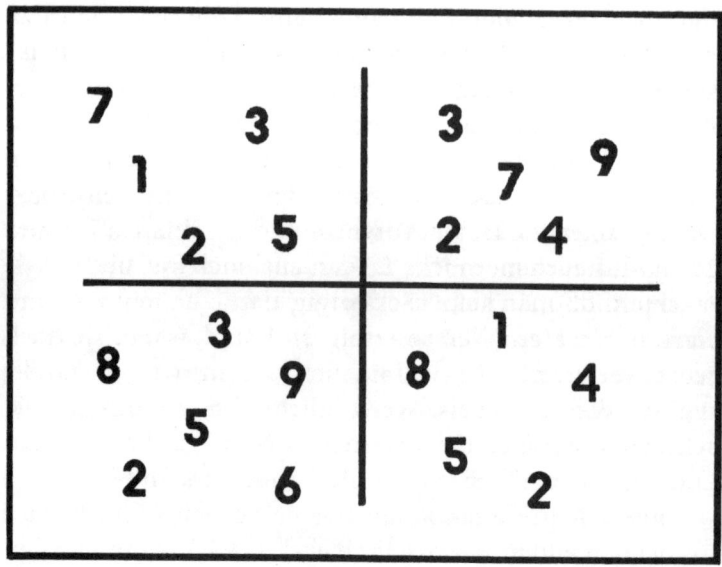

Abbildung 1: »In welchem Quadrat ist die 6?« Zahlenbeispiel aus den von Lewicki durchgeführten Experimenten

der richtige Knopf betätigt wurde. Danach wird eine kurze Pause gemacht, dann geht es weiter mit einem neuen – veränderten – Bild, auf dem wiederum die Zahl 6 gefunden werden muß; und das geht so weiter, »zahlreiche Versuche« lang. Die Versuchsreihen werden in Versuchsblöcken zu je sieben Versuchen eingeteilt, und zwischen jedem Block gibt es eine kurze Pause.

Man könnte nun annehmen, daß die Versuchspersonen die Zahl immer schneller herausfinden, sobald sie sich an die Aufgabe gewöhnt und immer mehr Übung darin haben, sie zu lösen. Doch der Witz bei der Sache ist folgender: Für die Versuchspersonen sieht es so aus, als ob die 6 von Versuch zu Versuch wahllos und zufällig irgendwo auftaucht. Doch in Wirklichkeit gibt es ein verstecktes, regelmäßiges Muster. Sieht man sich die Position der zu erkennenden Zahl im ersten, dritten, vierten und sechsten Versuch eines Versuchblocks an, könnte man theoretisch vorhersagen, in welchem Quadrat sie im siebten Versuch erscheinen wird. Hätte die 6 beispielsweise in Versuch 1 im oberen linken Quadrat gestanden, in Versuch 3 unten rechts, in Versuch 4 oben rechts und in Versuch 6 unten links, dann würde sie in Versuch 7 unten rechts auftauchen. In *jedem* Versuchsblock mit sieben Versuchen muß man sich also lediglich die Zahlenpositionen in den *einzelnen* Versuchen 1, 3, 4 und 6 merken. Das würde genügen, um das Muster zu erkennen. Natürlich wußten die Versuchspersonen nichts von dieser Regelmäßigkeit. Die Frage ist: Haben sie nichtsdestotrotz dieses Schema aufgegriffen und es sich zunutze gemacht? Wenn ja, müßten ihre Reaktionen bei Versuch 7 schneller sein als bei den anderen sechs Versuchen. Übung und Gewohnheit allein liefern hier wohl keine ausreichende Erklärung für derlei unterschiedliche Reaktionsergebnisse.

Und es stimmt: Vergleicht man die Reaktionszeiten in Versuch 7 mit denen aus den übrigen sechs Versuchen, so werden sie nach einer ganzen Reihe von Versuchsblocks allmählich immer kürzer. Die Versuchspersonen greifen das Muster also eindeutig auf und nutzen es. Doch als Lewicki seinen Versuchspersonen die Ergebnisse zeigte, waren sie über den »Versuch-7-Effekt« sehr erstaunt. Sie selbst hatten keine Ahnung, welche Information es hätte gewesen sein können, von der sie offenbar Gebrauch gemacht hatten. Würde man sie bitten, in ein paar weiteren Versuchen doch einmal eine *bewußt überlegte* Vorhersage für Versuch 7 zu treffen, ständen die Chancen 1 zu 4, daß sie richtig lägen.

Lewicki war ernstlich bemüht, seinen Versuchspersonen die Thematik begreiflich zu machen. Am Ende mehrerer Sitzungen teilte er ihnen mit, daß es durchaus ein regelmäßiges Muster, welches sie nutzten, *gegeben habe.* Er ließ ihnen unbegrenzt Zeit, sich die Zahlenreihen noch einmal anzusehen und bot ihnen ein beträchtliches Honorar, falls sie es schafften, das Muster auch nur annähernd zu bestimmen. Doch keiner schaffte es. Daraufhin arbeitete er mit einer Gruppe von Versuchspersonen, die aus seinen Kollegen an der Fakultät für Psychologie der Universität in Tulsa bestand. Sie – wenn überhaupt irgend jemand – hätten eigentlich imstande sein müssen dahinterzukommen, denn sie wußten ja, worum es bei den Forschungsarbeiten ging. Doch auch sie konnten das Muster nicht identifizieren. Als man ihnen die Versuchsauswertung zeigte und sie sahen, daß sie in jedem Versuchsblock beim letzten Versuch besser abgeschnitten hatten, behaupteten sogar einige steif und fest, Lewicki hätte mit unterschwelligen Reizen die schnellen und langsamen Reaktionen beeinflußt. Lewicki klärte sie über das benutzte Muster auf, woraufhin sie sagten, sie hätten doch gleich gesehen, daß da auf dem Bildschirm eindeutig etwas »faul« gewesen sei. Doch dem war nicht so, es erschien lediglich ein regelmäßiges Muster, daß ganz gut zu bemerken war, wenn nur der bewußte Verstand es hätte erkennen können.

Was aus diesen Studien klar ersichtlich wird, ist folgendes: Wir sind in der Lage, Zusammenhänge unbewußt herauszufinden, zu erlernen und komplizierte Muster zur Informationsgewinnung zu nutzen, welche unser forschender oder prüfender, bewußter Blick auch unter günstigen Bedingungen nicht einmal *sehen* kann, geschweige denn erfassen und zurückverfolgen. Die Komplexität von Lewickis Mustern war für die D-Denkweise eine Nummer zu groß, wie die Bandwurmsätze im vorangegangenen Kapitel auch – unmöglich zu verstehen. Doch als der flinke Verstand des Hasen schon nicht mehr wußte, wie der Hase läuft, stand der langsame Verstand der Schildkröte nicht still. Wir sind durchaus imstande, komplizierte Muster brauchbarer Informationen herauszufiltern – wir müssen uns einfach nur auf die Situation einlassen und reagieren, ohne uns den Kopf darüber zu zerbrechen. Natürlich stößt auch der unbewußte Verstand an Grenzen, was die geistigen Fähigkeiten der Wahrnehmung und Entdeckung anbelangt. So gibt es ein großes Potential an enorm wertvoller Information, die selbst für das Unterbewußtsein zu undeutlich oder kaum registrierbar ist. Doch man muß sich schon wundern über die Erfahrungswelten einer Gesellschaft, die diese unbewußten Kräfte ignoriert oder sie als kurzlebige Eintagsfliegen abtut und auf ein Erziehungssystem baut, das den Vorzug einzig und allein der Bildungsform der bewußten, intellektuellen Intelligenz gegenüber allen anderen gibt.

In diesem Zusammenhang sollten wir uns daran erinnern, daß auch das bewußte Verstehen aus dieser langsamen unmittelbaren Wissensaufnahme Nutzen zieht. Wollen wir also wirklich »etwas in unseren Kopf bekommen«, kommt es allem Anschein nach auf langsamere Erkenntnisprozesse, auf das »Nachsinnen« und »Sinnieren«, ebenso an wie darauf, geistig rege und wach zu sein. Doch viele Erzieher vermitteln den Eindruck, daß einzelne Wissensgebiete allein durch die D-Denkweise, durch zielgerichtetes Lernen und »harte Arbeit« beherrscht werden können – und sollten. Arthur Reber vom Brooklyn College in New York, einer der »Väter« des unbewußten Lernens, beschrieb jüngst in einem kurzen fachlichen Abriß, wie er zu diesem Thema kam.

Ich stieß auf die Thematik vom »impliziten Lernen« einfach dadurch, daß diese Art von Lernen für mich immer schon der natürlichste Weg war, mir einen Einblick in komplexe Aufgabenstellungen zu verschaffen. Ich fühlte mich einfach nie wohl dabei, mich mit den objektiven, logischen Tatbeständen herumzuschlagen, die das Lernen im herkömmlichen Sinne charakterisieren ... Von daher war ich nie ein besonders guter »Standard«-Schüler ... Ich merkte irgendwann, daß die »Lernarten«, die mir am liebsten waren, eigentlich so abliefen wie die sogenannte »Osmose«, das heißt, man versenkte sich einfach in den Stoff, meist ganz ungezwungen, und wartete ab, *bis das Verständnis mit der Zeit auf wunderbare Weise auftauchte.* Die Art von Wissen, die sich daraus irgendwie entwickelte, war zwar oft nicht klar strukturiert, doch das Interessante dabei war: Der Verstehensprozeß an sich schien ganz von selbst abzulaufen, völlig ohne zu lernen, und doch hatte man etwas gelernt.[13]

Die Studien von Broadbent und Berry, Lewicki und anderen haben klar gezeigt, was Lernen durch Osmose heißt. Sie machen deutlich, wie wertvoll es ist und unter welchen Voraussetzungen es sich vollzieht. Lernen durch Osmose extrahiert relevante Muster, Zufälligkeiten und Verhältnismäßigkeiten aus einer Vielzahl unterschiedlicher Gegebenheiten, sowohl zeit- als auch raumbezogen. Die Details dieser Gegebenheiten und die Folgen des Eingreifens werden auf nonverbale Weise wahrgenommen, entspannt und dennoch sehr genau, ohne irgendeinen ausführlichen, begründenden oder bewertenden Kommentar zu formulieren und ohne bewußt nach klarem, intellektuellem Verständnis zu suchen. Ein japanisches Sprichwort spiegelt diese Erkenntnis: »Nicht lernen; sich daran gewöhnen.« So gebrauchen wir das Lernen durch Osmose in komplizierten Situationen, die nicht eindeutig analysiert oder definiert werden können, wo es darum geht, Dinge eher praktisch meistern zu können, als nach Erklärungen zu suchen. Das Lernen durch Osmose filtert nach und nach versteckte Muster aus einer Vielzahl von anscheinend unterschiedlichen Erfahrungen – und dazu braucht es Zeit. Diese Form von Ur-Intelligenz, die wir von unseren

Vorfahren aus der Tierwelt übernommen haben, bleibt uns ein Leben lang aktiv erhalten und von großem Wert – sofern man sie nicht behindert. Ur-Intelligenz ist die erste und ursprünglichste Form aller langsamen Erkenntnisweisen. Leider wird sie nur allzu leicht übersehen und von der D-Denkweise überschattet.

KAPITEL 3

Wie denken das Lernen behindert: Artikuliertes Bewußtsein in frühen Lernphasen

> Der einfachste Handgriff, die normalste Ge-
> bärde, ja die geringste all unserer Fähigkeiten
> stünden uns als unüberwindliche Hindernisse
> im Weg, müßten wir alles erst einmal mit
> unserem Verstand durchdringen, um es dann
> in die Tat umzusetzen. Achilles wird die
> Schildkröte bestimmt nicht besiegen, wenn er
> erst lange über Raum und Zeit meditiert.
>
> *Paul Valéry*

Es war vor etwa zehn Jahren, als ich Referendare betreute und im pädagogischen Seminar bei einer Unterrichtsübung über Photosynthese hospitierte, die einer meiner Studenten abhielt. Die Klasse mit Schülern im Alter von ungefähr zwölf Jahren hatte ein Übungsblatt bekommen, und der Referendar lief durch die Reihen, um Fragen zu beantworten. Die Stunde verlief gut. Vor mir saßen zwei Mädchen über dem Blatt, die offenbar »steckengeblieben« waren. Sie unterhielten sich leise, die eine meldete sich, und sie warteten geduldig, bis der Lehrer ihnen zu Hilfe kam. Das Mädchen, das den Finger hob, spielte gleichzeitig mit einem Puzzlespiel, das damals sehr in Mode war, dem Zauberwürfel. Das ist ein Würfel, der sich aus mehreren kleinen Würfeln zusammensetzt, wobei eine seiner Seiten aus neun solcher kleinen Mini-Würfel besteht. Er ist so raffiniert gemacht, daß die Würfelvorderseiten jeweils gegeneinander gedreht werden können. Die Mini-Würfel hatten alle eine andere Farbe, und es ging darum, den Würfel als Ganzes so hin- und herzudrehen, daß am Ende alle Mini-Würfel auf einer Oberfläche des großen Würfels die gleiche Farbe aufwiesen.

Da sie ja nur eine Hand frei hatte, hielt das Mädchen den Würfel in der anderen, drehte die Mini-Würfel mit den Zähnen und unterhielt sich nebenbei auch noch mit ihrer Freundin. Es sah so aus, als ob sie in ihr Würfelspiel nicht sonderlich vertieft war. Doch, wie ich beobachtete, kam sie damit recht gut voran. Sie hielt des öfteren inne, um die letzten paar Drehungen wieder rückgängig zu machen und einen neuen Weg auszuprobieren. Ich ging zu ihr und bat sie, mir doch zu sagen, was sie da machte. Sie schaute mich ganz erschrocken an, und das aus zwei Gründen: zum einen, weil sie wohl dachte, ich wolle sie indirekt zusammenstauchen, wie Lehrer das manchmal so machen, zum anderen, weil sie überhaupt nicht gemerkt hatte, was sie da eigentlich tat. Es schien, als wäre sie über die Existenz des Zauberwürfels in ihrer Hand ganz erstaunt. Sie blickte mich an, um herauszufinden, ob ich sauer war. Ich versicherte ihr, daß ich mich ganz ehrlich dafür interessierte. Und so erklärte sie mir – so gut sie konnte –, was sie da gemacht hatte: »Nichts«, sagte sie, »nur so herumgespielt.«

Uns Erwachsenen, auch mir, geht dieser »dumme Würfel« schnell auf die Nerven, es packt uns gar die blanke Wut, wir fühlen uns überaus verlegen und merken schnell, daß wir mit der natürlichen Mühelosigkeit, mit der Kinder – auch wenn sie nicht sonderlich clever sind – das Würfelspiel offenbar beherrschen, nicht mithalten können.[1] Wir können nicht verstehen, wie man es macht, und als wäre es zu banal, sich damit abzumühen, geben wir das Spielzeug, nachdem wir eine Weile damit herumgespielt haben, an seinen kleinen Besitzer zurück und suchen uns etwas, das unser angekratztes Selbstwertgefühl wiederherstellt. Der Haken bei der Geschichte mit dem Zauberwürfel ist

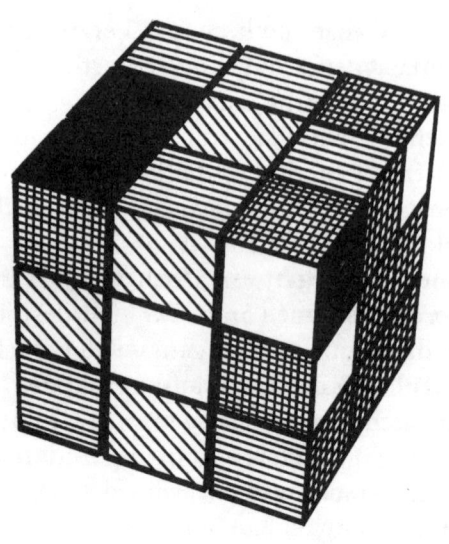

Abbildung 2: Der Zauberwürfel

der, daß wir Erwachsenen umgehend in die D-Denkweise verfallen und versuchen, *das Problem zu lösen,* doch das führt zu nichts. Dafür ist die D-Denkweise einfach viel zu kompliziert. Was man dafür braucht, sind Kräfte der Logik und ein Erinnerungsvermögen, das jenseits des üblichen Bewußtseinsbereichs liegt, so wie es auch bei den Grundmustern in den Experimenten von Lewicki oder den unverständlichen Bandwurmsätzen der Fall war. Will man das Würfelspiel meistern, muß man sich ganz allmählich die Fähigkeit aneignen, verschiedene, immer wiederkehrende Muster zu *sehen,* und den Würfel dann entsprechend drehen: Das heißt, unsere fünf Sinne schärfen, und zwar über den nicht-verstandesbetonten Denkprozeß der Beobachtung und des Ausprobierens. Und das nämlich ist genau die Art von »Erkenntnis«, die meine zwölfjährige Wissenschaftlerin mit ihrer »Herumspielerei« ganz eindrucksvoll vermittelt hat. Sie hatte die natürliche Ge-

60

schicklichkeit dieser beiläufigen Lernweise, die ganz nebenher abzulaufen schien, noch nicht verlernt, und so wie es aussah, war es ihr auch völlig egal, daß sie das Ergebnis nicht in Worte fassen konnte. Doch ich, ein langjähriges Opfer der D-Denkweise, hatte sie verlernt, und es war mir nicht gleichgültig, daß ich das Problem auf diese Weise nicht lösen konnte.

Welche Beziehung gibt es zwischen implizitem, intuitivem Wissen auf der einen Seite, der praktisch orientierten Intelligenz, die es uns ermöglicht, uns in der Welt zurechtzufinden, und expliziter, artikulierter Kenntnis auf der anderen, die sich in der D-Denkweise zeigt? Im Bildungswesen und auch anderswo wird weithin angenommen, daß bewußtes Verständnis, die Fähigkeit, artikulieren und erklären zu können, allgemein von Vorteil und Nutzen ist. Begreifen, wie und warum wir etwas tun, sollte uns gewissermaßen zum Handeln verhelfen. Doch tut es das wirklich? Sieht man sich die Reaktion von Erwachsenen beim Spiel mit dem Zauberwürfel an, so gibt es anscheinend ein zur Gewohnheit gewordenes Bestreben danach, unbedingt die Zusammenhänge begreifen zu wollen, was in Wirklichkeit aber den Einsatz der nicht-verstandesbetonten Erkenntniswege unterbinden könnte. Wir haben diese Wege einfach vergessen oder »glauben« nicht mehr an sie – ein begründeter Verdacht, für den es nunmehr schlüssige Beweise gibt.

Der »Dumme-Würfel«-Effekt zeigte sich auch in den Studien von Broadbent und Berry. Die Fähigkeit der Testpersonen, die Ertragsleistung eines Betriebs optimal zu beeinflussen, entwickelte sich nicht nur schneller als die Fähigkeit, ihr Tun erklären zu können, vielmehr baute sich das Vertrauen in diese Fähigkeit auch eher auf, wenn es explizit erkannt werden konnte, als wenn es auf der Ebene des intuitiven Wissens blieb. Solange die Testpersonen nicht in der Lage sind zu erklären, was sie tun, nehmen sie ihre hervorragende Leistung oft auch nicht ernst. Selbst wenn sie sich ganz gut schlagen, kommt es ihnen so vor, als würden sie nur raten. Und wenn man es ihnen freigestellt hätte, wären viele Testpersonen vorzeitig aus dem Test ausgestiegen, vor lauter Angst, sie könnten sich blamieren. Und nur, weil sie dachten, sie könnten sich mit einem vorzeitigen Aussteigen noch mehr kompromittieren, harrten sie aus, obwohl es ihnen an Selbstvertrauen mangelte, und gaben somit dem unbewußten Lernen eine Chance. Das Vertrauen in die D-Denkweise war anerzogen, zeigte sie doch auch, wieviel man wußte. Demnach mißtrauten sie – zumindest anfänglich – einem vollkommen intuitiven Wissen, das (noch) keine konkreten, bewußten Formen annahm.

Es ist zumindest vorstellbar, daß es zwischen diesen beiden Wissensebenen – implizit und explizit – tatsächlich eine Verbindung gibt: Das heißt, es müßte eigentlich eine Wechselwirkung stattfinden zwischen dem bewußten Verständnis für eine Aufgabe selbst und dem tatsächlichen »gewußt wie«. Von Piloten und Medizinstudenten erwarten wir schließlich auch, daß sie theoretische und praktische Prüfungen ablegen. So dürfen wir davon ausgehen, daß in den mündlichen Tests, in denen Wissen und Verständnis abgefragt werden, etwas bewertet wird, das für die Praxis von großer Bedeutung ist. Leider scheint das nicht immer der Fall zu sein. In zahlreichen Untersuchungen mit Testpersonen nach der Broadbent-und-Berry-Methode stellte sich heraus, daß ihr Vermögen, eine Handlungsgrundlage eindeutig in Worte zu fassen, mit ihrer tatsächlichen praktischen Fähigkeit *negativ* verknüpft war.[2] Wer eine Lage schnell erfassen und entsprechend gut darauf reagieren kann, tut sich in der Tat schwer damit, sein Tun und Handeln zu erklären. Und umgekehrt kommt es vor, daß man denkt, man weiß, was man tut, in Wirklichkeit aber viel weniger dabei herauskommt. Kann man demnach also entweder nur Gelehrter oder nur Praktiker sein? So sieht es jedenfalls aus; man kann nicht immer beides gleichermaßen sein.

Diese ungleichgewichtige Verschiebung zwischen praktischem Geschick und theoretischem Erklärungsvermögen zeigt sich am auffälligsten in neuartigen, komplizierten und gewissermaßen auch der Intuition gegenläufigen Situationen: Wenn man zum Lösen einer Aufgabe andere Denkmuster braucht als die, die uns der »gesunde Verstand« – aufgrund »vernünftiger Annahmen«, auf denen die D-Denkweise beruht – vorgeben möchte.[3] Mit der D-Denkweise kommt man in solchen Situationen gut zurecht, in denen eine geringe Anzahl von Faktoren auf vorhersagbare Art und Weise zusammenwirken und wo diese Wechselwirkungen auf einer Linie liegt mit allem, was »plausibel« oder »offensichtlich« erscheint. Langwierige »Herumspielerei« kann also erfolgreich abgekürzt werden, versucht man zu verstehen, wie etwas funktioniert. Doch in einer veränderten Lernsituation unter anderen Lernbedingungen ist die D-Denkweise hinderlich und nicht das geeignete Denkwerkzeug. Wird die D-Denkweise unter solchen Umständen dennoch wiederholt angewendet, kann eine Aufgabe nicht mit Erfolg zu Ende geführt werden. Der Versuch, eine Lernsituation mit Gewalt den eigenen Erwartungen anzupassen, auch wenn man damit ganz offensichtlich schiefliegt, kann der D-Denkweise nichts anhaben, sie arbeitet weiter – doch das Problem läßt sich so nicht lösen.

Betrachten wir einmal ein klassisches Experiment, das Peter Wason von der Londoner Universität durchführte. Studenten der unteren Semester bekamen drei Zahlen vorgelegt: 2, 4 und 6. Es wurde ihnen gesagt, daß diese drei Zahlen in eine von Wason erdachte Beziehung zu bringen seien.[4] Aufgabe der Studenten war es, solange Zahlentrios zusammenzustellen – Wason sagte ihnen immer, ob sie in die Regel paßten oder nicht –, bis sie glaubten, hinter die Gesetzmäßigkeit gekommen zu sein. Diese sollten sie Wason dann mitteilen. Folgender Dialog sei als Beispiel angeführt:

Student: 3, 5, 7?
Wason: Ja, das folgt der Regel.
S: 10, 12, 14?
W: Ja.
S: 97, 99, 101?
W: Ja.
S: Klar, die Regel lautet: n, n+2, n+4.
W: Nein, das stimmt nicht.
S *(völlig verwirrt):* Oh, das muß aber stimmen!

Das Problem war, daß die Studenten von vornherein dachten, sie hätten die Regel erkannt. Somit kombinierten sie Zahlen, allein um das bestätigt zu bekommen, was sie glaubten bereits zu wissen. Hätten ihre Vorschläge sie zum Ziel geführt, so hätte sich auch die Art und Weise, das Problem anzugehen, als logisch und effizient erwiesen. Doch wenn das, was so einleuchtend erscheint, in Wirklichkeit nicht zutrifft, fällt man mit solch einer Vorgehensweise fürchterlich auf die Nase. Denn Wasons Regel ist viel allgemeiner: Sie lautet »eine beliebige aufsteigende Folge aus drei Zahlen«. Man hätte es also auch mit der Kombination »2, 4, 183« versuchen können und wäre damit viel weiter gekommen, auch wenn diese Zahlenfolge für jemanden, der glaubt, die Regel durchschaut zu haben, etwas einfältig aussieht.

Geht man mit der D-Denkweise derart fehl, strengt man seinen Verstand meist noch mehr an. Anstatt es auf weniger verbissene Art oder von einer anderen Seite her zu probieren, wo auch weniger intelligente Erwägungen interessante Perspektiven eröffnen können, denkt man sich immer überspanntere Lösungsvorschläge aus. »Aha«, mag man überlegen, »vielleicht geht die Regel so, daß die mittlere Zahl in der Mitte zwischen der ersten und letzten liegt. Also probieren wir's mal mit 2, 5, 8 und 10, 15, 20.« Bestätigt Wason, daß die Zahlenreihen der Regel folgen, seufzt man erleichtert auf – nur um dann wieder am Boden zerstört zu sein, wenn man zu hören bekommt, daß die Regel dennoch eine andere ist. Oder aber man will ganz scharfsinnig sein, hält an der ursprünglichen Hypothese fest – von der man eigentlich ja genau weiß, daß sie nicht der Regel entspricht – und formuliert sie neu. Beispielsweise so: »Also gut, sie lautet nicht n, n+2, n+4, aber vielleicht so: Denk dir eine Zahl, zähle 4 hinzu, um auf die dritte Zahl zu kommen, dann zähle die erste und dritte Zahl zusammen und teile sie durch zwei, um auf die mittlere Zahl zu kommen« – was natürlich ein und dasselbe ist. Nachdem die Testpersonen auch mit diesem Rechenbeispiel falsch lagen, versuchten sie, weiter dem irreführenden Denkschema folgend, immer neue Zahlenkombinationen. Dabei hätte man es ja auch einmal mit der Trial-and-error-Methode, mit »Herumspielerei«, probieren können, um die nötigen Informationen zu bekommen. Doch läßt man sich leicht täuschen, *man beobachtet, wie sich das System faktisch verhält, um herauszufinden, was dahintersteckt, und verwendet mögliche Erklärungsversuche als Handlungsgrundlage.*

Was passiert aber, wenn man in die Broadbent-Berry-Aufgabe ein paar Anweisungen einbaut, in Form von hilfreichen Hinweisen und Andeutungen? Ist das der Lösung der Aufgabe eher förderlich oder hinderlich? Bei dieser Frage würde die traditionelle »Schulweisheit« vehement für ersteres plädieren, wohingegen Forschungsergebnisse auch hier einmal mehr zeigen, daß der Verstand nicht immer so direkt und geradlinig funktioniert. Bewußte Kenntnis ist nicht in jedem Fall eine hilfreiche Stütze, vor allem nicht, wenn sie in einer zu frühen Lernphase vermittelt wird; auch dann nicht, wenn die Aufmerksamkeit des Lernenden dadurch auf einzelne charakteristische Merkmale gelenkt wird. Die mögen zwar stimmen, haben aber nicht im geringsten etwas mit dem faktischen Verhalten der Situation an sich zu tun und stehen womöglich noch völlig unvermutet mit anderen spezifischen Merkmalen in wechselseitiger Beziehung.

Nehmen wir noch einmal die Aufgabe zur Ertragsleistung eines Betriebs. Wenn ich beispielsweise sage, daß man den Faktor »Alter« berücksichtigen könnte, so rattert gleich alles mögliche durch den Kopf: Vielleicht spielt das »Arbeitstempo« (in jenem hypothetischen Betrieb) ja eine Rolle, nicht zu schnell und nicht zu langsam – und Arbeitsleistung hängt vom Alter ab, und so sollte man vielleicht Leute im Alter von 30 oder 40 den Zwanzigjährigen (sind zu schnell) und den Fünfzigjährigen (sind zu langsam) vorziehen. Oder gibt es diesen Zusammenhang etwa nicht? Sehen Sie, so sind Sie auf den zum Scheitern verurteilten Versuch hereingefallen, begreifen zu wollen, inwiefern das Alter eine Rolle spielt, und überdies auch noch davon abgelenkt worden, einfach zu beobachten, was passiert. Man geht selbstverständlich davon aus – vernünftigerweise – daß vorgegebene Informationen irgendwie von Nutzen sind, also versucht man, sie irgendwie anzuwenden, auch wenn das nicht unbedingt die allerbeste Methode ist. Die Wahrnehmungsfelder unseres unbewußten Hirn-und-Verstand-Systems mit all den reichhaltigen Informationen, von denen unser Denken abhängt, läßt man indessen darben. Wie man herausfand, können Testpersonen erst zu einem sehr viel späteren Zeitpunkt mit vorgegebenen Hinweisen etwas anfangen – *und auch nur vielleicht.* Auf jeden Fall erst, nachdem sie genügend Zeit hatten, sich eine solide Erfahrungsgrundlage zu schaffen, auf die sie dann alle klar formulierten Zusatzinformationen beziehen können.

Beim Erteilen von Anweisungen und Ratschlägen mit dem Ziel, praktisches Geschick zu entwickeln, ist äußerste Vorsicht angebracht. Das wissen Sport-Coaches, Musiklehrer, Managementtrainer oder andere Ausbilder nur zu gut – oder sollten es zumindest wissen. Die meisten Trainer können sehr gut nachvollziehen, daß innerhalb ihres Betätigungsfeldes Beobachtung und Praxis die entscheidenden Lernhilfen sind und daß Hinweise, Tips und Erklärungen dem Schützling langsam und dosiert verabreicht werden sollten. Der Schüler muß die Hilfestellungen in seine sich nach und nach immer weiter entwickelnde praktische Fertigkeit einbinden können; sie muß mit bereits gemachten Erfahrungen verglichen und verbunden werden – und das braucht Zeit. Mit dem Coaching ist es wie mit dem Mayonnaise-Rühren, um auf mein anfangs erwähntes Beispiel zurückzukommen: Ratschläge muß man genau wie das Öl bei der Mayonnaise sehr sparsam dosieren. Gibt man zu viel zu schnell hinzu – wenn man es zu eilig hat –, fällt alles zusammen, abstrakte Kenntnisse trennen sich von aus der Praxis gewonnenen, und man ist auf dem besten Wege, einen Theoretiker statt einen Praktiker hervorzubringen oder selbst einer zu werden.

Was also ist die logische Folgerung aus diesen Ergebnissen? Findet man sich als Lerner in Lernsituationen wieder, wo es auf Lernen durch Osmose ankommt, lernt man effektiver, wenn man damit aufhört, sich immer alles bewußt vergegenwärtigen zu wollen. Hat man sich die D-Denkweise erst einmal aus dem Sinn geschlagen, kann sie einem auch nicht mehr in die Quere kommen. Mark Coulson von der University of Middlesex weist mit einem kürzlich durchgeführten Experiment darauf hin, daß dem wohl tatsächlich so ist.[5] Er stellte die Aufgabe zur Ertragsleistung im Betrieb in zweierlei Varianten: in der einen zeigte sich eine gewisse Logik in der Beziehung zwischen den Reaktionen der Testpersonen und der Entwicklung des Systems, in der anderen nicht. In der zweiten »unlogischen« Version war das System so programmiert, daß es auf die Reaktion der Testperson aus dem letzten beziehungsweise vorletzten Versuch ansprach und nicht auf die augenblickliche – eine Relation, die eigentlich nicht viel mit Intuition zu tun hat. Man könnte das in etwa mit dem Partyspiel »Luftschlösser bauen« vergleichen, wo eine Person durch Ja/Nein-Fragen das zuvor erdachte »Schloß« erraten muß. Das Opfer hat nicht die leiseste Ahnung, daß die Mitspieler die Ja- oder Nein-Antworten allein davon anhängig machen, ob die Frage mit einem Vokal oder einem Konsonanten endet. Das Lustige dabei ist, daß das Opfer durch diese Spielregel auf ganz komische Vorstellungen und Ideen von dem »Luftschloß« kommt; je mehr es versucht, sich einen vernünftigen Reim auf die gegebenen Antworten zu machen, desto seltsamer gestaltet sich das »Luftschloß« und desto unwahrscheinlicher wird es, daß die Testperson hinter den »Trick bei der Sache« kommt.

Ähnliche Studien haben ergeben, daß logische Aufgaben über den Kanal der D-Denkweise Eingang in unser Gehirn finden, die unlogischen nicht. Die Wechselbeziehungen zwischen Frage und Antwort sind genau wie beim »Luftschloß«-Spiel derart undurchsichtig, daß jeder Versuch, vernünftige Gedankengänge oder nachvollziehbare Hypothesen aufzustellen, die Zusammenhänge wohl kaum enthüllen wird. Als einzig wirksame Strategie bleibt, die Vorgänge schlicht und einfach zu beobachten, und zwar mit einer so geringen Erwartungshaltung wie möglich. Von daher hätten sich die Testpersonen mit der unlogischen Aufgabe leichter getan, wenn man sie vor Beginn der Testreihe dazu gebracht hätte, von der D-Denkweise Abstand zu nehmen.

In der Studie von Coulson nahmen die Testpersonen entweder nur an der »logischen« Testaufgabe oder nur an der

»unlogischen« teil. Wie beim zuvor beschriebenen Versuch bestand auch hier die Aufgabe darin, in einer Reihe von Versuchen die Betriebsleistungen unter Kontrolle zu halten. In beiden Versuchsvarianten wurde der Hälfte der teilnehmenden Testpersonen in einem »Vorsprungstraining« das rein zufällig bestimmte System des Computers bewußt vor Augen geführt – eine Lernerfahrung, die nach Meinung Coulsons das Vertrauen in die D-Denkweise mindern müßte, da ein auch noch so intelligenter Mensch kein Grundmuster entdecken konnte, denn es gab keins zu entdecken. Während die Testpersonen insgesamt länger brauchten, die unlogische Variante als die logische zu begreifen, erfaßten die Personen mit Vorsprungstraining die unlogische Variante schneller als die ohne Training. Auf der anderen Seite jedoch begriffen die Testpersonen mit »Zufalls«-Erfahrung die logische Variante langsamer als diejenigen ohne. Nach Coulson führt die vorausgegangene Lernerfahrung mit der »Zufalls«-Variante zu einer gewissen Verwirrung, so daß die Testpersonen im Versuch selbst bereits vom D-Denkmuster abgekommen waren, was sich zugunsten der Methode des Lernens durch Osmose auswirkte. Bei der unlogischen Variante wäre man damit im Vorteil gewesen, denn das Lernen durch Osmose wird vom Intellekt nicht behindert. Bei der anderen Testvariante, die vom logischen Verständnis abhängig ist, wäre man hingegen im Nachteil gewesen, wenn man das Denken nach der D-Denkweise eingestellt hätte. Was also ist besser, die Hasen- oder die Schildkröten-Denkweise? Das hängt ganz entscheidend von den jeweiligen Lernbedingungen ab. Sind diese sehr komplex, ungewohnt, oder reagiert das Computersystem auf unerwartete Weise, verläßt man sich besser auf die langsame Schildkröten-Denkweise. Handelt es sich um ein leichtes, logisches Gedankenpuzzle, probiert man's vielleicht erst einmal mit dem flinken Verstand des Hasen.

Es gibt zweifelsohne viele Situationen, für die die D-Denkweise das richtige Denkwerkzeug ist, wo der Hase ganz klar das Rennen macht. Stellen Sie sich einmal ein ganz normales Schachbrett vor mit acht mal acht schwarzen und weißen Feldern, von dem Sie zwei sich diagonal gegenüberliegende Felder abschneiden. Es sind also noch 62 Felder übrig (siehe Abbildung 3). Basteln Sie sich nun 31 schwarzweiße Dominosteine aus Pappkarton und verteilen Sie diese ganz beliebig auf dem Spielbrett, bis es ganz bedeckt ist. Nun geben Sie mir das etwas verstümmelte Brett mit den länglichen Dominosteinen und der Aufgabe, die 62 Felder mit den 31 Spielsteinen zu besetzen, schwarz auf schwarz und weiß auf weiß, ohne die Steine zu zerschneiden, zu knicken oder übereinander zu legen. Was stelle ich also an?

Mein erster Gedanke ist der, daß es zu schaffen ist – 31 Dominosteine, jeder davon bedeckt zwei Felder: 31 mal 2 gleich 62 *q.e.d.* (was zu beweisen war). Doch mein seltsam nachdenklicher Blick verrät, daß es vielleicht doch nicht ganz so leicht ist. Ich fange also an, die Spielsteine über das Brett zu verteilen, doch bei jedem Versuch bleibt mit dem letzten Spielstein ein Spielfeld auf der gegenüberliegenden Seite des Bretts liegen. Da ich tief in meinem Inneren davon überzeugt bin, *daß es möglich ist,* schiebe ich die Spielsteine gespannt weiter umher, so lange, bis ich mir eingestehen muß, daß ich allem Anschein nach die Lösung nicht finden kann, was mich mittlerweile ganz schön viel Zeit und einiges an Nerven gekostet hat.

Jetzt geben Sie mir den Hinweis, doch einmal die *Farben* des Spielbretts zu betrachten..., besonders die der beiden abgeschnittenen Spielfelder. Ich weiß natürlich nicht, was Sie damit meinen, denn ich hatte automatisch angenommen, die Farbe der Spielfelder sei nicht von Bedeutung, und habe sie deshalb auch nicht weiter bedacht. Doch jetzt merke ich, daß die beiden abgeschnit-

Abbildung 3: Das »verstümmelte Schachbrett«

tenen Spielfelder ja die *gleiche* Farbe haben müssen, also entweder schwarz oder weiß. Fehlen zwei weiße Felder, heißt das, daß 30 weiße und 32 schwarze Spielfelder übrig sind – ein ungleiches Verhältnis. Aber jeder Spielstein muß zwei benachbarte Felder bedecken, das heißt, ein schwarzes und ein weißes; demnach – und jetzt komme ich auch darauf – kann es gar nicht gehen. Zur Lösung hätte man also nicht nur eine gerade Anzahl an Spielfeldern gebraucht, sondern auch gleich viele schwarze und weiße Flächen. Stellen Sie sich einmal ein Spielbrett mit zwei mal zwei Feldern vor, also vier Feldern. Entfernt man nun analog dazu die beiden diagonal gegenüberliegenden Seiten, ist die Antwort auf einmal ganz einfach. Mit ein bißchen einfacher Überlegung hätte ich mir Zeit und Ärger ersparen können.

Paul Lewicki hat mit seinen Assistenten an der Universität in Tulsa einen etwas anderen Aspekt der beiden Bereiche von intuitivem Wissen und expliziter Kenntnis untersucht. Sie wollten herausfinden, ob sich bei den Lernvorgängen beide zusammen verändern oder ob der Prozeß, der nur einen Teil unseres Denkens beeinflußt, den anderen ungerührt läßt. Die Forscher konzentrierten sich auf einen speziellen Komplex von Grundverhaltensmustern, die wir alle seit frühester Kindheit entwickelt haben und in denen man uns für geradezu meisterhaft halten könnte: Es geht um Assoziationsmuster. Konkret ging es darum, daß wir an der Mimik mutmaßliche Verhaltensweisen ablesen können, an Gesichtsausdruck, Stimmung oder Wesenszügen. Auch wenn vieles davon implizites Wissen ist, haben wir einiges an bewußter Kenntnis entwickelt, eine Art zwischenmenschlicher Richtschnur, welche wir gerne und immer wieder anwenden. Brillenträger beispielsweise assoziieren wir oft mit fleißig und lernbegierig; meidet jemand direkten Blickkontakt, ist er schüchtern oder von zwielichtiger Natur; jemand mit großen Pupillen wirkt warmherziger als jemand mit kleinen; sieht man jemanden faul herumhängen, ist man überzeugt, daß es sich ganz bestimmt nicht um einen Universitätsprofessor handelt. Jeder von uns hat sein eigenes Erkennungsschema für charakteristische Wesenszüge. So glauben wir »traurige Augen« oder »einen verbissenen Mund« erkennen zu können.

Lewicki wollte von seinen Testpersonen zunächst Assoziationsmuster wissen, und zwar alle, die ihnen einfielen. Dann ließ er sie Fotos anschauen, auf denen ihnen unbekannte Menschen zu sehen waren, und bat sie, deren mutmaßliche Wesenszüge zu deuten. Nach jeder Aussage zu einem Foto erhielten sie ein »Feedback«; sie bekamen gesagt, inwieweit die Aussage zutraf. Allerdings war den Testpersonen nicht bekannt, daß Lewicki erneut »dazwischengefunkt« hatte. Er beeinflußte die Probanden, indem er bestimmte Wesensmerkmale, die er den Personen auf den Fotos zuordnete, aus einer Kombination von ein paar kaum wahrnehmbaren, fein gezeichneten Gesichtszügen, heraushob. Genau wie in den von Lewicki durchgeführten Experimenten, die ich in Kapitel 2 beschrieben habe, wurden die Testpersonen in der Deutung der Wesenszüge immer besser, obwohl sie keinerlei bewußte Kenntnis über mögliche Zusammenhänge zwischen Gesichtszügen und mutmaßlichen Wesenszügen hatten.

Doch auch hier gibt es einen Haken. Lewicki hatte nämlich seine Zuordnungsmerkmale so angelegt, daß manche davon das genaue Gegenteil von jenen Grundmustern waren, welche die Testpersonen zuvor angegeben hatten und auf die sie sich bislang immer verließen. Wollten sie also diese neuen Assoziationsmuster im Test erlernen, mußten sie zwangsläufig von ihren gewohnten mutmaßenden Denkgrundmustern ablassen. Lewicki wollte wissen, welche Auswirkungen dieses Umdenken einerseits auf das Lerntempo hat, also wie schnell die Testpersonen sein Assoziationsmuster erlernen, und andererseits wie gefestigt die vorgeprägten Richtschnuren, die Erkennungsschemata, tatsächlich sind. Wird der Lernvorgang verlangsamt, wenn die beiden Denkmuster, Grundmuster und Assoziationsmuster, nicht übereinstimmen, beziehungsweise wird er beschleunigt, wenn wir bewußte Verbindungen zwischen beiden schaffen können? Das möchte man bejahen – geht man rein vom Verstand her davon aus, daß die Einschätzung von Charakter- und Wesensmerkmalen das genaue Spiegelbild unsere eigenen Kombinationsmuster ist.

Tatsächlich fand Lewicki heraus, daß die vorgeprägten bewußten Grunddenkmuster a) keinerlei Einfluß auf Tempo und Effizienz, mit der die gegensätzlichen Assoziationsmuster durch Erfahrung gelernt wurden, haben, und b) daß die Grunddenkmuster selbst nicht von einem unbewußt ablaufenden Lernvorgang beeinträchtigt werden. Der *Unterverstand* erwirbt also Wissen, dessen sich das Bewußtsein nicht bewußt ist, durch das es auch nicht beeinträchtigt wird, das aber dieses Wissen nutzt, um auf unser Lernverhalten einzuwirken. Infolgedessen entwickelt sich eine Kluft zwischen dem, was man glaubt zu wissen über sich und andere, und den Informationen, die unbewußt unsere Wahrnehmungen und Reaktionen steuern. Somit *verkörpern* wir mit unserem Verhalten etwas, das nicht zu dem paßt, was wir unserem Verhalten zunächst *zugrunde gelegt* hatten.

Dieses kleine Experiment liefert uns ein anschauliches Beispiel vom Phänomen einer »gespaltenen Persönlichkeit«, das wir alle kennen, aber lieber ignorieren, und von der Existenz eines zweiten Zentrums für Gedankensteuerung in unserem Gehirn, das durchaus imstande ist, eigene Wege zu gehen, unbeeindruckt von den zufälligen Anweisungen der »Hauptgedankenzentrale« unseres Bewußtseins. Dem Bewußtsein selbst kann dieses Mißverhältnis nichts anhaben, denn es gibt sich ja damit zufrieden, seine Existenz nicht einmal wahrzunehmen. In einer Zusammenschau seiner Testergebnisse zieht Lewicki den Schluß, daß »unser unbewußtes Informationsverarbeitungssystem insgesamt schneller und ›schlauer‹ zu sein scheint als unsere Fähigkeit zu denken und Bedeutungsinhalte wiederzuerkennen... auf bewußt kontrollierte Art. Das meiste an ›echter Arbeit‹ (mit Sinn und Verstand) wird auf einer Ebene vollbracht, zu der unser Bewußtsein keinen Zugang hat.«[6] Aus Sicht einer eher kopflastigen Welt der kognitiven Wissenschaft ist dies eine außergewöhnliche Schlußfolgerung. Doch ist es genau das, was die sorgfältig durchgeführten Versuche zeigen.

Der Drang, allem Wissen Ausdruck verleihen zu wollen, ist nicht unbedingt immer segensreich, was die hier dargestellten Studien unter anderem gezeigt haben. Das gilt auch für andere Erfahrungsbereiche. Was passiert zum Beispiel, wenn bereits Erlerntes wieder aus dem Bewußtsein schwindet? Macht es hinsichtlich des praktischen Geschicks irgendeinen Unterschied, ob man das, was man weiß, in Worte fassen kann, oder ist es unerheblich? In einer wissenschaftlichen Abhandlung mit dem Titel »Knowledge, Knerves and Know-how« hat R.S. Masters von der Universität in New York gezeigt, daß jemand, der sein Tun klar in Worte fassen kann, unter Druck eher zerbricht als jemand mit rein intuitivem Können.[7] Er beobachtete Leute beim Golfunterricht und konzentrierte sich dabei hauptsächlich auf das Putten, das Einlochen des Balls. Einer Schülergruppe wurde »explizit« erklärt, wie der Ball richtig ins Loch verbracht werden sollte. Sie bekamen eine Fülle haargenauer Anweisungen, die sie, so gut sie konnten, befolgen sollten. Einer anderen Schülergruppe wurde gar nichts erklärt – sie übten nur. Man bat sie sogar, sich gedanklich mit irgend etwas Belanglosem zu beschäftigen, damit sie nicht ständig auf ihren Schlag konzentriert waren. Nach dem Unterricht wurden beide Gruppen von einem »bedeutenden Golfexperten«, der ihnen bis dahin völlig unbekannt war, auf ihre Schlagfähigkeit hin geprüft. Je nachdem, wie gut sie abschnitten, bekamen sie einen beträchtlichen Geldpreis oder eine Geldstrafe. Beides, der »Experte« und das Geld, sollte die Prüfung zur Streßsituation machen.

Masters fand heraus, daß die Leute mit intuitiver Lernerfahrung sich besser schlugen als die, welche die Anweisungen befolgt hatten. Er führte den Leistungsabfall unter Streß – unter Sportlern heißt dieses Phänomen »choking« oder »yips« – darauf zurück, daß die Schüler der angeleiteten Gruppe in das D-Denkmuster zurückfielen. Sie versuchten, sich an die Anweisungen zu erinnern und sich an diese zu halten, anstatt einfach den Ball zu schlagen. Den

Schülern aus der Gruppe mit intuitiver Lernerfahrung konnte das nicht passieren, da sie ja über kein bewußtes Wissen, auf das sie hätten zurückgreifen können, verfügten. Sie verfuhren einfach wie gehabt, und das kam ihnen, wie sich herausstellte, besser zustatten. Lange Überlegungen anstellen, Gedanken analysieren, kann zu einer Art Befangenheit führen, die einer flüssigen Durchführung von Aufgaben im Wege steht – ein Effekt, der lebhaft an jenen Hundertfüßler erinnert, der wie angewurzelt stehenblieb bei der Frage, welchen Fuß er denn zuerst in Bewegung setze.

Wie wir gesehen haben, schöpfen wir intuitives Wissen auf unterschiedliche Weise aus den Kenntnissen, die wir in Worte fassen können, explizites Wissen ist hingegen anders »formatiert« und auch eher für andere Zwecke geeignet. Zum Beispiel für die euklidische Geometrie, die wir aus der Schule kennen – ein ganz ausgezeichnetes und sehr wirksames Rechenwerkzeug zur Beschreibung von geometrischen Idealformen aus geraden Linien und mathematischen Kurven auf einer ebenen Fläche oder von regelmäßigen, dreidimensionalen Körpern, Kugeln, Würfeln oder Kegeln. In der geheimnisvollen Welt der Geometrie tauchen allerlei sonderbare, ausgefallene und schöne Formen auf, die genau berechnet werden können. Der Flächeninhalt von Kreisen und Parallelogrammen kann zum Beispiel mit Hilfe bestimmter Formeln exakt bestimmt werden. Will man aber den Flächeninhalt einer *ungenauen* Form berechnen, für die es keine Gleichungen gibt, versagen die Methoden der Geometrie auf der Stelle. Die Welt mit all den unregelmäßigen Formen ist für die Welt der Geometrie schwerlich in den Griff zu bekommen. Um sie bearbeiten zu können, müßte man sie zuerst so geschickt zurechtbiegen, daß sie in die festgelegten Axiome der Geometrie hineinpaßt. Will man mit der euklidischen Methode die Fläche Frankreichs berechnen, müßte

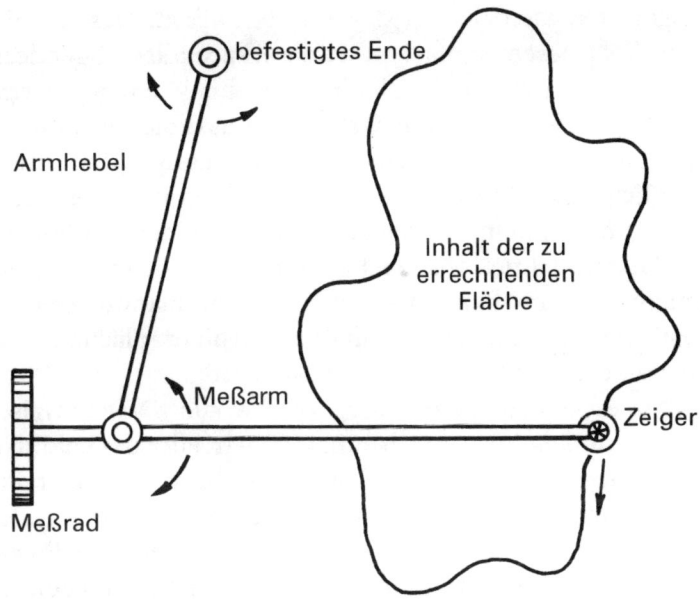

Abbildung 4: Der polare Planimeter

man ein schlecht gezeichnetes Hexagon zugrunde legen oder ein Rechengitter aus kleinen Quadraten auf die Fläche legen. Schaffen wir es nicht, die Fläche in diese *a-priori*-Formen und -Kategorien zu zwängen, können wir unsere normativen Verallgemeinerungen nicht anwenden.

Im Gegensatz dazu wollen wir uns ein etwas bescheideneres mathematisches Meßinstrument anschauen: den polaren Planimeter, der 1854 von Jacob Amsler, einem deutschen Handwerker, erfunden wurde.[8] Er besteht aus zwei beweglich miteinander verbundenen Stäben (siehe Abbildung 4). Das obere Ende des vertikal angeordneten Stabes ist am Tisch festgemacht. Am linken Ende des horizontal angebrachten Stabes sitzt ein Rad, das auf dem Tisch aufliegt. Es dreht sich und rollt zur Seite, wenn es dahin gezogen wird. Am rechten Ende befindet sich ein

77

Zeiger, der ebenfalls auf dem Tisch aufliegt. Das Intelligente an diesem einfachen Meßwerkzeug ist folgendes: Will man den Flächeninhalt einer beliebigen ebenen Form mit dem Zeiger bestimmen, setzt sich das Rad genau proportional zum Flächeninhalt in Bewegung. Man muß lediglich das Rad mit einer Meßeinteilung versehen. Das macht man, indem man eine Figur mit einer bekannten Fläche aufzeichnet, wie etwa ein Quadrat von 5 mal 5 Zentimetern. Dann kann man den polaren Planimeter zur Bestimmung des Flächeninhalts beliebiger Flächen benutzen, egal wie krummlinig sie sein mögen.

Die expliziten Kenntnisse, welche die D-Denkweise erzeugt und auf die sie sich stützt, ähneln eher der euklidischen Geometrie. Sie sind häufig so allgemein, abstrakt und normativ, daß man, will man sie auf besondere Fälle anwenden, die Welt erst einmal klarer und regelmäßiger gestalten müßte, als sie in Wirklichkeit ist. Der »polare Planimeter« entspricht dem »impliziten Wissen«. Er macht sich auf intelligente Weise eine ganz spezielle Tatsache zunutze und wendet einen »Trick« an, um praktikabel und leicht das zu lösen, was für die Geometrie verflixt schwierig ist. Geometrie kann vieles, was der polare Planimeter nicht kann. Doch für die spezielle Aufgabe der Berechnung beliebiger, unregelmäßiger Flächen innerhalb einer bestimmten Größenordnung ist der polare Planimeter das genauere und effizientere Instrument. Wie das genau funktioniert, vermögen weder Herr Amsler noch ich zu sagen – doch da es ja funktioniert, zieht unser Erklärungsdefizit keine schlimmeren Folgen nach sich. Es stellt allerdings eine schöne intellektuelle Herausforderung dar: vielleicht als Thema für eine Doktorarbeit. Der Maler Giotto konnte angeblich perfekt runde Kreise mit der freien Hand zeichnen, das war sein Markenzeichen. Daß er die Algebraregeln für einen Kreis kannte oder gar wußte, wie man einen Kreisumfang berechnet, darf bezweifelt werden. Ganz sicher aber hätte ein Kurs in Geometrie seine Fähigkeit nicht verbessert, sondern sie eher an der Entfaltung gehindert. Unser implizites Wissen packt die Dinge im großen und ganzen sehr schlau, spontan und geschickt an. Die Gedächtnisbereiche, in denen dieses Wissen gespeichert ist, sind weniger wie die Kongreßbibliothek organisiert, sondern wie eine ständig benutzte Küche: Logische Organisation weicht praktischem Tun. Es ist ja auch völlig unnötig, meine Küche so durchzuorganisieren, daß jeder, der hereinkommt, auf Anhieb weiß, wo die Tabascosoße steht. Eine ausgeklügelt und durchdacht organisierte Küche würde mich eher stören, wenn ich das kochen will, *was mir beliebt,* was ich für gewöhnlich auch tue. Implizites Wissen ist anders »formatiert« als explizites; es wächst durch den Prozeß der Osmose heran und weniger durch bewußtes Erkenntnisvermögen. Es offenbart sich in speziellen Bereichen, wo es auf praktisches Geschick ankommt und weniger auf abstrakte Überlegungen, es macht sich vielmehr die Gabe zunutze, eher durch Zufall glückliche und unerwartete Entdeckungen zu machen als nach Grundsätzen vorzugehen, und es ist eher unplanmäßig als systematisch organisiert. Kein Wunder also, daß die Erkenntnisweisen, die dieses Wissen nutzen und schöpferisch hervorbringen, sich auf der zeitlichen Ebene von der D-Denkweise ganz erheblich unterscheiden.

Das übermäßige Vertrauen der westlichen Kulturgesellschaften in die D-Denkweise spiegelt einen Mangel an Verständnis für diese lebenswichtigen Unterschiede zwischen explizitem, bewußtem und implizitem, intuitivem Wissen. Nach Pierre Bourdieu neigen wir zu einem akademischen Irrtum – einem *scholastischen Trugschluß:* »Dieser Trugschluß ... veranlaßt uns zu denken, daß alle Handlungsagenten, die bei Lernprozessen beim praktischen Tun und im Leben mitwirken, denken, erfahren und sehen, und zwar auf die gleiche Art, wie jemand denkt, erfährt und sieht, der die Muße zum Denken hat.«[9] Indem wir glauben, daß explizite Kenntnis dem intuitiven Wissen ähnlich ist, werden wir zu der Annahme verleitet, daß intuitives Wissen durch explizite Kenntnis erlangt werden kann – oder gar sollte. Darüber hinaus glauben wir, daß diese Kenntnis, sofern wir sie erst einmal besitzen, sich automatisch in intuitives Wissen umwandelt. Angehende Manager werden auf Wochenseminare über »Geschäftsführung« geschickt, und man erwartet von ihnen, daß sie am Montag der folgenden Woche auf der Matte stehen und anfangen, »Geschäfte zu führen«. In der Geschäftswelt und anderswo zieht das oft herbe Enttäuschungen nach sich, und nicht selten werden solche Schnellkurse mit spöttischen Bemerkungen abgetan. Doch resultiert dieses Verhalten weder aus einem etwaigen Mangel an Aufnahmebereitschaft seitens der Teilnehmer, noch liegt es an der Kompetenz der Schulungsleiter. Vielmehr spiegelt das Verhalten eine tiefe Unsicherheit in bezug auf Lern- und Erkenntnisvorgänge.

In unserer Unsicherheit preisen wir lieber das »Lernen aus Büchern« und ein konventionelles Erziehungs- und Bildungswesen als geeignete Lernmittel für durchweg alle Bereiche. Erwachsene brüten über einem Computerhandbuch, haben Angst, den Computer anzuschließen, ehe sie nicht genau wissen, wie er funktioniert und was zu tun ist, während die Kinder einfach durch »Herumspielen« längst herausgefunden haben, wie man damit die tollsten Sachen macht. Früher war es üblich, daß angehende Hebammen ihr Handwerk den erfahreneren Kolleginnen bei Hunderten von Geburten abschauten. Heutzutage brauchen sie einen staatlich anerkannten Titel. Es gibt sogar Leute, die dafür plädieren, daß Paare keinen Nachwuchs bekommen sollten, ehe sie nicht ein »Elternseminar« absolviert haben. Das Tragische dabei ist, daß man das heute durchaus für sinnvoll halten kann. Ist es erfolgreich gelungen, andere Erkenntnisweisen außer Kraft zu setzen, und weil wir einzig unserem Intellekt Glauben schenken und meinen, nichts anderes zu brauchen, wird der Glaube zur Realität. Lerninformationen erwerben wir dann allein über die D-Denkweise als den einzig verfügbaren Kanal, auch wenn er für die Aufgabe noch so ungeeignet und unbrauchbar sein mag.

Eine Umfrage des MORI-Instituts aus dem Jahre 1996 über Lernverhalten ergab, daß zwei Drittel der Leute es vorziehen, »aus Büchern zu lernen«, während 19 Prozent lieber mit Hilfe von CD-ROM und Computer lernen. Offenbar gab niemand an, daß es ihm am meisten liegt, durch Herumspielen, Osmose oder einfach nur durch Beobachten zu lernen. Lernen ist zu einem Vorgang geworden, den wir an einem bestimmten Ort verrichten, mit bestimmten Utensilien, unter professioneller Anleitung und mit unserem überlegenden, bewußten Intellekt. Es scheinen sich einfach keine anderen Möglichkeiten anzubieten. Das ist mehr als schade, denn das Lernen durch Osmose ist für bestimmte komplexe Aufgaben die intelligentere Lernmöglichkeit als die D-Denkweise.

Aber auch Lernen durch Osmose stößt unter gewissen Umständen an seine ganz eigenen Grenzen, genau wie die D-Denkweise auch. Nicht nur, weil diese Art von Lernen sich vielleicht zu einem ungünstigen Zeitpunkt entfaltet und so zu einem langwierigen Trial-and-error-Vorgang werden kann, den man mit ein bißchen logischer Überlegung hätte abkürzen können, man kann sich damit oft auch gar nicht oder nur sehr unklar verständlich machen, und das ist in manch einer Situation ein echtes Hindernis. Als ich das erste Mal mit meiner zwölf Jahre alten Cousine Schlittschuhlaufen ging, schnallte ich die Schlittschuhe an und stand ängstlich am Rande der Eislaufbahn, rutschte mit den Füßen vor und zurück und war von der physikalischen Unmöglichkeit dessen überzeugt, was Dutzende von Leuten um mich herum gerade vollführten. Schließlich schüttelte ich meinen gedanklichen Hochmut ab und bat Dany, mir zu erklären, wie man es macht. »Ganz leicht«, sagte sie, »schau«, sauste davon und drehte eine Runde. Als sie zurück war, war ich schon leicht gereizt. »Ich weiß, daß du es *kannst*«, sagte ich, »aber ich will wissen, *wie* es geht.« »Ganz leicht, schau doch!« sagte sie und sauste wieder davon.

Ihr intuitives Wissen war völlig unartikuliert, und dennoch gab es nützliche Tips und Erklärungen zum Eislaufen. Als Schüler fängt man am besten gar nicht erst an, lange über praktisches Können oder über die Kunst des Eislaufens nachzudenken, als Trainer ist das ganz anders. Möchte der Schlittschuhvirtuose selbst Schlittschuhlehrer werden, bedarf es mitunter einer ganz neuen Lernphase: Man muß den nahtlos ineinander übergehenden Bewegungsablauf mühsam auseinandernehmen, ihn dann in solche Beschreibungen und Erklärungen fassen, die, nach wohlüberlegter praktischer Umsetzung, den Lernvorgang vorantreiben.

Die Begrenztheit dieses praktischen, intuitiven Wissens liegt vor allem aber darin, daß es relativ unflexibel ist. Praktische Kenntnisse, die man ohne zu denken und zu überlegen erworben hat, lassen sich innerhalb des ursprünglichen Lernumfelds problemlos umsetzen. Doch viele psychologische Studien haben gezeigt, daß intuitives Wissen die Übertragung einer Aufgabenstellung häufig nicht leisten kann, wenn das äußere Umfeld verändert wird – und sei es nur ganz minimal –, die logischen Zusammenhänge aber absolut gleichbleiben. Wird die ursprüngliche Aufgabe zur »Kontrolle eines Betriebsablaufs« zu der »Kontrolle des Verkehrsflusses« umgedichtet, werden die, welche die erste Aufgabe mit Erfolg gemeistert haben, wahrscheinlich nicht besser abschneiden als Test-

82

neulinge. Der polare Planimeter ist zur Berechnung des Volumens einer dreidimensionalen Figur völlig unangebracht, die Grundsätze der euklidischen Geometrie hingegen können ohne weiteres erweitert werden. Im Bereich des intuitiven Wissens sind Wahrnehmung und Tun gebündelt und fest miteinander verflochten.

Betrachten wir intuitives Wissen aus der Perspektive der Evolution heraus, so spielt das »Bündeln« von Wissen keinerlei Rolle, sofern die Welt ringsum nur aus ein paar wenigen, isolierten Situationsfeldern besteht: Nahrungssuche, Felle reinigen, Paarungszeit, Schlafen, Raubtiere fernhalten und Junge aufziehen. Setzt sich das alltägliche Leben aus ebensolchen Situationsfeldern zusammen, denen einzelne Aufgaben zugeordnet sind, liegt das Hauptproblem darin – abgesehen davon, seinen Verstand zu schärfen –, das Umfeld zu bestimmen, in dem man sich gerade befindet, und zu wissen, zu welchem man hinüberwechseln muß. Es ist ökonomisch und effizient, sein Wissen in bestimmten gedanklichen Rubriken organisiert und geordnet zu haben. Doch gestaltet sich das alltägliche Leben eher vielschichtig, werden auch die Situationsfelder beziehungsweise die damit verbundenen gedanklichen »Skripts« immer zahlreicher und fangen an, sich miteinander zu verflechten. Die gleichen Leute der gleichen Gesellschaft spielen in verschiedenen Skripts vielleicht ganz andere Rollen. Wer weiß, vielleicht wird ja ein guter Kumpel im Auftrag der schwarzen Weberspinne oder der Gottesanbeterin urplötzlich zum Scharfrichter.

Wird das alltägliche Leben immer verworrener, dann wird die Fähigkeit, komplexe Situationen in kleine, vertraute Teilstücke zerlegen zu können, zur Überlebensfrage. In komplexen Situationen muß man in der Lage sein zu reagieren, indem man verschiedene Seiten aus verschiedenen Skripts zusammensetzt. Partys können beispielsweise zum Streßmoment werden, da sie Freunde und

Familie zusammenbringen, mit denen man jeweils ganz unterschiedliche Beziehungen pflegt, in welchen sich ganz gegensätzliche Seiten der eigenen Persönlichkeit zeigen. Könnte man diese Beziehungen nur »kontextgebunden« verknüpfen, hätte man keine Möglichkeit, dieses heikle gesellschaftliche Problem zu lösen. Doch steht man der Situation offen gegenüber, kommt man mit dem veränderten Kontext, der anders ist als der Rahmen, in dem man sich sonst mit seinen Freunden trifft, ganz gut zurecht. Man ist in der Lage, alle Teilstücke aus den ursprünglich völlig verschiedenen »Puzzlespielen« zu einem neu verknüpften Bild zusammenzufügen.

Wir schnitzen uns aus veränderten Situationen neu zusammensetzbare »Konzepte« zurecht, und das ist im Grunde genommen eine Art Können und Leistung, die in Sprache und der D-Denkweise ein Ausdrucksmittel findet. »Artikuliertes« Wissen heißt nicht, daß es einfach nur »in Worte gefaßt« wurde. »Artikuliert« heißt auch »verbunden«, »zusammengesetzt aus einzelnen Teilen, die sich unabhängig voneinander bewegen können«. Intuitives Wissen ist in keinster Weise artikuliert. Man kann es nicht auseinandernehmen, es reflektieren oder wieder neuartig zusammensetzen, wenn praktisches Können versagt oder sich Lernbedingungen ändern. Es kann sich lediglich unter dem Einfluß von Lernen durch Osmose weiterentwickeln. Und da es auch nicht diskutiert und erörtert werden kann, kann es auch nicht so ohne weiteres von Äußerungen anderer beeinflußt werden. Das Wagnis liegt darin, daß fließende, implizite Kenntnis sich *gedankenlos* entfaltet, und zwar so, daß es keine Bedeutungen oder Lerninformationen aus anderen gedanklichen Unterabteilungen in Betracht zieht. Die Fähigkeit, zu erkennen, daß einige Denkweisen, die sich einem in einer bestimmten Situation erschlossen haben, auch in einer auf den ersten Blick ganz anderen Situation von Bedeutung sein können, ist von unschätzbarem Wert. Mehrere Experimente haben ergeben, daß diese Fähigkeit durch bewußte, gedankliche Vertiefung verfeinert werden kann.

In einer klassischen Studie zum Thema »funktionale Fixiertheit« wurden Testpersonen vor eine Aufgabe gestellt, die nur dann gelöst werden konnte, wenn man erkannte, daß ein gewöhnlicher Gegenstand auch auf ungewöhnliche Weise verwendet werden kann. Aufgabe war es, zwei Seile, die von der Decke hingen, zusammenzubinden. Das Problem lag darin, daß sie zu weit auseinanderhingen, um gleichzeitig festgehalten zu werden. Im Versuchsraum lagen zahlreiche alltägliche Gebrauchsgegenstände herum, darunter auch eine Zange. Man hätte nur darauf kommen müssen, die Zange als Pendelgewicht zu benutzen, und das Problem wäre gelöst gewesen: Man befestigt die Zange an einem Seilende und bringt das Seil zum Schwingen, und während man das andere Seil hält, bekommt man das mit der Zange zu fassen. Die Testpersonen waren ganz sich selbst überlassen, und ein Großteil von ihnen schaffte es nicht, die Aufgabe zu lösen. Der Versuchsleiter wartete so lange, bis sie von alleine nicht mehr weiter wußten, und sagte dann einfach: »Denken! Denken!«, und plötzlich kamen die meisten auf die Lösung.

Niedere Tierarten sind innerhalb bestimmter Grenzen außerordentlich schlau, und das ohne D-Denkweise und ohne die Segnungen, die ein konzentriertes, analytisches Bewußtsein mit sich bringt. Die Spinne oder die *sphex,* die Grabwespe, und sogar der Meergrundler meistern die von der Evolution für sie vorgesehenen Aufgaben mit Bravour: Sie begegnen einer Reihe von Herausforderungen mit bemerkenswerter Intelligenz, doch sehen sie sich mit einer *unbekannten Art* von Herausforderung konfrontiert, kommen sie nicht weiter und verhalten sich unflexibel und unbeholfen. Sie können den festen Programmablauf ihres Wissens nicht steuern, ihn nicht umprogrammieren und anders zusammensetzen, um auf ganz neue, aber passende Art und Weise zu reagieren. Sie können ihre Fähigkeiten und ihr Empfindungsvermögen nicht dekomponieren – nicht segmentieren und artikulieren. Daher sind sie nicht in der Lage, sich an diese Befähigungen zurückzuerinnern, um sie auch auf bislang unbekannte Situationen anzuwenden. Die unbewußte Intelligenz niederer Tierarten ist mehr oder weniger stark entwickelt, doch sie vermögen es alle nicht, das Programm für ihr Verhalten zu zerlegen und wieder neu zusammenzusetzen.

Das gleiche gilt zunächst für kleine Kinder, die mit der Zeit diese Begrenzungen jedoch überwinden. Im Laufe ihrer kindlichen Entwicklung lernen sie mehr und mehr Situationsfelder kennen, an denen sie in irgendeiner Form teilhaben. Nach dem Kindergarten kommt die Schule, und dort lernen sie ganz verschiedene Erwachsene kennen, mit denen sie ganz unterschiedliche Beziehungen haben, welche sich sehr von der zu ihren Eltern unterscheiden. Sie treffen auf neue, bunt zusammengewürfelte soziale Gruppierungen und auf vielerlei neuartige Dinge, die sie erst noch lernen müssen, und dabei werden sie neue Lernmethoden und Lernmuster entdecken. Während des Lernens stehen die Kinder vor der Wahl: Entweder sie häufen einfach einzelne geistige Rubriken an, wie gehabt, oder aber sie legen eine übergeordnetere Erkenntnisebene an, die es ermöglicht, einzelne Skripts in ein Ganzes einzubeziehen, sie miteinander zu vergleichen und zu kombinieren. Mit der ersten Möglichkeit entwickelt sich die geistige Landschaft zu einem zusammengesetzten Flickenteppich aus einzelnen »Erkenntnis-Modulen«, welche das jeweils abgespeicherte Wissen nicht untereinander austauschen können. Bei der letzteren Möglichkeit müßten die Kinder eine neue Lernart entwickeln, eine, die es ihnen ermöglicht, über Erfahrungen nachzusinnen, so wie die Kuh, die getrennt Aufgenommenes aufstößt und durch Wiederkäuen gleichmäßiger miteinander verbindet. Sie wären so aktiv am Lernprozeß beteiligt; es ginge nicht allein darum, einer neuen Herausforderung nach der anderen zu begegnen, sondern auch darum, aktiv danach zu suchen, wo etwas auseinandergenommen und mit einbezogen werden kann. Wie man herausfand, entwickeln Kinder im schulreifen Alter tatsächlich diese Fähigkeit des Nachsinnens, des langsamen Lernens. Annette Karmiloff-Smith vom Medical Research Council Cognitive Development Unit in London hat im Zusammenhang mit dem, wie sie es nennt, »Lernen jenseits von Erfolg« die Anfänge des langsamen Lernens aufgezeigt. Während einer Reihe verschiedener Aufgabenstellungen hat sie beobachtet, daß Kinder zunächst einmal lernen, wie »es richtig geht«, und dann erst »spielen« sie mit der Situation – sofern man ihnen dazu Gelegenheit gibt –, und das auf eine Art und Weise, die die offenbar bewußt kontrollierte Lernfähigkeit zeitweilig beeinträchtigt. Beim Spracherwerb zum Beispiel hört und lernt ein Kind die korrekte Form »gegangen« sehr oft, und dennoch wird es eine Lernphase durchlaufen, in der es die reguläre, aber falsche Form »gegeht« verwendet, ehe es schließlich wieder zu »gegangen« zurückkehrt. Oder ein Kind balanciert unterschiedlich lange Lineale auf einem spitzen Drehpunkt, macht dabei Fehler und macht es dann noch einmal richtig.

Karmiloff-Smith beweist, daß dieses Versinken in eine Aufgabe symptomatisch ist für genau das, was ich beschrieben habe: die Suche nach Grundbeziehungen und zusammenhängenden Denkgebilden. Es scheint, als ob Kinder auf jede Herausforderung mit allem, was gerade zur Hand ist, reagieren – wie Schiffbrüchige, die sich aus allerlei Treibholz notdürftig ein Floß zusammenbasteln, um sich über Wasser zu halten. Doch über kurz oder lang, wenn sich die Wogen etwas geglättet haben und sie entspannter sind, beginnen sie zu reflektieren. Sie nehmen das zusammengebastelte Floß wieder auseinander, schieben die Teile hin und her, um zu sehen, was passiert. Vielleicht stoßen sie dabei auf ganz hilfreiche, bereits vorhandene Gedächtnisnischen, in denen Wissen verborgen liegt, das sie in dieser neuen Situation ganz gut gebrauchen können. Indem sie einzelne Teile zu einem Ganzen zusammenfügen, bereichern sie ihr Wissen insgesamt und machen es wirkungsvoller.

Sprache mitsamt den einhergehenden Erkenntnisweisen befreit zwar, stellt aber auf der anderen Seite ganz eigene Fallen. Sie erzeugt eine gewisse Unfreiheit, auch wenn wir durch sie ungehindert aus den Erfahrungen anderer lernen und unser eigenes erlerntes Wissen auf immer neue Art und Weise zerlegen und wieder zusammensetzen können. Aldous Huxley sagte einmal: »Jeder ist gleichermaßen Nutznießer und Opfer der Sprachkultur, in die er hineingeboren wurde – Nutznießer insofern, als Sprache einen gedanklichen Zugang zu den angesammelten Erfahrungen anderer gewährt; Opfer insoweit, als Sprache den Realitätssinn verhext, so daß man nur allzugern Gedanken für Datenmaterial und Worte für tatsächliche Dinge hält.«[10] Implizites Wissen ist an bestimmte Gedankenzusammenhänge gebunden und verfolgt Ziele, doch innerhalb dieser Grenzen ist es detailliert genau, wirksam und flexibel. Das Wissen, das die D-Denkweise erzeugt, liegt als übergeordnete Schicht darüber, geht über bestimmte Gedanken- und Situationszusammenhänge hinaus, ist ansonsten aber eher abstrakt. Es kann leicht passieren, daß es von den veränderlichen und sich verschiebenden Erfahrungsschichten, die es ursprünglich untermauerten, losgelöst und isoliert wird. Hat dieser Loslösungsprozeß erst einmal stattgefunden, kann sich implizites Wissen aus den Reaktionen auf neue Erfordernisse und Erfahrungssituationen heraus mühelos entfalten, während explizites Wissen unverändert bleibt – wie in Stein gegossen. Das hat auch das Experiment von Lewicki gezeigt.

Sprache ist nicht nur ein internationales Zeichensystem, in dem Wissen und Erfahrungen registriert sind, sie stützt sich vielmehr auch auf ein externes Erkenntnissystem – und verwahrt dieses sakrosankt. Sprache ist ein auf Konventionen beruhender Konsens über die Art und Weise, wie die wahrgenommene Welt zu zergliedern ist. Es ist eindeutig festgelegt, wie die Dinge zu ordnen sind, wie über sie gesprochen werden soll und sogar, wie sie wahrzunehmen und zu begreifen sind. Über die Beziehung von Sprache und »Realität« wurde viel geschrieben. Hier sei lediglich darauf hingewiesen, daß wir, ob wir wollen oder nicht, unser Wissen in Sprache fassen müssen, die wir uns selbst nicht ausgesucht haben. Von daher müssen Worte für unsere persönlichen Erfahrungen nicht immer die geeignetsten und genauesten Deskriptoren sein. Beim Sprechen müssen wir unsere eigentlich »fließenden« individuellen Erfahrungen ohne klare Formen in einen festeren Wirkstoff mit deutlicheren Formen gießen, der allerdings nicht unser Werk ist. Die Sprache der D-Denkweise impliziert eine »Wirklichkeit« – im Gegensatz zu der, die uns sonst so oft begegnet – in der Äußerungen in einem klaren, gegliederten Sach- und Situationszusammenhang stehen. Sie ist zweierlei: eine Annäherung an die Wirklichkeit – bei der viele Details unbeachtet bleiben – und eine Verzerrung, denn sie bringt sprachmethodische Hilfselemente ohne reale Bezugspunkte ein.

Mit der D-Denkweise ist es wie mit dem Lesen von Landkarten: Mit der Karte können wir uns orientieren und sehen, wie sich ein Gebiet zum anderen geographisch gesehen verhält. Doch müssen Karten einfacher und statischer gestaltet sein als die Welt, die sie darstellen. Damit man Karten gut lesen kann, enthalten sie Zeichen und Symbole, die nicht »real« sind. Beim Bergsteigen treten wir ja schließlich nicht ständig auf schwarze Linien. Von England nach Wales fahren, bedeutet nicht von einer rosa

Gegend in eine blaue zu gelangen. Es geht nicht darum, daß wir da, wo kein Weg eingezeichnet ist, nicht laufen können, und auch gewiß nicht darum, daß die Autobahn immer der beste Weg ist. Mit einer guten Karte und guter Kenntnis der Zeichen und Symbole kommen wir mit der D-Denkweise ganz gut zurecht. Doch vergessen wir einmal, daß die Landkarte nicht die Landschaft ist – was dann? Was, wenn wir einmal vor einer Situation stehen, die nach einer feiner strukturierten, subtileren und ganzheitlicheren Symbolik verlangt, als Sprache sie bieten kann? Dann, so betont Alfred Korzybski,[11] müssen wir uns auf die anderen, langsameren Erkenntnisweisen besinnen. Es gibt Situationen, die sich mit den Denkwerkzeugen Analyse und Verstand nicht wirksam lösen lassen, und es gibt Hindernisse, die sich auch mit noch so viel praktischem Können nicht aus dem Weg räumen lassen. Um mit derlei Problemen dennoch fertig zu werden, brauchen wir den Zugang zu langsamen Erkenntnisweisen. Wir müssen nachsinnen oder uns in Gedanken versenken – geistige Wege finden, die, wie behauptet wird, *Kreativität* und *Intuition* wachrufen.

KAPITEL 4

Wir wissen mehr als wir denken: Intuition und Kreativität

»Hast du dir das Lied ausgedacht?«
»Na ja, irgendwie habe ich es mir ausgedacht«, sagte Pu.
»Es hat nichts mit Verstand zu tun«, fuhr er bescheiden
fort, »… aber manchmal fliegt es mir so zu.«
»Aha«, sagte das Kaninchen, das sich nie etwas zufliegen
ließ, sondern stets zupackte, wenn es etwas zu holen gab.
          A. A. Milne: »Pu baut ein Haus«

Herbert Spencer, ein englischer Philosoph des 19. Jahrhunderts, berichtet in seiner Autobiographie ausführlich von einer Unterhaltung mit seiner Freundin, der Romanschriftstellerin Mary Ann Evans alias George Eliot. Sie sprachen gerade über Spencers neuestes Werk »Social Statics«, als Eliot mit einem Mal auffiel, daß Spencers Stirn, trotz der enormen geistigen Arbeit, die er in das Werk gesteckt haben mußte, doch erstaunlich wenig Falten aufwies. Spencer sagte: »Das kommt daher, daß ich mir nie den Kopf über etwas zerbreche«, worauf Eliot begreiflicherweise erwiderte, daß das die arroganteste Antwort wäre, die ihr je zu Ohren gekommen sei. Spencer erzählt weiter, er habe seine Bemerkung daraufhin etwas näher erläutert:

Meine Denkweise hat nichts mit konzentrierter, gedanklicher Anstrengung zu tun, die normalerweise einhergeht mit einem Runzeln der Augenbrauen. Die Schlüsse, zu denen ich hier zuweilen gekommen bin, kamen alle unverhofft – jeder einzelne ist das Ergebnis einer Gedankensammlung, welche sich ganz langsam

91

aus einem einzigen Keimgedanken heraus entwik-
kelte... Ganz allmählich und völlig unauffällig, ohne
bewußte Absicht oder nennenswerte Anstrengung ent-
stand eine zusammenhängende und schlüssige Theorie.
Für gewöhnlich entwickelte sich der Denkvorgang sehr
langsam, ganz ungezwungen und erstreckte sich über
Jahre. Meiner Ansicht nach fehlen die von Miss Evans
angesprochenen Denkfalten deshalb, weil das Denken
langsam, ganz von alleine und ohne Anstrengung ablief.

Spencer zufolge ist »ein Ergebnis, auf das man auf besagte
Art und Weise kommt, wahrscheinlich glaubwürdiger als
eines, das unter großer Anstrengung unbedingt erreicht
werden soll.
*Große Anstrengung verursacht eine Verirrung der
Gedanken*... Eine gedankliche Anstrengung, mit der man
unverzüglich auf die Antwort zu einem Problem stoßen
will, wirkt im Bewußtsein als irreleitende Kraft und verursacht Trugschlüsse; (hingegen) läßt ein ruhiges und nachdenkliches Betrachten eines Problems zuweilen gedankliche Neigungen zu, welche anscheinend unvermittelt durch
Lebenserfahrungen hervorgerufen werden, um sich bemerkbar zu machen und die Gedanken zur richtigen
Lösung zu geleiten.«[1]
Die Erkenntnisweisen von Pu und Herbert Spencer unterscheiden sich von der D-Denkweise in zahlreichen
Punkten: Sie brauchen ganz eindeutig Zeit und erfordern
daher auch Geduld – Probleme werden entspannt, ge-
mächlich und ruhig angegangen. In diesem Punkt gibt es
Ähnlichkeiten mit dem Lernen durch Osmose, doch handelt es sich nicht um die gleichen Erkenntnisweisen. Beim
Lernen durch Osmose deckt der »unterbewußte Verstand«
in seinen weiten Erfahrungsfeldern ganz allmählich Gedankenmuster auf, die er dort irgendwo vergraben oder
verstreut hat. Implizites Wissen wird aus dem Filtrier-

satz von Hunderten von spezifischen Erfahrungsmomenten und Ereignissen gewonnen. Doch während Spencers Verständnis von Gesellschaftsorganisation zweifelsohne von Gedanken und Beobachtungen aus längst vergangenen Zeiten profitiert, geht der gedankliche Prozeß, auf den er sich bezieht, über dieses unbewußte Destillieren hinaus. Dieser Prozeß scheint nicht so sehr einen Informationszuwachs widerzuspiegeln als vielmehr die Fähigkeit unseres Verstandes, im Laufe der Zeit neue Informationsmuster oder Bedeutungsinhalte zu entdecken, welche die Information bereits enthalten, und diese bewußt als *Einsicht* oder *Intuition* zu erfassen. Auch wenn Erfahrungen das Datenmaterial liefern, so ist der Prozeß nicht lernbegierig auf ihren Erwerb ausgerichtet, sondern läuft ruhig und nachdenklich ab. Pus Lied, welches die Frage des Kaninchens herausgefordert hatte, zeigt den gleichen Denkablauf in kleinerem Maßstab. Pu hat nicht die Entdeckung einer neuen, hergeleiteten allgemeinen Gesetzmäßigkeit angekündigt, sondern einfach etwas hervorgebracht, das ihm »aus heiterem Himmel« eingefallen war.

Wir nehmen weitgehend an, daß die D-Denkweise das wirksamste Denkwerkzeug ist, das wir besitzen. Doch in Wahrheit kommen unsere Gedanken von ganz woanders her – und nicht selten sind gerade die besten und genialsten keineswegs das Ergebnis fehlerfreier Argumentationsketten. Sie »fallen uns ein«. Sie »kommen uns in den Sinn«. Sie tauchen aus heiterem Himmel auf. Vor allem dann, wenn wir ganz entspannt sind, denken wir intuitiv. Wenn wir in ein bestimmtes Restaurant zum Essen gehen wollen, geben wir nicht erst eine vernunftmäßige Erklärung ab, sondern sagen ganz einfach: »Mir ist heute nach Thai.« Wir lassen uns gerne von Gefühlen und inneren Anstößen leiten, ohne sie gleich ausführlich erklären oder rechtfertigen zu müssen. Doch werden wir »in Verlegenheit gebracht«, stehen wir vor einem ernsten »Problem«, für das eine »Lösung« gefunden werden muß, verhalten wir uns zuweilen so, als ob diese Gefühlseingebungen unzulänglich, unzuverlässig oder nebensächlich wären. Es kommt uns so vor, als ob Intuition etwas ist, das prüfenden Blicken nicht standhält und ohnehin nicht viel gilt. Mittlerweile gibt es eine ganze Reihe von Forschungen, die zeigen, daß Intuition etwas sehr viel Wertvolleres und Zuverlässigeres ist, als wir glauben; doch wenn »die Pflicht ruft«, ignorieren wir sie regelrecht zu unserem Nachteil.

Wir benötigen ein genaueres Verständnis über das Wesen und die Fähigkeiten von Intuition, von intuitivem Denken – und zwar eines, das weder unter- noch überbewertet. Wer Intuition abschätzig ignoriert, tritt, oft völlig unbewußt, der Behauptung entgegen, daß Intuition eine Erkenntnisform darstellt, die »höherwertig« ist als die des reinen Verstands oder gar unfehlbar. Auch die einschlägigen Definitionen der Lexika haben etwas von dieser hochmütigen Auffassung und erzeugen dadurch hohe Erwartungen, zumal diese Ansichten offenkundig fehlerhaft sind. »Chamber's« Lexikon definiert Intuition als »die Kraft des Verstands, durch welche dieser *unmittelbar die Wahrheit aller Dinge erkennt,* ohne vernünftige Beweisführung oder Gedankenanalyse«. »Shorter Oxford« ist etwas poetischer und noch eine Spur vermessener. Danach ist Intuition »das unmittelbare Erkenntnisvermögen, welches engelsgleichen und spirituellen Wesen zugeschrieben wird und das mit Vision und spiritueller Erfahrung identisch ist«.[2] Es scheint demnach, als habe Intuition tatsächlich einen gewissen qualitativen Wert. Intuition bedarf einer sehr sorgfältigen und achtsamen Behandlung, um urbar gemacht zu werden und Zugang zu qualitativ anderen Erkenntnisweisen zu erhalten. So gesehen, bleiben unsere alltäglichen Eingebungen und Intuitionen weit hinter diesem Bild zurück, denn bekanntermaßen sind sie ja fehlbar, ob es nun um die Karriere geht, die richtige Partnerwahl oder um ein Buch, das wir aufgrund des Einbands falsch eingeschätzt haben, oder um einen Weg, den wir, unserer Nase folgend, eigentlich für eine Abkürzung hielten, auf dem wir uns letztendlich aber doch nur verirrt haben.

Eingebungen können falsch sein, was aber nicht heißt, daß sie nichts wert sind. »Gut geschätzt« – so werten wir Eingebungen, als Ahnungen oder Vermutungen, die aus unserem »unbewußten Verstand« kommen und denen wir ernsthafte, aber nicht kritiklose Beachtung schenken sollten. In kritischen Situationen, die sich nicht – noch nicht – logisch eindeutig gestalten, wo man etwas dunkel ahnt oder nur vage Vorstellungen hat, bieten uns Eingebungen die »Rettung« schlechthin. Damit sie überhaupt hervortreten können, hat der unbewußte Verstand hinter den Kulissen Erinnerungsstücke mit in Erwägung gezogen und integriert. Er hat Analogmuster zu früheren Erfahrungen gesucht und neue Gesichtspunkte gefunden, die dem bewußten Verstand noch nicht einmal in den Sinn gekommen wären. Dieser Prozeß kann gemäß der Lexika »unmittelbar« ablaufen, kann aber auch einige Zeit in Anspruch nehmen – oder gar, wie bei Spencer, Jahre dauern. Doch das Ergebnis ist, wenn es denn »kommt«, in jedem Fall kurzlebig – wie ein Pudding: Probieren geht über Studieren. Es muß sich dem Test einer kritischen Zuhörerschaft unterziehen, die, à la Pu, unerbittlich nach einem logischen Sinn sucht oder ein kreatives poetisches oder künstlerisches Element detailliert herausarbeiten will, oder aber es muß sich gefallen lassen, wie ein spontaner Witz aufgenommen zu werden.

Schnelle Eingebungen – »Blitzentscheidungen« und rasche Reaktion – sind für Mensch und Tier lebenswichtig. Erinnert uns eine Situation an eine ähnliche, ist es durchaus von Vorteil, klassifizieren und angemessen reagieren zu können. Langes Sinnieren über unwichtige Details ist mitunter Zeitverschwendung oder gar gefährlich. Wozu sollte man sich auch die Nummer einer Buslinie einprägen, wenn das Schild gerade auf einen heruntersegelt. Ähnelt nun allerdings eine Situation einer früher erlebten, die im Grunde aber eine ganz andere ist, so wirken sich diese Reflexe nachteilig aus. Es kommt dann zu einer Bedeutungsverschiebung, das heißt, jetzt ist die schnelle, stereotypisierte Reaktion die gefährliche, wohingegen ein besonnener, prüfender Blick eher angebracht wäre.

Die Bedeutung dieser Verschiebung vom schnellen zum langsamen Denken wurde bereits in den fünfziger Jahren in Forschungsarbeiten von Abraham und Edith Luchins anschaulich beschrieben. Sie stellten einigen Testpersonen folgende Denkaufgabe: »Angenommen, Sie stehen an einem See und haben drei leere Gläser unterschiedlicher Größe. Ins erste Glas passen 17 Pints Wasser, ins zweite 37 und ins dritte 6 Pints. Ihre Aufgabe ist es, unter Verwendung aller drei Gläser exakt 8 Pints Wasser abzumessen.« Nach einigem Überlegen – was für den Anfang ja ganz logisch sein mag – gelang es den meisten Leuten 8 Pints Wasser im größten Glas abzufüllen. Danach wurde eine ähnliche Aufgabe gestellt. Dieses Mal gingen in die Gläser jeweils 31, 61 und 4 Pints, und es sollten 22 Pints abgefüllt werden. In der nächsten Aufgabe faßten die Gläser 10, 39 und 4 Pints, und es sollten 21 Pints übrigbleiben. (Vielleicht möchten Sie die Aufgaben lösen, ohne zuvor einen Blick auf die Anmerkungen zur Lösung geworfen zu haben.)[3] Sie werden feststellen, daß für alle drei Aufgabenstellungen die gleiche Strategie anwendbar ist. Doch die Tests kommen danach an einen Punkt, wo sich die Denkweise verschiebt. Als nächstes nämlich galt es, 20 Pints abzufüllen, wobei die Füllmenge der drei Gläser jeweils 23, 49 und 3 Pints betrug. Denkt man jetzt nicht weiter darüber nach und wendet die zuvor gefundene Regel blindlings an, wird man die Aufgabe zwar lösen, aber nicht merken, daß es jetzt eigentlich einen einfacheren Lösungsweg gibt, da es sich auf den ersten Blick um die gleiche Aufgabenstellung handelt. Doch gibt es dieses Mal zwei Lösungswege, von denen der eine durchdachter und rationeller ist als der andere.

Stellen wir uns einfach irgendein Unternehmen vor, das in die gleiche Falle tappt. Die Unternehmer »mögen vielleicht denken, daß sie denken«, wenn ein Problem auftaucht. Aber wenn sie nicht in der Lage sind, in »neuen Bahnen« zu denken, werden sie sich immer wieder die gleichen Antworten zurechtlegen – auch wenn sich die Umstände geändert haben und es neue Antwortmöglichkeiten zu entdecken gäbe. Und eine der stärksten Kräfte, welche die Entdeckung neuer Wege verhindern, ist womöglich die alte Gewohnheit, schnell zu denken: Die erstbeste Einschätzung der Situation wird als selbstverständlich betrachtet, man macht sich nicht die Mühe, noch einmal innezuhalten und die Situation zu überdenken. Milton Rokeach hat diese unbewiesene Hypothese auf die Probe gestellt, indem er das Luchinsche Experiment mit den Gläsern wiederholte. Er forderte die Testpersonen auf, bei der neuen Problemstellung langsamer zu verfahren und noch einmal nachzudenken. Ließ man den Testpersonen Zeit genug, die »Lösung« in ihrem ganz persönlichen Tempo zu finden, wurde zumeist die Methode angewendet, die auch zuvor ganz gut funktioniert hat. Hinderte man die Testpersonen allerdings daran, ihre Antwort zu Papier zu bringen, überlegte so mancher noch einmal genauer – und konnte schließlich die neue Lösungsmöglichkeit entdecken.

Doch auf diese neue Lösungsmethode stießen nur diejenigen – und das war nicht weiter verwunderlich –, die sich während der Zwangspause auch tatsächlich mit den Einzelheiten der neuen Aufgabenstellung beschäftigt hatten.

Viele gaben später an, sie hätten sich in Null Komma nichts für eine Antwort entschieden und den Rest der Zwangspause damit verbracht, über irgendwelche anderen Dinge nachzudenken – »über die Party am nächsten Samstag«, »über Korrespondenz, die zu erledigen ist«, »über die vielen Löcher an der Deckenverkleidung« und so weiter. Die zusätzlich gewährte Zeit hat bei ihnen offenbar nicht zum Ansporn der Kreativität beigetragen. Sehr interessant und aufschlußreich hingegen waren die geistigen Aktivitäten der Testpersonen, welche die neue Lösung auch fanden. Sie suchten nicht verbissen nach einer Antwort oder kritzelten irgendwelche Berechnungen auf Papierschnipsel. Vielmehr ließen sie ihre Gedanken nach allen Seiten schweifen und überlegten, um welche Art von Fragen es wohl gehen mochte und auf was der Versuchsleiter wohl hinaus wollte. Einer sagte: »Ich habe mich gefragt, was der Test wohl beweisen soll.« Ein anderer meinte: »Ich überlegte, was die Ergebnisse wohl zeigen würden.« Eben genau diese Art von Fragen auf der »Meta-Ebene« führte zu jenem Scharfblick und dem richtigen Verständnis, nicht der zuvor eingeschlagene Weg, den man sich angewöhnt hatte.

Anhand eines etwas komplizierten Beispiels – eines, das Wittgenstein in seinen Philosophenseminaren immer mal wieder gerne anführte – will ich veranschaulichen, wie intuitives Denken funktioniert. Stellen Sie sich vor, man hätte die Erde rundum geglättet und sie wäre jetzt eine ganz ebenmäßige, perfekt glatte Kugel. Um den Äquator herum hätte man ein nicht-elastisches Seil gespannt, so daß es ganz eng an der Oberfläche anliegt. Dann wird das Seil losgemacht und ein weiteres Stück von 2 Metern Länge der Gesamtlänge hinzugefügt. Das Ganze wird dann wieder gleichmäßig um die Erde gelegt, so daß der Abstand zwischen Seil und Erdoberfläche rundherum der gleiche ist. Wie groß ist dieser Abstand? Könnte man ein Haar darunter durchschieben? Oder ein Geldstück? Ein Taschenbuch etwa? Könnte man darunter hindurchkriechen? Die meisten Leute stellen sich intuitiv vor, daß der Abstand wohl sehr winzig sein müßte, 1 Millimeter vielleicht, allerhöchstens. Tatsächlich aber läßt sich mathematisch ganz leicht beweisen, daß es ungefähr 32 Zentimeter sind; von daher könnte man tatsächlich unter dem Seil hindurchkriechen. (Für alle, die sich darin vertiefen wollen, ist der Beweis dafür in den Anmerkungen nachzulesen.)[4] Das Eigenartige dabei ist, daß der Abstand unabhängig von der Größe der eigentlichen Kugel ist – oder dem Kreis, denn das Problem ist in der Hauptsache kein dreidimensionales –, was die geometrischen Berechnungen belegen. Man würde nämlich den gleichen Abstand auch dann bekommen, wenn man von einem Tennisball ausginge, einer Zirkusarena oder dem Universum. Darüber hinaus will uns die intuitive Vorstellung weismachen, daß, je größer das eigentliche Objekt, desto weniger Unterschied die 2 Meter im Abstand ausmachten, anders gesagt: desto kleiner der Abstand.

Doch darin geht unser intuitives Denken fehl, da es unbewußt von ähnlichen Situationen ausgeht, auf die die Vorstellung »je größer das Objekt, desto geringer der Unterschied« auch tatsächlich *passen würde*. Lassen Sie mich diese Denkaufgabe leicht abändern und sagen: »Angenommen, man würde alle Meere in einen riesigen Zylinder abfließen lassen, um wieviel würde dann der Pegel steigen, wenn wir 20 Liter Wasser hinzugeben würden?« Die Antwort lautet erwartungsgemäß: »Um nicht sehr viel«. Und in diesem Fall hätten wir recht mit unserer Annahme: je größer das eigentliche Fassungsvermögen, desto kleiner der Höhenunterschied. Die 20 Liter würden sich wohl eher in der Wassertiefe eines Planschbeckens bemerkbar machen. Es zeigt sich also, daß diese plausible Annahme für das Fassungsvermögen von Zylindern zutrifft, nicht aber für den Radius von Kreisen. Es ist wie bei einem Ratespiel, manchmal liegt man richtig und manchmal falsch. Schnell gefaßte, intuitive Annahmen hängen von unbewußten Vorstellungen ab. Der »Unterverstand« wirft einen kurzen Blick auf die gegenwärtige Situation und sucht nach analogen Mustern, die dem ersten Anschein nach auf die Situation passen. Ob diese Annahmen richtig oder falsch sind, hängt nicht davon ab, wie »intuitiv« wir sie gefunden haben, sondern von der Anwendbarkeit des zugrunde liegenden analogen Musters. Häufig treffen wir damit ins Schwarze. Zuweilen kommt es allerdings vor, daß sich der »Unterverstand« von irgendwelchen Begleiterscheinungen täuschen läßt und uns dann in die falsche Richtung lenkt.

Dieses Beispiel zeigt auch, daß je nach gewählter Erkenntnisweise unterschiedliche Antworten auf ein und dieselbe Frage herauskommen können. Denn D-Denkweise und intuitives Denken schöpfen aus unterschiedlichen Denkvorgängen, aus dem, was wir wissen, und dem, was wir glauben, und dementsprechend entstehen sehr leicht widersprüchliche Antworten. Die rationalen Argumente der mathematischen Ausführungen in den Anmerkungen könnten Sie vielleicht schon davon überzeugen, daß besagter Abstand in der Aufgabe etwa 32 Zentimeter ausmacht, doch intuitiv bleiben Sie bei Ihrem Glauben, der Abstand müsse winzig sein. Unter der bewußten Oberfläche beruhen die Vorstellungen auf mehreren Annahmen, die alle zu einer Antwort finden. Und über der bewußten Oberfläche sieht es so aus, als ob verschiedene Annahmen zu verschiedenen Antworten führen. In unserem Fall stellt sich heraus, daß die »rationale« Antwort die richtige ist. In anderen Fällen kann die Intuition richtig und die Vernunft falsch liegen. Wenn Ihnen beispielsweise Ihre Intuition sagt, daß irgend etwas faul ist mit der redegewandten Frau an der Haustür, die für »die Wohlfahrt sammelt«, Sie sich aber einreden, nicht so einen »Blödsinn« zu denken. Alles eine Frage der Empirie.[5]

Welcher geistigen Denkweise man sich bedient – welche Antwort man also erhält –, hängt auch davon ab, in welcher Denkweise man sich gerade befindet, wenn die Frage auftaucht, aber auch von einigen vielleicht ganz nebensächlichen Situationsmerkmalen. Treffen Sie auf einen Physikstudenten abends in einer Kneipe und fragen ihn, warum ein Ball beim Wurf in einem Bogen fliegt, wird er sehr wahrscheinlich – wenn überhaupt – etwas von »Energie« oder »Impetus« erzählen, der Schwungkraft, die sich beim Werfen auf den Ball überträgt und die sich dann mit dem Luftstrom und mit der Schwerkraft wieder aufbraucht. Sobald sich die Bewegung »uuhhhppp« himmelwärts an einem gewissen Punkt erschöpft hat, »gewinnt« die Schwerkraft. Der Ball erreicht den Zenit und fällt wieder nach unten. Erinnert man ihn daran, daß es sich dabei um ein *physikalisches* Problem handelt, wird er wahrscheinlich kurz aufhorchen, da er jetzt von der intuitiven Denkweise auf die D-Denkweise eines Physikers umschaltet, und sagen: »Ja, klar! Wie blöd von mir. Natürlich bewirken Schwerkraft und Luftwiderstand, daß der Ball in einem Bogen fliegt. Und sonst nichts.«[6] Das »In-sich-Aufnehmen« der Frage war zunächst ganz gedankenlos, ganz intuitiv geschehen. Erst beim zweiten Anlauf hat der Student auf einen anderen Bezugsrahmen umgeschaltet, der Zugang zu anderen Datenbanken und anderen Denkweisen eröffnete. Hätte die Frage auf einem Prüfungsbogen gestanden, hätte er von vornherein automatisch die D-Denkweise benutzt.

Warum man in gerade der einen Erkenntnisweise und nicht in einer anderen denkt – und warum es demgemäß auf ein und dieselbe Frage ganz unterschiedliche Antworten gibt –, hängt also von der Situation ab, in der man mit dem Problem konfrontiert wird. Dieser Umstand ist unmöglich zu übersehen. Ceci und Bronfenbrenner führten 1985 eine Studie mit zehnjährigen Kindern durch. Jedes der Kinder saß vor einem Computer, auf dessen Bildschirm in der Mitte in regelmäßiger Folge verschiedene geometrische Figuren erschienen.[7] Die Aufgabe bestand darin, indem sie den Cursor mit der Maus bewegten, vorherzusagen, in welche Richtung und wie weit die Figur wohl »springen« würde. Unter den Figuren gab es Kreise, Vierecke und Dreiecke, dunkle und helle, große und kleine. Theoretisch hätten die Kinder anhand der Figur den »Sprung« vorhersagen können, denn Vierecke sprangen stets nach rechts, Kreise nach links, und Dreiecke blieben in der Mitte; die dunklen bewegten sich nach oben und die hellen nach unten; die großen sprangen nicht sehr weit, die kleinen weiter. Nach 750 Versuchen hatten die Kinder im Grunde genommen nichts gelernt.

Nachdem man die Aufgabe jedoch nur wenig geändert hatte, was allerdings keinerlei Auswirkung auf den Schwierigkeitsgrad in der logischen Abfolge hatte, sahen die Dinge ganz anders aus. Alles, was die Versuchsleiter geändert hatten, war folgendes: Sie ersetzten die geometrischen Figuren durch Tiere, Vögel, Bienen und Schmetterlinge, der Cursor fungierte als Netz und sah auch aus wie eines, fügten einige Klangeffekte hinzu und sagten den Kindern, es ginge bei dem Spiel darum, die Tiere einzufangen, sobald sie sich bewegten. Nach nicht einmal der Hälfte der Versuche positionierten alle Kinder mit fast perfekter Treffsicherheit den Cursor, also das Netz, an die richtige Stelle, um die Tiere »einzufangen«. Die geometrischen Figuren vermittelten den Eindruck, als ginge es um eine »Schulaufgabe«, und so dachten sie automatisch in der D-Denkweise. Sie versuchten, Regeln zu finden, was sie nicht schafften. Also machten sie auch keine Fortschritte. Die zweite Version erinnerte sie eher an ein »Videospiel« – sie bedienten sich einer intuitiven Denkweise, mit der sie wesentliche Zusammenhänge leicht und unbewußt erfassen konnten.[8]

Doch auch mit der intuitiven Denkweise kann man fehlgehen, wenn sie sich etwa auf eine falsche Einschränkung stützt, darauf, ob und was in dieser oder jener Situation gerade wesentlich ist und was nicht. Wir haben das ja bereits beim »verstümmelten Schachbrett« gesehen. Ein anderes Beispiel:

> In einer Stadt gibt es zwei Krankenhäuser. Im größeren werden täglich etwa 45 Babys geboren, im kleineren ungefähr 15. Bekanntlich sind 50 Prozent aller Neugeborenen Jungen, die anderen 50 Prozent Mädchen. Der genaue Prozentsatz an Mädchen variiert natürlich von Tag zu Tag. An einigen Tagen liegt er über 50 Prozent, an anderen Tagen darunter. Aufgrund dieser täglichen Abweichungen wurden ein Jahr lang in beiden Krankenhäusern die Tage vermerkt, an denen mehr als 60 Prozent aller Neugeborenen Mädchen waren. Welches Krankenhaus hat nun im Verlauf des Jahres Ihrer Meinung nach mehr solcher Tage vermerkt? Das große oder das kleine? Oder haben beide in etwa gleich viele Tage angestrichen?

Die Psychologen Daniel Kahnemann und Amos Tversky haben diese Frage nahezu 100 Leuten gestellt. 22 Prozent gaben zur Antwort, das größere, 22 Prozent sagten das kleinere, und 56 Prozent gaben an, »in etwa gleich«.[9] Keiner von ihnen setzte sich hin und benutzte einen Taschenrechner. Von daher gehen wir davon aus, daß die Angaben auf einer intuitiven Denkweise beruhten. Dennoch: Mehr als drei Viertel von ihnen lagen falsch. Ich gehörte zu denen, die sagten »ungefähr gleich viel«. Dabei sollte eine kurze Überlegung genügen, Sie davon zu überzeugen – wie sie es auch bei mir tat –, daß »das kleine« die richtige

Antwort gewesen wäre. Je kleiner die Stichprobe, desto schneller kommt man durch Zufall auf einen höheren (oder niedrigeren) Prozentsatz. Im kleinen Krankenhaus müssen es nur zwei Mädchen mehr sein als Jungen, um die 60-Prozent-Marke zu überschreiten. Ein wesentliches Informationsmerkmal – die Größe der Klinik – wurde nämlich von der Hälfte aller Beteiligten schlicht und ergreifend übersehen, als sie ihre intuitive Antwort formulierten, auch wenn es ihnen hinterher durchaus einleuchtete, als man sie darauf hinwies. Solche »schnellen Intuitionen« sind empfänglich für alle Arten von unsichtbaren Einflüssen, von denen einige ganz zweckdienlich und vorteilhaft sein mögen, andere hin und wieder irreführend.

Intuitives Denken ist also ganz leicht zu erschüttern, wenn man damit auf Situationen reagiert, die auf den ersten Blick vertraut erscheinen, es aber gar nicht sind. Unter welchen Umständen sind denn dann eigentlich, so müssen wir uns fragen, die langsameren Erkenntnisweisen von besonderem Wert? Es verhält sich hier genauso wie beim Lernen durch Osmose, denn es stellt sich erneut heraus, daß langsame Erkenntnis durch Intuition die nicht-sichtbaren Zusammenhänge zwischen verschiedenen Wissensebenen mühelos aufdecken kann. Sie entdeckt das »Verbindungsmuster« für Erfahrungen, die, oberflächlich betrachtet, nichts miteinander zu tun haben. Intuition stellt ihre Bedeutung und ihren Wert in all den Situationen unter Beweis, die undurchschaubar, verworren oder unklar sind – egal, ob es sich um eine Midlifecrisis handelt, eine verfahrene Beziehungskiste, ein künstlerisches Projekt oder ein wissenschaftliches Problem.

In der Wissenschaft gilt Intuition als die Denkfähigkeit, die es schafft, verschiedene Versuchsergebnisse, die langsam, aber sicher eine bestehende Theorie aus den Angeln zu heben scheinen, mit der richtigen Metapher, dem richtigen Bild oder einer passenden Vorstellung zu belegen und sinnvoll miteinander zu verbinden. Doch soweit kommt es erst dann, wenn sich keine anderen logischen Zusammenhänge mehr finden lassen. Darwins Evolutionstheorien sowie Einsteins spezielle und allgemeine Relativitätstheorie haben jede für sich genau solche Erfahrungsmuster dargeboten. Sie schauten sich eine Reihe einzelner Erfahrungsmuster an und formten sie zu einer strukturierten Theorie, welche ihnen eine ganz neue Bedeutung verlieh und aufgrund derer neue Entwicklungen vorhersagbar wurden. Eine Erkenntnisweise, die ruhig, spielerisch und im Verborgenen ablief und nicht rational, ernst und in aller Deutlichkeit, verhalf diesen Theorien, wie auch vielen anderen, zum wissenschaftlichen Durchbruch. Berühmt sind Einsteins Worte über seinen eigenen kreativen Schaffensprozeß:

Die Worte der Sprache, geschrieben oder gesprochen, scheinen in meinem gedanklichen Mechanismus *keinerlei Rolle* zu spielen. Geistige Gebilde, die anscheinend als Denkelemente dienen, sind bestimmte symbolische Zeichen, die mehr oder weniger eindeutige Abbilder sind;... in meinem Falle mal rein geistiger Natur und mal exakt ausgeführt. Diese Denkelemente wirken mit bei einem ziemlich undurchsichtigen Spiel..., bei welchem sie willkürlich immer wieder neu erzeugt und gedanklich neu verknüpft werden können... Dieses Kombinationsspiel scheint der wesentliche Grundzug des produktiven Denkens schlechthin zu sein, denn es findet statt, noch ehe man irgendwelche Verbindungen mit logischen Konstruktionen anknüpft, mit Worten etwa oder sonstigen Versinnbildlichungen, mit denen man anderen etwas mitteilen kann... In einem Stadium, wo Worte überhaupt intervenieren, wirken sie in meinem Falle rein auditiv ein, dennoch interferieren sie erst in zweiter Linie (besonders zu beachten ist hier das Wort »interferieren«).

105

Zuweilen ist man sich der Gedankenmuster, die sich nach und nach herausbilden, völlig bewußt – wie es bei Herbert Spencer der Fall war. Wir brauchen uns nur einmal vorzustellen, wie sich in einer gesättigten chemischen Lösung, in die man ein Kristallstück gelegt hat, langsam eine große Kristallstruktur heranbildet. Ein anderes Mal laufen gedankliche Prozesse völlig unbewußt ab, und zwar so lange, bis der Gedanke dann als Gesamtbild ins Bewußtsein befördert wird. Rita Levi-Montalcini, Mitpreisträgerin des Nobelpreises für Medizin 1986, etwa sagte: »Man hat lange Zeit völlig unbeabsichtigt über etwas nachgedacht… Irgendwann zeigt sich das Problem wie ein Blitz aus heiterem Himmel, und man erkennt urplötzlich die Lösung.« Sir Neville Mott, Physikpreisträger 1977, unterstreicht hingegen beide Seiten: die urplötzliche Erkenntnis wie auch die Schwierigkeit, die richtige Ausdrucksform in der D-Denkweise zu finden: »Plötzlich ist dir klar – ›Genau so muß es sein‹. Das ist Intuition… wenn du es niemand anderem zu Bewußtsein bringen kannst. Und das passierte mir ohne Zweifel mit meiner Arbeit, für die ich jetzt den Nobelpreis erhalten habe. Es dauerte Jahre, bis ich mein Thema verständlich machen konnte.«[10]

Was die Intuition erzeugt, kann in mehr oder weniger verknüpften oder zusammenhängenden Gedankengängen an das Bewußtsein übergeben werden. Doch manchmal meldet sich der »Unterverstand« auch ganz anders zu Wort. Das passiert selbst Wissenschaftlern. Geistige Bilder oder andere Vorstellungen, die am geistigen Auge vorüberziehen, sind der Sprache der Intuition sehr hilfreich. So erging es nicht nur Einstein, sondern auch vielen anderen Wissenschaftlern und Künstlern. Kekulé entdeckte die Ringstruktur des Benzolkerns zunächst dadurch, daß er die Flammen beobachtete. Er sah vor seinem geistigen Auge, wie sie sich zu Schlangen formten, die sich umdrehten und sich in den eigenen Schwanz bissen. Mitunter werden Worte über Intuition auch auf sehr ästhetische Weise verpackt – Intuition als »Geschmack«, wie Paul Berg, Nobelpreisträger für Chemie, es nennt: »Es gibt da noch einen Gesichtspunkt (bezüglich der Intuition), den ich für meinen Teil anmerken möchte – den Geschmack. Geschmack hat etwas von künstlerischem Sinn. Bestimmte Leute schaffen es einfach, etwas so zusammenzusetzen, daß es einen gewissen Stil oder eine gewisse Klasse bekommt. Sie haben eben einfach das Richtige getroffen.«

Anderen offenbart sich Intuition als vages, aber durchaus zuverlässiges, richtungsweisendes oder wertbestimmendes Gefühl. Man »weiß einfach«, in welche Richtung man weiterforschen oder welches Versuchsergebnis aus einer langen Reihe man ernst nehmen soll und welches nicht. Michael Brown, Nobelpreisträger für Medizin 1985, beschreibt es so: »Bei unserer Arbeit hatten wir manchmal das Gefühl, daß uns eine Art unsichtbare Hand führt, denn wir gingen von einem Schritt zum nächsten und wußten irgendwie, welches der richtige Weg war. Doch ich kann beim besten Willen nicht erklären, woher wir das wußten…« Stanley Cohen, Nobelpreisträger für Medizin 1986, äußerte sich ähnlich. Er sprach von der außerordentlichen Bedeutsamkeit, für das eine wichtige Ergebnis eine »Nase« zu entwickeln, und erachtet die intuitive Reaktion als einen wertvollen Führer: »Mir geht es meistens so… ›Also, das Ergebnis glaub’ ich wirklich nicht‹ oder ›Das ist aber ein nichtssagendes Ergebnis‹ oder ›Das ist ein wichtiges Ergebnis‹ und ›Jetzt probieren wir es auf diesem Weg‹. Ich liege nicht immer richtig, doch habe ich wirklich manchmal ein Gefühl dafür, welche Beobachtung wichtig ist und welche sehr wahrscheinlich banal.«

Interessant ist, daß Cohen beides anspricht – den Wert sowie auch die Fehlbarkeit von Intuition. Sie kann falsch sein und muß noch einmal überdacht werden, doch nichtsdestotrotz dient sie als Orientierungshilfe, die beachtet und respektiert werden muß.

Viele schöpferische Menschen und erfinderische Wissenschaftler haben sich über die Notwendigkeit von Geduld, Empfänglichkeit und Aufnahmefähigkeit geäußert. Im Bereich der Wissenschaft war es Konrad Lorenz, Nobelpreisträger der Medizin 1973, der die Wichtigkeit des geduldigen Abwartens besonders betonte: »Der Denkapparat…, der intuitiv erkennt und weiß,… arbeitet auf sehr geheimnisvolle Weise. Er hält sozusagen alle bekannten Daten in Umlauf und wartet, bis sie wie ein Puzzlespiel an die richtige Stelle fallen. Doch sobald man drängt… und so versucht sein Erkenntnisvermögen zu erneuern, kommt nichts dabei heraus. Man muß auf eher geheimnisvolle Art eindringen, abwarten, und dann plötzlich macht es BING, und man hat das Ergebnis.« George Spencer Brown, ein Mathematiker und Philosoph, erklärt in seinem Buch »Laws of Form«:

> Um zu der einfachsten Wahrheit zu gelangen, braucht es Jahre des Nachdenkens. Das wußte bereits Newton und hat es auch praktiziert. Keine Taten. Keine Gedankenanstrengungen. Keine Berechnungen. Überhaupt keinerlei umtriebiges Verhalten. Kein Lesen. Kein Sprechen. Keine angestrengten Versuche. Kein Denken. Einfach nur das, was man wissen will, *im Gedächtnis behalten*.[11]

Lorenz und Spencer Brown zufolge geht es nicht darum, daß man eine schwierig zu lösende Aufgabe gleich liegenläßt und gar nicht erst anpackt. Der Vorgang des Denkens geht sehr viel unmerklicher vor sich. Man versucht nicht, die Aufgabe bewußt zu lösen, vielmehr »dringt man auf geheimnisvolle Art ein«. Man denkt nicht angestrengt darüber nach, doch irgendwie »behält man die Aufgabe im Gedächtnis«. Es ist so, als würde man der Aufgabe gestatten, anwesend zu sein und am Rande des Bewußtseins zu existieren, jedoch ohne sich um ihre Lösung angestrengt zu bemühen. Der amerikanische Philosoph Nel Noddings beschreibt diese empfindliche Balance zwischen Antwortsuchen und Antwortfinden anhand eines profaneren Beispiels:

Der Geist bleibt dabei außerordentlich aktiv, oder kann es bleiben, *vernünftige geistige Anstrengungen sind jedoch zeitweilig eingestellt.* In einer solchen Denkweise versuchen wir nicht, der Situation eine Ordnung aufzudrängen, vielmehr darf »Ordnung-die-da-ist« sich unserem geistigen Auge präsentieren. Damit will ich nicht sagen, daß die Verfolgung von Zweck und Ziel keinerlei Rolle spielt, wenn wir unseren Geist auf Empfangsbereitschaft schalten. Ganz und gar nicht. Vielleicht sitzen wir ja über einem Mathebuch oder einem literarischen Werk, weil wir etwas wollen – eine Zensur, einen akademischen Titel oder einen Job –, doch wenn wir Glück haben, gewillt und bereit sind, gerät das Ziel außer Sichtweite, und wir werden ganz und gar von unserem Studienobjekt eingenommen.[12]

Das allmähliche Formen und Entwickeln einer Idee über einen langen Zeitraum hinweg, etwa ab den allerersten Anzeichen bis zu dem Punkt, an dem sie ins Bewußtsein gelangt, ist ein Vorgang, der sowohl Künstlern als auch Wissenschaftlern und Mathematikern sehr wohl bekannt ist. Der Schriftsteller und Dramatiker Jean Cocteau beschreibt enthusiastisch die unerläßliche Notwendigkeit, den Geist eine Weile brachliegen zu lassen, und versucht dabei, mit der Vorstellung aufzuräumen, die »Muse«, die aus diesem Zustand hervorgeht, habe irgend etwas Magisches oder Übernatürliches an sich.

Nicht selten machen sich die Leute von irgend etwas völlig falsche Begriffe und Vorstellungen, ja beinahe starrsinnige. Leider! Ich glaube nicht, daß Inspiration vom Himmel fällt. Für mich ist sie eher das Ergebnis tiefsinniger Zwanglosigkeit und ein Resultat unserer Unfähigkeit, gewisse Kräfte in uns in Gang zu setzen. Doch diese unbekannten Kräfte arbeiten in unserem tiefsten Innern mit Hilfe von Erfahrungselementen aus dem täglichen Leben mit all seinen Ereignissen und all unseren Gemütsbewegungen, und wenn dann... das Gedankenwerk, das sich tief in uns formt, geboren werden will, müssen wir einfach glauben, daß es aus dem Jenseits kommt und uns von den Göttern dargeboten wird. Der Künstler ist eher verschlafen, damit er nicht wach werden und arbeiten muß... Der Dichter wird erst des Nachts so richtig wach. Seine Rolle ist bescheiden, er hält das Haus seiner Gedanken rein und wartet, bis er Besuch bekommt.

Der Geschichtswissenschaftler John Livingstone Lowe hat die Quellen und Materialien, die Coleridge als Grundlage für sein Werk »Die Weise vom alten Seefahrer« dienten, in allen Einzelheiten durchforscht. Anhand dieser Quellen war es ihm möglich, die unartikulierten, gedanklichen Vorreiter aufzuspüren, die jedem einzelnen Wort und jeder Wendung vorausgegangen sein mußten.[13] Er faßt die Gedankengänge, die sich allen Blicken verborgen im Geist des Dichters abgespielt haben müssen, folgendermaßen zusammen:

Fakten, die sich in Intervallen aus dem bewußten Erinnerungsvermögen niedersenkten und sich unterhalb der Oberfläche verbinden aufgrund einer fast chemischen geistigen Verwandtschaft von gleichen Elementen... Und genau dort, im Dunkel von Coleridges

Unterbewußtsein, indes sich sein Bewußtsein mit Zahnschmerzen oder Hartleys Kinderkrankheiten beschäftigte, mit Wordsworth-Gedichten auf schönen Spaziergängen zwischen Nether Stowey und Alfoxden weilte oder sich mit den unwirklichen Vorstellungen dieser oder jener Philosophie befaßte, bewegten sich auf seinen gedanklichen Reisen geistige Bilder: Er sah die Fische, die winzig kleinen Tierchen und schlangenartige Gebilde, die ihre Fühler nach Verbindungsstellen ausstreckten, und so gingen die Elemente jenseits der dichterischen Muse Verbindungen ein.[14]

Coleridge selbst hat die Entstehung der Dichtung »Kubla Khan«, eines seiner epischen Werke, geschildert. Er habe sich, so drückt er es aus, leicht »indisponiert« gefühlt, etwas Opium genommen und sich hingesetzt, um in einem Buch mit dem Titel »Purchas's Pilgrimage« weiterzulesen: »An diesem Ort befahl Khan Kubla den Bau eines Palastes mit einem Prachtgarten obendrein. Und so wurden zehn Meilen fruchtbaren Bodens mit einer Mauer umgeben.« Genau an dieser Stelle des Buches nickte er ein. Drei Stunden später erwachte er »in der festen und inneren Überzeugung, daß es doch gar nicht sein kann, zwei- bis dreihundert Verszeilen ohne irgendwelche sinnlichen oder bewußten Wahrnehmungen zu dichten – falls man hier überhaupt von Dichtung sprechen kann, da doch alle Bilder und Gestalten sich im Geiste emporschwangen.« Coleridge nahm auf der Stelle Feder, Tinte und Papier und »schrieb eifrig die Zeilen nieder, die uns hiermit erhalten sind«.[15]

Die amerikanische Dichterin Amy Lowell schildert, wie sie den »Tempelschlaf« als zuverlässige Methode ganz bewußt einsetzt: »Ohne ersichtlichen Grund kommt mir plötzlich eine Idee in den Kopf. ›Die bronzenen Pferde‹ zum Beispiel. Ich dachte mir, daß sich Pferde als Thema für ein Gedicht eigentlich ganz gut eignen; damit war es dann auch schon erledigt, und ich habe nicht mehr weiter darüber nachgedacht. Doch in Wirklichkeit habe ich die Geschichte in mein Unterbewußtsein fallen lassen, ungefähr so wie wenn man einen Brief in den Briefkasten fallen läßt. Sechs Monate später drangen die Worte des Gedichts allmählich in mein Bewußtsein, das Gedicht war da – um es in meinem ganz persönlichen Sprachgebrauch zu sagen.«

Diese Inkubation, das gedankliche Ausbrüten, ist ein Vorgang, der sich über Monate oder Jahre erstrecken kann, doch sein Wert macht sich nicht an der Länge der Zeitspanne fest, in der man mit dem Gedanken schwanger geht. Die Inkubationsphase kann sich über Tage hinziehen – als wenn wir »darüber schlafen« und das Problem am nächsten Morgen klarer oder sogar gelöst sehen – oder sich auch minutenschnell abspielen. Der französische Mathematiker Henri Poincaré, der für seine Reflexionen über seinen Schaffensprozeß bekannt ist, kommt zu folgendem Schluß:

Es geschieht oft, daß man an einer schwierigen Aufgabe sitzt und beim ersten Anlauf nichts Lohnendes herauskommt. Dann macht man erst mal Pause, mal kürzer mal länger, und geht die Aufgabe erneut an. Während der ersten halben Stunde kommt man, genau wie zuvor, nicht voran, doch dann plötzlich fällt es einem wie Schuppen von den Augen... Die Funktion dieser unterbewußten Gedankenarbeit erfüllt sich bei mathematischen Erfindungen meiner Meinung nach voll und ganz. Und Spuren davon sind bestimmt auch in anderen Fällen, vielleicht nicht ganz so klar erkennbar, so doch zu finden...

Es gibt heute experimentelle Beweise, die diese lebhaft geschilderten Anekdoten bestätigen und mit Hilfe derer wir verstehen, wie der Vorgang der Inkubation vor sich geht. Steven Smith und seine Kollegen haben an der A & M University in Texas eine Studienreihe durchgeführt, mit der es ihnen gelang, die Eigenheiten der Inkubationszeit anschaulich aufzuzeigen. Natürlich konnten sie damit nicht die ganze Vielschichtigkeit aller kreativen Erfahrungsmomente aus dem wirklichen Leben eines Einstein oder Coleridge reproduzieren. Das Wesen kreativer Erfahrungen macht es unmöglich, derartige Versuche direkt zu beeinflussen oder zu kontrollieren. Der »Unterverstand« wird also nicht auf Befehl funktionieren. Dennoch sind die Ergebnisse äußerst interessant.

Smith legte die Testreihe so an, daß die Aufgaben einige Schlüsselmerkmale zur Förderung des kreativen Erkenntnisvermögens imitierten. Es ging darum, eine signifikante, jedoch nicht ins Auge springende Verbindung von verschiedenen Bedeutungselementen herauszufinden. In sogenannten »Rebus«-Aufgaben, Bilderrätseln, sind Worte und Zeichen so angeordnet, daß sie einen ganz gewöhnlichen Satz suggerieren. Zum Beispiel:

ME   JUST   YOU

Mit Hilfe von Zwischenräumen wird der Satz »just between you and me« dargestellt. Weiteres Beispiel:

TIMING   TIM   ING

Hier liegt ein visuelles Wortspiel vor nach der Formel: »das zweite TIMING trennen«.

Man zeigte den Testpersonen eine lose Folge solcher Denkaufgaben. Sie hatten anfänglich jeweils 30 Sekunden Zeit, die Lösung zu finden. Zu einigen Denkaufgaben gab es nützliche »Lösungshilfen« (für obiges zweites Beispiel war es »genau«), zu anderen weniger nützliche (wie »neben« für das erste Beispiel). Die Aufgaben, die beim ersten Anlauf nicht gelöst wurden, legte man im zweiten Testdurchlauf erneut vor, entweder gleich zu Beginn oder nach fünf bis 15 Minuten. Wurden sie gleich zu Beginn vorgebracht, zeigten die Testpersonen gegenüber den ersten Lösungsversuchen keine Verbesserung; bei einer zeitverzögerten Vorlage der gleichen Tests schnitten hingegen 30 Prozent besser ab, wenn es um die Denkaufgaben mit den Lösungshilfen ging; die längere Zeitverzögerung von nutzlosen Minuten erbrachte eine größere Leistungsverbesserung als die kürzere von fünf Minuten. Die Testpersonen konnten sich während der zeitverzögerten Phase bewußt mit der Aufgabe oder mit irgend etwas anderem beschäftigen – doch egal, was sie taten, die Leistungssteigerung stand damit nicht in Zusammenhang. Es mußte also andere Ursachen geben, und das ist das Bezeichnende. Der Wert der Inkubationsphase kann unter diesen Umständen demnach nicht damit erklärt werden, daß man länger Zeit hatte, über die Aufgabe vernünftig nachzudenken.

In einer anderen Studie hat Smith den Inkubationseffekt erzielt, indem er mit dem TOT-Phänomen, »tip-of-the-tongue« – »auf-der-Zunge-liegen« –, arbeitete. Es taucht auf, wenn man sich an etwas Bestimmtes zu erinnern versucht – meist an einen Namen –, das einem aber einfach nicht einfallen will, auch wenn man das deutliche Gefühl hat, daß »es einem auf der Zunge liegt«. Smith erfand auf dem Computer imaginäre Tiere, denen er Namen zuordnete sowie eine kurze Beschreibung ihrer Vorlieben, ihres Lebensraumes und ihrer Ernährungsgewohnheiten. Die Testpersonen sahen sich zwölf solcher Tiere für kurze Zeit an und sollten sich dann an ihre Namen erinnern. Genau wie im vorangegangenen Test wurden ihnen die Namen, an die sie sich nicht erinnern konnten, in einem zweiten Durchlauf noch einmal vorgelegt, entweder gleich zu Beginn oder fünf Minuten später. In diesem zweiten Versuch sollten sie andeuten, sofern ihnen der Tiername noch immer nicht einfallen wollte, welches der erste Buchstabe des Namens sein könnte.

Sie sollten sagen, ob sie sich an den Namen erinnern würden, wenn sie ihn noch einmal gezeigt bekämen, und ob sie das Gefühl hätten, der Name läge ihnen auf der Zunge. Die Verbesserung der Gedächtnisleistung lag bei 17 bis 44 Prozent. Zudem fielen die Schätzungen, was den Anfangsbuchstaben der Tiernamen betraf, weit besser aus, wenn die Testpersonen angaben, der Name hätte ihnen auf der Zunge gelegen (TOT-Stadium), selbst wenn sie sich nicht mehr an den vollständigen Tiernamen erinnern konnten.

Smith gibt für den positiven Inkubationseffekt eine Erklärung, die auf beide Studien zutrifft: Die Verzögerung gewährt Zeit, in der falsche Antworten und gedankliche Sackgassen vergessen werden. Insofern geht man mit freierem Geist erneut an die Aufgabe heran. Man neigt sehr oft dazu, sich auf eine bestimmte Herangehensweise zu versteifen, auch wenn es damit ganz offensichtlich nicht klappt. Mit der Verzögerung steigen die Chancen, die falsche Fährte zu verlassen. »Läuft der Denkvorgang gleich zu Anfang in eine falsche Richtung, gerät man unmerklich in ein Fahrwasser, aus dem man in dem Moment nicht wieder herauskommen kann. Die Zeit der Inkubationsphase läßt falsche Gedanken, auf die man zunächst verfallen war, verfliegen, und man kann mit freiem Geist und offenem Blick dem Problem erneut begegnen.«[16]

Die Vorstellung, die Inkubationsphase begünstige eine Befreiung von einem Denkansatz, auf den man sich eingeschossen hatte, und ermögliche somit, aussichtslose Denkansätze oder Annahmen, die als Denkblockaden der Lösung im Wege standen, abzuschütteln, ist sicherlich ein wichtiger Aspekt. Doch kann das nicht alles sein, denn sie vernachlässigt die Rolle der unbewußten Intelligenz. Die Tatsache, daß wir im TOT-Stadium ziemlich genau sagen können, ob wir den Namen erkennen würden, wenn wir ihn zu sehen bekämen oder auch nur den ersten Buchstaben, die Anzahl der Silben oder andere charakteristische Merkmale, läßt darauf schließen, daß das Unterbewußte eine Vorstellung von dem Wort hat, diese aber – aus welchen Gründen auch immer – nicht ins Bewußtsein übertragen kann oder will.

Yaniv und Meyer haben den direkten Beweis geführt, daß diese Art von unterbewußter Kenntnis durchaus existiert. Genau wie Schmidt untersuchten auch sie den TOT-Effekt. Sie lasen den Testpersonen Definitionen von sehr ungebräuchlichen Wörtern vor und trugen all die zusammen, an die sich die Testpersonen nicht mehr erinnern konnten, sich aber ganz sicher waren, sie zu kennen. Daraufhin wurde die »lexikalische Aufgabe« gestellt, bei der diese Wörter zusammen mit neu hinzugekommenen verwendet wurden. Auf dem Computerbildschirm blinkten für kurze Zeit verschiedene Buchstabenketten auf, und die Aufgabe bestand nun darin, so schnell wie möglich einen von zwei Knöpfen zu drücken, um anzuzeigen, ob es sich bei der Buchstabenkette um ein gebräuchliches Wort handelt oder nicht. Wie bereits gezeigt wurde, sind Wörter, welche die Testpersonen kurz vor dem Test zu Gesicht bekommen hatten, schneller als Wörter erkannt worden als solche, die eigentlich genauso gängig sind, jedoch nicht kurz zuvor im Gedächtnis »aktiviert« worden waren. Yaniv und Meyer fanden heraus, daß die TOT-Wörter, auch wenn sie nicht bewußt in Erinnerung gerufen worden waren, noch immer diesen »Zündstoff«-Effekt zeigten. Sie deuten darauf hin, daß sie im Gedächtnis aktiviert worden waren, wenn auch die »Stärke« der geistigen Aktivierung nicht groß genug gewesen war, um die Schwelle ins Bewußtsein zu überschreiten.[17]

Mit dieser teilweisen Aktivierung will man die Wahrscheinlichkeit erhöhen, daß das ein oder andere Zufallsereignis den kleinen besonderen »Anstoß« gibt, der nötig ist, damit das Wort über die Schwelle ins Bewußtsein gelangt – auch auf diesem Wege kann Inkubation vonstatten gehen. Das Bewußtsein sagt einem vielleicht, der Lösung des Problems keinen Schritt nähergekommen zu sein, es beschleicht einen gar das Gefühl, versagt zu haben. Doch unbewußt könnte man doch weitergekommen sein, als man denkt; zwar nicht so weit, daß der »Kandidat« ins Bewußtsein vorgedrungen ist, aber doch weit genug, daß er »zündfertig« bereit liegt. Wird man dann durch irgendeine zufällige, alltägliche Begebenheit, und sei es nur unterbewußt, an das gleiche Wort oder Bild erinnert, so reicht das schon völlig aus, den Ausschlag zu geben, und man hat das plötzliche Aus-heiterem-Himmel-Erlebnis der Erleuchtung, von dem Künstler so oft erzählen. Es gibt sicherlich viele Menschen, die es schon einmal erlebt haben, daß ihnen ein Traum im Verlauf des Tages plötzlich wieder einfiel; ein beiläufiger Stimulus, wie zum Beispiel ein aufgeschnappter Gesprächsfetzen, wird zum Auslöser für das bewußte Erinnerungsvermögen.

In den Ausführungen zum Thema Lernen durch Osmose haben wir gesehen, daß das Unterbewußtsein sich immer weiter entwickelt, indem es nützliche Lernmuster herausfindet, die der bewußte Verstand nicht erkennt. In solchen Fällen zeigt sich, daß wir mehr wissen, als wir glauben zu wissen. Gilt dasselbe auch für die Arten von Problemlösung, um die es in diesem Kapitel geht? Können wir beweisen, daß das Unterbewußtsein der Lösung näher ist, als wir denken? Und können wir ein gewisses Feingefühl für die fast unmerklichen Lösungshilfen und Hinweise erlernen, die uns zeigen, daß dem so ist? Sollten wir vielleicht mehr Vertrauen in solche Gedanken setzen, die uns aus heiterem Himmel in den Sinn schießen, anstatt sie als unsinniges Blabla unseres Informationssystems abzutun? Kenneth Bowers und seine Kollegen von der University of Waterloo in Kanada haben mit ihren neuesten Studien klare Antworten auf diese Fragen vorgelegt.

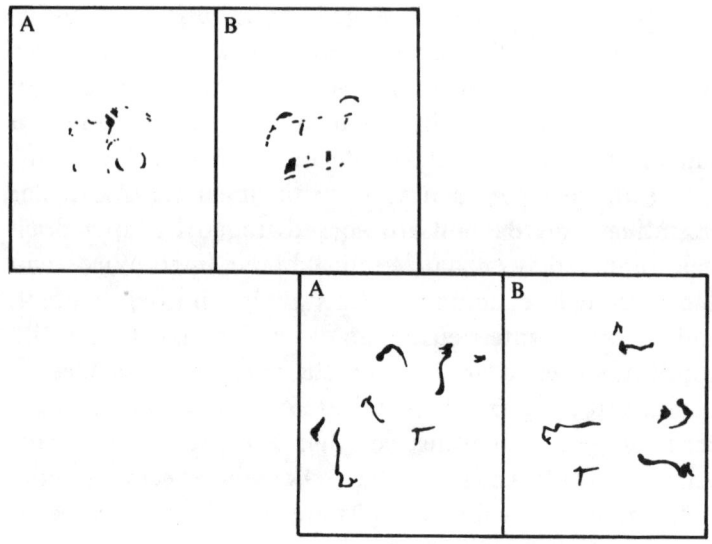

Abbildung 5: Bowers verzerrte Bilder.
Jedes Bildpaar zeigt auf einem der beiden Bilder ein reales
Objekt: ein Fotoapparat (oben); ein Kamel (unten)

Wie Smith geht auch Bowers davon aus, daß Intuition eng verbunden ist mit der gedanklichen Fähigkeit, Verbindungen oder Muster aufzuspüren, die unterhalb der Schwelle des Bewußtseins liegen und die anscheinend grundverschiedene Erfahrungselemente auf einen sinnvollen Nenner bringen. Er hat visuelle und verbale Stimuli benutzt, um die gedanklichen Bahnen zu erforschen, auf denen das Unterbewußtsein diese Muster findet, noch ehe der bewußte, überlegte Verstand überhaupt gemerkt hat, was vor sich geht. Werfen Sie einmal einen Blick auf die Zeichen der Bildpaare in Abbildung 5.

Jedes Bildpaar zeigt entweder auf Bild A oder B ein sehr verzerrtes Abbild eines realen Objekts.[18] Auf dem jeweils anderen Bild sind die gleichen visuellen Zeichenelemente anders angeordnet. Die Testpersonen bekamen eine Reihe solcher Bildpaare zu sehen mit der Aufgabe, die Bezeichnung des auf einer der beiden Zeichnungen ausgemachten Objekts aufzuschreiben. Gelang ihnen das nicht, sollten sie schätzen, auf welchem der beiden Bilder das reale Objekt ihrer Meinung nach dargestellt sei. Zudem sollten sie ihr Vertrauen in die eigene »Schätzung« beurteilen. Die Ergebnisse zeigten, daß die abgegebenen Schätzungen die statistische Trefferwahrscheinlichkeit übertrafen. Dies war auch der Fall, wenn angegeben wurde, kein Vertrauen in die eigene Schätzung zu haben. Nun hätte es ja sein können, daß die Zeichenelemente der realen Objekte irgendwie zusammenhängender dargestellt gewesen wären –, dann wäre das der ausschlaggebende Wahrnehmungsimpuls gewesen und nicht etwa irgendeine unbewußte gedankliche Regung, die als Informationsträger auf die Schätzungen einwirkt. Diese Möglichkeit wurde zwar bedacht, doch man kam ihr zuvor, indem man uneingeweihten Testpersonen genau die gleichen Bildpaare zeigte und sie bat, ohne Umschweife zu sagen, welches Bild »zusammenhängender« aussah. Ein Unterschied in den Einschätzungen der beiden Bilder ließ sich nicht erkennen. Demnach zeigt sich auch hier – genau wie in der Situation »wenn-einem-etwas-auf-der-Zunge-liegt« – daß das Unbewußtsein in der Lage ist, Muster aufzuzeigen, daß es über Mittel und Wege verfügt, ein zugrunde liegendes Muster aufzuspüren, auch wenn dieses nicht gleich eindeutig identifiziert worden ist.

Zu dieser Entdeckung gelangt man auch, wenn man statt visueller Reizmuster verbale Stimuli einsetzt. Weiter unten sehen Sie sechs Wortgruppen mit je drei Wörtern, von denen je zwei nebeneinander stehen (A und B). In jeweils einem dieser beiden Wortgruppen A und B haben die drei Wörter ein gemeinsames (wenn auch nicht sehr offensichtliches) Assoziationsmuster – ein einziges Wort hat auf irgendeine Art einen Bezug zu den beiden anderen der drei Wörter. Das jeweils andere Wort ist nicht auf diese Art und Weise zusammengestellt.[19]

	A	B
1	STOCK	PARTY
	LICHT	RUNDE
	GEBURTSTAG	ZEICHEN
2	HAUS	MAGISCH
	LÖWE	PLÜSCH
	BUTTER	BODEN
3	WASSER	SECHZEHN
	TABAK	SPINNEN
	FÜLLEN	ZART

Genau wie bei den Bildpaaren sollten die Testpersonen auch hier die miteinander zusammenhängenden Wörter ausmachen. Falls sie das nicht schafften, sollten sie lediglich raten, welches der beiden Paare das mit dem (nicht herausgefundenen) Assoziationsmuster sei. Die Ergebnisse stimmten im Wesentlichen mit denen überein, die im Test mit den visuellen Stimuli erzielt wurden: Die Leute waren durchaus in der Lage, bei einigen ein Muster aufzuspüren, welches sie aber nicht identifizieren konnten, und das machten sie mit größerer Treffsicherheit, als sie das nach eigener Schätzung von sich selbst behauptet hatten.

Bowers hat diese letzte Studie bis ins Detail ausgearbeitet und heraus kam das, was er »akkumulierte Schlüsselaufgaben« nennt. Dabei ging es im Prinzip um eine ähnliche Aufgabenstellung, wie eben beschrieben: Die Testpersonen hatten die Aufgabe, das Wort herauszufinden, welches das gemeinsame Assoziationsmuster zu den anderen hat. Doch dieses Mal wurde ihnen eine Liste mit 15 Wörtern vorgelegt, wobei die Wörter eins nach dem anderen präsentiert wurden und nicht alle zusammen auf einmal.[20]

Akkumulierte Schlüsselaufgabe:
1. ROT
2. NUSS
3. SCHALE
4. FRISCH
5. PUNSCH
6. TASSE
7. KORB
8. GELEE
9. COCKTAIL
10. KAUGUMMI
11. OBSTKUCHEN
12. BAUM
13. GEBACKEN
14. SALAT
15. FLIEGE

Das erste Wort wurde den Testpersonen etwa zehn Sekunden lang gezeigt, woraufhin sie wenigstens eine Assoziation aufschreiben sollten. Danach wurde ihnen das zweite Schlüsselwort gezeigt, für das sie ebenfalls eine Assoziation finden sollten, und so weiter. Sobald die Testpersonen meinten, einen hinreichenden Verdacht oder eine unbewiesene Vermutung zu haben, vermerkten sie das, gaben aber weitere Assoziationen an, und zwar so lange, bis sie es sich entweder anders überlegten oder sicher waren, das gesuchte Wort gefunden zu haben. Es zeichnete sich ab, daß die Testpersonen etwa beim zehnten Wort für ihre Antwort einen »überlebensfähigen Kandidaten« ausgemacht hatten und nach etwa zwölf Wörtern in fester Überzeugung auch bei dieser Antwort blieben.

Wenn also die Gedanken des Unbewußtseins auf der Suche nach dem gesuchten Wort dem bewußten Verstand vorauseilen können, dann könnten auch die »Schätzungen« der Testpersonen demselben Ziel zustreben und dort zusammenlaufen, noch ehe diese das bewußt mitbekommen. Um das zu untersuchen, wurden die Antworten der Probanden, die vor der endgültigen Festlegung auf das gesuchte Wort abgegeben wurden, einem Sachverständigengremium zur Beurteilung vorgelegt. Es sollte herausfinden, ob darin irgendeine sinnvolle Beziehung zu dem bis dahin noch unbekannten Zielwort zu erkennen sei. Und das war tatsächlich der Fall. Das unabhängige Gremium, dem das Lösungswort bekannt war, verfolgte die Antworten zurück und konnte ein Assoziationsmuster erkennen, das sich dem Zielwort Schritt für Schritt näherte; das Muster war den Testpersonen natürlich nicht bewußt. So zeigt sich, daß die Gedanken, die uns unverhofft in den Kopf schießen, womöglich von größerem Wert sind, als wir denken, und wir uns insofern selbst etwas vorenthalten, wenn wir diese nützlichen Informationen ignorieren und sie als »bloße Schätzungen« abtun.

In einer Hinsicht sind diese konstruierten Fragestellungen in einer Testsituation für die Problemlösung im wirklichen Leben nicht repräsentativ. Das betont Bowers ausdrücklich. Im wirklichen Leben besteht ein Großteil des »Problems« nämlich darin, daß man nicht von vornherein weiß, was in bezug auf die Problemlösung von Bedeutung ist und was nicht. Geschäftsführer, Architekten, Wissenschaftler oder Lehrer erleben Probleme oft als Situationen, in denen »ein einziges Durcheinander« herrscht. Sehr oft ist es nicht auf Anhieb klar, wie das Problem anzugehen ist oder wie aus allen vorgegebenen Informationen die Spreu vom Weizen getrennt werden kann. Führerscheinneulinge oder Erstsemester in Medizin fühlen sich des öfteren überfordert mit allem, was auf sie einströmt, da sie mangels Erfahrung noch nicht gelernt haben, worauf es ankommt und worauf nicht. Sie haben noch nicht gelernt, was in den Vordergrund des Bewußtseins zu stellen ist und was man im Hintergrund, im Hinterkopf, behalten sollte. Denkaufgaben, wie sie Bowers verwendet hat und wie sie auch von Psychologen – und den Leuten, die Schullehrpläne entwerfen – benutzt werden, werden vor Testeinsatz sorgfältig durchgearbeitet. Das Bild des Fotoapparats wird zwar verzerrt, doch das »Durcheinander« fehlt. Also hat Bowers in seinen jüngsten Versuchen das Problem »ungeordneter« und »lebensechter« gemacht. Die Tests enthalten nun irrelevante und verunsichernde Informationen ebenso wie relevante und wertvolle, was allem Anschein nach zu ähnlichen Ergebnissen führt: Je näher die Testpersonen der Lösung kamen – was sie selbst nicht wußten –, desto richtiger waren auch ihre »Schätzungen«. Sie konnten besser einschätzen, welche Einzelheiten für die Lösung des Problems tatsächlich relevant waren.

Das liefert uns den empirischen Beweis für die Existenz der geheimnisvollen »führenden Hand«, die Nobelpreisträger Michael Brown den Schritt in die richtige Richtung tun und Stanley Cohen wissen ließ, welchem Ergebnis er »glauben« und welches er in Zweifel ziehen sollte. Mit anderen Worten liefern die Tests den Beweis dafür, daß der Unterverstand, das intelligente Unbewußte, ruhig und unmerklich in der Tiefe unseres bewußten Verstandes tätig ist und diesem manchmal sogar vorauseilt. Dichter und Wissenschaftler haben das schon immer vermutet. Sie beobachten sehr aufmerksam und genau, was Teil ihrer Arbeit ist, und gelangen so durch die unmittelbare Erfahrung zu dieser Erkenntnis. Amy Lowell wurde einmal gefragt: »Wie werden Gedichte gemacht?«, und sie antwortete: »Ich weiß es nicht. Es ist eigentlich völlig egal, ob sich die Frage jetzt nur auf meine Gedichte bezieht, denn ebensowenig wie ich weiß, wie ich meine Gedichte mache, weiß ich, wie die anderen das machen. Was ich darüber weiß, ist lediglich ein Millionstel dessen, was es darüber zu wissen geben müßte. *Ich lerne meine Gedichte dort kennen, wo sie mein Bewußtsein berühren, und bis dahin haben sie schon eine gewaltige Strecke in ihrer Entwicklungsgeschichte zurückgelegt.«*

R.W. Gerard deutete bereits 1946 in der Monatsschrift *The Scientific Monthly* mit scharfsinnigen theoretischen Betrachtungsweisen vieles an, was die Kognitive Wissenschaft erst heute versucht, deutlichzumachen.

Dem Phänomen der Lernvorgänge wurde vielfach großes Interesse entgegengebracht: Mit zunehmender Erfahrung entwickelt sich langsam richtiges Reaktionsverhalten (»Lernen durch Osmose«); ein plötzlicher Einfall für die Problemlösung, der schlagartig in die richtige Reaktion umgesetzt wird (»Intuition«). Beide Lernvorgänge scheinen sehr unterschiedlich..., doch ist es möglich, wenn nicht gar wahrscheinlich, daß sie im Grunde ganz ähnlich sind. Bei beiden müssen neue funktionale Verknüpfungen im Gehirn geschaffen werden; im Falle der »plötzlichen Erkenntnis« vollzieht sich diese Entwicklung wohl langsamer und kumulativer, als es den Anschein hat. Doch auch hier leistet das Gehirn vor dem eigentlichen Gedankenblitz ein ganz schönes Stück an Gedächtnisarbeit – die Gravitationstheorie entwickelt sich erst, wenn der metaphorische Apfel auf den lernbereiten, bewußten Verstand fällt – und nur wenn der ganze unbewußte Vorgang die Schwelle zum Bewußtsein erreicht hat, strömen die Gedanken ins Bewußtsein und werden zu bewußter Erkenntnis.

KAPITEL 5

Eine Idee haben oder
wie ein Gedanke geboren wird

> In den Mutterleib schlüpfen, um
> ein Kind zu formen, geht nicht; es
> befindet sich dort, formt sich sel-
> ber und kommt fertig heraus...
> Das Schreiben hat man natürlich
> etwas besser unter Kontrolle; aber
> laß dich doch einfach einmal
> davon leiten, und wenn es so aus-
> sieht, als ob es dich vom gewohn-
> ten Pfad abbringt, wehr dich
> nicht.
>
> *Gertrude Stein*

Viele Leute mit schöpferischem Geist haben versucht, ihren künstlerischen Schaffensprozeß bildhaft zu beschreiben, doch kein Bild kann den Vorgang so anschaulich wiedergeben wie das einer Schwangerschaft. Eine gute Idee »haben«, so sagt man, ist genauso, wie ein Kind bekommen. Man braucht dazu einen Samen, um einen Prozeß überhaupt in Gang zu setzen. Die Idee braucht alsdann einen »Mutterleib«, der unzugänglich ist, wo sie sicher heranreifen kann und genährt wird. Der Ahnherr der Idee ist wie eine Wirtspflanze: Er stellt die nötigen Voraussetzungen für das Wachstum bereit, stellt die Idee selbst aber nicht her. Man »hat« ein Kind im Leib, »stellt« es aber nicht »her« – genausowenig wie man Erkenntnis und Intuition herstellt. Schwangerschaft läuft nach einem ganz eigenen Zeitplan ab: Psychologisch und biologisch gesehen, ist Schwangerschaft ein Vorgang *par excellence*, der nicht angetrieben werden kann; man kann ihn auch nicht steuern; ist er erst einmal in Gang gekommen, läuft er ganz von selbst ab und wird, sofern nichts Unvorhergesehenes dazwischenkommt, die Frucht reifen lassen.

Es sind nicht nur die Romantiker, die sich Geist und Seele in diesem Sinne bildlich vorstellen. Auch der Urvater des Behaviourismus, B. F. Skinner, hat einmal am Poetry Center in New York einen Vortrag unter der Überschrift »Ein Gedicht, ›gebären‹« gehalten. Er begann seine Ausführungen damit, daß seine Rede sich sinnigerweise selbst erkläre, da er nämlich auch gerade in »Geburtswehen« läge, gleichwohl er denn diesen Vortrag »gebären« müsse.[1] Im weiteren Verlauf des Vortrags ging er näher auf dieses Sinnbild ein: »Wenn wir davon sprechen, daß eine Frau ein Kind ›gebiert‹, haben wir kaum eine Vorstellung von dem mühsamen Weg bis zur Vollendung der Schwangerschaft. ›Gebären‹ meint vielmehr die Leibesfrucht ›austragen und auf die Welt bringen‹. Und nachdem die Mutter dem Kind das Leben ›geschenkt‹ hat – als ob Geburt irgend etwas mit Besitz oder Schenkung zu tun hätte, ein Gut, das man einfach so vergeben kann –, heißt es lediglich, sie hat ein Kind ›bekommen‹, wobei ›bekommen‹ anscheinend nicht mit viel mehr verbunden wird als mit ›in Besitz gelangen‹.«

Was genau ist dieses innere mütterliche Wesen und inwiefern bringt die Mutter sich selbst ein? Sie hat keinen Einfluß auf die Augenfarbe oder Haarfarbe des Kindes. Natürlich vererbt sie ihm ihre Gene. Doch sind das wirklich »ihre«? Sie hat ihre Gene ja selbst von ihren Eltern geerbt und über diese auch von einer ganzen Ahnengalerie, welche sie sich wiederum auch nicht ausgesucht hat. Auf die haselnußbraunen Augen und die kastanienbraunen Haare, die sie weitervererbt, kann sie also bestimmt nicht stolz sein. »Einem Biologen«, sagt Skinner, »fällt es nicht schwer, die Rolle einer Mutter zu beschreiben. Für ihn ist sie der Ort, der Genort, an dem sich ein höchst wichtiger biologischer Prozeß vollzieht. Sie spendet Wärme, Schutz und Nahrung, doch sie entwirft und erstellt nicht das Kind, welches aus all diesen Dingen seinen Nutzen zieht. In gleicher Weise ist ein Dichter ein Genort, ein Ort, an dem bestimmte genetische und umweltgeprägte Ursächlichkeiten zusammenkommen.« Und – wie wir bereits gesehen haben – was für einen Dichter gilt, kann gleichermaßen auch für Wissenschaftler, Schriftsteller, Bildhauer oder Produkt-Designer zutreffen.

Auch wenn der Schaffensprozeß an sich ein im wesentlichen organischer Vorgang und kein mechanischer ist, so erinnert uns diese Analogie daran, daß der natürliche »Inkubator«, der Brutkasten, für das Keimen des Samens trotz allem lebensnotwendig ist. Die Mutter konstruiert nicht den Entwicklungsbausatz ihres Kindes innerhalb der Gebärmutter, doch beeinflußt sie dessen Entwicklung erheblich durch ihren Lebensstil, ihr Empfindungsvermögen, ihre Ängste und Sorgen, ihr Eßverhalten, ihre Lebenseinstellung, Lebensgeschichte und körperliche Verfassung. Ihr persönliches Sein, die äußere Umgebung und ihre ganz eigene Gefühlswelt, die sie in sich trägt, beeinflussen das Wesen und die Natur des Heiligtums in ihrem Inneren, das werdende Leben, das sie versorgt. Genauso scheint es auch mit der Intuition zu sein: Es gibt Bedingungen, die im mentalen Mutterleib die Aufnahmebereitschaft für das Heranreifen und die Geburt von Gedanken mal mehr mal weniger begünstigen. Die Schaffung solcher Bedingungen kann von verschiedenartigen Leuten auf verschiedenartige Weise erfolgen, in verschieden hohem Ausmaß, willentlich oder unwillentlich. Je klarer wir diese Bedingungen ausmachen können, desto eher sind wir in der Lage zu erkennen, wodurch sie begünstigt werden können.

Zunächst muß man das Saatkorn der Idee entdecken – das heißt, der kreative Mensch muß neugierig sein, er muß eine gewisse Offenheit für alles Neue und Rätselhafte an den Tag legen. Man muß es zulassen, befruchtet zu werden. Damit der schöpferische Prozeß in Gang kommen kann, müssen wir auf etwas stoßen, daß unsere Aufmerksamkeit erregt – ein winziges Detail etwa, das absolut nicht in unser gewohntes Erfahrungsmuster passen will, oder eine zufällige Bemerkung, in der die eigenen verworrenen Ansichten und Gefühle mitschwingen. A. E. Housman haucht einem abgedroschenen Bild Leben ein: »Müßten wir Dichtkunst mit einem Begriff aus einer bestimmten Wortfamilie bezeichnen, würde ich sagen, sie ist ein Sekret; egal ob ein lebendiges Sekret wie das Harz der Nadelbäume oder ein morbides Sekret wie die Perle in der Auster. In meinem Fall handelt es sich eher um letzteres, wenn ich vielleicht auch nicht so gut mit der Perle umgehen kann wie die Auster.«[2]

Ungeklärte, ungereimte oder widersinnige Einzelheiten wirken auf Wissenschaftler oft stimulierend. In seinen Jugendjahren versuchte Einstein sich einmal vorzustellen, wie es wohl sei, auf einem Lichtstrahl zu reiten. Dieses Saatkorn der Phantasie wurde letztlich in der Relativitätstheorie zur Blüte gebracht. Bei einer Routinedurchsicht eines Computerausdrucks vom Radioteleskop stieß eine junge Studentin der Astrophysik in Cambridge auf ein paar Linien, über die sie sich wunderte. Man hätte sie leicht als Rauschen oder Störung unbeachtet lassen können. Doch nachdem man sich eingehend mit dieser Beobachtung beschäftigt hatte, stellte sich heraus, daß es sich um einen völlig neuen Sterntypus handelte. Ein Biologe fand bei Hunderten von winzigen Fruchtfliegen eine einzige mit einem mißgestalteten Auge. Das beschäftigte ihn unaufhörlich. Fünf Jahre später führten ihn seine Untersuchungen zu der Entdeckung eines Rezeptorproteins, das wahrscheinlich auch an der Entstehung von Krebszellen beteiligt ist.[3]

In der Geschäftswelt liegt die Hauptverantwortung für die Wettbewerbsfähigkeit beim Geschäftsführer oder Produktentwickler, bei fähigen Köpfen, die auch nach einem geschäftlichen Rückschlag das feine Gespür für neue Möglichkeiten haben und sich Zeit nehmen, sich über plötzliche Wendungen am Markt Gedanken zu machen. Wie bedeutsam dieses Feingefühl für beiläufige Unauffälligkeiten ist, schildern auch Berichte und Erzählungen von Künstlern. Im Vorwort zu seiner Erzählung »The Spoils of Poynton« erklärt Henry James, wie wichtig solche Einzelheiten sind. An einem Weihnachtsabend sei er mit Freunden zum Essen verabredet gewesen, als die Dame neben ihm »eine von jenen flüchtigen Andeutungen machte, die mir schon immer ›im Keim‹ irgendwie bekannt vorkamen... Die meisten meiner Geschichten, die sich unter meiner Hand krampfhaft ausformen, sind einem (solch)... kostbaren kleinen Funken entsprungen. Und wirklich wahr, genau so geschieht das mit einer verstreuten Idee, einem umherschweifenden Wort, einem vagen Echo, bei dessen Anklang die Gedanken des Schreibers zusammenzucken, wie wenn eine scharfe Bleistiftspitze sticht: Die Wirkung liegt allein in dieser nadelstichartigen Eigenschaft, in der Kraft, so spitz und fein wie möglich hindurchzudringen.«[4]

Allem Anschein nach gedeihen solche Saatkörner nur in dem Geist derer, die auf einer unbewußten Ebene bereits dafür offen sind. Auch wenn das eigentliche Problem eher ein intellektuelles als ein künstlerisches ist, erkannt werden kann es nur ganz persönlich emotional und über einen ästhetischen Sinn. Der Nobelpreisträger Paul Berg etwa spricht davon, wie wichtig in seiner Arbeit das »Geschmacks«-Gefühl für ein Problem oder eine entsprechende Herangehensweise war. Die Romanschriftstellerin Dorothy Canfield schildert ebenso wie Henry James die zufällige Begebenheit, durch die sie auf das zentrale

Thema ihrer Erzählung »Flint and Fire« kam. Sie hatte bei einem Nachbarn etwas zu erledigen. Der Weg zum Nachbarhaus führte sie über einen engen Pfad mit dunklen Kiefern, vorbei an einem Bach, den die Schneeschmelze hatte anschwellen lassen. Kaum war sie aus der kleinen Waldung herausgetreten, erblickte sie auch schon den alten Mann, der still und einsam vor seiner Hütte saß. Als sie mit ihren Erledigungen fertig war, setzte sie sich, wie es sich auf dem Land geziemt, zu einem Schwätzchen neben ihn.

Wir redeten eigentlich wenig, Klatsch und Tratsch aus der Nachbarschaft, bis der alte Mann hin- und herrutschte, tief Luft holte und sagte: »Ich finde, der Bach klingt dieses Frühjahr lauter als sonst.« Mit einem Mal erinnerte ich mich daran, daß sich sein Großvater in dem Bach ertränkt hatte. Und ich saß ganz still da. Der Gedanke und der Klang seiner Stimme ließen mich schaudern... Ich spürte, wie sich mein Herz vor lauter Mitleid schrecklich zusammenzog... doch – und ich hoffe, das ist jetzt nicht so abscheulich wie es klingt – im selben Moment wußte ich, daß ich genau dieses stechende Gefühl in eine Erzählung packen würde, damit es auch andere erleben könnten.[5]

Stephen Spender ließ sich inspirieren von »einer Zeile, einem Satz oder einem Wort, manchmal auch von einem unbestimmten Gefühl, einer verschwommenen Idee, von der ich gefühlsmäßig wußte, daß ich sie in einen wahren Wortregen verwandeln mußte«.

Das Saatkorn wird also nicht keimen und aufgehen, wenn es nicht auf den rechten »Boden der Erkenntnis« fällt, auf dem es gut gedeihen kann. Doch was genau ist darunter zu verstehen? Aus Studien, Skizzen und Entwürfen berühmter Denker und Reformer geht hervor, daß dieser bereits vorhandene »Boden« dann am fruchtbarsten ist, wenn er als Nährstoff reichhaltige Erfahrung birgt – allerdings nur dann, wenn er nicht aus purer Gewohnheit festgetreten oder vollautomatisch beackert wird. Man muß genau wissen, wovon man profitieren kann, und genügend Fachkenntnis besitzen, um zu sehen, wo sich etwas Fruchtbares entwickelt. Kreativ sein *in vacuo* ist ganz eindeutig nicht möglich. Aber wenn man von einem schwierigen Problem regelrecht aufgesaugt wird, ist man ebenso blockiert; man läuft Gefahr, sich derart in eine eingleisige Denkweise zu verstricken, daß man sich von eingefahrenen Vorstellungen überhaupt nicht mehr frei machen kann und verschiedene Denkansätze gar nicht erst aufkommen läßt. Erinnern wir uns noch einmal an den Versuch mit den Wassergläsern und daran, daß die Testpersonen sich recht schnell auf ihre »eigene bestimmte Methode eingeschossen« hatten. Je mehr Erfahrung sie im Laufe des Tests mit der komplizierten Rechenart gesammelt hatten, desto unwahrscheinlicher wurde es, daß sie den einfacheren Lösungsweg – als dieser sich anbot – auch erkannten. In wissenschaftlichen Untersuchungen über kreatives Verhalten junger Menschen zeigt sich das Verhältnis zwischen Kreativität und Alter in der grafischen Darstellung als umgekehrtes »U«. So liegt etwa der kreative Zenit bei Mathematikern und Physikern bei einem Alter zwischen 25 und 35 Jahren.[6]

Ein konkreteres Beispiel: Die *New York Times* berichtet in der Ausgabe vom 18. Februar 1993 auf der ersten Seite über die Entdeckung eines Verfahrens, mit dem es zum ersten Mal erfolgreich gelang, *in vitro*, im Versuchsglas, den AIDS-Virus aus menschlichen Zellen zu eliminieren und gesunde Zellen vor einer Infektion zu schützen. Der Erfinder dieses Verfahrens war Yung Kang Chow, ein Promotionsstudent der Medizin, der eben genau aufgrund einer gewissen Unerfahrenheit in der Lage war, ein Postulat zu durchschauen, das den Wissenschaftlern bis dahin als Denkblockade im Wege gestanden hatte, von ihnen aber unbewußt aufgestellt worden war.

Chow mutmaßte: »Vielleicht hatte ich gerade als Promotionsstudent mit noch wenig medizinischer Erfahrung einfach einen unverstellteren Blick für das Problem.« Der Schlüssel zu einem schöpferischen Geist findet sich in unsichtbaren Zusammenhängen hinter bestehenden Annahmen. Damit diese überhaupt durchschaut werden können, muß der Geist in-formiert, aber nicht de-formiert sein; er muß viele offene Denkkanäle haben und keine eingleisigen Denkfurchen.[7]

Soviel wir gesehen haben, funktioniert intuitives Denken am besten in schwierigen oder verworrenen Situationen, wenn Informationsinhalte unklar oder unvollständig sind. Denn dann, so hat Jerome Bruner einmal in einem berühmten Ausspruch gesagt, werden nur diejenigen weiterkommen, die »die Grenzen der zur Verfügung stehenden Informationen überschreiten können« und fähig sind, ihre eigenen Gedankeninhalte einzubringen, um fruchtbare Einfälle oder Vermutungen zu entwickeln. Für Schriftsteller und Wissenschaftler mag die Suche nach immer mehr »Informationsdaten« unumgänglich sein, doch letztendlich werden schöpferische Einfälle durch möglichst viele mentale Kontaktstellen erzeugt wie über »Problemspezifierung«, Informationsdaten, Informationsspeicher für eigene Erfahrungen und praktische Kenntnisse; und dadurch, daß man dieses Wechselspiel so ungehindert und frei wie möglich zur Wirkung kommen läßt, damit sowohl die aktuellen Informationsdaten als auch die Erinnerungsfelder mit Erfahrungen aus der Vergangenheit in allen Bedeutungs- und Möglichkeitsvarianten auch klar erkennbar werden. Aus wenig ein Viel zu machen – das zeichnet einen intuitiven Menschen aus, jemand, der bereit, willens und fähig ist, genau das zu tun.

Indem man sich darauf versteift, hochwertige Informationen aus zuverlässigen Quellen zu bekommen, um dann erst am Ende eine Entscheidung zu treffen, läßt sich die Zahl der offensichtlichen »Fehlurteile« vielleicht verringern, stattdessen macht man jedoch »Versäumnisfehler«, die oft weniger offensichtlich sind. Mit einer derart konservativen Denkweise werden mögliche Antworten aus dem Unterbewußtsein, die einen eher ganzheitlichen Ansatz bieten, verpaßt. Auf der anderen Seite bringt es auch nichts, wahllos intuitiv an schwierige Aufgaben heranzugehen, da man so eher geneigt ist, den seltsamsten Ahnungen und Einfällen Vorschub zu leisten. Wie kann man sich demnach auf bewußte und unbewußte Informationen so beziehen, daß »Fehlurteile« und »Versäumnisfehler« so gering wie möglich gehalten werden? Wie schafft man es, offen zu sein für die plötzlichen Eingebungen des Unterbewußtseins, sie wahrzunehmen und anzuerkennen, ihnen aber nicht übertrieben ehrfürchtig oder mit fehlendem Urteilsvermögen zu begegnen? Dies sind entscheidende Fragen im Zusammenhang mit dem Thema Intuition.

Gibt es ein unterschiedliches Beurteilungsvermögen und Entscheidungsverhalten aufgrund unvollständiger (bewußter) Informationen? Wenn ja, gibt es Leute, die dabei besser abschneiden als andere? Wie aus Studien von Malcolm Westcott vom Vassar College in Amerika hervorgeht, lautet die Antwort auf beide Fragen eindeutig »Ja«. Westcotts Testpersonen waren Studenten der unteren Semester, denen er ein Beispiel aus entweder zwei Wörtern oder zwei Zahlen mit einem bestimmten Beziehungsmuster vorgab. Die Aufgabe bestand darin, die Regel oder das Beziehungsmuster zu entdecken und die entsprechende »richtige« Wort- oder Zahlenergänzung hinzuzufügen. Beispiel: Bei den vorgegebenen Zahlen 2 und 6 ging es darum, auf 10 zu kommen. Welches Wort folgt wohl auf das Wortpaar »Maus, Ratte« – »Wochenende« etwa? Ehe sich die Testpersonen auf eine Antwort festlegten, hatten sie zusätzlich die Möglichkeit, nach weiteren verschlüsselten Hinweisen zu verlangen, die ihnen einer nach dem anderen auch gegeben wurden. Sie konnten vor ihrer endgültigen Antwort so viele oder so wenige weitere Hinweise erhalten, wie sie wollten. Als die Studenten schließlich ihre Antworten abgaben, sollten sie zudem einschätzen, wie sicher sie sich mit der Richtigkeit ihrer Antwort waren. Westcott hatte so für jede Aufgabenstellung drei Bewertungskategorien. Er sah, ob die Antwort richtig oder falsch war, wie viele Hinweise vor der endgültigen Antwort verlangt wurden und wie sicher sich die Testpersonen mit ihrer Antwort waren. Diese Versuchsreihe führte er mit verschiedenen Testgruppen und verschiedenen Aufgabenstellungen sowohl in England als auch in Amerika durch.

Westcott stellte fest, daß das Entscheidungsverhalten der Testpersonen in allen drei Kategorien durchweg ausgesprochen unterschiedlich ausfiel und daß er vier verschiedene Verhaltenstypen ausmachen konnte. So gab es Testpersonen, die für ihre Entscheidung sehr wenig Zusatzinformation brauchten und mit ihrer Antwort meistens auch richtig lagen. Diese Gruppe nannte er die »erfolgreich Intuitiven«. »Planlose Rater« nannte er den Typus, der zwar ebenfalls nach wenigen Zusatzinformationen fragte, mit der Antwort aber oft falsch lag. Beim dritten Typus – der Gruppe der »vorsichtig Erfolgreichen« – brauchten die Testpersonen eine ganze Menge an zusätzlicher Information, bevor sie endlich soweit waren, ihre Antwort abzugeben. Doch im großen und ganzen landeten sie dann zumeist einen Treffer. Schließlich gab es noch die Gruppe der »vorsichtigen Versager«, zu der Westcott die Testpersonen zählte, die alle zur Verfügung stehende Information nutzten, am Ende mit ihrer Antwort aber doch meist danebenlagen.

Darüber hinaus führte Westcott mit den Testpersonen verschiedene Persönlichkeitstests durch, um ein charakteristisches Persönlichkeitsprofil der »erfolgreich Intuitiven« und der anderen Gruppen herauszufinden. Er stellte fest, daß die Leute mit guter Intuition eher »introvertiert« sind; sie stehen nicht gerne im öffentlichen Rampenlicht, fühlen sich selbständig und unabhängig und verlassen sich lieber auf ihre eigenen Ansichten; sie bilden sich lieber selbst ein Urteil und sträuben sich dagegen, von anderen kontrolliert zu werden; sie sind eher unkonventionell und fühlen sich wohl dabei. In Gesellschaft verhalten sie sich »gefaßt«, sind jedoch durchaus fähig, starke Gefühle zu entwickeln, die sie aber eher in vertrauter und privater Umgebung zeigen. Sie lieben das Risiko und setzen sich auch gerne Kritik und Herausforderung aus. Sie können Kritik annehmen oder sie nötigenfalls auch zurückweisen; sie sind auch bereit, sich zu ändern, und zwar so, wie sie es für angebracht halten. Sie beschreiben sich selbst als »unabhängig«, »vorausschauend«, »selbstsicher« und »spontan«. *»Weit mehr als die anderen Gruppen suchen sie Unsicherheiten zu ergründen und hegen Zweifel, doch leben sie mit diesen Zweifeln und Unsicherheiten ganz unverzagt.«*[8]

Im Gegensatz dazu sind die »planlosen Rater« mehr sozial orientiert, doch »sind ihre interaktiven Verhaltensweisen von einem beträchtlichen Zaudern gekennzeichnet. Sie scheinen völlig in sich selbst vertieft zu sein und ihre ›Gefühlsinvestitionen‹ scheinen ebenfalls nur auf sich selbst gerichtet zu sein.« Diese charakteristischen Eigenarten manifestieren sich häufig in »einer aufgesetzten und bangen Ungezwungenheit, gepaart mit dickköpfigen, starren Ansichten, von Zynismus überlagert...« Sie beschreiben sich selbst als »lebhaft«, »schnell«, »eigensinnig« und »zynisch«. Westcott stellt fest, daß dieser Typus »anscheinend um eine Vorstellung von Wirklichkeit ringt, die sich seinem Verständnis aber entzieht, so daß er deshalb verschiedene Angriffsmethoden (gegen jegliche Unsicherheiten) auf etwas chaotische Art und Weise ausprobieren muß«.

Die Gruppe der »vorsichtig Erfolgreichen« zeichnet sich aus durch eine »sehr starke Vorliebe für Ordnung, Gewissenhaftigkeit und Kontrolle« und hat große Achtung vor Autoritätspersonen. Sie ist sehr gesellschaftsfähig, in dem Sinne, daß ihre Interessen und Wertvorstellungen dem kulturellen Mainstream entsprechen, erkennt aber nicht, daß diese Kultur sie geprägt hat. Ihr Wunsch nach Gewißheit und Ordnung scheint sie in der ungewissen Welt zwischenmenschlicher Beziehungen zu einer Art sozialer Unbeholfenheit und Ängstlichkeit zu führen. Mit Gemütsbewegungen können die »vorsichtig Erfolgreichen« schwerlich umgehen, es sei denn, sie sind klar geordnet. Sie beschreiben sich als »vorsichtig«, »nett«, »bescheiden« und »selbstsicher«. Das Gesamtbild dieser Gruppe besteht nach Westcott aus »konservativen, vorsichtigen und etwas gehemmten Leuten, die sich in solchen Situationen gut zurechtfinden, wo Erwartungen klar gestellt sind, mit denen sie übereinstimmen«: der Typus der D-Denkweise, wie wir hier annehmen möchten.

Zu guter Letzt hat der Typus der Gruppe der »vorsichtigen Versager« eine Vorstellung von der Welt, »in der alles im günstigsten Falle riskant ist; diese Leute sind im Grunde auch machtlos, auf etwas einzuwirken oder etwas entscheidend zu beeinflussen. Weitere Kennzeichen sind eine weitgehend verallgemeinerte Passivität, eine Sensibilität gegenüber jeglicher Ungerechtigkeit (und das Gefühl der Unfähigkeit, damit umzugehen) und der Wunsch nach einem friedvollen, sicheren *status quo*; bei alledem fehlt es ihnen an Selbstvertrauen... Sie sind recht konservativ, vermutlich sehen sie darin die beste Waffe gegen die großen Unsicherheiten des Lebens, und sie scheinen durchs

Leben zu gehen, den Kopf immer gerade so über Wasser, um keine Wellen zu schlagen. Sie bezeichnen sich selbst als ›vorsichtig‹, ›nett‹ und ›bescheiden‹.«

Unter all diesen interessanten Feststellungen sagt folgende vielleicht am meisten aus: Der Typus, der am ungezwungensten mit Unsicherheiten und Zweifeln verfährt, am ehesten »mit ihnen leben« kann, ist auch am ehesten in der Lage, das meiste aus den vorgegebenen unvollständigen Informationen herauszuholen. Sie können unbewußte Wissensquellen hilfreich nutzen, um in unsicheren Situationen »gute Treffer« zu landen, und sind auch bestrebt, daß ihnen das gelingt. Insofern unterstützen diese Experimente mit überzeugenden empirischen Argumenten die Ansicht, daß es nichts bringt, Erfahrungen in unsicheren Situationen aus dem Wege zu gehen. Denn solch ein Verhalten führt unweigerlich dazu, sich ausschließlich der kognitiven Denkweise zu bedienen, welche allerdings für verworrene Situationen weniger geeignet ist. In diesem Zusammenhang ist ein weiterer Punkt wichtig: Nach Durchsicht bedeutender Forschungsarbeiten kommt Westcott zu dem Schluß, daß »Intuition am wahrscheinlichsten dann auftritt, wenn die Information, auf die sich eine bestimmte Annahme gründet, äußerst vielschichtig ist, womöglich ganz fehlt oder nur begrenzt vorhanden ist, oder wenn für einen bewußten Umgang mit dem vorgegebenen Informationsmaterial nicht die nötige Zeit zur Verfügung steht... Durch solche situationsspezifischen Bedingungen wird ein bewußt denkender Mensch davon abgehalten, eine reife, wohldurchdachte Logik zur Anwendung zu bringen.«[9] Der amerikanische Sozialwissenschaftler Donald Schon hat unlängst darauf hingewiesen, daß es genau solche Situationen sind, in denen bestimmte Berufsstände wie Lehrer oder Rechtsanwälte tagtäglich gefordert sind.[10]

Auch wenn es eine Menge hilfreicher Präzedenzfälle, Lehrsätze und Lebensregeln gibt, verbringen diese Menschen viel Zeit damit, sich mit Fällen aufzuhalten, die in hohem Maße einzigartig und komplex sind, und gehen über den direkten Weg ratgebender Bücher. Sie befinden sich fernab der gut ausgebauten Schnellstraßen des »technischen Denkvermögens« und versuchen, sich einen Weg durch das »morastige Sumpfland« im Berufsalltag zu bahnen. So jedenfalls drückt es Donald Schon aus.

Information und Erfahrung – kognitives Wissen und sinnliche oder geistige Wahrnehmungen – können bisweilen sehr schnell auf ein Erfahrungsmuster, eine innere Resonanz, treffen. Um den intuitiven Denkvorgang rasch in Gang zu setzen, hat Westcott die Testaufgaben entsprechend vereinfacht. Insofern braucht man nicht viel an Erfahrung einzubringen, muß keine Analogien oder Metaphern finden, und man braucht auch keine versteckten Beziehungsmuster zwischen anscheinend zusammenhanglosen Elementen aufzuspüren. So bleibt oft nichts anderes übrig, als gerade in unklaren Situationen das Unterbewußtsein mit all seinen ganz eigenen Denkwerkzeugen eine Weile in Ruhe zu lassen. Dabei ist es von allergrößter Wichtigkeit, Geduld zu haben – die Fähigkeit, Unsicherheiten zuzulassen, das Gefühl des Nicht-Wissens eine Weile auszuhalten, und dem geistigen Denkvorgang, den man weder beobachten noch in eine bestimmte Richtung lenken kann, Platz zu machen und seinen Lauf zu lassen.

Wer Unsicherheit nicht leben kann, ist auch unfähig, den »Mutterleib« bereitzustellen, den kreative Intuition braucht. Wie wir in Kapitel 4 gesehen haben, zeigte Milton Rokeach, daß kreatives Denken begünstigt wird, sobald man gezwungen ist, langsamer zu treten. Er folgert daraus, daß »die Unterschiede der Leute in ihren mal mehr und mal weniger starren und steifen Verhaltensweisen eigentlich auch auf den unterschiedlichen Umgang mit dem Faktor Zeit anwendbar sind... Sich die Zeit nutzbar machen (das heißt, die Bereitschaft zum langsamen Den-

138

ken), ermöglicht tiefere Erkenntnis, abstrakteres Denkvermögen... und folglich größere geistige Flexibilität.« Er führt weiter aus, wie es zu diesen unterschiedlichen Verhaltensmustern kommen kann. »Wer früher schon einmal enttäuschende Situationen und das Gefühl, versagt zu haben, erlebt hat, weil er sich etwas Zufriedenstellenderes erhofft hatte, wird einfach unfähig, weitere enttäuschende Situationen zu ertragen. Um dieser ängstlichen Sorge vorzubeugen, lernt eine solche Person, relativ rasch auf neue Probleme zu reagieren... Die unvermeidbare Folge daraus ist eine gewisse gedankliche Unbeweglichkeit im Lernverhalten.«[11] Ob man ein gutes Denkvermögen hat oder nicht, hängt also mit den kognitiven Gewohnheiten und Fähigkeiten zusammen – und diese werden wiederum von emotionalen und persönlichen Eigenheiten gefördert, die vielleicht ganz fest verwurzelt sind. Wer schon einmal erlebt hat, daß eine Situation bedrohlich oder verfänglich wird, weil man nicht mit ihr umzugehen weiß, der will nicht einfach abwarten, sondern klammert sich womöglich an eine kognitive Denkweise – die D-Denkweise. Diese ist zwar zweckdienlich und eifrig bei der Sache, scheint auch auf ein bestimmtes Ziel hinauszulaufen und die Probleme unter Kontrolle zu haben, doch ist sie für die vorliegende Aufgabenstellung unter Umständen gar nicht geeignet.

Daß man sich in verfänglichen Situationen, unter Druck und Streß oder bei Prüfungen meist Denkweisen zuwendet, die klar gegliedert sind, die man bereits ausprobiert und geprüft hat und die eher konventionell sind – mit einem Wort, weniger kreativ –, ist eine allgemeine Vermutung, die sich durch zahlreiche Studien belegen läßt. Luchins Versuch mit den Wassergläsern hat gezeigt, daß man unter Streß in noch stärkerem Maße an einer überaus komplizierten Lösungsmethode festhält, auch wenn sich eine leichtere bietet. In einer früheren Versuchsreihe – die heutzutage von einem Ausschuß für ethisch-moralische Grundsätze bestimmt nicht gutgeheißen würde – wurde Studenten mitgeteilt, man habe anhand des zuvor ausgefüllten Fragebogens festgestellt, daß sie einige »unzulängliche persönliche Eigenarten« hätten, welche sie aber mit einer entsprechenden Leistung im Wasserglastest ausgleichen könnten. Je mehr nun die Testpersonen die Situation als Bedrohung empfanden, desto beharrlicher klammerten sie sich an die überholte Lösungsmethode und desto weniger gelang es ihnen, die neue Lösungsmöglichkeit zu entdecken.[12]

Situationen, die weniger Streßempfinden hervorrufen, mindern die Leistungsfähigkeit ebenfalls. Arthur Combs und Charles Taylor stellten einigen Testpersonen die Aufgabe, ein paar Sätze nach einem einfachen Transkriptionsschema zu verschlüsseln, so wie man es aus Detektivgeschichten für Kinder in Comics kennt. Einige der Sätze waren »rein zufällig« personenbezogen formuliert: »Meine Familie respektiert meine Ansicht nicht«, andere neutral: »Im Winter ging es auf dem Campus ziemlich langweilig zu«. Einigen der neutralen Sätze ging eine beiläufige Bemerkung des Versuchsleiters voraus: »Können Sie sich damit ein bißchen beeilen?« Die personenbezogenen Sätze wurden auffallend langsamer transkribiert, es wurden auch mehr Fehler gemacht, doch der Zeitdruck, der mit den neutralen Sätzen einherging, wirkte sich als ungünstige Testbedingung aus. Sogar bei einer so direkten Aufgabenstellung, wo das nötige kreative Denken auf ein Minimum beschränkt bleibt, erweist sich die Ermahnung zur »Eile« als gänzlich kontraproduktiv.[13]

Kruglansky und Freund bewiesen mit ihren Studien ebenfalls diesen hemmenden Effekt von Zeitdruck auf die Denkstrukturen. Studenten sollten anhand persönlicher Daten eines hypothetischen Bewerbers für eine Führungsposition seine voraussichtlichen Erfolgschancen in dieser

140

Position vorhersagen. Die eine Hälfte aller Studenten erhielt positive Informationen gefolgt von negativen, die andere Hälfte erhielt dieselben Informationen in umgekehrter Reihenfolge. Die Studenten, die zuerst die positiven Informationen bekamen, sahen tendenziell bedeutend höhere Erfolgsaussichten als die anderen. Gesteigert wurde diese Tendenz einmal mehr, als die Studenten ihr Urteil im Wettlauf mit der Zeit abgeben sollten. Was hier offenbar passiert, ist folgendes: Während der Testsituation scheinen wir ein intuitives Bild von der Art der Aufgabenstellung zu entwickeln; dieses Bild wieder auseinanderzunehmen und neu zusammenzusetzen bedeutet gedankliche Arbeit. Wohl eher unbewußt reinterpretieren wir dann lieber die im nachhinein gegebenen Informationen, die so ganz und gar nicht in unser Bild passen wollen, als daß wir das gesamte Denkgebilde umkrempeln. Und je mehr wir uns unter Druck fühlen, desto unwahrscheinlicher wird es, daß wir uns die Zeit nehmen und wieder ganz vorn vorn anfangen. Dieses unerbittliche Festhalten am gewohnten Denkmuster wird dem intuitiven Denken zur ernsten Fallgrube, wenn es darum geht, Entscheidungen im Alltag zu treffen. Hier fehlt es uns nicht selten gänzlich an umfassenden Informationen, die wir erst nach und nach erhalten. Gelangt man nun dennoch schnell und intuitiv zu einer Entscheidung, werden spätere Informationsteile womöglich ignoriert oder weniger beachtet, sofern sie sich nicht gerade zufällig in die bereits gefällte Entscheidung einfügen.[14]

Auch anderweitige Anspannungen, die nicht mit dem unmittelbaren Lösen einer Aufgabe in Zusammenhang stehen, verstärken diese gedankliche Unbeweglichkeit. Beim Rorschachschen Tintenkleckstest war die Reaktion von Patienten, denen eine Operation bevorstand, nichtssagender als die der freiwilligen Testpersonen. Auch als es darum ging, Vergleiche zu finden und Sätze zu vervollständigen – »so wütend wie«, »so interessant wie« oder »so schmerzhaft wie« –, gerieten diese Patienten eher ins Stocken und dachten weniger kreativ. Gelegentlich wurden sie auch körperlich schwerfälliger und immer vergeßlicher.[15]

Einer von vielen, die sich mit der Steigerung des intuitiven Denkens in Alltagssituationen am intensivsten beschäftigt hat, ist George Prince. Zusammen mit William Gordon hat er den bekannten Studienverband »Synectics« zur Förderung der Kreativität gegründet. Prince ging zunächst davon aus, daß die Menschen in der Kunst des kreativen Schaffens – wie entwickelt man mehr und bessere Ideen? – unterrichtet werden müßten. »Ich war der festen Überzeugung, daß die Leute wenig kreativ zu uns kommen und uns überaus kreativ wieder verlassen würden.« Doch mit der Zeit verstand er, daß dies nicht der springende Punkt war. Er erkannte, das *spekulatives Nachdenken* – vorläufige Gedanken und Ideen öffentlich auszudrücken und zu eruieren – die Menschen extrem verwundbar macht, und das hauptsächlich im Situationsfeld Arbeit und Beruf. Und allzu oft erleben Menschen auf unterschwellige oder auch direktere Art Besprechungen am Arbeitsplatz als eine Situation, der man schutzlos ausgeliefert ist.

Wir machen ganz gerne Gedankenexperimente am Rande unserer gewohnten Denkmuster, doch damit ist es sofort vorbei, wenn wir uns in einer Atmosphäre befinden, wo wir auch nur einen Hauch von Konkurrenz oder Zensur spüren. »Auch anscheinend harmlose Verhaltensweisen mindern nicht nur das spekulative Denken desjenigen, der einen Gedanken in die Runde wirft, sondern auch das der ganzen Gruppe: zum Beispiel, wenn man bei dem, der einen Gedanken aufbrachte, noch einmal nachhakt, ihn wohlwollend ein bißchen foppt oder über seine Idee hinweggeht – eben alles, was ihm das Gefühl gibt, er

142

müsse sich verteidigen.« Prince zieht daraus den ernüchternden Schluß, daß Erwachsene an ihrem Arbeitsplatz empfindlicher auf »verletzte Gefühle« reagieren, als wir das gemeinhin wahrhaben wollen. Genauso häufig anzutreffen ist die weithin uneingestandene und bei Beschäftigten in allen Berufszweigen und auf allen Hierarchieebenen zu beobachtende Tendenz, sich in Konkurrenz zu anderen zu sehen, um das eigene bröckelige Selbstwertgefühl aufrechtzuerhalten und zu steigern. Prince folgert daraus: »Geht es immer nur um gewinnen, verlieren oder konkurrieren, bleibt das spekulative Denken auf der Strecke und damit auch Ideenreichtum und Problemlösungen.«[16]

So wie werdende Mütter auf ihr spezielles Wohl bedacht sind – für gewöhnlich verspüren sie Appetit auf ganz bestimmte Speisen oder haben sonstige Extrawünsche, die anderen Leuten etwas exzentrisch erscheinen mögen – und es mit den Bedingungen, unter denen die Schwangerschaft und schließlich auch die Geburt stattfinden, sehr genau nehmen, verhalten sich auch kreative Menschen. Je nachdem, was sie schöpferisch hervorbringen möchten, entwickeln Künstler mitunter ihre ganz eigenen Schaffensriten und bereiten sich ein Arbeitsumfeld, in dem sie sich wohlfühlen und das ihrer Intuition förderlich ist. Pearl S. Buck konnte ohne eine Vase mit frischen Blumen auf dem Schreibtisch und dem Blick auf die ländlichen Gegenden Neuenglands nicht arbeiten. Jean Paul Sartre hingegen konnte ländliche Gegenden nicht ausstehen, er brauchte für die Arbeit den Blick auf die Ziegeldächer und Schornsteine der Straßen von Paris. Kipling behauptete, er sei nicht in der Lage, irgend etwas von Bedeutung mit Bleistift zu Papier zu bringen. Schiller hatte gerne verfaulte Äpfel auf dem Schreibtisch, da der Duft angeblich seine Kreativität anregte. Walter de la Mare, Sigmund Freud, Stephen Spender und viele andere mehr mußten beim Schreiben eine Zigarette nach der anderen rauchen. Kollektives »Brainstorming« ist zwar geeignet, um neue Ideen hervorzubringen, doch um tiefere Einsichten und Intuition zu entwickeln, muß man sich offenbar immer wieder dorthin zurückziehen, wo man völlig frei ist von allen äußeren Zwängen. Carlyle versuchte, einen schalldichten Raum zu bauen. Emerson verließ immer wieder Heim und Familie, um eine Zeitlang im Hotel zu wohnen. Ich selbst kann in einem Strandhaus in Neuseeland binnen zwei Wochen wirklich gute Arbeit leisten, was normalerweise drei Monate dauern würde.

Kreativität wird aber nicht nur durch ein feindseliges äußeres Umfeld gebremst. Wir stellen unsere Intuition oder unser spekulatives Denken auch dann sogleich wieder ein, wenn wir unser Informationssystem bedroht sehen und das Gefühl haben, uns nicht mehr darauf verlassen zu können; beispielsweise, wenn ein offenbar harmloser Gedankengang irgendwelche unvorhergesehenen Verkettungen zur Folge hat. Fangen wir an, uns mit einer zunächst ungelösten Aufgabe tiefer zu beschäftigten, mag das letztendlich ungewollte Auswirkungen auf unsere Lebenseinstellung und Lebensführung haben. Je fester der Glaube an die eigene Person ist oder an das, was man beruflich tut, wodurch man sich gesellschaftliches Ansehen verschafft, desto schwerer fällt es einem, nochmals alles überprüfen zu müssen. Diese geistige Trägheit leuchtet ja auch ein, denn eine radikale Neuordnung im Gedankenhaushalt vorzunehmen, ist nichts, was man so leichtfertig durchführen darf. Es ist ungefähr so, wie wenn uns jemand rät, unsere Möbel doch einmal umzustellen. Darauf lassen wir uns vielleicht ja noch ein. Doch wenn uns jemand sagt, das Haus würde besser aussehen, wenn wir die Grundmauern ein paar Meter nach rechts rücken würden, stößt er bestimmt auf etwas heftigeren Widerwillen. Genauso verhält es sich, wenn man von uns verlangt, fundamentale Änderungen in unserem gesamten Denkgefüge vorzunehmen.

Efraim Fischbein von der Universität in Tel Aviv spricht in diesem Zusammenhang von der geistigen Trägheit in der Wissenschaft. Doch das gleiche Prinzip paßt ebensogut auf das normale Denkschema im alltäglichen Leben:

> Ein Wissenschaftler, der eine bestimmte Hypothese aufgestellt hat, stellte diese nicht rein zufällig auf; sie paßt vielmehr optimal in die allgemeine Philosophie seines Fachbereichs, in seine übliche Interpretationsweise, in seine Fachkenntnisse und Methodologie. Er ist ganz gewiß sehr darauf bedacht, eine anfänglich aufgestellte Auslegung auch aufrechtzuerhalten, und zwar nicht um des eigenen Prestiges willen – was sicherlich ein wichtiger Leistungsfaktor ist –, sondern hauptsächlich deshalb, weil diese Hypothese sich am besten in die Struktur seiner eigenen Gedankengänge einfügt. Er wird diese zuerst aufgestellte Hypothese nicht verwerfen wollen, denn tut er das, müßte er das ganze System seiner Denkschemata neu und kritisch bewerten.[17]

Hieraus entwickelte sich das, was als »Plancksches Diktum«, nach dem deutschen Physiker Max Planck, bezeichnet wird: Größere Fortschritte in der Wissenschaft treten ein, nicht, weil die Verfechter einer bestehenden Auffassung aufgrund von Beweislasten gezwungen werden, ihre Ansicht zu ändern, sondern weil sie in Pension gehen und schließlich sterben.

Es soll hier nicht nur um Situationsmerkmale gehen, die wir mit dem Begriff »bedrohlich« umschreiben und die einer entspannten und aufnahmebereiten inneren Stimmung entgegenwirken, welche wiederum die Kreativität bestärkt. Vielmehr hat alles, was man allzu krampfhaft angeht, den gleichen Effekt. Warum immer gleich eine Antwort wollen und nicht einmal eine Weile mit einem Gedanken schwanger gehen? Carl Viesti wollte von seinen Testpersonen wissen, welches von drei komplizierten Beispielen dasjenige sei, das aus dem Schema fällt. Er beobachtete, bis zu welchem Grad sich die Leistung der Testpersonen über eine ganze Reihe solcher Tests hinweg steigerte. Sie hatten für jede Beispielpaarung ausreichend Zeit. Dennoch schnitten die, denen ein beträchtliches Honorar versprochen wurde, schlechter ab und lernten weniger dabei als die, denen man lediglich die Fahrtkosten erstattete. Daraus zog Viesti den Schluß, daß »die Höhe des Honorars (sic!) in keinem nennenswerten Grade den Leistungswillen für Lernaufgaben zur Verständnisschulung steigert, vielmehr tritt das Vorhandensein einer Entlohnung in Konflikt mit einer solchen Leistung«.[18]

Interessanterweise wurde der gleiche kontraproduktive Effekt, den Leistungsanreize herbeiführen, auch in der Tierwelt beobachtet. Ratten und Affen, die man konditioniert hat, um an etwas Eßbares zu kommen, nehmen im allgemeinen weniger von ihrer Umgebung wahr, wenn sie ausgehungert sind, als wenn sie nur leichten Hunger verspüren. Tier und Mensch achten weniger auf die natürlichen Grundmuster ihrer Umwelt, je mehr eine Situation sie zwingt, ein Ziel zu erreichen oder ein Problem zu lösen, und desto mehr sind sie darauf aus, nur die paar Hinweise auszumachen, mit denen sie ans Ziel gelangen. Mit diesem Verhalten kann man sich fast jeder Lebenslage anpassen. Was aber, wenn sich plötzlich etwas in der Umgebung ändert und es fortan gilt, neue mögliche Ereignisse und wechselseitige Abhängigkeiten zufällig zu entdecken? Dann erweist sich ein derartiges Verhalten als engstirnig, als ob man Scheuklappen tragen würde.[19] Leistungsanreize können die Leistungsbereitschaft für gewohnheitsgemäße Pflichtübungen im Alltag wohl steigern, doch sie schaffen keineswegs die Voraussetzungen, die der

146

Erkenntnisfähigkeit auf höchster Ebene förderlich sind und der Lösung eines Problems dienen. Zuviel des Guten, aber auch zuwenig, ist der kreativen Intuition abträglich.

»Die ersten Tritte spüren« – so könnte man das nächste besondere Merkmal umschreiben, welches der kreativen Intuition den Weg ebnet. Wächst das Saatkorn einer Idee langsam heran, so ist es, als ob sich die Wirtspflanze ganz allmählich der selbständigen Bewegungen des neuen kreativen Lebens in ihrem Inneren bewußt wird. Wie sensibel sie diese kleinen Anzeichen von Leben wahrnimmt und wie sie darauf reagiert, beeinflußt den schöpferischen Prozeß in entscheidendem Maße. Geht man mit einer Idee schwanger und soll etwas daraus werden, hängt dies insbesondere davon ab, ob man in der Lage ist, eine bestimmte Art von Bewußtsein in den Grenzbereich zwischen bewußtem und unbewußtem Denken zu verlagern: eine Art von Bewußtsein, die diese Idee bereitwillig aufnimmt, ohne sie aufzusaugen, und davon erfüllt ist, ohne verblendet zu sein. Der springende Punkt dabei ist, daß erfahrene intuitiv denkende Menschen anscheinend in der Lage sind, das Entstehen der eigenen schöpferischen Werke zu beobachten, ohne diesen Vorgang vor sich herzutreiben, ihn irgendwie ordnen zu wollen und ohne zu versuchen, ihn allzu eilig in Worte zu fassen.

Der Dichter Ted Hughes hat in den sechziger Jahren in einer Sendereihe für junge Hörer im Rundfunk über das Thema Schreiben gesprochen. In einer dieser Sendungen beschreibt er sehr schön dieses besondere Merkmal der feinfühligen Aufmerksamkeit gegenüber den eigenen Gedanken.

In der Schulzeit... entwickelte ich ein besonderes Interesse für solche Gedanken von mir, die ich einfach nie zu fassen bekam. Mitunter konnte man da kaum von »einem Gedanken« reden – eher handelte es sich um eine Art dumpfes Gefühl von irgend etwas... (und) zum großen Teil konnte ich mit solchen Gedanken auch gar nichts anfangen, da ich sie sowieso nie zu fassen bekam. So geht es den meisten Leuten. Haben sie einen Gedanken, ist das ein flüchtiger Gedanke – er blitzt kurz auf und ist gleich wieder weg – oder aber sie wissen, daß sie etwas wissen oder irgendwie auch eine Vorstellung von etwas haben, doch wenn es darauf ankommt, können sie diese Gedanken und Vorstellungen einfach nicht hervorbringen. Ihre Gedanken scheinen in der Tat außer Reichweite zu liegen... Der Denkvorgang, mit dem wir in diese gedankliche Innenwelt vorstoßen, ist genau die Denkweise, die wir erlernen müssen, und wenn wir das nicht irgendwie lernen, dümpeln unsere Gedanken wie Fische in einem Tümpel von jemandem, der nicht angeln kann... Vielleicht sollte ich es auch gar nicht »Denken« nennen. Ich spreche eigentlich von ganz egal welchen Fertigkeiten und Fähigkeiten, die uns befähigen, diese schwer faßbaren und verschwommenen Gedanken einzufangen, sie aufzusammeln und festzuhalten, damit wir sie eingehend betrachten können.[20]

Hughes führt weiter aus, daß er eigentlich gar kein guter Gedankenfischer sei, doch die Fertigkeit, über die er verfügt, habe er nicht in der Schule gelernt, sondern beim... Angeln, genauer gesagt beim Flußangeln, mit Angelrute und Angelkork. Schaut man stundenlang vor sich hin, auf den roten oder gelben Punkt im Wasser, lösen sich irgendwann all die nach Aufmerksamkeit heischenden inneren Regungen in nichts auf, und man findet sich auf dem weiten Feld des eigenen Bewußtseins, dessen Blick unbesorgt, aber äußerst aufmerksam auf dem Angelkorken und der unsichtbaren Welt der Unterwasserkreaturen ruht, die unter der Wasseroberfläche fein verteilt umherschwimmen und – vielleicht sogar – an die Oberfläche kommen

und anbeißen. Phantasie, sinnliche und geistige Wahrnehmung werden von der Über- und Unter-Wasserwelt angetrieben. Insofern ist das Angeln eine geistige Übung, welche die entspannte-aber-aufmerksame, auffassungsfähige-
aber-phantasievolle Denkweise beflügelt, die wiederum
die Intuition belebt. Gleichzeitig liefert das Angeln im
übertragenen Sinn ein Bild für die innere Haltung, die
Vermittler spielt zwischen Bewußtsein und Unterbewußtsein.

Diese Art und Weise, die Früchte der Intuition aufzule-
sen und sie genauer zu betrachten, ohne sie gleich zu zer-
quetschen oder eifrig zu Brei zu rühren, ist laut Hughes
etwas, was einem ganz unterschiedlich gut gelingt und
zudem wohlbekannt ist – eine Kunst, die man verfeinern
kann. Dabei muß es nicht unbedingt das Angeln sein, sondern es kann alles sein, was zu stiller Betrachtung einlädt
und verlockt, die zwielichtige Welt zwischen Bewußtsein
und Unterbewußtsein, zwischen Licht und Dunkel, zwischen Wachen und Schlafen zu belauschen, ohne störend
einzugreifen. Ist man innerlich ganz ruhig und wachsam,
so kann man im Zwielicht der Gedankenwelt die Vorboten
geistiger Klarheit beim Gedankenspiel beobachten. Und
wenn man Glück hat, bekommt man den ein oder anderen
nützlichen Gedankenblitz in aller Ursprünglichkeit zu fassen. Emerson schreibt in seinem Essay »Self-reliance«
über Kreativität folgendes: »Man sollte lernen, den Lichtstrahl, der aus dem Inneren der eigenen Gedankenwelt
aufblitzt, zu erkennen und im Auge zu behalten... In
jedem Wort genialer schöpferischer Menschen erkennen
wir unsere eigenen zurückgewiesenen Gedanken wieder;
und sie kommen mit einer gewissen entfremdeten Maje-
stät zu uns zurück.«[21] Viele Studien belegen die unterschiedlich ausgeprägte Fähigkeit, mit der Menschen sich
der Tagträumerei hingeben können. Diese Fähigkeit steht
Testergebnissen zufolge in Wechselwirkung mit der kreati-

ven Denkkraft. Beispielsweise können Leute mit einer lebhaften Phantasie sich ohne weiteres in Tagträumerei verlieren, sie können auch in allen Einzelheiten Kindheitserinnerungen wachrufen und schneiden bei Standardtests über kreatives Lernverhalten überdurchschnittlich gut ab.[22]

Der Psychoanalytiker James Hillman findet das postfreudianische Partyspiel »Trauminterpretation« bedauerlich. Ein Traum, so Hillman, ist häufig ein vollständiges Ganzes, es umgibt ihn eine Aura von Bedeutung und Geheimnis gleichermaßen, welche schlichtweg verlorengeht, sobald man versucht, den Traum mit den gewohnten Begriffsklassen unseres Denkens auseinanderzunehmen. Es liegt im innersten Wesen der Träume, auf etwas hinzudeuten und anzuspielen. »Ein Traumbild scheint immer tiefsinniger, kraftvoller und schöner als ein Begriffsbild.« »Was soll das bedeuten?« Dieser Frage nachzugehen, ist bei einem Traum genauso unsinnig wie bei einem Gemälde oder einem Gedicht – oder einem Sonnenuntergang, wenn man so will. »Einem Traum Bedeutungsinhalte unseres Vernunftdenkens beizumessen ist so, wie wenn man alle Begriffsklassen der Vernunft hervorkramt und von der einen Seite der Brücke auf die andere schleppt. Unbedingt etwas ›haben wollen‹ – mit dieser Einstellung geht man an das Unterbewußtsein heran und will es nutzen, um an Information zu gelangen, Kraft und Energie daraus zu schöpfen, will es ausbeuten um des eigenen Egos willen; es sich ganz und gar zu eigen machen.«[23] Der Psychoanalyse zufolge ist es allerdings richtiger, sich den Traum zum Freund zu machen: »an ihm teilhaben, in seine Bilderwelt und Stimmung eintauchen, mit ihm … spielen, mit ihm leben, ihn im Geiste mit sich tragen und mit ihm vertraut werden – so wie man das mit einem Freund machen würde«. Demnach »heißt der erste Schritt in der nicht-interpretierenden Traumdeutung, dem Traum Zeit zu geben und ihm mit Geduld zu begegnen, nicht gleich auf irgendeine Schlußfolgerung zusteuern und ihn nicht in irgendwelche Antworten hineinzwängen wollen... Mit dieser Art der Traumforschung begegnet man dem Traum auf seinem ureigenen phantasiereichen Grund und gibt ihm so eine Chance, sich weiter zu offenbaren.«

Im Alltag haben wir es bisweilen mit schwierigen Aufgaben zu tun, bei denen »Ziel und Zweck« von vornherein klar abgesteckt sind. An diesen vorab definierten Zielvorgaben wird der Wert einer herbeigeführten »Lösung« dann gemessen. Gibt Ihr Auto auf der Autobahn den Geist auf, wollen Sie natürlich, daß der Automechaniker es wieder zum Laufen bringt und die Pannenursache behebt, und nicht, daß er anfängt, die Sitze aufzupolstern. Doch wenn es mit den Verkaufszahlen in einer Firma bergab geht, gibt es eine ganze Reihe möglicher »Ziele«, die das Problem beheben könnten: Werbung, Kundenservice, Marktforschung betreiben, Abspecken, Produktentwicklung, Sturkturanpassung... Eine verfrühte Entscheidung darüber, welche Schwachstelle in der Firma ausgebessert werden muß, kann auch heißen, eine kreative Lösungsmöglichkeit verpaßt zu haben. Wer im intuitiven Denken geübt ist, ist zuweilen auch imstande, eine Entscheidung über die Zielrichtung aufzuschieben, auch wenn er seine Ideen und Vorstellungen bereits dargelegt hat. Es gibt ein kreatives Betätigungsfeld, nämlich das der Malerei, wo sich der Vorzug einer solch zögerlichen Zielangabe am allerdeutlichsten bewiesen hat. Viele Künstler haben das aufregende Gefühl beschrieben, auf einer Leinwand einfach anzufangen zu malen, ohne zu wissen, was daraus wird. D.H. Lawrence, ein begeisterter Hobbymaler, beschrieb dieses schwindelerregende Gefühl:

Für mich ist es der aufregendste Moment überhaupt –
vor einer weißen Leinwand zu stehen mit einem großen
Pinsel voll nasser Farbe und einfach eintauchen und
loslegen. Es ist, als ob man in einen Teich eintaucht –
man fängt an, wie wild darauflos zu schwimmen. Für
mich ist es so, als würde man in einer reißenden Strö-
mung schwimmen und vor lauter Schreck und Aufre-
gung keuchen und aus Leibeskräften um sich greifen.
Der klare Verstand faßt dabei alles scharf ins Auge;
doch das Bild entsteht rein und klar aus dem Gefühl,
der Intuition und aus bloßem körperlichen Tun. Gelangen Gefühl und Intuition in die Pinselspitze, entsteht
das Bild, falls es überhaupt ein Bild werden soll.[24]

Am School of the Art Institute in Chicago beobachteten Getzels und Csikszentmihalyi die unterschiedlichen
Arbeitsmethoden von Kunststudenten sehr ausführlich.
Sie untersuchten, ob der *modus operandi* in irgendeinen
Zusammenhang mit der Qualität des fertigen Bildes zu
bringen sei – die Qualität wurde von Kunstassessoren und
praktizierenden Künstlern beurteilt. Die Studenten hatten
in der Tat unterschiedliche Arbeitsmethoden. Es gab eine
große Auswahl an Gegenständen, mit denen sie ein Stilleben gruppieren und es malen sollten. Ein paar Studenten
wählten sich nicht mehr als zwei Gegenstände aus, andere
wiederum spielten mit mehreren herum, bis sie dann ihre
Auswahl trafen. Und wieder andere »spielten« richtig: Sie
nahmen die Gegenstände nicht nur hoch, sie streichelten
sie, warfen sie in die Luft, rochen daran, bissen hinein,
bewegten die Teile, hielten sie gegen das Licht und so weiter. Auch bei der Auswahl der Gegenstände war ein unterschiedliches Verhalten festzustellen. Einige wählten nur
ganz gewöhnliche, eigentlich sehr klischeehafte Dinge für
ihr Stilleben aus, wie ein in Leder gebundenes Büchlein
oder ein paar Trauben. Andere steuerten auf die unge-

wöhnlicheren, weniger abgedroschenen Dinge zu. Hatten die Studenten erst einmal mit ihrem Bild angefangen, fiel die unterschiedliche Arbeitsmethode auf. Einige veränderten immer wieder die Anordnung der Gegenstände oder tauschten sie gar aus. Das machten sie ziemlich lange so, so daß die endgültige Anordnung für das Bild erst ziemlich spät feststand. Andere hingegen stellten sich die Gegenstände gleich zurecht und gingen mit Hingabe an die Arbeit. Bei ihnen waren auf dem Bild schon recht frühzeitig erkennbare Formen zu sehen.

Das Ergebnis der Studie war eindeutig. Die Bilder der Studenten, welche mehrere und eher ausgefallene Gegenstände ins Auge gefaßt hatten, damit herumgespielt und eine endgültige Entscheidung für die Endgestaltung des Bildes solange wie möglich hinausgeschoben hatten und dabei auch immer wieder ihre Vorstellungen änderten, wurden als origineller und »ästhetisch wertvoller« beurteilt als die der anderen Studenten. Sieben Jahre nach der Studie wurden die Studenten noch einmal begutachtet, und das Ergebnis war äußerst interessant. Von all denen, die noch als praktizierende Künstler arbeiteten, waren diejenigen mit einem eher spielerischen, ruhigen und ausdauernden *modus operandi* am erfolgreichsten. Und das waren eindeutig solche Menschen, die gelernt hatten, sich für spontane Eingebungen ihrer Intuition offenzuhalten, die gerne auf Entdeckungsreise gingen, ohne vorher noch einmal nachzuhaken, wohin die Reise gehen würde. Damit befinden sie sich in guter Gesellschaft. Picasso sagt von seiner eigenen Malerei: »Das Bild wird nicht ausgedacht und im voraus festgelegt, vielmehr folgt es während des Schaffens dem Lauf der Gedanken.«[25]

Im Hinblick auf Intuition unterscheiden sich die Menschen voneinander auf vielfältige Art und Weise. Demnach gibt es auch vielerlei Möglichkeiten, mit denen wir zumindest versuchen können, die inneren wie auch äußeren Bedingungen für eine größere Aufnahmebereitschaft zu verbessern, damit Intuition überhaupt gedeihen kann. »Mutter der Erfindung« zu sein, ist eine Kunst, die wir erlernen können: Wir können lernen, all die zarten Keime, die sich in uns regen und uns Rätsel aufgeben, oder das Aufleuchten eines Gedankens in uns, der an der Peripherie unseres geistigen Auges aufblitzt, schätzen zu lernen und ernster zu nehmen. Wir können selbst herausfinden, in welchem Umfeld oder in welcher Stimmung wir am ehesten kreativ und aufnahmebereit sind, und wir müssen darauf achten, daß wir uns dafür auch Zeit nehmen. Wir können aufpassen, daß wir nicht allzu sehr von einem Problem eingenommen werden und es allzu verbissen angehen. Wir können uns in der Kunst üben, nicht jedes Problem schnellstmöglich beheben zu wollen und uns nicht allzu früh auf eine akzeptable Lösung festzulegen. Und schließlich können wir lernen, Geduld zu hegen. Im »Tao Te King« steht:

Die Schüler des Tao streben nicht ungeduldig nach Erfüllung.
Darum werden sie auch nicht fortgespült vom Verlangen nach Veränderung.
Ruhe wird durch Dauer allmählich erschaffen.
In dir sei Leere, und das Denken ruhe.
Zehntausend Dinge entstehen und vergehen.
Sie wachsen und blühen und kehren zur Quelle zurück.
Dein Selbst versinke in Betrachtung der ewigen Wiederkehr.
Ruhig ist die Rückkehr zur Quelle.
Das ist der Weg der Natur, unwandelbar.

KAPITEL 6

Zuviel denken – geht das?
Vernunft und Intuition
als Gegner und Verbündete

> Leute mit Forscherdrang sind wie Ameisen –
> nur sammeln und benützen. Die logisch
> Denkenden unter ihnen sind wie Spinnen,
> die aus körpereigener Substanz Spinnfäden
> spinnen. Die Biene hingegen schlägt einen
> Mittelweg ein – sie sammelt Nektar aus Blu-
> men in Garten und Feld, verdaut ihn und
> verwandelt ihn durch eine ihr ganz eigene
> Kraft.
>
> *Francis Bacon*

Ist es überhaupt möglich, zuviel zu denken? Wer nachts
nicht schlafen kann, weil er Probleme wälzt, wird diese
Frage wohl bejahen, gemeinhin würde man dies jedoch
eher verneinen. Im Klassenzimmer, im Beratungszimmer
oder in einer Amtsstube heißt es zumeist: Je analytischer
der Verstand, desto besser. Und selbst wenn wir nicht
nach diesem Motto arbeiten, sind wir doch der Meinung,
daß wir besser so arbeiten sollten; wir gehen davon aus,
daß beispielsweise ein detailliertes Auflisten und Abwägen
aller Überlegungen eine Art Idealform kognitiven Vorgehens ist, dem sich unser Verhalten auch gerne anpaßt.
Benjamin Franklin schrieb einmal an den britischen Wissenschaftler Joseph Priestley:

Ich mache es (mit schwierigen Problemen) immer so:
Ich ziehe auf einem Blatt Papier eine Linie und habe
zwei Spalten. Über die eine schreibe ich Pro und über
die andere Kontra. Dann überlege ich drei bis vier Tage

lang und schreibe unter die jeweiligen Überschriften kleine Stichworte zu verschiedenen Argumenten, welche mir zu allen möglichen Zeiten einfallen, und zwar für und gegen jeden Schritt, den ich erwäge... Ich sehe an der Länge der Aufzählungen, wo ungefähr die Mitte liegt; wenn dann in den nächsten ein bis zwei Tagen nichts mehr wesentliches dazukommt, was in eine der Spalten zu schreiben wäre, fasse ich meinen Entschluß entsprechend... Sobald ich jedes Argument auf diese Weise betrachtet habe, einzeln und im Vergleich, und alles so vor mir aufgelistet ist, kann ich mir, so denke ich, besser ein Urteil bilden und mache wohl weniger übereilte Schritte.[1]

Vermutlich handeln wir deshalb nach solch einem Grundprinzip, weil wir mit einem *modus operandi* wie diesem unsere Gedanken und Argumente besser beurteilen und zu einem Ganzen zusammenfassen können. Haben wir alles auf diese Weise bewußt und wohlgeordnet vor uns, treffen wir bessere Entscheidungen. Ein Leitfaden zur Entscheidungsfindung drückt es so aus: »Das Wesen der Entscheidungsanalyse liegt darin, Überlegungen und Gedanken zu trennen und Herr über sie zu werden. Folglich muß man ein vielschichtiges, schwieriges Problem in mehrere einfachere zerlegen, die Gedanken fortan nur noch auf diese einfacher strukturierten Problembereiche richten, dann alle Komponenten mit einem Komponentenkleber für logisches Denken zusammenkleben, und am Ende hat man einen gut durchdachten Handlungsrahmen zur Lösung des komplexen Problems.«[2] Dabei sollte man so ausführlich, deutlich und differenziert wie möglich vorgehen, denn nur dann stellt sich auch eine Denkweise ein, mit der man am besten zu Entscheidungen und Lösungen kommt. Doch müßten wir dieses nüchterne Postulat des vernunftmäßigen Denkens nicht eigentlich in Zweifel ziehen, nach all dem, was wir bis jetzt in diesem Buch gelesen haben? D-Denkweise und langsamere Erkenntnisweisen arbeiten ja offenbar zusammen, können aber aus dem Gleichgewicht geraten und das richtige Verhältnis zueinander verlieren.

Jonathan Schooler vom Learning Research and Development Center an der University of Pittsburgh führte im Laufe der letzten Jahre mehrere Studien durch, die anschaulich schildern, wie das Denken einer ganzen Reihe mentaler Funktionen in die Quere kommen kann. Dies betrifft ebenso das alltägliche Denkverhalten – wenn es darum geht, sich etwas zu merken oder zu entscheiden – wie auch das intuitive Denken und die tiefere Erkenntnis. Die Studien stoßen zur Kernfrage der Beziehung zwischen D-Denkweise und Intuition vor. Eine dieser Studien befaßt sich mit dem Entscheidungsverhalten, wenn mehrere Möglichkeiten zur Auswahl stehen, etwa wenn wir uns für nur ein Gericht aus einem reichhaltigen Essensangebot entscheiden sollen. Schoolers Studenten sollten fünf verschiedene Marken Erdbeermarmelade probieren, sie bewerten und angeben, welche ihnen am besten geschmeckt hat. Alle Marken waren kurz zuvor in einer Verbraucherumfrage getestet worden. Das Ergebnis wurde von Experten ausgewertet. Die in der Studie verwendeten Marmeladen rangierten auf Platz 1, 11, 24, 32 und 44. Während einige Testpersonen ganz sich selbst überlassen blieben, teilte man ein paar anderen mit, sie müßten ihr Urteil später begründen und sollten deshalb doch bitte alle Reaktionen und Vorlieben sorgfältig überdenken. Die Ergebnisse zeigten, daß das Urteil der Versuchspersonen, die man sich selbst überlassen hatte, dem der Experten recht nahekam. Das Urteil derjenigen hingegen, die angewiesen waren, ihre Reaktionen genau zu überdenken, stimmte nicht mit dem der Experten überein.

Das allein stellt noch nicht unbedingt ein Problem dar. Vielleicht bedeutet gründliches Nachdenken über Entscheidungen ja auch mehr Unabhängigkeit. Man entscheidet lieber selbst, was man für richtig hält, als einfach nur der großen Herde nachzulaufen. Wenn also gründliches Nachdenken bedeutet, daß sich die Entscheidungen enger an der eigenen Bewertung und den wahren Vorlieben orientieren, sollte man meinen, die nachdenklicheren Testpersonen seien mit ihrer Wahl *zufriedener,* und dieser Zustand der Zufriedenheit habe auch nachhaltig Bestand. Doch verhält es sich leider umgekehrt. In einer parallel durchgeführten Studie zeigte man Testpersonen fünf Poster, von denen sie eines aussuchen und mit nach Hause nehmen konnten. Diejenigen, die am längsten überlegt hatten, waren nach wenigen Wochen mit ihrer Wahl deutlich unzufriedener als die, die sich »intuitiv« für eines entschieden hatten. Beim Marmeladentest trafen diejenigen, die lange überlegt hatten, eine individuellere Auswahl als ihre intuitiv wählenden Kollegen. Bei diesem Versuch nun konnte zwar jeder nach Belieben das auswählen, was ihm *wirklich* gefiel, doch schnitten hier die, die lange überlegten, nicht besser ab, sondern schlechter.

Nun ist es wohl kaum so, daß das Entscheidungsverhalten in diesen Tests einen starken Einfluß auf die Lebensplanung der Menschen nimmt. Doch, geht es darum, sich für Leistungsfächer an der Schule oder Seminare an der Uni zu entscheiden, ist es gewiß von Bedeutung. Schooler hat Psychologiestudenten bei der Auswahl ihrer Seminare fürs zweite Semester beobachtet. Sie waren über alle Kombinationsmöglichkeiten umfassend informiert, hatten Kommentare und Urteile von Studenten gehört, welche die gleichen Kurse im Vorjahr gewählt hatten, und sollten nun angeben, welche Seminare sie ihrer Ansicht nach belegen würden. Abermals wurden einige Studenten aufgefordert, die vorliegenden Informationen noch einmal in allen Einzelheiten durchzugehen und ihre Entscheidungskriterien gründlich zu überdenken. Genau wie in den anderen Studien entschieden sich auch hier die Studenten, die am längsten überlegten, eher nicht für die Seminare, die ihnen von Kommilitonen empfohlen worden waren; zugleich waren sie auch eher geneigt, ihre Entscheidung im nachhinein wieder zu ändern. Beim Einschreiben selbst tendierten die »Nachdenklicheren« dann doch dazu, sich mehr an die vorab gegebenen Empfehlungen zu halten und sich den anderen Studenten anzuschließen, denen, die ihre Wahl intuitiv getroffen hatten.

Werden Leute also dazu angehalten, über ihre Entscheidungskriterien gründlich nachzudenken, ist mit einer ganzen Reihe negativer Auswirkungen zu rechnen. Das, so die Forscher, gehe aus diesen Studien hervor. Beim Auswählen eines Bildes, einer Marmelade oder eines Seminars sind eine Reihe von Überlegungen anzustellen, die alle irgendwie miteinander verquickt sind, *aber nicht alle sind (gleichermaßen) verbalisierbar.* Fällt man eine Entscheidung intuitiv, so werden all die Überlegungen gewissermaßen zu einem Ganzen zusammengefaßt und solchen, die nur schwer zu artikulieren sind, wird gebührend Bedeutung beigemessen. Doch welche Überlegung ist wohl tatsächlich von Bedeutung? Sehen sich Leute gezwungen – oder dazu angehalten –, mit analytischem Verstand an eine Aufgabe heranzugehen, werden zunächst solche Überlegungsschritte angestellt, die sich relativ leicht in Worte fassen lassen. Allerdings kann es dann sein, daß eine schwierige Situation sich unserem bewußten Verstand unbemerkt mal mehr oder mal weniger entstellt und verzerrt darstellt. Daher fallen Entscheidungen, die aufgrund eines verfälschten Eindrucks getroffen wurden, auch weniger zufriedenstellend aus.

Nonverbale Überlegungen, die in erster Linie *sensorisch* oder *emotional* erfolgen, werden von der D-Denkweise möglicherweise ausgeschlossen oder degradiert. Insofern neigt die analytische Denkweise dazu, *kognitive* Entscheidungsfaktoren überzubewerten. Diese lassen sich zwar leichter in Worte fassen und führen zu vermeintlich »vernünftigen Ergebnissen«, non-kognitive Kriterien werden hingegen nicht in Betracht gezogen. Je mehr man die Einzelpunkte der verschiedenen Entscheidungsalternativen hervorhebt, desto mehr findet man heraus, daß es für jede Alternative gute und schlechte Aspekte gibt und desto stärker wird die Tendenz zu einem nicht gerade entschlossenen Entscheidungsverhalten. Dies erklärt zum einen die tiefe Unzufriedenheit mit der getroffenen Entscheidung und zum anderen die Beobachtung, daß die Beurteilungen durch die Testpersonen tendenziell nicht mit den Auswertungen der Experten übereinstimmten. Wer die Wahl hat, hat die Qual – wer schon einmal einen Artikel gekauft und sich über die Entscheidung zu Hause sogleich wieder geärgert hat, wird dieses Phänomen ganz gut kennen. Hier verschiebt sich das Verhältnis zwischen bewußter und unbewußter Entscheidungsfindung. Hätte ich lieber auf mein »Herz« oder »Gefühl« gehört – dieser Satz bringt es auf den Punkt.

In aller Regel ist eine Sache eben nicht nur schwarzweiß. Nun könnte man vermuten, daß man mit der D-Denkweise vor allem dann ein Problem erfolgreich und wirksam angehen kann, wenn man ihm nur hinreichend verbal Ausdruck zu verleihen vermag und wenn der Lösungsansatz am Ende einer Kette von logischen Gedankengängen steht. Handelt es sich aber um ein vielschichtigeres Problem mit vielen verschiedenen Aspekten, die sich nur schwer in Worte fassen lassen oder mit denen man sich tiefer beschäftigen muß, wird die D-Denkweise weniger Erfolge erzielen als eine eher rezeptive, abwartende Verhaltensweise. Schooler und seine Kollegen haben in einer weiteren Studie diese beiden Problemtypen untersucht. Sie konzentrierten sich vor allem darauf herauszufinden, wo aktives bewußtes Denken hilfreich und wo es hinderlich ist.

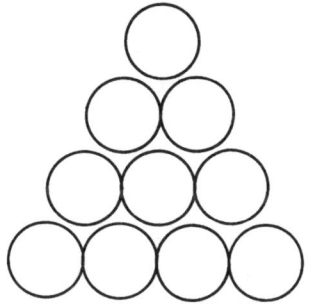

Abbildung 6: Probleme, die Einsicht erfordern: (a) Verschieben Sie drei Münzen, um das Dreieck auf den Kopf zu stellen. (b) Zeichnen Sie zwei Quadrate, so daß jedes Schwein allein in einem Feld ist.

Auf »Erkenntnis ausgerichtete Aufgaben« sind solche, bei denen man über alle notwendigen Informationen und Fähigkeiten zur Lösung zwar verfügt, sich allerdings irgendwie blockiert fühlt, bis sich schließlich wie aus heiterem Himmel ein »Aha«-Erlebnis einstellt und man die Lösung unvermittelt klar vor Augen hat. Bei solchen Problemen neigt man häufig dazu, von unbewußten Voraussetzungen auszugehen, die einem dann in die Quere kommen. Oder aber man schafft es einfach nicht, erworbenes Wissen, welches tatsächlich hilfreich sein kann, im Gedächtnis wieder aufzuspüren. In den vorangegangenen Kapiteln haben wir diesbezüglich Beispiele kennengelernt, das »verstümmelte Schachbrett« zum Beispiel. Abbildung 6 zeigt zwei solcher Denkrätsel (Lösungen siehe Anmerkungen).

Das Bild auf der linken Seite zeigt ein Dreieck aus Münzen. Die Aufgabe besteht darin, die Spitze des Dreiecks nach unten zu verlagern, indem man nur drei Münzen bewegt. Das rechte Bild zeigt ein Gehege mit neun Schweinen. Hier ist die Aufgabe, zwei weitere quadratische Einzäunungen so anzulegen, daß sich jedes Schwein einzeln in einer Einzäunung befindet.

Stellen Sie diesen Beispielen nun zwei analytische »Aufgabenstellungen« gegenüber. Denken Sie sich zunächst drei Spielkarten, die mit der Bildseite nach unten vor Ihnen auf dem Tisch liegen. Sie verfügen über folgende Teilinformationen:

Links von einer Dame liegt ein Bube.
Links von einer Pik-Karte liegt eine Karo-Karte.
Rechts von einer Herz-Karte liegt ein König.
Rechts von einem König liegt eine Pik-Karte.

Um welche drei Karten handelt es sich hier?

Nächstes Beispiel: Die Polizei ist davon überzeugt, daß von Alan, Bob, Chris oder Dave nur einer für das Verbrechen in Frage kommt. Jeder der vier Verdächtigen hat eine Aussage gemacht, doch nur eine stimmt. Alan sagt: »Ich war's nicht.« Bob sagte: »Alan lügt.« Chris sagt: »Bob lügt.« Dave sagte: »Bob war's.« Wer sagt die Wahrheit? Wer hat das Verbrechen begangen?[3]

Wer diese beiden analytischen Aufgaben lösen möchte, braucht in beiden Fällen keinerlei zusätzliche Kenntnis. Zudem ist es sehr unwahrscheinlich, daß man unbewußt von Überlegungen ausgeht, welche die ohnehin schwierigen Aufgaben unnötig verkomplizieren würden. Es wird lediglich verlangt, alle Teilinformationen sorgfältig zusammenzufügen, und schon erhält man die Antwort – eine nicht gerade anspruchslose Aufgabe, aber die Denkrichtung ist eindeutig. Es ist auch gut vorstellbar, daß man beim Lösen der analytischen Aufgaben laut mitdenken kann; die Worte folgen geradewegs, genau und ohne Mühe den Gedankengängen und artikulieren am Ende ungehindert die richtige Lösung.

Demzufolge dürfte bei Aufgabenstellungen, die über Erkenntnis zu lösen sind, eine andere Art von »Denken« verlangt sein, eine eher intuitive Denkweise, die »hinterden-Kulissen« abläuft, und wollte man dabei laut mitdenken, so würde dies auf den intuitiven Denkprozeß in der Tat störend einwirken. In seiner wissenschaftlichen Abhandlung sagt Schooler: »Etwas in Worte fassen zu wollen, kann im ›vorderen Teil‹ unseres Verstands ein derartiges Durcheinander auslösen, daß man nicht mehr in der Lage ist, auf mögliche neue Gedankenansätze im ›hinteren Teil‹ zu achten.« Tatsächlich untersuchte Schooler die wörtlichen Äußerungen der Testpersonen während des Lösens der beiden Arten von Denkaufgaben und stellte genau das fest, was vorherzusehen war: Werden Testpersonen aufgefordert, bei analytischen Aufgabenstellungen gut zu überlegen und dabei laut mitzusprechen, so ist dies dem Lösen der Aufgabe weder hilfreich noch hinderlich. Anders verhält es sich bei Aufgaben, bei denen Einsicht gefordert ist. Testpersonen werden ganz erheblich beeinträchtigt, wenn sie sich beim Lösen solcher Aufgaben gleichzeitig auf ihre Gedankengänge konzentrieren und diese artikulieren sollen.

In einer Versuchsvariante wurden Testpersonen zu Beginn darüber unterrichtet, daß es zweierlei Arten von Aufgabenstellungen geben würde. Bei einer der beiden, und zwar bei der mit Erkenntnis operierenden Aufgabe, würden sie wohl oder übel zu einer Herangehensweise verleitet werden, mit der die Aufgabe nicht zu lösen sei. Man gab ihnen ein Beispiel einer solchen Aufgabe und dazu den Rat, es doch einmal mit einer anderen Herangehensweise oder neuen Betrachtungsweise zu versuchen, sobald sie sich festgefahren hatten. Genau wie in den vorangegangenen Tests sollten einige der Testpersonen laut mitdenken, die anderen nicht. Der Test ergab zwei interessante Ergebnisse. Erstens: Der überaus deutliche Hinweis zum Lösen der auf Erkenntnis ausgerichteten Aufgabe hatte überhaupt nichts bewirkt und konnte auch den Leistungsabfall, der mit dem lauten Mitdenken einherging, nicht aufhalten. Es sieht ganz entschieden danach aus, als ob die Art von Erkenntnis, die man zum Lösen von solchen Aufgaben braucht, nicht nur außerhalb des bewußten Verstands liegt, sondern sich darüber hinaus auch jeglicher bewußten Kontrolle entzieht. Liegen intuitive Denkprozesse also jenseits einer bewußten Kontrolle, so können auch die vorgegebenen »hilfreichen Hinweise« in keiner Weise genutzt werden.

Die Forscher fanden zudem heraus, daß die vorgegebene Information im Hinblick auf die Aufgaben, bei denen es um Einsicht geht, eine deutliche Wirkung bei der Lösung der analytischen Aufgaben zeigte. Dachten die Testpersonen laut mit, so *schadete* dies der Fähigkeit, das logische Denkspiel zu lösen. Genauso wie der Versuch irreführend ist, erkenntnisorientierte Aufgaben ausschließlich mit der D-Denkweise lösen zu wollen, so kann auch die Leistungsfähigkeit bei analytischen Aufgaben gebremst werden, sobald man Zweifel in den direkten, geradlinigen Gedankengang sät. Allein der Verdacht, daß etwas tückischer sein könnte, als es tatsächlich ist, läßt das blinde Vertrauen in die D-Denkweise versagen. Alles Erdenkliche wird versucht – intuitiv –, um Komplikationen ausfindig zu machen, die gar nicht vorhanden sind. Dieses Ergebnis bestätigt einmal mehr, daß es darum geht, die richtige kognitive Denkweise nach ihrer jeweiligen Anwendbarkeit auszuwählen, und nicht darum, daß eine Art von Wissen einer anderen immer und überall überlegen ist.

Die Bandaufnahmen mit den Äußerungen der Testpersonen machten deutlich, daß die Gedankengänge beim Lösen der beiden Aufgabentypen bei jeder Testperson anders waren. Diejenigen, die sich mit den analytischen Aufgaben abmühten, sprachen flüssig, und das meiste ihrer Kommentare bezog sich auf das Problem an sich. Als es an die auf Erkenntnis ausgerichteten Aufgaben ging, stockten sie öfter, und die Sprechpausen wurden länger.

An vielen Stellen stand der Verstand – scheinbar – still. Dachten sie beim Lösen der zweiten Aufgabe laut mit, machten sie bis zu viermal häufiger Äußerungen, die sich nicht auf die Logik der Aufgabe, sondern auf die eigene Gemütsverfassung bezogen. So sagten sie zum Beispiel: »Es geht mir nichts durch den Kopf, das wirklich irgendwie... das Wortcharakter hätte« oder »Ich weiß, daß ich weiterreden soll, aber ich weiß nicht, was ich denke.« Dieses »Nichts-geht-mehr-weiter«-Erlebnis stand in Beziehung zum Lösungserfolg bei den erkenntnisorientierten Aufgaben. Die Testpersonen, welche häufiger Sprechpausen einlegten, lösten auch mehr Aufgaben. Ständig intellektuelle Kommentare abgeben zu wollen, hat eindeutig einen störenden Einfluß auf die langsamen, weniger bewußt ablaufenden Denkprozesse im Hinterkopf und verursacht eine plötzliche Abnahme des Erkenntnisvermögens und des kreativen Denkens. Wer sich also solch ein ständiges »Geplapper« angewöhnt hat, wird durch dasselbe behindert, sobald er es mit eher spitzfindigen oder nicht eindeutig definierbaren Aufgaben zu tun bekommt.

Jonathan Schoolers Ergebnisse sind von außerordentlicher Bedeutung. Nur ein Teil von dem, was wir wissen, und längst nicht alles wird ohne weiteres in Worte gefaßt. Einige unserer Denkvorgänge stehen dem bewußten Verstand zur Verfügung und andere nicht. Wenn wir also bewußt und artikuliert denken, bekommen wir nicht alles, was in unserem Verstand abläuft, exakt zu fassen. Vielmehr wählen wir die Teilbereiche unseres Wissens aus, denen wir ohne Probleme Ausdruck verleihen können, und das sind eben die Bereiche unseres kognitiven Denkens, auf die der bewußt denkende Verstand Zugriff hat. Wir denken also das, was *denkbar* ist, und nicht das, was dem »wahren« Denken entspricht. Die natürliche Neigung, alle Aufgaben so behandeln zu wollen, als wären sie mit der D-Denkweise zu lösen, läßt unser bewußtes Denken sich solchen Gedanken und Denkvorgängen zuwenden, die wir auch klar und deutlich ausdrücken können.

Ähnlich verhält es sich mit anderen Bereichen psychologischer Vorgänge, die unser Denken begleiten. Werfen wir einen Blick auf unser Gedächtnis. Viele Erlebnisse und Erfahrungen verweigern sich einer bewußten Artikulation durch Worte; deshalb muß sich unser Erinnerungsvermögen hier auf die nonverbalen Aufzeichnungen in unserem Gedächtnis stützen. Unsere Fähigkeit, zum Beispiel unzählige Gesichter eindeutig und ohne Mühe wiederzuerkennen, ist absolut bemerkenswert und beweist die Kraft und Stärke – die »Intelligenz«, wie ich es ausdrücken möchte – dieser unartikulierten Denkvorgänge. Was wir über ein Gesicht oder einen Gesichtsausdruck sagen können, ist nur ein winziger Bruchteil von dem, was wir zu wissen imstande sind. Insofern dürfte es uns nicht weiter verwundern, daß unser Erinnerungsvermögen äußerst eingeschränkt wird, wenn wir darauf konzentriert sind, ein Gesicht zu beschreiben, denn wir brauchen dafür all unsere Aufmerksamkeit und werden so auf das wenige, das wir wissen, hingelenkt. In einer weiteren Studie gab Schooler seinen Testpersonen Fotos von unbekannten Gesichtern. Sie sollten sich die Fotos ansehen und wurden danach gebeten, einige der Gesichter, nicht aber alle, zu beschreiben. Alle Fotos wurden dann wiederum mit neuen Fotos gemischt, auf denen ähnlich aussehende Personen zu sehen waren. Die Testpersonen sollten nun die Fotos heraussuchen, die sie zuvor bereits gesehen hatten. Die zuvor beschriebenen Gesichter wurden mit doppelter Treffsicherheit wiedererkannt als die, die nicht beschrieben worden waren. Wie detailliert oder genau die Beschreibung in Wirklichkeit ausgefallen war, stand mit der Beeinträchtigung des Erinnerungsvermögens in keiner Beziehung. Nimmt man als Stimuli einfache Farbkleckse, kommt das gleiche heraus.

Bei der Beschreibung der Gesichter aber ergibt sich ein zweifaches Problem. Zum einen muß man zunächst ganz zwangsläufig die Merkmale des Gesichts in einzelne artikulierbare Erkennungsmerkmale zerlegen und die Aufmerksamkeit zum Nachteil der echten, aber nonverbalen, spezifischen Unterscheidungsmerkmale auf das richten, was in Worte gefaßt werden kann. Sobald wir dann eine Person erkannt haben, versuchen wir, uns an die im Gedächtnis bewußt »notierten Aufzeichnungen« zu erinnern und diese dem vorgelegten Bild anzupassen, anstatt daß wir uns eher auf die nonverbalen, sensorischen Aufzeichnungen stützen, welche genauso vorhanden sind. Ist diese Erinnerungswirkung ein wesentlicher Aspekt des ganzen Problems, so könnte man die Leistungsfähigkeit steigern, indem man die Testpersonen an der Benutzung des verbalen »Codes« während des Erkennungstests hindert. Aber wie? Vielleicht, indem man sie dazu bringt, ihre Antwort sehr rasch zu geben. Nimmt man ihnen beispielsweise einfach die Zeit, die sie zum Nachdenken brauchen würden, so bliebe ihnen nichts weiter übrig, als auf visuelle Informationen zuzugreifen, welche in den bisherigen Tests von der verbalen Beschreibung überlagert worden waren. Die Beeinträchtigung im Erinnerungsvermögen müßte auf diese Weise zu bezwingen sein. Schooler hat genau das bewiesen. Mußten die Testpersonen die Gesichter schnell erkennen, war die beeinträchtigende Wirkung verbaler Formulierungen außer Kraft gesetzt.

In diesem Falle ist eine »Blitzantwort« verläßlicher als eine gut überlegte. »Erst entscheiden, und dann Fragen stellen« – diese Vorgehensweise ist eher geeignet, wenn man auf nonverbale Information angewiesen ist. Die negativen Einflüsse der D-Denkweise auf unser Denken können umgangen werden, indem man *schneller* oder auch *langsamer* reagiert als man denkt.[4] Die weithin verbreitete Ansicht, bewußtes Denken und gründliches Überlegen seien uns immer und überall von Vorteil, muß offenbar einmal mehr korrigiert werden. Die Ergebnisse dieser Studien sind auch für die praktische Anwendung in Alltagssituationen sehr interessant, bei Augenzeugenberichten zum Beispiel oder einer Gegenüberstellung von Opfer und Täter. Werden Augenzeugen aufgefordert, den Tathergang noch einmal »genau zu rekapitulieren«, um dann das, was sie gesehen haben, genau beschreiben zu können, so hat dies möglicherweise einen störenden Einfluß auf die Erkennungsfähigkeit, und man vermag folglich nicht, ein Gesicht auf einem Foto wiederzuerkennen oder es aus der Reihe der in Frage kommenden Täter herauszufinden.

Schooler hat mit seinen Studien die Bandbreite der alltäglichen Denkaufgaben, auf die artikuliertes Sprechen nachweislich störend einwirkt, erweitert. In Kapitel 3 haben wir gesehen, daß ein Lernerfolg sowohl in schwierigen und unbekannten Situationen als auch unter Druck gemindert werden kann, wenn man unbeirrt an einem intellektuellen Verständnis und einer bewußten Kontrolle der Denkvorgänge festhält. Nun wissen wir, daß das gleiche auch gilt, wenn es darum geht, etwas auszuwählen oder Entscheidungen zu treffen, Aufgaben zu lösen, die tiefere Erkenntnis verlangen, und sogar auch dann, wenn es einfach darum geht, Gesichter oder andere visuelle Reizmuster zu erkennen. Jedoch sollten wir uns auch hierbei davor in acht nehmen, in eine Falle zu laufen, indem wir die Kehrseite der D-Denkweise übertrieben hervorheben. Es nützt gar nichts, wollte man Intellekt und Verstand verteufeln, denn es gibt vielerlei Situationen, in denen bewußtes Verständnis und klare Fassungskraft hilfreich oder gar erforderlich sind. Müssen wir beispielsweise anderen unsere Vorstellungen begreiflich machen, damit sie praktische Aufgaben durchführen können, müssen wir uns zweifelsohne so klar wie möglich ausdrücken.

Doch wir brauchen die D-Denkweise nicht nur bei der Kommunikation. Zuweilen brauchen wir auch ihre analytischen Denkkräfte, um Ideen und Vorstellungen, die der »Unterverstand« in unseren bewußten Verstand katapultiert, zu überprüfen oder weiterzuentwickeln. Forschungen über kreatives Denken in vielen verschiedenen Bereichen zeigen, daß ein bestmögliches Erkenntnisvermögen ein flexibles Abwägen und Erwägen der verschiedenen Denkweisen unabdingbar macht. Einmal sind das die Denkweisen, welche mühevoll, zweckmäßig, detailliert, klar und deutlich sind, und auf der anderen Seite sind es die verspielten, langsamen und intuitiven. Wir müssen also imstande sein, sowohl Ideen zu *erzeugen* als auch sie zu *beurteilen* und zu *bewerten*. Intuition ist die wichtigste Denkweise zur Erzeugung von Ideen, und die D-Denkweise ist das wichtigste Instrument zur Bewertung derselben. Henri Poincaré faßte dies einmal so zusammen: »Mit Logik beweisen wir; mit Intuition entdecken wir.« Intuition und nachdenkliches Betrachten können einem Wissenschaftler jene kreative Einsicht vermitteln, welche einer systematisch orientierten D-Denkweise sowohl vorausgeht als auch nachfolgt. Der Chemiker Kekulé, der im schlaftrunkenen Zustand die Ringstruktur des Benzolkerns zunächst vor seinem geistigen Auge gesehen hatte, schloß seine Rede über den geglückten Durchbruch vor der Royal Society mit den Worten: »Gentlemen, lernen wir doch wieder zu träumen! Doch bevor wir unsere Träume kundtun, wollen wir sie erst einmal mit wachem Verstand überprüfen.« Und Poincaré, der Geduld und Ausdauer als dringende Notwendigkeiten gepriesen hat, sagte: »Was die Voraussetzungen für diese unbewußten Denkprozesse betrifft, so will ich noch eine Bemerkung hinzufügen: Werden bewußte Denkvorgänge den unbewußten sowohl voran- als auch nachgestellt, so ist unbewußtes Denken möglich und mit Sicherheit auch nutzbringend.«[5] Wenn es also möglich ist, zu viel zu denken, ist es genausogut möglich, zu wenig zu denken.

Graham Wallas hat aus Poincarés Beobachtungen eine klassische Formulierung über kreatives Denken in der Wissenschaft entwickelt und diese in seinem Werk »The Art of Thought« von 1926 dargelegt. Nach Wallas entsteht es aus dem wechselseitigen Spiel vier verschiedener Denkvorgänge oder Denkphasen im menschlichen Geist: Vorbereitungsphase, Inkubationszeit, Erleuchtung und Verifikation. In der Vorbereitungsphase geht es um das Sammeln von Informationen, das Durchführen von Experimenten und darum, so gut es geht, nach befriedigenden Erklärungsversuchen zu suchen, die sich aber einfach nicht finden lassen wollen. Die D-Denkweise wird bis an ihre Grenze getrieben und erleidet sodann eine Niederlage. Wie wir in Kapitel 5 gesehen haben, läßt man das Problem dann erst einmal im geistigen Inkubator ruhen. Wenn alles glatt läuft, tut sich irgendwann aus heiterem Himmel eine weitere Idee auf – völlig neuartig, unerwartet, aber doch irgendwie außerordentlich vielversprechend. Nach dieser überraschenden Entdeckung, der »Erleuchtung«, kehrt die D-Denkweise zurück, um die Idee allen möglichen Tests und Prüfungen zu unterziehen. Sie will herausfinden, ob die Versprechungen auch erfüllt werden, sie sucht nach Mitteln und Wegen, die »Erleuchtung« zu verdeutlichen, verständlich und begreiflich zu machen, so daß ihr auch andere wohl oder übel beipflichten müssen.

Doch nicht nur Wissenschaftler schätzen die D-Denkweise. Auch Künstler und Dichter wissen, daß sie ein Denkwerkzeug ist, dessen Hilfe sie benötigen, selbst wenn sie sich darüber im klaren sind, daß sie die Kraft hat, innere Regungen im Keim zu ersticken. Sie sind sich dessen vollauf bewußt. A. E. Housman sagt: »Der bewußte Verstand ist nicht Urquell der Dichtkunst; er hindert sie vielmehr am Entstehen, und man kann nicht einmal darauf vertrauen, daß er Dichtung als solche erkennt, wenn sie am Entstehen ist.« Dennoch sprechen viele kreative Künstler vom unschätzbaren Wert einer überlegten, systematischen und bewußten Denkweise, durch die sie die Erzeugnisse ihrer Intuition erst sieben, um dem Werk dann seine endgültige Gestalt zu geben. Das Entstehen kreativer Gedanken und die Entscheidung darüber, welche er schließlich verwendet, ist bei Mozart an zwei verschiedene Voraussetzungen geknüpft: »Wenn ich sozusagen ganz und gar ich selbst bin, mit mir völlig allein bin und in guter Stimmung... in solchen Situationen fließen meine Ideen mehr als reichlich. Woher und wie sie kommen, keine Ahnung. Ich kann sie auch nicht erzwingen. Und die Ideen, die mir gefallen, behalte ich im Gedächtnis...«[6] Es werden also nicht alle Ideen, die »ungehindert fließen«, auch verwendet – eben nur diejenigen, »die gefallen«. John Dryden nennt die Intuition auch einen »Augenblickseinfall«: »...welche die Schlafesbilder ans Licht befördert, dortselbst sie zu unterscheiden wären und das Urteil sodann auf angenommen oder abgelehnt lautet.«[7] Auch für die Dichter der Romantik steht dies außer Frage wie für William Wordsworth: »Dichtungen, denen allemal große Bedeutung zuerkannt werden kann, wurden niemals nur ersonnen..., ohne daß jemand lange und tief nachgedacht hätte, jemand, dessen Empfindungsvermögen weit mehr aufnimmt, als nur gewöhnliche, systematisch geordnete Gedanken. Es strömen ja fortwährend Gefühlseindrücke in unsere gedankliche Welt, welche von unseren bewußten Gedanken erst näher bestimmt und dann in eine Richtung gelenkt werden.«[8]

Der englische Bildhauer Henry Moore drückte die Janusköpfigkeit des unterscheidenden, urteilsfähigen Denkvermögens noch genauer aus:

Bildhauer und Maler machen einen Fehler, wenn sie sehr häufig über ihre Arbeit sprechen oder schreiben, denn dies setzt höchste gedankliche Kräfte frei, die sie für ihr Werk brauchen. Mit dem Versuch, die Ziele mit vollendet logischer Exaktheit mitteilen zu wollen, kann der Künstler leicht zum Theoretiker werden, dessen eigentliche Werke nichts weiter als vergitterte Ausführungen sind, die mit Hilfe von Logik und sprachlichem Ausdruck zur Entfaltung kommen. Auch wenn im Werk des Künstlers die nicht-logischen, instinktiven und unterbewußten Bereiche der gedanklichen Welt zum Einsatz kommen müssen, so verfügt er dennoch über einen bewußten Verstand. Und dieser ist nicht untätig. Der Künstler konzentriert sich bei seiner Arbeit auf seine Person in ihrer Gesamtheit. Dabei löst der bewußte Verstand Ideenkonflikte auf, belebt Erinnerungskräfte und hindert ihn daran, in zwei verschiedene Richtungen gleichzeitig zu gehen.[9]

Es sieht so aus, als ob das voll und ganz erwachte kreative Denken der biologischen Evolution nicht unähnlich ist. Bereits 1946 deutete R.W. Gerard darauf hin, daß Vorstellungskraft und Intuition für kreative Einfälle das sind, was die Mutation für die Tierwelt ist: Sie erzeugen vielgestaltige neue Gebilde, von denen viele nicht lebens- oder entwicklungsfähig sind und viele auch weniger gut für die Erfordernisse der Umwelt geeignet sind als die bereits vorhandenen. Doch einige von ihnen, vielleicht auch nur ganz wenige, enthalten zufällige Merkmale und Eigenschaften, die sowohl anpassungsfähig als auch neuartig sind. Der »Unterverstand« ist für die »Ankunft« aller Ideen und kreativen Einfälle zuständig, der geeigneten wie auch der nicht geeigneten. Vernunft und Logik sind gewissermaßen die gedankliche Umgebung, die jeden Kandidaten ihrem Eignungstest unterziehen und dafür sorgen, daß ausschließlich die am besten geeignete Idee überlebt.[10] Nicht ganz so lange ist es her, da Gerald Edelman, Fachwissenschaftler für Neurologie, seine Idee vom »neuralen Darwinismus« entwickelt hat, nach der die verschiedenen Bahnen für ankommende Impulse im Gehirn selbst ähnlich angelegt sind. In der Vernetzung zwischen den Gehirnzellen haben sich solche Bahnen besonders gut ausgeprägt, die dem Tier zum Vorteil geraten; eine Verbindung für nachteilige Impulse kommt gar nicht erst zustande.[11] Diese Analogie gelangt natürlich an Grenzen. Denn anders als bei genetischen Veränderungsprozessen erzeugt der unbewußte Verstand nicht nur Zufallsveränderungen bereits bestehender Gefüge, sondern er entwickelt ein zusammengefaßtes, gut durchdachtes Ganzes; also nicht nur Vermutungen aufs Geratewohl, sondern *gute* und *reiflich entwickelte* Vorstellungen. Der unbewußte Verstand ist intelligent, und zwar auf eine Weise, wie es genetische Mutation, soweit wir wissen, nicht ist.

Einige Künstler sprechen davon, daß bewußtes Denken dringend erforderlich wird, sobald das kreative Denken »zum Stillstand kommt«, wie es nicht selten der Fall ist. Wenn man Glück hat, wie Coleridge mit »Kubla Khan«, erledigt der unbewußte Verstand die ganze Arbeit. Das kreative Erzeugnis wird »kanalisiert«, und die einzige Rolle, die dem bewußten Verstand dann noch zufällt, ist die, alles niederzuschreiben. Aber so funktioniert es nicht immer. Intuitives Denken kann nicht dirigiert werden, und mitunter hat es den Anschein, als ob es die Arbeit einstellt, noch bevor eine Aufgabe erledigt ist. Amy Lowell sagt: »Das Unterbewußtsein ist... ein äußerst launischer Lump. Oft tritt es an irgendeiner entscheidenden Stelle einfach in Streik, und es ist ihm keine einzige Silbe mehr zu entlocken. Und genau hier ist die Kunst des Dichters gefordert, der mit bewußten Gedanken die Lücken füllen muß, die das Unterbewußtsein hinterlassen hat... Einfach deshalb muß ein Dichter nicht nur geboren werden, sondern auch erst noch zu einem Dichter werden. Er muß mit einer ganzen Gedankenfabrik, die in seinem Unterbewußtsein stets für ihn arbeitet, auf die Welt kommen, oder er kann niemals ein Dichter sein; zugleich muß er über ausreichend Wissen und Talent verfügen, um seine ›Löcher zu stopfen‹.«[12]

Selbst Housman, der sich der zerstörerischen Kraft des kritischen Verstandes überaus bewußt war, mußte letztendlich auf ihn zurückgreifen, damit er ein Gedicht überhaupt fertigstellen konnte:

Nachdem ich zu Mittag gegessen und mein Bier ausgetrunken hatte…, ging ich für zwei bis drei Stunden spazieren. Ich ging so dahin, dachte an nichts Bestimmtes, schaute einfach nur so herum, beobachtete das Erwachen der Natur in der Jahreszeit, und mit einem Mal verspürte ich eine unverhoffte, eigenartige Gemütsbewegung, Verse ergossen sich in mein Bewußtsein, ein oder zwei Verszeilen, manchmal auch eine ganze Strophe auf einmal, begleitet von der vagen Vorstellung eines Gedichts, für das sie als Teilstück ausersehen waren… Wieder zu Hause, schrieb ich sie nieder, ließ Lücken, in der Hoffnung, daß mich die Inspiration ein paar Tage später wieder beflügeln würde. Das passierte auch hin und wieder, wenn ich mit offenen Sinnen, aufgeschlossen und empfänglich spazieren ging; doch manchmal mußte ich auch selbst Hand anlegen und das Gedicht mit dem Kopf fertigstellen, innerem Unmut und Verdruß ausgesetzt, Plagereien und tiefe Enttäuschungen inbegriffen; ab und zu erlitt ich auch Schiffbruch.

Ich erinnere mich noch ganz genau, wie das letzte Stück am Ende meines ersten Gedichtbands entstanden ist. Zwei der Strophen – wobei ich nicht verrate, welche beiden – fielen mir so, wie sie dastehen, in Hampstead Heath Park ein, zwischen Spaniard's Inn und dem Fußweg nach Temple Fortune. Ein dritter Vers fiel mir mit ein bißchen Überlegung nach einer Tasse Tee ein. Eigentlich brauchte ich nur noch einen Vers, doch der wollte mir einfach nicht kommen: Also mußte ich mich ganz auf mich selbst konzentrieren und ihn selbst verfassen, und das war ganz schön mühsam. Ich schrieb ihn ganze dreizehn Mal, und brauchte über zwölf Monate, bevor ich ihn endlich soweit hatte.[13]

Kreatives Denken vermag das Gleichgewicht zwischen bewußter Überlegung und nachdenklicher Betrachtung zu bewahren. Das Zünglein an seiner Waage schwingt hin und her – in der einen Waagschale die klar gegliederte Denkweise des bewußten Verstands, die eine analytische Sprache spricht, in der anderen die unergründlichen Gedankengänge der Intuition, die eine synthetische Sprache sprechen. Doch der Verstand kann aus dem Gleichgewicht geraten und in dem einen oder anderen Denkansatz steckenbleiben. Ist das erst einmal passiert, so kostet es viel Zeit und Mühe, bis die Gedanken wieder frei und ungehindert fließen können.

»Frauendenkweisen« – darum geht es in einer Studie, in der Mary Field Belenky und andere lebendig und anschaulich schildern, wie Frauen die wechselseitige Struktur der verschiedenen Denkvorgänge wiederentdekken.[14] Sie befragten Frauen unterschiedlichen Alters und aus verschiedenen sozialen Schichten ausführlich nach ihren individuellen Lernerfahrungen innerhalb des traditionellen Unterrichtssystems und werteten die Ergebnisse sorgfältig aus. Dabei machten sie fünf Phasen aus, welche die Frauen offenbar durchlaufen mußten, ehe sie auf ihrer Bildungsreise ans Ziel gelangten und als »kluge Köpfe« über ausgefeiltes Wissen und Selbstvertrauen verfügten.

In frühen Phasen dieses Reifeprozesses, so die Studie, fühlten sich viele Frauen angesichts der vernunftgesteuerten Denkweisen zunächst einmal völlig hilflos und unfähig – besonders diejenigen, die in ihrer Schulzeit ohnehin nicht viele Erfolgserlebnisse gehabt hatten. Sie hatten das Gefühl, überhaupt keine »eigene Stimme« zu haben, und hatten einen Heidenrespekt vor anderen – vorwiegend, doch nicht ausschließlich vor Männern –, deren Stimmen unüberhörbar, selbstsicher und gebieterisch der D-Denkweise Ausdruck verliehen.

Doch irgendwann kam dann der Punkt, wo sie merkten, daß sie *natürlich* etwas »wissen«, wo sich Erfahrungen, Gespür – und Intuition – bezahlt machen.

In dieser Phase, in der des »subjektiven Wissens«, wie es die Autoren nennen, spürten die befragten Frauen die ersten Regungen der eigenen »epistemologischen Kraft«; allerdings ist mit diesem Begriff nicht die erkenntnisorientierte, bewußte Denkfähigkeit gemeint, sondern er bezieht sich auf die wiederentdeckte Anerkennung der eigenen »inneren Stimme«. »Wahres Wissen« entdeckt man mit dem eigenen subjektiven Gefühl, im Bauch, und nicht im Kopf. Es ist, als ob »da drinnen ein Orakel wäre, das den Stimmen und den Sprüchen der Außenwelt feindlich gegenübersteht«.

Ich weiß einfach. Ich versuche erst gar nicht, über irgendwelche Fragen nachzudenken, denn für gewöhnlich sind diese sowieso schon beantwortet, im Inneren, und wenn es dann soweit ist und du genügend Selbstvertrauen hast, weißt du die Antwort ganz einfach.

Da gibt es einen Teil in mir, von dem ich bis vor kurzem noch überhaupt keine Ahnung hatte – Instinkt, Intuition oder so. Dieser Teil hilft mir und behütet mich. Er ist auffassungsfähig und klug. Ich höre einfach in mich hinein und weiß, was ich zu tun habe... Ich kann nur mit meinem Bauch denken. Mein Bauch ist mein bester Freund – der einzige auf der Welt, der mich nie im Stich lassen wird, mich nie anlügen oder mir den Rücken kehren wird.

Diese Entdeckung war für viele zwar ein ganz entscheidendes und erfreuliches Erlebnis, doch führte es bei manchen Frauen zu einer Überreaktion. Sie wiesen theoretisches Wissen als »entrückt« und »akademisch« zurück, während sie die innere Stimme, die in ihren Augen allein kraft ihrer »Innerlichkeit« unabwendbar recht hat und stets zuverlässig ist, bereitwillig anerkannten. Wenn diese Stimme »dem Gefühl nach recht hat«, kann sie nicht falsch liegen, sie gar anzuzweifeln, wird unter Umständen als Zeichen der Nichtachtung oder als Verletzung der Gefühle aufgefaßt. Das Verständnis für das eigene Selbst als ein verläßliches, wissendes Ich, ist so kostbar, aber auch so schwach, daß der Quell dieses inneren Wissens gegen alle erdenklichen bedrohlichen Anzeichen – seien sie echt oder nur vermutet – unbedingt verteidigt werden muß. Die maßgebende absolute Autorität kommt nun nicht mehr von außen, sondern sie wird nach innen verlagert. Dabei bleibt das Gefühl um eine allwissende Quelle bestehen, um einen Ort, der Gewißheit gibt und der gerade wieder entdeckt wird. Gleichzeitig verweigert man sich allen anderen Denksphären, verschließt sich völlig dem logischen Denken, dem gegliederten Ausdruck der Gedanken und der wissenschaftlichen Denkweise. Die Autoren erläutern dies so: »In dem Moment, als sie sich nach innen wandten, um dort Antworten zu finden, war es, als ob sie alle Lernstrategien, die sie als Attribute der männlichen Welt erlebt hatten, schlicht und einfach negieren mußten.«

Dies rührt nicht daher, daß die Frauen die logischen und theoretischen Denkwerkzeuge seit Jahren gut kennen und mit einem Mal beschließen, sie fallenzulassen; sie hegen nur einfach eine gewisse Voreingenommenheit und begegnen dieser Art zu denken mit einem undeutlichen, unguten Gefühl; sie empfinden sie als unweiblich und unmenschlich, als eine Denkweise, an der ihre innere Fähigkeit, etwas gefühlsmäßig zu erfassen, Schaden nehmen kann. Diese anti-rationalistische Einstellung kennzeichnet vorwiegend die subjektivistische Lernphase der Frauen, in der sie intuitivem Denken als einem sicheren und erfolgreichen Weg zum »wahren Wissen« weit größeren Wert beimessen.

Diese Einstellung kann mitunter zu einer arroganten Überheblichkeit ausarten, genau die Art von Arroganz, die sie sonst so vehement verurteilten.

Einige der Frauen... halten unnachgiebig an ihrer Sicht der Dinge fest und sind nicht gewillt, sich mit alternativen Vorstellungen auseinanderzusetzen. Sie mögen sich selbst zwar als entgegenkommend und tolerant bezeichnen, in Wirklichkeit aber können sie auf Deutungen anderer ganz schön unleidlich und abweisend reagieren. Sind sie anderer Meinung, so sind sie ganz schnell mit unflätigen Kraftausdrücken bei der Hand – »Das ist doch Scheiße!«... So ungefähr drücken sich Frauen aus, wenn sie in die Offensive gehen... gewandt und geschickt, um den Kampf mit Fachleuten und Respektspersonen mit wortgewaltigen und kränkenden Streitereien für sich zu entscheiden. Im Klassenzimmer wie auch im Leben wehren sie Wortgefechte ab und decken sich mit Witzeleien, um den Gegner zu isolieren, niederzubrüllen, bloßzustellen und zunichte zu machen.

Diese Phase beruhigte sich später, die Perspektive war nicht mehr so einseitig und vervollständigte sich langsam, was Belenky als die Phase des »prozessualen Wissens« bezeichnet. Blicken die Frauen aus dieser Perspektive zurück, so

> räumen sie nun auch ein, daß intuitives Denken sehr wohl irreführend sein kann; daß Entscheidungen aus dem Bauch heraus verantwortungslos sein können und daß das Gefühl aus dem Bauch bei niemandem unfehlbar ist; daß manche Wahrheiten wahrer als andere sind; daß sie über Dinge Bescheid wissen, die sie nie zuvor gesehen oder berührt haben; daß Wahrheit gemeinsam besessen wird; und daß Fachwissen auch anerkannt werden kann... Sie haben gelernt, daß »wahres Wissen« nicht auf Anhieb erreichbar ist, daß man nicht »einfach wissen« kann. Die Wahrheit liegt verborgen unterhalb der Oberfläche, und man muß sie erst aufdecken. Wahres Wissen erfordert aufmerksames Beobachten und kritische Zergliederung. Man muß »wirklich hinsehen« und »konzentriert zuhören«.

Sie haben erkannt, daß die Liebelei mit der inneren intuitiven Stimme – und insbesondere mit unverläßlichen »Blitzantworten« – eine entscheidende Phase war auf ihrem Weg, Vertrauen in das eigene Denken aufzubauen und ihre eigenen Assoziationsfelder zu entwickeln. Diese Phase zeigte aber auch Spuren der Unsicherheit, in der der Wunsch der Vater der Gedanken war. Die innere Stimme sagt uns, daß die Dinge so sind, wie wir sie gerne haben wollen – das jedenfalls hören wir mühelos heraus. Als Minna nach einer unglücklichen Heirat wieder langsam zu sich selbst fand und ein Studium der Beschäftigungstherapie aufnahm, sagte sie im Rückblick: »Ich war völlig durcheinander. Alles war so wirklichkeitsfremd. Ich hatte keinen Bezug zur Wirklichkeit. Ich lebte mehr in einer Phantasiewelt. Man muß die Dinge so sehen, wie sie sind, und nicht, wie man sie gerne sehen will. Ich möchte nicht (mehr) in einer Traumwelt leben.«

Typisch für diese spätere Phase ist, daß die Frauen geduldiger und nachsichtiger sind und mehr Achtung zeigen vor der Vielfalt des vorhandenen Wissens, dessen relativer Gültigkeit und Vielschichtigkeit. Die Frauen, die an dieser Studie teilnahmen, scheinen nun eine besinnlichere und weniger impulsive Form von intuitivem Denken zu entwickeln. Das zwanghafte Hin und Her zwischen gefühlsbeladenem subjektivem und entrücktem objektivem Denken kommt ins Straucheln, und Wissen entsteht aus Wechselbeziehungen und gegenseitigem Respekt. Es ist bestimmt kein Zufall, daß bei vielen Frauen in dieser Phase häufig ein Interesse an Poesie neu auflebte. Eine der Frauen, eine Studentin höheren Semesters, äußerte sich abschätzig über Kritiker, denen ihre »sogenannten Interpretationen« lediglich als »Alibi dienen, um überhaupt eigene Ideen zustande zu kriegen«. Offenbar hatte sie verstanden, daß man einen Text so behandeln muß »wie man einen Freund behandeln würde«, wenn man ihn begreifen will; man muß ihn als »real existent« und »unabhängig vom eigenen Dasein« betrachten und ihn nicht »zum eigenen Vorteil und zur eigenen Aufwertung benutzen«. Um es in den Worten von Simone Weil auszudrücken, hatte es diese Studentin fertiggebracht, eine Form von Erkenntnis zuzulassen, die »vor allen Dingen wachsam ist. Die Seele macht sich ganz leer, um die Welt, welche sie betrachtet, ganz in sich aufnehmen zu können, so wie sie ist, in all ihrer Wahrheit.«[15]

KAPITEL 7

Unbewußtes Wahrnehmen

> In jedem Augenblick gibt es in uns eine unendliche
> Vielzahl an Wahrnehmungen, unbegleitet von Be-
> wußtsein oder Reflexion; das heißt, unendlich viele
> Veränderungen in der Seele selbst, derer wir uns
> allerdings nicht bewußt sind, weil die Eindrücke
> entweder zu kurz oder zu zahlreich sind.
>
> *Gottfried Wilhelm Leibniz*

Die Welt um uns herum berührt und beeinflußt uns weit
mehr, als uns bewußt ist. In den sechziger Jahren gab es
auf den Leinwänden der Kinos ganz kurze Werbespots zu
sehen, zu kurz, als das man sie hätte bewußt erfassen können. Man glaubte, die Kinozuschauer damit unbewußt
zum Kauf alkoholfreier Getränke verleiten zu können,
wonach ihnen eigentlich gar nicht war. Wenngleich sich
auch später herausstellte, daß Werbung unser Unterbewußtsein weit weniger als befürchtet dazu verleitet, gegen
unsere eigentlichen Interessen zu handeln, so sind wir
dennoch dem Einfluß unterschwelliger Reize immer und
überall ausgesetzt. Sie tauchen nicht nur auf, wenn wir
Filme sehen oder Radio hören – sie sind die ganze Zeit
über da, und ohne sie würden wir nichts zustande bekommen. Unser Unterbewußtsein steht in ständigem Austausch mit der Außenwelt, ohne daß viel von diesem Infor-
mationsaustausch in unser Bewußtsein gelangt. Wir können nicht *begreifen,* was in unseren Köpfen vorgeht, wir
können nicht einmal *sehen,* was dort passiert.

Es ist nicht gerade leicht, über unterbewußte Wahrnehmung zu schreiben. Die einschlägige Terminologie besteht
aus einem einzigen Durcheinander von Fachbegriffen. So
haben wir in unserem Kulturkreis keinen eindeutigen Be-

181

griff dafür, daß wir »von Dingen beeinflußt werden, deren wir uns nicht bewußt sind«. Das ist bezeichnend und zeigt, wie sehr wir unser Unterbewußtsein vernachlässigen. Es kann gut sein, daß es dem Begriffsverständnis mancher Leute nicht entspricht, wenn ich den Begriff »Bewußtsein« ganz allgemein für »ankommende Impulse« aus der Umgebung (oder aus dem Körper) verwende, egal ob diese in unser denkendes Bewußtsein dringen oder nicht. Die Begriffe »Bewußtheit« und »bewußtes Bewußtsein« benutze ich für das, was wir uns bewußt vor Augen führen können. Indem ich die Begriffe so festlege, ist es auch nicht widersinnig, von »unbewußtem Bewußtsein« zu sprechen, um einen Bewußtseinszustand zu beschreiben, der von Reizen ausgelöst oder beeinflußt wird, die uns nicht gegenwärtig sind.[1]

Thane Pittman und Robert Bornstein führten 1989 am Gettysburg College in Pennsylvania mit Studenten ein Experiment durch, um herauszufinden, welche Kriterien bei der Auswahl zwischen zwei Bewerbern für einen Job entscheidend sind. Zu diesem Zweck wurden den Studenten Angaben zum Jobprofil gegeben – wissenschaftlicher Assistent am Institut für Psychologie – und die Anweisung, sich die Bewerbungsunterlagen zweier männlicher Bewerber, nennen wir sie Tom und Dick, durchzusehen. Danach sollten sie einen der beiden für den Job vorschlagen. Die Bewerbungsunterlagen unterschieden sich nur in einem einzigen Punkt: Tom hatte gute mathematische Fähigkeiten, zeigte dafür im Schriftlichen eine Schwäche, und bei Dick war es genau umgekehrt. Jeder Bewerbung lag ein Foto eines jeweils anderen jungen Mannes bei. Vor Beginn dieser Studie hatte man die Testpersonen gebeten, in einem anderen kurzen Experiment über visuelle Wahrnehmung auszuhelfen. Sie sahen auf dem Bildschirm fünf Mal für vier Millisekunden entweder das Gesicht von Tom oder das von Dick. Dabei hörten sie das Wort GUT. Vier

182

Millisekunden verbunden mit bestimmten Lichteffekten reichen für einen bewußten Eindruck nicht aus. Alles, was die Testpersonen sahen, war ein kaum wahrnehmbares Lichtflackern ohne »Inhalt«.

Die Wahrscheinlichkeit war vergleichbar doppelt so hoch, daß der Bewerber, dessen Gesicht von den Probanden unterbewußt wahrgenommen worden war, für den besseren Jobanwärter gehalten wurde. War Toms Gesicht gezeigt worden, entschieden sich zwei Drittel der Studenten für Tom. War Dicks Gesicht aufgeblitzt, wählten zwei Drittel Dick. Als sie ihre Entscheidung begründen sollten, gaben die, die Tom den Vorzug gaben, an, daß mathematische Kenntnisse für einen wissenschaftlichen Assistenten wichtiger seien als gute schriftliche Fähigkeiten. Diejenigen, die für Dick plädierten, meinten, daß man sich die für die Arbeit erforderlichen mathematischen Kenntnisse ja aneignen könne. Doch sei es von grundlegender Bedeutung, Gedanken fließend zu Papier bringen zu können.[2]

Die kurze Zeit, in der das Gesicht aufblitzte, reichte für ein bewußtes Erkennen beileibe nicht aus. Dennoch waren sich die Testpersonen von Pittman und Bornstein nicht nur über das Gesicht »unbewußt bewußt«, sondern konnten dieses zudem auch mit der positiven Wertung des einhergehenden Wörtchens GUT verknüpfen. Daß sie sich darüber unbewußt bewußt waren, steht fest, denn wie könnte man das tatsächliche Entscheidungsverhalten sonst erklären? Natürlich können wir – per definitionem – das Unbewußte selbst direkt nicht »sehen«. Wir können lediglich auf seine Präsenz schließen, da es Einfluß auf sichtbare Dinge nimmt, den wir feststellen können. Ein »schwarzes Loch« kann man ja auch nicht fotografieren, dennoch ist es vorhanden und besitzt gewisse Eigenschaften, die sich darin zeigen, daß Lichtstrahlen in seiner unmittelbaren Umgebung ein ganz merkwürdiges Verhalten an den Tag legen. Mit der unterbewußten Wahrnehmung verhält es sich ebenso wie mit der Lichtbrechung. Um herauszufinden, wie dieser Vorgang abläuft, müssen wir sehen, inwieweit unsere tatsächlichen Verhaltensweisen, unsere bewußten Denkvorgänge, Empfindungen und Wahrnehmungen von Kräften und Vorgängen, die selbst wiederum unsichtbar sind, »gebrochen« werden. Es gibt eine Reihe von Kontrollstudien über unbewußte Wahrnehmung. Doch eigentlich brauchen wir die Wissenschaft nicht, um uns von der Allgegenwärtigkeit der unbewußten Wahrnehmung zu überzeugen. Wir reagieren fortwährend auf Dinge, die nicht in unser Bewußtsein dringen, wenngleich es auch einiges an Willensanstrengung kostet, das Vorhandensein solcher Dinge wahrzunehmen, die man *nicht* wahrgenommen hat. Beim Lesen dieser Zeilen zum Beispiel, paßt sich der Körper dem jeweiligen Sitz- oder Liegemöbel an. Dabei verändern wir immer wieder unsere Körperhaltung, denn unser Körper reagiert fortlaufend auf Empfindungen, die uns für gewöhnlich vollkommen unbewußt sind. Lesen wir ein Buch und blättern die Seiten um, reagieren unsere Hände auf Buchgröße und Festigkeit des Materials. So kann es passieren, daß man während des Lesens den Glockenschlag der Uhr unbewußt wahrnimmt und die »ungehörten« Schläge durchzählt, noch ehe man sich ihrer bewußt wird.

Was die Automatismen der unbewußten Wahrnehmung leisten, sehen wir an einem klassischen Beispiel im Straßenverkehr. »Kommt man wieder zu sich«, urplötzlich, merkt man, daß man die letzten 20 Minuten der Fahrt anscheinend überhaupt nichts – bewußt – mitbekommen hat, weder von der Straße, dem Verkehr oder sonstigen mechanischen Handgriffen beim Autofahren – man war ganz damit beschäftigt, eine Unterhaltung zu führen oder seinen Gedanken nachzuhängen. Das Bewußtsein befand sich in einer eigenen Welt, wo es völlig in Anspruch genommen wurde, während der unbewußte »Autopilot« in einer ganz anderen Welt weilte, wo er sich offenbar ganz gut alleine zurechtfand, um Verkehrskreisel fuhr, Ampeln und Fußgängerkreuzungen passierte. Was für das Autofahren gilt, ist auch für viele andere vernunftgesteuerte, alltägliche Tätigkeiten ausschlaggebend, denen wir durchaus nachgehen können, auch wenn wir mit unseren Gedanken »sonstwo« sind. Das zeigt sich zum Beispiel, wenn wir durch belebte Straßen gehen, den Abwasch erledigen, Klavier spielen, duschen oder Tee für die Kinder kochen. Die Fähigkeit, Dinge zu verrichten, ohne den bewußten Verstand einzuschalten, während wir gleichzeitig anderweitig beschäftigt sind, ist beachtlich, zumal wenn es sich um Dinge handelt, die einiges an Konzentration verlangen, wie mit Freunden plaudern oder einen Vortrag halten. Wie in der alten Geschichte, wo ein Pfarrer träumte, er hielte gerade eine Predigt, dann aufwachte und feststellte, daß er es tatsächlich gerade tat.

So wie der Computer, der einen Autopiloten in einem Flugzeug steuert, auf veränderliche Schwankungen reagiert, so reagiert auch unser geistiger Autopilot auf alles, was gerade passiert und wie es passiert. Haben wir auf »Autopilot« geschaltet, reagieren wir nicht wie ein dummer Roboter – nein, unsere Reaktionen sind angemessen und intelligent. Meistens jedenfalls, denn manchmal ertappen wir uns dabei, wie wir uns gerade »geistesabwesend« verhalten. Da fällt uns auf halbem Weg zur Arbeit ein, daß wir ja eigentlich zum Arzt gehen wollten. Oder wie in William James' berühmtem Beispiel: Man geht nach oben, um sich für die Party fertig zu machen und merkt mit einem Mal, daß man im Pyjama dasteht und sich die Zähne putzt. Besonders, wenn »wir« – soll heißen, unser »bewußter Geist« – gerade gedankenverloren sind, passiert es uns, daß wir das heiße Wasser in die Zuckerdose gießen oder mit der aktuellen Tageszeitung den Ofen befeuern.

Doch wenn unser Bewußtsein gerade mal nicht völlig in Anspruch genommen wird, wenn es sich vielmehr mit Wachträumen oder gedanklichen Experimenten beschäftigt, passiert es, daß etwas Ungewöhnliches ins Bewußtsein drängt, unsere »Aufmerksamkeit packt« und wir aufwachen. Da schießt unmittelbar vor uns ein Ball zwischen zwei Autos auf die Straße. Wir gehen sofort vom Gas und sind auf der Hut, denn es könnte ja ein Kind hinterhergerannt kommen. Wahrnehmungsimpulse von außen und die Impulsübertragung setzen unser denkendes Bewußtsein wieder in Gang. So unterbrechen wir beispielsweise mitten im Satz eine Unterhaltung. Auch hier stellt sich die Existenz der unbewußten Wahrnehmung einmal mehr unter Beweis. Denn wie sonst wäre es möglich, unser Bewußtsein auszuschalten, es dem unaufhörlichen Strom von Eindrücken zu entziehen, und dennoch gerade *diese* eine kleine entscheidende Detailinformation wahrzunehmen? Wie kommt es, daß wir uns abrupt nach etwas umdrehen oder innehalten und für einen Moment aufhorchen, daß wir des öfteren das Gefühl haben, da ist doch was, da war doch was? Wenn ich im kleinen Landhaus eines Freundes übernachte, hindern mich die kaum vernehmbaren, unbekannten Geräusche ständig am Einschlafen, während die Taxis, die die ganze Nacht über ununterbrochen an meiner Londoner Wohnung vorbeirauschen, meinem Schlaf nichts anhaben können.

Diese Phänomene lassen sich allein dadurch erklären, daß das Unterbewußtsein offenbar ständig kontrolliert, was sich jenseits des Horizonts des denkenden Bewußtseins abspielt, ermittelt, was von Wichtigkeit oder was gefährlich sein könnte, und dann je nach dem entscheidet, wann es sich mit einer aktuellen »Blitzinfo« beim Bewußtsein wieder einklinkt. Es kann natürlich auch mal Fehlalarm geben. So kommen die Geräusche, die mich wecken, aus dem knarrenden Gebälk; es handelt sich also nicht um einen Einbrecher oder einen Brand. Manchmal versäumt es aber auch, mich zur Vorsicht zu mahnen. Doch ich will hier zunächst nur das tatsächliche Vorhandensein des Unterbewußtseins betonen und weniger seine Allwissenheit. Die Regungen unseres Bewußtseins und die Gedankenbilder, die es uns liefert, sind ein Reflex auf äußere Reize. Sie reflektieren das, was um sie herum geschieht, so wie beispielsweise das Fernsehen auch. Wir sehen die Bilder der Nachrichten, Bilder von Fachjournalisten oder engagierten Reportern, deren Existenz wir zwar annehmen müssen, deren Gesichter wir aber nicht unbedingt zu sehen bekommen.

Wir reagieren fortwährend auf die Dinge in unserer Umgebung, und zwar nicht im Hinblick auf das, was sie sind, sondern auf das, was wir annehmen, daß sie sind. Aufgrund von Stichworten und Hinweisen aus dem Unterbewußtsein, die nur selten in unser Bewußtsein dringen, stellen wir uns körperlich und geistig auf erforderliche Reaktionen ein. Dieser Vorgang läuft ununterbrochen ab, beiläufig und äußerst wirksam, und deshalb bleibt er auch weitgehend unbemerkt. Er zeigt sich nur bei irrtümlichen Reaktionen. Betritt man zum Beispiel eine Rolltreppe, so hat man die ersten paar Male ein etwas seltsames Gefühl dabei. Mit der Zeit aber hat der Körper gelernt, mit feinstabgestimmten Muskelbewegungen das Gleichgewicht zu halten. Diese Muskelbewegungen werden von den visuellen Wahrnehmungsimpulsen automatisch ausgelöst, sobald wir eine Rolltreppe betreten. Nähert man sich jetzt einer Rolltreppe, die stillsteht – wie das viele Leute in der Londoner U-Bahn des öfteren erleben –, lösen die gleichen visuellen Reize die gleichen Assoziationsmuster aus. So kommt es, daß der Körper im richtigen Moment wie gewohnt auf die Beschleunigung (oder Verlangsamung) der Rolltreppe reagieren will, die dann aber wider Erwarten nicht eintritt.[3]

Im Psychology Departement an der University of Edinburgh gibt es einen Raum, der den gleichen Effekt noch anschaulicher vermittelt. Vielleicht ergibt es sich ja einmal, daß Sie diesem Raum einen Besuch abstatten. Wände und Decken muß man sich wie eine auf den Kopf gestellte, offene Schachtel vorstellen, die dann mit Seilen über dem »echten« Fußboden hin und her bewegt wird. Der offene Spalt zwischen Wänden und Fußboden ist zu schmal, um bemerkt zu werden. Man betritt den Raum, die Tür geht zu – und von draußen »verschiebt« jemand den »Raum«, so daß dieser sich relativ zum Fußboden und einem selbst bewegt. Das erzeugt einen visuellen Wahrnehmungsimpuls, der normalerweise nur beim Gehen oder Schaukeln ausgelöst wird. Die unbewußte Interpretation des Reizes löst automatisch die entsprechende Reaktion aus, und so will man die vermeintliche Körperbewegung ausgleichen, indem man sich in die andere Richtung bewegt, mit dem Effekt, daß man umfällt.

Unbewußte Erwartungshaltungen können sowohl von innerlichen als auch von äußerlichen Reizen ausgelöst werden. Gibt man jemandem eine kleine und eine große Dose, die das gleiche Gewicht haben, so wird er behaupten, die kleine sei schwerer –, denn sie ist schwerer, als er aufgrund ihrer Größe erwartet hat. Oder stellen Sie sich vor, jemand reicht Ihnen eine Tasse; Sie nehmen, ohne weiter darüber nachzudenken, an, es sei Tee darin; zunächst schmeckt der erste Schluck irgendwie seltsam, und es dauert ein wenig, bevor man kapiert hat, daß es sich eigentlich um Kaffee handelt. Erst nachdem die Erwartungshaltung wieder ihren Ausgangspunkt erreicht hat, wird der gleiche Geschmack neu eingeordnet und dieses Mal als wohlbekannt und schmackhaft erlebt.

Wir sehen, schmecken oder fühlen nicht, was »dort draußen« vor sich geht. Bewußte Wahrnehmung ist eine bloße Annahme, eine Fiktion, welche die »Wirklichkeit«

zu unserem eigenen Vorteil verzerrt darstellt. Während Sie das hier lesen, folgt Ihr Blick den Zeilen, mal stetig, mal sprunghaft, einer nach der anderen in rascher Folge. Doch was man tatsächlich sieht – bewußten Auges – ist ein ganzes, festes und bedrucktes Blatt Papier. Das Buch würde kaum kleiner wirken, wenn Sie es doppelt so weit von den Augen entfernt hielten, obwohl das Abbild auf der Retina nur halb so groß wäre. Und obwohl ein Teil des Buches (wahrscheinlich) auf den »blinden Fleck« der Retina trifft, ist in der Welt, die Sie um sich herum bewußt wahrnehmen, kein entsprechendes schwarzes Loch zu sehen. Das Unterbewußtsein reguliert alle wahrgenommenen Einzelheiten und leitet sie erst dann an unser Bewußtsein weiter – im großen und ganzen ist das sehr nützlich.

Nicht selten beziehen sich derlei Beispiele der alltäglichen unbewußten Wahrnehmung auf Erscheinungen unserer Welt, die eindeutig sichtbar oder hörbar sind. Diese werden zwar vom Unterbewußtsein aufgenommen, gelangen aber nicht ins Bewußtsein. Sie wirken zwar auf uns ein, doch nehmen wir keine Notiz von ihnen. In experimentellen Studien, wie beispielsweise der von Pittman und Bornstein, griff man jedoch immer wieder gerne zu solchen Stimuli, die an sich nur sehr schwach oder flüchtig wahrnehmbar sind und am Rande dessen liegen, was überhaupt wahrnehmbar ist. Solche Testsituationen zeigen die Eigenart der unbewußten Wahrnehmung sehr deutlich. Und seit die Wissenschaft von den Erscheinungen und Zuständen des bewußten und unbewußten Seelenlebens ihren Anfang nahm, waren Psychologen davon fasziniert.

B. Sidis führte 1898 eine Studie durch, bei der er einigen Testpersonen Karten zeigte. Darauf stand entweder eine einzige Zahl oder ein Buchstabe. Allerdings hielt er die Karten so weit weg, daß die Probanden unmöglich die Zahl oder den Buchstaben darauf lesen konnten. Sidis berichtet, daß »die Testpersonen sich oft beklagten, sie würden überhaupt nichts erkennen können; dieser schwarze, verschwommene, undeutliche Fleck würde sogar häufig aus ihrem Blickfeld verschwinden«. Als sie ihm aber mitteilen sollten, um was für ein Zeichen es sich auf der Karte handelte, lagen sie mit ihrer Antwort öfter richtig, als wenn sie nur geraten hätten, obwohl sie selbst das Gefühl hatten, genau das zu tun – raten. Sidis folgerte aus diesen Tests, daß es da »in uns noch eine unterbewußte Bewußtheit auf sekundärer Ebene gibt, die Dinge wahrnimmt, an welche die Bewußtheit auf primärer Ebene nicht imstande ist heranzukommen«.[4]

Schon viel früher, im Jahre 1884, führte der Philosoph C. S. Pierce zusammen mit Joseph Jastrow, einem seiner Studenten im höheren Semester, an der John Hopkins University in Amerika eine Reihe von Studien zu diesem Thema durch. Versuchsgegenstand waren zwei fast gleich schwere Gewichte. Immer und immer wieder schätzten Pierce und Jastrow, welches der beiden Gewichte nun das schwerere war. Und auch hier zeigte sich, daß sie mit ihren Antworten besser abschnitten, als wenn sie nur geraten hätten. Und das, obwohl ihr subjektives Vertrauen in die eigene Schätzung gleich null war. Die Versuche machten es allerdings erforderlich, »nicht einer Antwort den Vorzug vor der anderen, der gegenteiligen Antwort, zu geben, damit es nicht unsinnig schien, überhaupt eine Antwort zu geben«. Nach unzähligen Versuchen, in denen also bloße Schätzungen abgegeben wurden, zeigte sich, daß die beiden mit ihren Schätzungen zu 60 bis 70 Prozent richtig lagen. Was dabei besonders interessant ist: Pierce und Jastrow erkannten, daß ihre Ergebnisse keineswegs nur als Kuriosum zu werten seien, vielmehr waren sie von großer Bedeutung im Hinblick auf das Verhalten der Menschen in ihrem Umfeld allgemein und auch auf ihr Verhalten untereinander. Sie schrieben hierzu:

190

Die allgemeine Tatsache [der unbewußten Wahrneh-mung] eröffnet ganz neue Dimensionen in bezug auf unsere alltäglichen Verhaltensweisen. Denn sie gibt ein-mal mehr Grund zur Annahme, daß wir im Umgang miteinander alle Signale aus der Innenwelt aufnehmen, großenteils über Sinnesempfindungen, die so schwach sind, daß wir uns nicht einmal über ihr Vorhandensein bewußt sind, und so können wir auch nicht erklären, wie wir zu dem ein oder anderen Schluß kommen. Weibliche Intuition oder auch gewisse »telepathische« Phänomene ließen sich auf diese Weise erklären. Mit diesen schwachen Empfindungen sollte sich jeder Psy-chologe eingehend beschäftigen, *und ein jeder sollte darangehen, sie unentwegt zu verfeinern.*[5]

Pierce und Jastrow erkannten hiermit nicht nur die Bedeu-tung ihrer Ergebnisse für Alltagssituationen, sie forderten auch dazu auf, die eigene Sensibilität für diese feinen Emp-findungen weiterzuentwickeln. So wie intuitives Denken geschult und verfeinert werden kann (siehe Kapitel 5), kön-nen wir lernen, uns die Vielzahl feiner Sinneseindrücke, die unseren üblichen Wahrnehmungs- und Erkenntnisweisen zugrunde liegen – und von ihnen normalerweise vernach-lässigt werden –, zunutze zu machen. Es scheint, als ob unser Geist über zwei Bewußtseinsschwellen verfügt: Alles, was unterhalb der einen liegt, wird nicht bewußt erfaßt, und auch nur ein klein wenig von dem, was oberhalb der zweiten Schwelle liegt, wird uns bewußt. Zwischen diesen beiden Schwellen liegt die »Halbwelt« des Unterbewußt-seins, wo Sinneseindrücke aktiv, aber unbewußt verarbeitet werden. Der Abstand von einer Bewußtseinsschwelle zur anderen kann sich verändern, so daß es durchaus möglich ist, die *bewußte* Sensibilität für das, was sich zuvor auf unbewußter Ebene abgespielt hat, zu verfeinern. Die Aus-sage von Pierce und Jastrow läuft auf genau das hinaus.

Otto Poetzl, ein Wiener Neuropsychologe, der mit Verwundeten aus dem Ersten Weltkrieg arbeitete, hat bereits zur damaligen Zeit die ungeheure Kraft der unbewußten Wahrnehmung aufgezeigt. Er schildert, inwieweit sie Einfluß nimmt auf das, was letztlich in unser Bewußtsein dringt. Er untersuchte bei mehreren Soldaten, die Schußverletzungen an beiden Hinterhauptlappen des Gehirns aufwiesen, den Hirnrindenbezirk im Hinterkopf, in dem sowohl in der linken als auch in der rechten Hemisphäre Informationen verarbeitet werden, die wir über unsere Augen aufnehmen. Dabei machte er eine sonderbare Entdeckung. Untersuchungen des Sehzentrums ergaben, daß die Soldaten erblindet waren. Doch fixierten sie mit ihren Augen ein bestimmtes Bild – welches sie nicht »sehen« konnten –, kamen sie zu Vorstellungen und Bildern, die eindeutig in Zusammenhang mit diesem »unsichtbaren« Bild standen. Assoziationen mit diesem Bild traten an die Oberfläche des Bewußtseins, und zwar nicht als Abbild einer zusammenhängenden visuellen Wahrnehmung, sondern eher als frei bewegliche, rätselhafte Assoziationsbruchstücke. Poetzl wollte wissen, ob sich der gleiche Effekt bei Leuten mit normalem Sehvermögen hervorrufen lasse und stellte einen Versuch an. Vor ein paar freiwilligen Testpersonen ließ er ein Bild, auf dem viele kleine Einzelheiten zu sehen waren, für nur eine Hundertstelsekunde aufblitzen. Aufgabe war es, aus dem, was sie gesehen hatten – was eigentlich nichts oder sehr wenig war –, so viel herauszuholen wie irgend möglich. Dann wurden sie – so absurd es klingen mag – nach Hause geschickt. Sie sollten darüber schlafen und träumen, am nächsten Tag wiederkommen, ihren Traum erzählen und sich an so viele Einzelheiten wie möglich erinnern. Bei der Analyse der Traumgeschichten entdeckte Poetzl, daß darin zahlreiche Bruchstücke und Assoziationen, die sich auf das gezeigte »unsichtbare« Bild bezogen, vorhanden waren.[6]

Natürlich waren diese frühen Studien längst nicht so ausgereift, wie man sich das heute wünschen würde. Dennoch bestätigten neuere Untersuchungen unter strafferen Versuchsbedingungen die wichtigsten Ergebnisse. Der Psychologe Mark Price von der Cambridge University hat beispielsweise gezeigt, daß Wortkategorien »erraten« werden können, auch wenn das Wort aus einer Kategorie nur ganz kurz zu sehen ist, zu kurz, um es bewußt wahrzunehmen. Blitzt vor den Augen der Testpersonen beispielsweise das Wort »Karotte« auf, können sie nicht sagen, um welches Wort es sich gehandelt hat. Doch die Wahrscheinlichkeit, daß sie aussagten, es hätte sich um ein Gemüse gehandelt, lag vergleichsweise immerhin höher als beim bloßen Raten. Er führte mehrere dieser Versuche durch und erzielte dabei einmal sogar den Poetzl-Effekt – völlig unbeabsichtigt. Die Versuchsperson war zufällig sein Bruder, dem er für den Bruchteil einer Sekunde das Wort »Kamel« zeigte, was dieser natürlich nicht bewußt erfassen konnte. Mitten im nächsten Versuch fing der Bruder urplötzlich an, amüsiert in sich hineinzulachen. Als Price fragte, was denn los sei, bekam er zur Antwort, es wäre ihm plötzlich wie »aus dem Nichts« eine absurde Kamelgeschichte durch den Kopf geschossen.

Ähnliche Effekte werden erzielt, wenn Reize schwer auszumachen sind, und zwar nicht, weil sie schwach oder unterschwellig sind, sondern weil sie über die peripheren und nicht die zentralen Wahrnehmungsfelder im Sehzentrum aufgenommen werden. John Bradshaw von der Monash University in Australien hat gezeigt, daß wir zum einen Wörter, die am Rande der visuellen Wahrnehmungsfelder auftauchen, unbewußt lesen können, und zum anderen auf eine bestimmte Weise von diesem unbewußten Stimulus auf eine bestimmte bewußte Interpretation eines Wortes hingelenkt werden. In einem Versuch ließ er Wörter mit doppelter Bedeutung in der Mitte eines

Bildschirms kurz aufblitzen, wie zum Beispiel das Wort »Bank«. Gleichzeitig blitzte am Rand des Bildschirms – also am Rande des Blickfeldes – ein zweites Wort auf, wie zum Beispiel »Geld«, das den Hinweis auf eine der beiden Wortbedeutungen des zentrierten Wortes lieferte. Obwohl das Wort an der Peripherie des Blickfelds nicht bewußt wahrgenommen wurde, tendierten die Testpersonen gleichwohl dazu, das Wort »Bank« mit der Bedeutung »Geldinstitut« und weniger mit »Sitzbank« zu verbinden.[7] Informationen, die über die Schwelle des Bewußtseins treten, uns aber nicht an sich »bewußt werden«, wirken trotz allem auf das ein, was uns zu Bewußtsein kommt. Das denkende Bewußtsein fordert offensichtlich Gewißheit. Unbewußtes Denken und auch intuitives Denken – wie wir bereits gesehen haben – brauchen diese Gewißheit nicht.

Ich will noch einmal auf die von Pittman und Bornstein durchgeführte Studie zurückkommen und auf eine weitere interessante Begleiterscheinung solcher Tests hinweisen. Die Testpersonen haben keine Ahnung, *wie* oder überhaupt *daß* ihr Denken unterschwellig beeinflußt wird. Insofern sind sie sich über den wahren Ursprung ihrer Entscheidung nicht bewußt und können ihr denkendes Bewußtsein auch nicht darauf verwenden, sich vor dieser Einflußnahme aus dem Unterbewußtsein zu schützen. Sie sind für die unterschwelligen Botschaften nur deshalb empfänglich, weil sie nicht wissen, daß sie vorhanden sind. Der ein oder andere mag vielerlei Vorlieben und Neigungen haben, die er mäßigen oder unter Kontrolle bekommen möchte. Doch wenn es ihm nicht gelingt, diese mit dem »Radarschirm« des denkenden Bewußtseins aufzufangen, können die Kontrollmechanismen auch nicht greifen. Genau wie Intuition verfügt auch das Unterbewußtsein über einen reichhaltigeren Informationsbestand als das Bewußtsein. Doch kann er fehlerhaft sein oder veraltete Muster haben. Dies eröffnet eine interessante Möglichkeit: Indem die Kontrollmechanismen des Bewußtseins umgangen werden, können unterschwellige Wahrnehmungsreize vielleicht tatsächlich in verstärktem Maße auf unsere Verhaltensweisen einwirken, mehr, als wenn wir visuelle Stimuli bewußt wahrnehmen.

In einer Studie von C. J. Patton wird dies sehr gut veranschaulicht. Als Testperson wurden Collegestudentinnen ausgewählt, die man in zwei Gruppen einteilte. Die eine Gruppe bestand aus Frauen mit »normalem« Eßverhalten, die andere aus Frauen mit einem seit längerem »gestörten« Eßverhalten. Wie aus klinischen Unterlagen hervorging, hatten viele Frauen der zweiten Gruppe eine sehr ambivalente Einstellung zum Essen: Auf der einen Seite konnten sie es als Seelentröster unmöglich entbehren, auf der anderen Seite litten sie unter diesem Abhängigkeitsverhältnis und unter ihrem Kummerspeck und konnten sich selbst nicht ausstehen. Vor allem in Gesellschaft mühten sie sich ungemein ab, ihre Eßgier zu beherrschen. Patton wollte folgendes herausfinden: Wie würden sich diese Frauen in einer Angstsituation verhalten, wenn sie das Angstgefühl nicht bewußt empfinden und den Angstauslöser auch nicht kannten?

Genau wie Pittman und Bornstein gliederte auch Patton den Versuch in zwei Teile. Zunächst nahmen alle Frauen am sogenannten »visuellen Diskriminationstest« teil, wo es darum ging, Sätze, die auf einem Bildschirm kurz aufleuchteten, zu entziffern. Es gab zwei Schlüsselsätze. Der eine lautete: »Mama verläßt mich.« Wie vorher getestet worden war, ist dieser Satz geeignet, ein gewisses Angstempfinden auszulösen. Beim zweiten Satz handelte es sich um einen neutralen Kontrollsatz: »Mama leiht mir etwas aus.« Die Sätze blitzten entweder als Reiz, der nur unterbewußt aufgenommen werden konnte, für nur vier Millisekunden auf, oder aber für 200 Millisekunden, so daß sie bewußt wahrgenommen wurden. Der erste Satz wurde jeweils der Hälfte der Frauen beider Testgruppen präsentiert, die andere Hälfte sah den zweiten Satz. Daran schloß sich das zweite Experiment an, ein Geschmackstest, bei dem dreierlei Sorten Kekse gekostet werden sollten. Nachdem der Versuchsleiter die Aufgabe erklärt hatte, ließ er jede Testperson mit drei Keksschalen allein. Nach Testablauf wurde die konsumierte Keksmenge kontrolliert.

Die Ergebnisse zeigten, daß der neutrale Satz bei allen Testteilnehmern keinerlei Auswirkung auf den Keksverzehr hatte, gleich, ob er bewußt wahrgenommen wurde oder nicht. Anders bei dem Satz »Mama verläßt mich.« Hier verzehrten die Frauen mit gestörtem Eßverhalten zweimal so viele Kekse (im Schnitt 20) wie die anderen – *aber nur, wenn der Satz unterbewußt wahrgenommen worden war.* War jedoch der gleiche Satz bewußt aufgenommen worden, entsprach die Verzehrmenge der zweiten Gruppe – genau wie in der Testsituation mit dem neutralen Satz – der der Testpersonen mit »normalem« Eßverhalten, die auch hier von der unterschiedlichen Zeitdauer des Reizes in ihrem Eßverhalten nicht beeinflußt worden waren. Es ist uns offenbar möglich, einen plötzlich hervorgerufenen Drang zu übergehen und zu steuern, sobald wir den Reizauslöser bewußt wahrnehmen. Wird uns aber nicht bewußt, daß ein bestimmter Reiz auf uns einwirkt, sind wir auch nicht mehr imstande, wachen Auges dagegen anzugehen.[8]

Ein ähnlicher Effekt läßt sich herbeiführen, wenn wir von der entscheidenden Information abgelenkt werden. In Versuchen von J. M. Darley und P. H. Gross sollten die Testpersonen anhand mehrerer Informationen den Intelligenzgrad von Kindern schätzen. Der Versuch lief rein hypothetisch ab. Lagen ihnen lediglich Hintergrundinformationen zu Beruf und Einkommen der Eltern vor

– zum sozioökonomischen Status –, so hatten diese keinen Einfluß auf die Beurteilung des Intelligenzgrades. Eine andere Testgruppe erhielt indessen weitere Informationen über eine Videokassette, auf der Kinder zu sehen waren, die in einem Intelligenztest keine Glanzleistung boten, genauer gesagt, konnten sie einige Aufgaben ganz ordentlich lösen, bei anderen schnitten sie miserabel ab. Die Testteilnehmer wurden auf ein Kind hingewiesen, das aus einer sozial schwächeren Familie stammte, und so schätzten sie den Intelligenzgrad dieses Kindes vergleichbar niedrig ein. Höher eingeschätzt wurde hingegen der Intelligenzgrad eines Kindes aus den gleichen Verhältnissen, wenn die Gedanken der Testteilnehmer in eine bestimmte Richtung gelenkt wurden, was sie automatisch zu der Annahme verleitete, dieses Kind käme aus einer gut situierten Familie. Nun haben wir gesehen, daß wir gegensteuern können, sobald wir merken, daß uns Informationen in die eine oder andere Richtung lenken *könnten*. Nicht so bei diesem Test. Hier schien die Konzentration auf die tatsächliche Erfolgsleistung der Kinder das denkende Bewußtsein der Testpersonen vergessen zu lassen, selbst ein waches Auge auf die eigenen stereotypen Verhaltensweisen zu haben. Und somit konnte sich die nicht willentlich abrufbare Annahme hinsichtlich des Intelligenzgrades aus dem Unterbewußtsein in die wertende Beurteilung einschleichen.[9]

Ein Versuch von Larry Jacoby von der McMaster University in Kanada unterstreicht beide Aspekte: die Tiefe der unbewußten Deutungen, die wir unentwegt anstellen, und die Fähigkeit, mit der unser denkendes Bewußtsein diese Deutungen umsetzt. Unser Unterbewußtsein muß alle *Arten* von über Sinneseindrücke einlaufenden Informationen kategorisieren und klären, ob es sich um einen neuartigen Wahrnehmungsimpuls handelt oder ob dieser bereits vertraut ist und aus dem Erinnerungsspeicher abgerufen werden kann. Dabei kann es sich auch täuschen und unser denkendes Bewußtsein in die Irre führen. Unsere Erlebnisse und Erfahrungen fallen nicht nur unter eine dieser beiden grundlegenden Kategorien – Neuinformation oder Erinnerung –, sondern sie gehorchen auch bestimmten beurteilenden und wertenden Kategorien, die uns ebenfalls in die Irre führen können. Wie Jacoby gezeigt hat, werden Wertungsvorgänge gelenkt und beeinflußt, und zwar je nachdem, wie reibungslos oder auch wie schnell eine Information vom Unterbewußtsein abgeglichen, gewertet und weitergeleitet wird. Haben wir einen Wahrnehmungsimpuls erst einmal erkannt und identifiziert, werden wir ihn beim zweiten Mal leichter wiedererkennen – soviel ist uns aus anderen hier vorgestellten Studien bereits bekannt. Der verankerte Erinnerungseffekt erleichtert uns das Erkennen beim zweiten Mal; die Informationsverarbeitung läuft relativ mühelos ab, und insofern ist es nicht auszuschließen, daß unsere Wertungen und Deutungen an diesen Prozeß gekoppelt sind: Wir erinnern uns an früher *Erlebtes*. Zudem läuft dieser Erkennungsprozeß schneller ab als gedacht, so daß die Entscheidung darüber, ob ein Erlebnis als Erinnerung oder als neu eingegangener Wahrnehmungsimpuls gewertet wird, zumindest teilweise eine bloße Mutmaßung ist. Wenn dem tatsächlich so ist, könnte das Unterbewußtsein überlistet werden, indem man die Informationsverarbeitung erleichtert, so daß ein Impuls als Erinnerung gewertet wird. Hierin begründen sich auch psychologische Erklärungsmodelle für Déjà-vu-Erlebnisse.

Genau das ist Jacoby mit seinem Versuch gelungen.[10] Zusammen mit Kollegen arbeitete er eine Wörterliste aus, die einer Gruppe von Testpersonen vorgelegt wurde. Nach kurzer Unterbrechung bekamen die Testpersonen eine zweite, längere Liste zu sehen. Ein Wort nach dem anderen wurde ihnen gezeigt, wobei diese Liste nun die Wörter aus der ersten enthielt und zusätzlich einige neue Wörter. Die Testpersonen sollten für jedes Wort entscheiden, ob es bereits auf der ersten Liste gestanden hatte oder nicht. Anders gesagt: Sie sollten jedes Wort der zweiten Liste einteilen in die Kategorien »Erinnerung« oder »neuer Begriff«. Die Entscheidung wurde insofern manipuliert, als daß die Versuchsleiter die Druckqualität der Wörter variierten, so daß einige leserlicher waren als andere. Die neuen Wörter wurden öfter falsch »erkannt«, also häufiger der ersten Liste zugeordnet, wenn sie sauber gedruckt waren. Unbewußt führten sie den relativ mühelosen gedanklichen Verarbeitungsprozeß der sauber gedruckten Wörter zurück auf etwas bereits Gesehenes und werteten die neuen Wörter folglich als »Erinnerungen«.

Es gibt neuere Forschungen über das sogenannte »falsche Erinnerungssyndrom«, die gezeigt haben, daß es sich bei »Erinnerungen« um »reale« und nicht um lediglich eingebildete Erfahrungswerte handelt. Doch auch hier hängt unsere Beurteilung von der Art der Erfahrung ab. Je mehr jemand zur Phantasie angeregt wird, desto eher wird er eine solche Erfahrung als »Erinnerung«, als einen realen Erfahrungswert, einstufen – könnte man zumindest meinen.[11] Es ist ja auch gar nicht so außergewöhnlich, sich etwas verstört zu fühlen; besonders kurz nach dem Aufwachen, wenn man oft nicht so genau weiß, ob man sich jetzt gerade an den Traum der vergangenen Nacht erinnert oder an ein tatsächliches Ereignis vor ein paar Tagen.

In Jacobys Studien läßt sich ein weiteres, sehr bedeutsames Merkmal erkennen. Die irrtümlich als Erinnerung angenommene Wahrnehmung wird zerstreut, sobald die Testpersonen darüber aufgeklärt werden – oder es selbst bemerken –, daß die visuelle Wahrnehmung bei der zweiten Wörterliste durch eine deutlichere Druckqualität manipuliert ist. Sind sie sich darüber bewußt, daß zur leichteren Informationsverarbeitung noch andere Faktoren im Spiel sind, können sie diesen Umstand bei der Beurteilung bewußt in Betracht ziehen. Es gelingt ihnen, beide Variablen auseinanderzuhalten. Doch sind sie völlig ahnungslos, wird nicht differenziert, und das Unterbewußtsein faßt beide Faktoren – Erinnerung und sauberen Druck – als mitbestimmende Umstände für eine schnelle Verarbeitung zusammen und liefert somit eine falsche Antwort. Genau wie in den vorangegangenen Beispielen zeigt sich auch hier einmal mehr, daß wir den unterbewußten Verarbeitungsprozessen entgegenwirken können, wenn wir uns eines manipulierenden Faktors bewußt sind. So sind wir in der Lage, bewußt zu erkennen, daß das, was uns in den Sinn kommt, bloße Annahmen oder Vermutungen ergeben. Sind wir uns allerdings dieses manipulierenden Faktors nicht bewußt, wenn es sich um einen unterschwelligen, unbewußten Reiz handelt, der sich sozusagen bereits in nichts aufgelöst hat, bevor er das Bewußtsein überhaupt erreicht hat, verlassen wir uns unbesehen auf das, was uns in den Sinn kommt.

Im Alltag hat dieses Phänomen der Selbst-Überwachung großen Einfluß darauf, wie wir unsere klischeehaften Verhaltensweisen generell bilden und wie wir damit umgehen.

Fragen Sie sich mit Blick auf Abbildung 7 doch selbst einmal, was der Arzt wohl antworten mag.

Der Arzt könnte, wie man meinen möchte, etwa folgendes sagen: »Sie machen mir eigentlich einen ganz schlanken Eindruck« und im stillen vielleicht hinzufügen: »Mal sehen, ob wir es hier mit einem Fall von Magersucht zu tun haben.« Was der Arzt aber tatsächlich sagt, ist: »Keine Sorge, viele Männer in Ihrem Alter legen etwas zu.« Sogar die, die sich brüsten, eine gewisse Sensibilität für Mann-Frau-Themen zu haben, fallen leicht auf dieses Bild herein, da sie unbewußt davon ausgehen, der Mann sei der Arzt. Sobald sich ein Klischee also unbewußt in unsere

Abbildung 7: »Sagen Sie, Doktor, wie kann ich SCHLANK werden?
...ich esse ganz normal, doch sehen Sie mich an!«
Wie lautet die Antwort?

bewußte Wahrnehmung einschleicht, versuchen wir, uns eine scheinbar verwirrende Situation irgendwie zusammenzureimen, und merken nicht, daß das Problem in der irrtümlichen Annahme und nicht in der realen Erfahrung liegt. Sind wir uns aber dieser fälschlichen Annahme bewußt, verändert sich unser Bild – buchstäblich.[12]

Doch es stellt sich noch ein drittes Merkmal der unbewußten Wahrnehmung im Experiment von Pittman und Bornstein heraus: Das denkende Bewußtsein neigt dazu, die »erklärungsbedürftige Lücke zu füllen«, und so suchen wir nach allerlei plausiblen Geschichten, um uns einen

Reim darauf machen zu können. Dabei merken wir nicht, daß unser denkendes Bewußtsein selbst diese Lücke geschaffen hat. Warum sie dem einen Jobbewerber gegenüber dem anderen den Vorzug gaben, »erklärten« die Testpersonen mit einer offenbar vernunftmäßigen Wertung der relativen Wichtigkeit von mathematischen und schriftlichen Fähigkeiten. Sie äußerten diese Wertung nicht etwa als *fragliche Annahme*, die ihre Gedankengänge aufgestellt haben, sondern verließen sich guten Glaubens auf das, was in ihren Köpfen bewußt vor sich ging. Ein typischer Fall von denkste – wie sich herausstellte, da die Entscheidung ja eindeutig ganz erheblich von einem manipulierenden Faktor beeinflußt worden war, was den Testpersonen allerdings nicht bewußt war. Die Begründung für ihre Wahl, von der sie wirklich auch überzeugt waren, stützte sich allein auf einleuchtend klingende Erklärungsversuche. Denn eigentlich räumen sie mathematischen Fähigkeiten an sich keinen höheren Stellenwert ein als schriftlichen oder umgekehrt; sie versuchten lediglich eine vernunftmäßige, logisch klingende Erklärung für ihre Entscheidung zu finden.

Die Tendenz, sich auf alles einen Reim machen zu wollen, ist kein Einzelphänomen. Wir versuchen das, öfter als wir denken, und es gibt genügend Beispiele, die dies belegen. Hin und wieder räumen wir auch ein, daß sich in unserer Argumentation doch das ein oder andere mutmaßende Element findet. Zum Beispiel rechtfertigen wir uns mit Formulierungen wie: »Ich *muß wohl* müde gewesen sein«, wenn wir uns vielleicht etwas daneben benommen haben. Doch zumeist nehmen wir unsere Argumentation bedenkenlos hin und sagen im Brustton der Überzeugung: »Ich war gereizt, *weil* ich müde *war*.« Es gibt mittlerweile zahlreiche anschauliche Studien, die zeigen, inwiefern wir mit unseren Begründungen zu Trugschlüssen gelangen. In einer Studie legte ein »Straßenhändler« verschiedenartige

202

Trikots aus und bat Passanten zu sagen, welches ihnen am besten gefalle. Egal, wie er die Trikots hinlegte, am häufigsten wurden die am rechten Ende der Auslage gewählt. Laut Statistik gibt es eine Vorliebe für Artikel, gleich welcher Art, die am rechten Ende zu finden sind. Doch auf die Frage, warum sie gerade dieses Trikot wählten, sagte natürlich niemand »weil es am rechten Ende auslag«.[13]

In einer anderen Studienreihe geht es um den sogenannten Gaffer-Effekt. Man nahm Situationen aus dem wirklichen Leben und beobachtete das Verhalten der Leute. So ließ sich beispielsweise ein Akteur für die Studie auf einem Bahnsteig zu Boden fallen und fing an zu stöhnen. Die Frage lautete nun: Wer eilt dieser Person zu Hilfe? Über eine Reihe von unterschiedlichen Testsituationen hat man folgendes beobachtet: Je mehr Schaulustige herumstehen, desto unwahrscheinlicher ist es, daß irgend jemand Hilfe anbietet. Fragt man die neugierigen Gaffer jedoch, warum sie nicht behilflich sind, erfinden sie alle möglichen Geschichten, die natürlich nichts mit der Anzahl der umherstehenden Schaulustigen zu tun haben. Läßt man aber anklingen, daß die Anzahl der Schaulustigen das Verhalten eventuell beeinflußt haben könnte, weisen sie diese Möglichkeit weit von sich. In allen Fällen war den Leuten nicht klar, daß sie sich nur Ausreden einfallen ließen – und wären empört gewesen, hätte man sie eines Besseren belehrt. So wie eine Situation ausgelegt wird, ist sie *Realität* in den Köpfen.[14]

Je mehr wir die Existenz des Unterbewußtseins mit seiner unglaublichen Fähigkeit, ankommende Wahrnehmungen zu speichern und mit bereits vorhandenen Gedanken zu verknüpfen, anerkennen, desto weniger müssen wir uns bei Phänomenen, die uns auf den ersten Blick außergewöhnlich oder übernatürlich vorkommen, mit Erklärungsversuchen aus dem Reich der Magie behelfen. Denken wir doch nur einmal an den sogenannten »sechsten

Sinn«, diese eigentlich doch sehr rätselhafte Fähigkeit, mit der wir das ein oder andere Erlebnis erklären: wenn wir irgendwie »wissen«, daß uns jemand ansieht oder daß da noch jemand im Zimmer ist. Doch handelt es sich wirklich um einen sechsten Sinn oder vielmehr nur um ein Sammelsurium unbewußter Reize, die sich aus den anderen fünf Sinnen herleiten? Vielleicht ist es ja tatsächlich eine Ansammlung unbewußter Reize, mit denen sich diese Art von Intuition erklären ließe. Sie entspringen den gewöhnlichen fünf Sinnen, doch ist jeder Reiz für sich alleine zu schwach, um auf unser bewußtes Denken einzuwirken. Nichtsdestotrotz addieren sie sich zu einem unerklärlichen »Gefühl«. Empirische Studien in diese Richtung scheint es nicht zu geben, aber in Scott Fitzgeralds Werk »Zärtlich ist die Nacht« wird diese Möglichkeit eindrucksvoll geschildert. Scott Fitzgerald selbst war fasziniert von der Regsamkeit und der Tatkraft des kognitiven Unbewußten:

In einem bewohnten Raum gibt es viele das Licht widerspiegelnde Gegenstände, die man kaum wahrnimmt: poliertes Holz, mehr oder weniger geputztes Messing, Silber und Elfenbein, und darüber hinaus Tausende andere Quellen von Licht und Schatten, so schwach, daß sie kaum als solche empfunden werden, die Kanten von Bilderrahmen, die Ränder von Bleistiften oder Aschenbechern, von Kristall oder Porzellannippes; die Gesamtheit dieser Spiegelungen – die sich an ebenso feine Reflexe wenden wie die assoziativen Fragmente des Unterbewußtseins, an denen wir so hängen wie ein Glaser, der unregelmäßig geformte Scherben aufhebt, weil er sie vielleicht eines Tages noch brauchen kann – diese Tatsache könnte vielleicht erklären, was Rosemary später so mystisch als »bemerken« beschrieb, daß jemand im Zimmer war, bevor sie das sicher feststellen konnte.[15]

Wir könnten sogar soweit gehen zu sagen, daß eine gesteigerte unterbewußte Sensibilität für die Gedanken anderer oder auch die eigenen einige »telepathische« Phänomene erklären könnte. Erinnern wir uns an die Aussage von Pierce und Jastrow: »...daß wir im Umgang miteinander alle Signale aus der Innenwelt aufnehmen, großenteils über Sinnesempfindungen, die so schwach sind, daß wir uns nicht einmal über ihr Vorhandensein bewußt sind,... oder auch gewisse ›telepathische‹ Phänomene ließen sich auf diese Weise erklären«. Es ist durchaus möglich, daß diese Ansicht der beiden unmittelbar von einer anderen Studie beeinflußt worden war, über die der französische Physiker, Philosoph und Psychologe Theodore Flournoy ebenfalls um 1880 herum berichtete. Die Studie beschäftigte sich mit dem bekannten Medium Catherine Muller, die zur damaligen Zeit unter dem Pseudonym »Helen Smith« berühmt war. In ihren Sitzungen fiel sie in Trance und durchlebte Persönlichkeitsveränderungen, mit denen sie Ereignisse aus ihrem früheren Leben noch einmal erfuhr. Sie war abwechselnd eine indische Prinzessin aus dem 15. Jahrhundert, Marie Antoinette und ein Besucher vom Mars. Als letztere Person war sie in der Lage, »Marsianisch« zu sprechen, gab Auskunft über Landschaft und Vegetation auf dem Mars und konnte auch eine ausführliche Beschreibung über Marsmenschen abgeben. All ihre »Figuren« waren äußerst überzeugend, und die »Botschaften« an ihre Kundschaft waren zumeist hellsichtig und trafen ins Schwarze. Flournoy gewann ihr Vertrauen und suchte nach einer »naturgemäßen Erklärung«, einer, die sie weder als Raum- und Zeitreisende noch als Schwindlerin entlarven würde.

Flournoy durchforschte minuziös ihre Kindheit und konnte zeigen, daß vieles von ihrem Einfallsreichtum aus Büchern rührte, die sie als Kind gelesen und offenbar – in ihrem bewußten Wissen – völlig vergessen hatte. In Trance,

so Flournoy, erzählte sie die »Romane ihrer unterbewuß-
ten Vorstellungskraft«, in denen sie ihre eigene Persönlichkeit mit jeder einzelnen Figur in eine jeweils andere
Phase ihrer Kindheit zurückversetze. Er analysierte die
Sprache »Marsianisch« und fand heraus, daß sie auf der
Syntax des Französischen basierte, obgleich der Linguist
Victor Henry, der ebenfalls Studien über sie verfaßt hatte,
die Meinung vertrat, das »marsianische« Vokabular habe
seinen Ursprung im Ungarischen, der Muttersprache des
Vaters von Helen Smith.[16] Im Fall Helen Smith, wie auch in
anderen, fand Flournoy allerdings keine überzeugenden
Anzeichen dafür, daß die inneren Signale, die sie von
anderen während der Sitzungen empfing, gleichermaßen
aus einer Verknüpfung von tief verborgenem Wissen und
einer empfindsamen Sensibilität für unterbewußte, nonverbale Wahrnehmungen – sogenannte paralinguistische
Zeichen – herrührten.

Keine dieser Untersuchungen, und sei sie noch so sorgfältig ausgeführt, beweist, daß ein tatsächliches Zurück-
versetzen in frühere Leben oder der Kontakt ins Reich des
Übernatürlichen *nicht* vorkommen. Und über spezielle
Fälle läßt sich immer streiten. Doch derartige gründliche
neutrale Untersuchungen nötigen uns zumindest, die
Kraft des Unterbewußtseins anzuerkennen. Zum Leid-
wesen mancher könnten sie uns gar zur Vorsicht im Umgang mit solch exotischen Phänomenen mahnen – vielleicht sollten wir sie nicht einfach als Erfahrungen aus
dem hohlen Bauch oder Grenzerfahrungen, Hellseherei
oder Wahrsagerei auslegen. Es gibt gewisse Leute, die solche Phänomene als unbestreitbares Zeichen für die Existenz übernatürlicher Kräfte oder Einflüsse sehen und
damit »beweisen« möchten, daß es mehr gibt zwischen
Himmel und Erde, als es sich die allgemein anerkannte
Psychologie einbildet. Es wird oft behauptet, daß diese
Erfahrungen nicht einfach von »innen« kommen können,

daß es da draußen reale übernatürliche Wesen geben müsse, die mit uns reden, oder telepathische Kräfte, die den anerkannten Gesetzen der Physik und Physiologie eisern trotzen. Vielleicht gibt es sie ja. Doch der Beweis für die tatsächliche Existenz so mancher dieser wundersamen Erfahrungen, geschweige denn irgendwelche ausführlichen Erklärungen dafür, sind bislang nicht erbracht. Diese Erfahrungen allein mit Magie erklären zu wollen, ist zumindest in einigen Fällen vorschnell, weil die Rolle des Unterbewußtseins dabei überhaupt nicht berücksichtigt wird, da man sie nicht zu würdigen weiß. Daß mit dem Begriff »Verstand« der Begriff »bewußtes Wissen« stillschweigend mitgedacht wird, offenbart sich immer wieder aufs Neue in esoterischen Kreisen. Dort geht man davon aus, daß, wenn wir für bestimmte Phänomene keine greifbare Erklärung finden können, der »Verstand« auch nicht dafür verantwortlich gewesen sein kann.

KAPITEL 8

Befangenes Selbstbewußtsein

Ach, unsere arme Seele – welch leere Antworten sie erfährt, da sie so begierig auf Gewiß-
heiten in diesem unsrem Leben.

George Meredith

Ein Mann mittleren Alters mit klugem Verstand und höherer Bildung sprach im zweiten Jahr seiner Psychotherapie über die negativen Strukturen in seinem Leben. Joseph Masling, sein Therapeut, beobachtete ihn aufmerksam: »Sie scheinen zu meinen, kein Recht darauf zu haben, glücklich zu sein.« Der Mann begann sogleich nervös herumzuzappeln, beinahe unkontrolliert, bevor er sich schließlich wieder beruhigte. Nach langem Schweigen sagte er: »Was haben Sie gesagt?« Eine andere Patientin Maslings, eine junge Frau, die gerade dabei war, die Vorbereitungsseminare für ihre Promotion erfolgreich abzuschließen, benahm sich ähnlich, als Masling sie fragte: »Haben Sie gemerkt, wieviel leichter es Ihnen fällt, mir von Ihren Fehlschlägen zu erzählen als von Ihren Erfolgen?« Auch sie wand sich erst verlegen hin und her und mußte ihn dann bitten, seine Frage noch einmal zu wiederholen.[1]

Das Unterbewußtsein ist eine Bewußtseinsschicht innerhalb der menschlichen Psyche, die inhaltsreicher und feinfühliger ist als das Bewußtsein selbst. Es ist empfänglich für Ereignisse und Erlebnisse, die, aus welchen Gründen auch immer, uns gar nicht bewußt werden, und zeichnet diese auf. In unser Bewußtsein dringen nur schwache Schimmer aus diesem Informationsspeicher, vorgefertigte Begriffe und Informationen, von denen unser denkendes Bewußtsein vieles als ungewiß und unzuverlässig zurückweist. Das denkende Bewußtsein entscheidet darüber, was es als gültig akzeptiert – und dabei entgehen ihm ungereimte Strukturen und feinsinnige Nuancen. Indessen gibt die D-Denkweise die Denkrichtung vor, indem sie uns eine Art wohlüberlegte Welt in geregelten Bahnen präsentieren will. Manchmal mag das ja ganz angebracht sein, doch wenn wir darin hängenbleiben und den Schlüssel zu jener Dämmerwelt, aus der sie sich bedient, verlieren, motten wir wertvolle Erkenntnisweisen ein – Denkarten, die den Sinn einer Sache erfassen und aus einer ganzen Ansammlung von kleinsten Erinnerungsschnipseln und Fragmenten eine Bedeutung zusammenbasteln können.

Ich habe bereits angeführt, daß der Begriff der zwei Bewußtseinsschwellen diese Ungleichheit zwischen Bewußtsein und Unbewußtsein ganz gut umschreibt: eine tiefer gelegene, über der das Unterbewußtsein aktiv wird, und eine höher gelegene, über der Informationen in unser Bewußtsein dringen. Je näher diese Schwellen beieinander liegen, desto mehr sind wir mit unserem Unterbewußtsein »auf Tuchfühlung« und desto vollständiger erfaßt unser denkendes Bewußtsein die Geschehnisse in sämtlichen geistigen Bereichen. Je weiter sie voneinander entfernt liegen, desto verarmter ist unsere bewußte Wahrnehmung. Diese quantitative Vorstellung der Bewußtseinsschwellen ist zwar ziemlich vage, doch führt sie uns zu einer sehr wichtigen Frage: Wodurch wird eigentlich festgelegt, wie weit oder wie nahe diese beiden Schwellen auseinander liegen? Oder allgemeiner formuliert: Ist die Beziehung zwischen bewußten und unbewußten Bewußtseinsarten eine dynamische, die Veränderungen unterworfen ist, und wenn ja, von welchen geistigen Kräften wird dies beeinflußt? Bei Masling haben wir gesehen, daß manche unbewußt erhaltene Information offenbar großes Unbehagen auslösen kann, was sich zumeist nonverbal äußert. Als

Folge dessen wird dieser Information der Eintritt ins Bewußtsein verwehrt. Die Bemerkung des Therapeuten bewirkt offenbar, daß die Schwelle zum Bewußtsein sehr rasch höher gelegt wird. Vielleicht sind es ja gerade bedrohliche Dinge, die das Bewußtsein veranlassen, die Schwelle höher anzusetzen.

Ein Phänomen, das als »Perceptual Defence« (Wahrnehmungsschutzfunktion) bezeichnet wird und das Experimentalpsychologen seit den vierziger Jahren bekannt ist, erhärtet diese Vermutung. In der klassischen Versuchsversion solcher Studien blitzt vor den Augen einer Testperson ein bestimmtes Wort immer wieder ganz kurz auf; die Länge des visuellen Stimulus wird nach und nach erhöht, die Wahrnehmungszeit verlängert sich also, und zwar solange, bis die Testperson das Wort richtig identifiziert hat. Einige der Wörter sind neutral, andere ordinär oder auf irgendeine Art beunruhigend. Die Wörter mit einer bestimmten Konnotation werden erst nach viel längerer Zeit bewußt wahrgenommen als die neutralen. Wenn nun bewußtes Erkennen und Bewußtsein ein und dasselbe wären, so wäre auch dieses Ergebnis schlicht und einfach unverständlich. Wie kann es sein, daß die Schwelle ins Bewußtsein für bestimmte Wahrnehmungen selektiv erhöht wird, noch bevor diese erkannt worden sind? Dies läßt sich einzig und allein mit der »unbewußten Wahrnehmung« erklären: Das »Tabu«-Wort wird unbewußt erkannt, und die höher liegende Bewußtseinsschwelle wird augenblicklich noch erhöht, um das Bewußtsein vor bedrohlichen Einwirkungen oder unbehaglichen Gefühlen, die dieses Wort hervorrufen könnte, zu schützen.[2] Jerome Bruner, einer der Pioniere auf dem Forschungsgebiet der unbewußten Wahrnehmung in den späten vierziger Jahren, zog gerne die Parallele zum »Judasauge« in einem »Speakeasy«, einem Guckloch, durch das der Türsteher einer Kneipe mit unkonzessioniertem Alkoholausschank späht, um eingeweihte Gäste hinein- und unerwünschte, wie etwa die Polizei, draußen zu lassen. Ohne dieses »Judasauge« konnte man Freund von Feind nur unterscheiden, indem man die Tür öffnete – und da war es schon zu spät.

Im Gegensatz dazu kann der Zugang zu Informationen von zweifelhafter Art – zweifelhaft deshalb, weil sie nicht unmittelbar eine Bedrohung darstellen, sondern weil sie schwach oder flüchtig sind – erleichtert werden, indem man dafür sorgt, daß sich die Testpersonen entspannt und »sicher« fühlen. Dies kann man erreichen, indem man eine entspannte Testatmosphäre schafft, die nicht das Gefühl von Streß und Bewertung vermittelt. In dieser Atmosphäre fordert man die Testpersonen nun auf, die schwach empfundenen Informationen auszudrücken. Normalerweise hat man sofort das Gefühl, geprüft und bewertet zu werden, sobald von einem verlangt wird, sich an etwas gerade Gesehenes zu erinnern.[3] Die Psychologen gestalten daher die Versuchsaufgaben so, daß die Testpersonen gar nicht anders können, als Fehler zu machen; denn hätten alle alles richtig, könnte man die Auswertungsdaten ja nicht in Relation zu den verschiedenen Versuchsbedingungen setzen. Doch es sind gerade diese Unterschiede einer jeweiligen Situation, die uns Aufschluß darüber geben, wie unser Verstand arbeitet. Eigentlich will ja auch niemand Fehler machen. Mag sein, daß ein ganz gewöhnlicher Gedächtnistest das tatsächlich vorhandene Wissen unterbewertet, denn mit dem Gefühl, sich in einer Testsituation zu befinden, geht man vorsichtiger und gehemmter an Aufgaben heran.

Kunst-Wilson, Zajonc und andere haben diesen Effekt nachweisen können. Sie zeigten Testpersonen eine Folge unleserlicher, schnörkeliger Hieroglyphen, die nach einer bestimmten Zeit mit anderen, ebenfalls unleserlichen Zeichen vermengt wurden. Die Testpersonen sollten die zuvor gesehenen herausfinden und schnitten dabei ziemlich miserabel ab. Im zweiten Teil des Versuchs sollten die Probanden nun nicht mehr das »alte unleserliche Geschnörkel« *erkennen*, sondern die Hieroglyphen benennen, die ihnen *besser gefielen* – und siehe da, die Testpersonen neigten dazu, mit sicherer Hand diejenigen auszuwählen, die sie zuvor gesehen hatten. Wenn es um die Darstellung der eigenen Leistung geht, scheinen schwach wahrnehmbare, unbewußte Informationsmuster und rasche Auffassungsgabe außerstand gesetzt oder ausgeschaltet zu sein, und wir agieren schwerfällig und unbeholfen. Wenn wir uns weniger »von unserer besten Seite zeigen« müssen, findet sich das verhaltene Erkenntnisvermögen unseres Unterbewußtseins eher bereit, Wahrnehmungsimpulse und Handlungen zu lenken und leiten. Bisweilen sind wir sehr empfangsbereit und in der Lage, Informationen aufzunehmen, die das Unterbewußtsein an unser denkendes Bewußtsein funkt, seien sie auch noch so schwach. Doch dann wieder, besonders in Streßsituationen, dringen nur die stärksten Funkwellen durch.[4]

Wird der Test als »Ratespiel« und nicht als Wettbewerb präsentiert, entfällt das Streßmoment. Geht es um »bloße Raterei«, fühlen wir uns nicht in gleicher Weise verantwortlich für das, was wir von uns geben. Da wir dabei nicht an irgendwelche Regeln gebunden sind, können wir alles, was uns »aus heiterem Himmel« einfällt, spontan äußern, denn es gibt keine erkennbare Norm, die unser Verhalten mit der Wertung »richtig« oder »bestanden« beurteilt. Eine Methode zur eingehenderen Überprüfung dieser Auffassung wurde zunächst entwickelt, um Erinnerungen von Leuten mit akuter retrograder Amnesie zu bewerten. Solche Leute haben allem Anschein nach völlig die Fähigkeit verloren, sich an das zu erinnern, was nur wenige Sekunden zurückliegt. Lernt man einen solchen Menschen kennen, verläßt für fünf Minuten das Zimmer und kommt dann wieder herein, wird man von ihm begrüßt, als sei man ein Fremder. Gibt man diesen Leuten eine Wörterliste zum Durchlesen, sammelt diese wieder ein und bittet sie einen Augenblick später, sich an die Wörter zu erinnern, schauen sie einen ganz verdutzt an und fragen: »Welche Wörter?« Doch seit vielen Jahren hält sich der Verdacht, daß diese Patienten durchaus über ein gewisses Erinnerungsvermögen verfügen; sie können die Erinnerungen nur nicht *bewußt* abrufen.

Claparede, ein französischer Arzt im 19. Jahrhundert, zum Beispiel hielt eine Nadel zwischen den Fingern versteckt, als ihm ein Amnesie-Patient vorgestellt wurde. Als er ihm zur Begrüßung die Hand gab, pikste er ihn mit der Nadel. Dann verließ Claparede das Zimmer, kam wenige Minuten später wieder herein und wurde von dem Patienten erwartungsgemäß so begrüßt, als habe er ihn noch nie zuvor gesehen – jedoch zeigte der Patient einen seltsamen Widerwillen, dem Arzt die Hand zu geben. Als man ihn auf sein unhöfliches, unsoziales Verhalten ansprach, erklärte er etwas unsicher: »Bei den Ärzten weiß man nie so genau; manchmal legen sie dich rein.«[5] Es ist kein Zufall, daß es sich um einen *schmerzhaften* Stimulus handelte, der unbewußt registriert worden war, denn unser Unterbewußtsein beschäftigt sich vor allem mit solchen Dingen, die für unser Überleben und Wohlergehen von Belang sind.

Die Vermutung, daß Amnesie-Patienten mehr Erinnerungsvermögen besitzen, als es den Anschein hat, wurde vor kurzem bestätigt: Man gab Patienten eine Liste mit Wörtern und bat sie, sich die Wörter zu merken. Nach einiger Zeit wurde die Liste eingesammelt. Wenig später sollten die Patienten nun nicht mehr wie gehabt die Wörter wiedererkennen oder sich an sie erinnern, sondern man zeigte ihnen zwei oder drei Anfangsbuchstaben eines Wortes mit der Aufgabe, die Wörter eins nach dem anderen mit den Buchstaben zu vervollständigen, die ihnen als erste einfielen. Das war für die Patienten eine völlig neuartige Übung. Die Buchstabenketten waren die Anfangsbuchstaben von »Erinnerungswörtern« aus der Originalliste, so daß die Patienten sie mit einem Wort aus ebendieser Liste vervollständigen konnten. Das gewählte »Erinnerungswort« war eines, das in der Alltagssprache eher selten vorkommt. Man hätte die Buchstabenkette also auch zu einem geläufigeren Wort vervollständigen können. Ein Wort auf der Liste war zum Beispiel CLEAT. Die Patienten sollten sich also ein Wort überlegen, das die Buchstabenkette CLE-- vervollständigen würde. Ohne von der Liste zu wissen, würde man bei diesem Stichwort an ein geläufiges Wort wie CLEAN oder CLEAR denken, doch tatsächlich antworteten die Amnesie-Patienten mit dem selteneren Wort CLEAT, welches sie kurz zuvor auf der Liste gesehen hatten, sich aber nicht an dasselbe »erinnern« konnten.

Die Wörter müssen also im Gedächtnis irgendwo gespeichert worden sein, doch zeigen sich diese Erinnerungskräfte offenbar nur, wenn sie in ein »freies Assoziationsspiel« einströmen können. Es sieht also ganz so aus, als ob »Amnesie« – zumindest in diesen Fällen – weniger mit der Unfähigkeit zu tun hat, das zu speichern, was gerade passiert ist, als vielmehr damit, daß diese Erinnerungen unserem bewußten Gedächtnis nicht zugänglich sind. Mit Versuchstechniken zur Stimulierung der unterschwelligen Wahrnehmung wurde derselbe Effekt inzwischen auch bei Leuten mit unversehrtem Erinnerungsvermögen beobachtet. Die Testpersonen sehen auf einem Bildschirm Wörter, ein Wort nach dem anderen, und zwar ganz kurz, zu kurz, um sie bewußt wahrnehmen zu können. Sollen sie sich unmittelbar darauf an diese Wörter erinnern, fragen sie genau wie die Amnesiepatienten: »Welche Wörter?« Doch macht man auch hier die Probe mit dem »freien Assoziationsspiel«, stellt sich heraus, daß die Wörter, die sie noch nicht einmal »gesehen« haben, dennoch auf die spontanen Gedankengänge ganz entscheidend einwirken. Die Probanden verhalten sich genauso wie die Amnesiepatienten.[6]

Eine neuere, sorgfältig ausgearbeitete Studie des Psychologen Tony Marcel konzentriert sich in der Hauptsache auf das Wahrnehmungsvermögen und nicht das Erinnerungsvermögen. Auch Marcel stellte die gleiche Art von Mißtrauen fest, die unser bewußtes Gedächtnis offenbar gegenüber schwach wahrnehmbaren Informationsmustern hegt.[7] Seine nicht hirngeschädigten Testpersonen wurden schwach aufleuchtenden Lichtblitzen ausgesetzt, die so schwach waren, daß man kaum hätte sagen können, ob da jetzt etwas gewesen sei oder nicht. Jedes Mal, wenn sie das Gefühl hatten, sie hätten etwas wahrgenommen, sollten sie das sagen. Marcel bat sie, ihre Antwort auf eine der drei folgenden Arten zu geben: durch Blinzeln, Knopfdruck oder mit einem »Ja (ich sehe den Lichtblitz).« Er stellte fest, daß diese drei verschiedenen Arten zu antworten nicht gleichwertig waren, sondern vielmehr sehr unterschiedliche Ergebnisse erbrachten. Wenn die Testpersonen sich für das Blinzeln entschieden, wurden mehr dieser schwachen Lichtblitze registriert, als wenn sie verbal antworteten; die Antwort per Knopfdruck lag in der Häufigkeit irgendwo dazwischen. Sollten die Testpersonen nun auf *zwei* Arten antworten, Blinzeln und Sprechen, kam es vielfach vor, daß die Augen »Ja« sagten, der Mund aber »Nein«. Indem Marcel die Zeitintervalle zwischen Stimulus und Response maß, konnte er ausschließen, daß sich diese Ergebnisse einfach nur aufgrund des Blinzelreflexes ergaben.

Marcel hebt hervor, wie sehr diese Ergebnisse eine Herausforderung an unsere vernunftgesteuerte Einstellung in bezug auf unseren bewußten Geist darstellen. Normalerweise sind wir der Annahme, daß wir über ein lückenloses Bewußtsein verfügen, das alles aufzeichnet, »was da ist«. Ist etwas »da«, kann man es auch empfinden und äußern, und *wie* man es äußert, ändert nichts daran, ob man etwas »sieht« oder nicht. Wir nehmen also an, daß eine Reaktion der Wahrnehmung »direkt« folgt, und alles, was in der langen Kette der Informationsverarbeitung später ausgewertet wird, womöglich keinen Einfluß auf vorausgegangene Wahrnehmungsimpulse hat. Unter ganz gewöhnlichen Bedingungen scheint diese Vermutung richtig zu sein. Doch sieht man sich nicht eindeutig wahrnehmbaren Stimuli ausgesetzt und weiß man nicht so recht, ob nun etwas »da« ist oder nicht, fängt unser zurechtgelegtes Selbstbild an zu bröckeln. Die verschiedenen Arten zu antworten scheinen nun einen retrospektiven Effekt auf das zu haben, was wir sehen. Es stellt sich nämlich heraus, daß der Wahrnehmungsträger, der am engsten mit der oberen Bewußtseinsebene verbunden ist – das Sprechen –, am wenigsten gut »sieht«, wohingegen der, der im tiefsten Unterbewußtsein ganz von selbst wahrgenommene Informationen weitervermittelt, der empfindsamere ist: *Je mehr das innere Selbst mit einer Sache befaßt ist, desto zurückhaltender muß das denkende Bewußtsein mit Äußerungen sein, damit es »dieses nicht falsch versteht«* – dieser Gedanke scheint bestätigt. Verbale Äußerungen, wie »Ja, da war ein Lichtblitz« oder »Nein, da war nichts«, klingen irgendwie verbindlicher und endgültiger, als wenn man nur bestätigend blinzelt, denn es kommt wohl kaum einer auf die Idee zu meinen, daß es sich beim Blinzeln um eine gedankliche Anstrengung handelt, die gründlich durchdacht werden muß oder ein Höchstmaß an persönlichem Einsatz erfordert.

Eine andere Seite des Experiments demonstrierte den interessanten Effekt des »Ratens«, welches einem angestrengten »zu lösen suchen« überlegen ist, noch einmal

216

ganz deutlich. In allen von Marcel durchgeführten Studien zeigte sich, daß die Wahrnehmungsfähigkeit der Testpersonen alles andere als einwandfrei war, egal auf welche Art sie reagiert hatten. Als sie nun aber versuchen sollten, den Zeitpunkt des Aufblitzens nicht hundertprozentig exakt zu erfassen, sondern ihn vielmehr zu erraten, schoß ihr Leistungsvermögen seltsamerweise nach oben und erreichte fast 100 Prozent! »Zu lösen suchen« heißt, etwas an gedanklicher Anstrengung in die Lösung zu investieren. Es ist einem *nicht egal*, man *bemüht* sich – und deshalb bleibt letztendlich nichts anderes übrig, als sich zu ärgern, wenn die investierten Bemühungen nicht von Erfolg gekrönt sind. Bei bloßer Raterei hat man das Gefühl, daß die Antwort auch aus der Luft gegriffen sein kann. Und – wie wir bereits gesehen haben – sobald das Streßmoment von uns genommen wird, sind wir in der Lage, uns von unseren unbewußten Eingebungen leiten zu lassen. Diese sind für die Lösung einer Aufgabe durchaus *geeignet*, auch wenn es unserem denkenden Bewußtsein diesbezüglich an Überzeugung mangelt.

Vor 25 Jahren, als ich meine Doktorarbeit in Psychologie an der University of Oxford begann, war einer meiner Studienkollegen Geoff Cumming, ein schlaksiger, bärtiger Typ aus Australien. Geoff untersuchte damals Rückkoppelungseffekte und Lateralität im Bereich Wahrnehmung und ging dabei ähnlich vor wie Tony Marcel. Zunächst projizierte er ein sprachliches Zeichen, einen kaum wahrnehmbaren Buchstaben, für kurze Zeit auf einen Bildschirm. In kurzen Abständen, die allerdings nicht immer gleich lang waren, folgte das zweite Bild, zum Beispiel ein Schachbrettmuster. Geoff beobachtete, inwiefern die verschiedenartigen Bilder des zweiten Stimulus sich auf die Wahrnehmungsfähigkeit des ersten Zeichens auswirkten, und fand heraus, daß der zweite Wahrnehmungsimpuls unter bestimmten Bedingungen das bewußte Erinnerungsvermögen an das erste Zeichen auslöscht. Im Verlauf des Experiments stieß er auf ein ziemlich merkwürdiges Phänomen. Gab man den Testpersonen keine Reaktionszeit vor, sondern ließ ihnen ihr eigenes Reaktionstempo, schlugen sie unter bestimmten Bedingungen regelmäßig fehl, und es gelang ihnen nicht, den Buchstaben des ersten Stimulus zu erfassen. Mußten sie jedoch unter den gleichen Bedingungen, so schnell sie konnten, reagieren, lagen sie mit der schnellen Antwort zumeist richtig – allerdings entschuldigten sie sich gleich darauf, einen Fehler gemacht zu haben! Allem Anschein nach konnten sie für kurze Zeit ihr befangenes Bewußtsein überwinden, indem sie sehr schnell antworteten, was sie in die Lage versetzte, ungehindert die schwache Information des ersten Stimulus unbewußt aufzugreifen. Doch da diese Information nicht stark genug gewesen war, ins Bewußtsein zu dringen, folgerten sie im nachhinein, daß die Antwort wohl falsch gewesen sein mußte – und verbesserten sich irrtümlicherweise.[8]

Einige dieser nachteiligen Effekte eines gehemmten Leistungsverhaltens wurden anhand verschiedener Formen von Gehirnerkrankungen anschaulich aufgezeigt. Bei Patienten mit neurologischen Störungen kann sich eine verstärkte Disparität zwischen Funktionsfähigkeiten und Bewußtseinszustand zeigen. Tony Marcel berichtete vor kurzem von der Krankheitsgeschichte einer Frau, die an Hemiplegie, der Lähmung einer Körperseite, und Anosognosie, einer Unfähigkeit, Erkrankungen der eigenen Person wahrzunehmen, litt. Sie war infolge eines Schlaganfalls einseitig gelähmt, sich aber darüber seltsamerweise nicht bewußt.[9] Forderte man sie auf, sich selbst zu beschreiben, verlor sie kein Wort über ihre Lähmung. Hielt man sie an, ihre Funktionsfähigkeit einmal selbst einzuschätzen, und zwar für Dinge, zu denen man beide Hände braucht – beispielsweise einen großen Ball zu fangen –, traute sie sich dies in acht von zehn Fällen zu. Fragte man sie ganz direkt nach ihrer Person, so hatte sie interessanterweise kaum ein klares Bewußtsein für ihren tatsächlichen Zustand. Stellte man ihr jedoch Fragen, die nicht so sehr auf ihr Selbstbild zielten, fielen ihre Antworten ganz anders aus. Man fragte also nicht: »Wie gut können Sie dies oder jenes?«, sondern: »Wenn ich Sie wäre, wie gut könnte ich den Ball fangen?« Und die Frau schätzte, daß es nur in ein bis zwei von zehn Würfen gelingen würde, den Ball zu fangen.

Sobald es die Formulierung der Frage erlaubt, daß sie sich von ihrem Zustand distanziert, mit ihm »nichts zu tun hat«, ist sie imstande, ihn indirekt einzugestehen. Und es geht dabei nicht einfach darum, »es nicht aussprechen zu wollen«, oder um »ein peinliches Gefühl«, das einem durchaus bewußt ist. Ihr Verhalten stellt vielmehr unter Beweis, daß die Weigerung, sich ihren Zustand eingestehen zu wollen, tief unterhalb der oberen Bewußtseinsebene abläuft, in den tiefen Untergrundsphären der Erinnerungsfelder, dort, wo die Entscheidungen darüber getroffen werden, was in unser bewußtes Gedächtnis gelangen soll und was nicht. Interessanterweise kann man diese »Dis-Inhibition« des Bewußtseins herbeiführen, und zwar nicht nur, wenn man der Frau gestattet, ihr körperliches Unvermögen auf jemand anderen zu projizieren, sondern auch, wenn man sie dazu bringt, in ein niedrigeres Niveau zurückzufallen und wie ein Kind zu sprechen. Hockt man sich zu ihr, kauert neben ihrem Rollstuhl und flüstert ganz heimlichtuerisch: »Sag doch mal, benimmt sich deine linke Körperhälfte manchmal *ungezogen?*«, spielt sie das Spiel mit und flüstert zurück: »Ja, sogar schrecklich.« Wir dürfen also vermuten, daß wir eine Art kindliche Sub-Persönlichkeit irgendwo in uns haben, die einer nicht so strengen Kontrolle unterliegt, wenn es darum geht zu entscheiden, was ins Bewußtsein befördert werden darf und was nicht – schließlich ist man es als Kind gewohnt, nicht die volle Verantwortung für alles zu tragen. Vieles in der kindlichen Welt ist widerspenstig, und »ungezogen« ist das Erinnerungswort aus der Kindheit *par excellence* für alles und jedes, was sich ungehörig benimmt oder nicht gehorcht.

Wir wissen, daß die Strategien des Unterbewußtseins Menschen in Extremsituationen zu außergewöhnlichen Hochleistungen befähigen. Zum Beispiel haben Leute, die an »hysterischer Blindheit« leiden, den die visuellen Wahrnehmungen verarbeitenden Gehirnabschnitt infolge eines erschütternden Erlebnisses ausgeschaltet, um sich vor weiteren Traumata zu schützen.[10] Es ist möglich, die Bewußtseinsschwelle für eine Sinnesart höher anzusetzen, und das geschieht scheinbar nicht selektiv – anders als bei der Funktion des »Perceptual Defence« – und extrem auffällig. Obwohl diese Menschen nichts mit den Augen wahrnehmen können, bewegen sie sich erstaunlich gut um Hindernisse herum. Analog hierzu zeigen Leute mit einem Ausfall der Gehörfunktion keine Reaktion auf Geräusche – sie fahren bei einem plötzlichen lauten Knall zum Beispiel nicht erschrocken zusammen –, doch kann es durchaus sein, daß sie mit »Nein« antworten, wenn sie ganz ruhig gefragt werden, ob sie etwas hören können. Oder der Patient ohne Erinnerungsvermögen: Gleichwohl wußte auch er auf irgendeiner Bewußtseinsebene, daß er dem Arzt, der ihm weh getan hatte, besser nicht die Hand geben sollte. So ist es Leuten ohne Sehvermögen offenbar möglich, ihren Weg zu finden, und Leuten ohne Hörvermögen, auf Fragen zu antworten.

Ein jeder von uns kennt die eher alltäglichen Versionen des gleichen Phänomens. Ich führte bereits in einem der vorangegangenen Kapitel das Beispiel mit dem »unbewußten Autofahren« an. Die Vorstellung von »unbewußtem Sehen« mag uns zunächst seltsam oder paradox vor-

220

kommen. Doch nur deshalb, weil sie mit unserer sonstigen Vorstellung davon, was in unserem Kopf vorgeht, ernsthaft in Konflikt gerät. Und aufgrund dieser Unstimmigkeit bemerken wir überhaupt nicht, wie oft wir eigentlich in Abwesenheit unseres denkenden Bewußtseins angemessen und richtig reagieren. Wenn wir ohne jegliche bewußte Sinneseindrücke »unbewußt sehen« würden – wenn wir sozusagen von wunderbaren Kräften geleitet in schwärzester Nacht den Weg um ein fremdes Haus finden könnten –, dann wären wir in der Tat wie gelähmt oder betäubt. Doch das Loch in unserem »Bewußtsein« ist fast immer gestopft mit allen möglichen Dingen, die unsere Aufmerksamkeit auf sich ziehen, so daß unser Vertrauen in das Unterbewußtsein entsprechend maskiert wird. Allein aufgrund der Tatsache, daß wir mit unserem bewußten Verstand ständig mit etwas anderem beschäftigt sind, nehmen wir für gewöhnlich nicht wahr, in welchem Maß visuelle Informationen bei ihrer Ankunft an unserem denkenden Bewußtsein vorbeigeleitet werden, obwohl wir uns im gleichen Moment automatisch auch auf sie verlassen haben.

«Befangenes Selbstbewußtsein« wirkt sich nicht nur auf unsere Wahrnehmung aus, sondern auch auf unser Verhalten. Wir alle kennen solche Situationen. Denken wir nur einmal an jemanden, der ein Vorstellungsgespräch hat, wo es um einen Job geht, den er unbedingt haben will, oder an ein Kind, dem man eingebleut hat, die volle Teetasse auch ja vorsichtig zu tragen. In solchen Situationen überkommt uns ein Gefühl der Verwundbarkeit, der Angreifbarkeit, das Gefühl, einen unsicheren Drahtseilakt bestehen und erfolgreich etwas fertigbringen zu müssen, was von einem bestimmten Grad an Können oder Kontrolle abhängig ist. Doch sind wir nicht allzu überzeugt davon, daß wir über diese Fähigkeiten auch verfügen. Dementsprechend beschleicht uns ein beklemmendes und beängstigendes Gefühl, was sich wiederum auf unsere motorischen Bewegungen auswirkt: Wir fühlen uns plump und ungeschickt, und obendrein schnürt uns die gespannte Aufmerksamkeit fast die Kehle zu. In Streßsituationen wachsen wir über uns selbst hinaus oder werden »schreckensbleich«. So steht man im Vorstellungsgespräch bei einer ganz klar formulierten Frage einfach auf dem Schlauch. Und das Kind mit der vollen Teetasse konzentriert sich so sehr darauf, den Tee nicht zu verschütten, daß es seine Bewegungen nicht mehr richtig koordiniert, unbeholfen und ungeschickt agiert. Ich erinnere mich noch ganz gut an jenen Tag im Jahre 1984, als meine langjährige – und seit langer Zeit leidende – Lebenspartnerin unsere Beziehung schließlich und endlich beendete. Ich sprang vornüber ins Schwimmbecken, allerdings in den niedrigen Teil und schlug mir am Beckenboden den Kopf auf – natürlich ohne bewußte Selbstmordabsichten gehabt zu haben. Schlüssel verlieren, Teller zerschlagen oder Dellen ins Auto treten sind ähnlich typische Streßsymptome. Und das geschieht, wenn unser Bewußtsein zutiefst anderweitig beschäftigt ist – in aller Regel mit einem vertrackten oder emotional beladenen Problem. Dann achtet es auf bestimmte Informationen herzlich wenig, wie etwa auf ein unübersehbares Schild mit der Aufschrift »Wassertiefe 1 Meter«, läßt vielmehr alle Informationsquellen im Unterbewußtsein leerlaufen, obwohl es die für eine angemessene Reaktion eigentlich braucht.

Es gibt eine Methode, mit der das Verhältnis zwischen Bewußtsein und Unterbewußtsein radikal verändert werden kann: Hypnose, ein Phänomen, dessen Existenz – anders als bei paranormalen Phänomenen – mittlerweile über jeden empirischen Zweifel erhaben ist. Die aktiven Elemente bei der Hypnose sind Entspanntsein und Vertrauen: Sich hypnotisieren lassen heißt gleichzeitig, das Gefühl der Selbstkontrolle über die eigenen Handlungen, das eigene Streben und Wollen aufzugeben und sich selbst ganz in andere Hände zu geben. Wer imstande ist, diesen Zustand zu erlangen, erfährt, daß das Gleichgewichtsverhältnis zwischen Bewußtsein und Unterbewußtsein ungewöhnlich labil und anfällig wird. Der Hypnotiseur ist in der Lage, das Unterbewußtsein direkt anzusprechen. Er kann bestimmen – und das zuweilen in außergewöhnlich hohem Maße –, welche Informationen aus dem Unterbewußtsein ins Bewußtsein gelangen sollen und welche nicht. Zum Beispiel ist es möglich, nach der Methode der sogenannten »Hypnotic Age Regression« bewußten Zugang zu längst vergessenen Kindheitserinnerungen zu erlangen. Oder es werden unausweichlich Halluzinationen herbeigeführt, die man als »Realität« erlebt. Auf der anderen Seite kann der Hypnotiseur körperliche Funktionen beeinflussen, man kann blind oder taub gemacht werden, entweder nur für spezielle Vorkommnisse oder ganz allgemein. Im einen Fall wird die Bewußtseinsschwelle tiefer gelegt, so daß normalerweise unzugängliche Erinnerungen an die Oberfläche zum denkenden Bewußtsein gelangen; im anderen Fall wird die Schwelle so hoch gesetzt, daß selbst Empfindungen ganz profaner, diesseitiger Natur verhindert werden.

Das Bewußtsein kann zwar drastisch verändert oder eingeschränkt werden, doch können wir beweisen, daß das Unterbewußtsein weiterhin tätig ist. Die Tatsache, daß man beispielsweise kein bewußtes Hörvermögen oder Schmerzempfinden mehr hat, heißt nicht, daß man Sinnesempfindungen auch *wirklich* nicht registriert. Die Schwelle zwischen bewußter und unbewußter Ebene wurde einfach ganz weit nach oben versetzt, bis zu einem Punkt, an dem die gewohnte Berichterstattung über die Vorgänge im tiefen Inneren das Bewußtsein einfach nicht mehr erreicht. Nehmen wir das Beispiel Schmerzkontrolle. Hypnotische Analgesie ist eine verläßlich dokumentierte, effektive Methode zur Schmerzkontrolle.[11] Studien belegen, daß diese Methode zur Schmerzlinderung durchaus in eine Reihe gestellt werden kann mit Narkotika wie Aspirin, Diazepam (Valium) und Morphium. Mit hypnotischer Suggestion allein wird eine deutliche Schmerzerleichterung erreicht. Das belegen ärztliche Untersuchungen in etwa 50 Prozent aller Fälle einer Repräsentativerhebung, und das auch dann, wenn keine Vorauswahl hinsichtlich der Hypnotisierbarkeit der Patienten stattgefunden hat.

Doch trotz der dramatischen Veränderungen bewußter Erfahrungsmomente bleiben einige Reaktionen auf schmerzhafte Stimuli erhalten. Mit physiologischen Meßinstrumenten kann beispielsweise das Erfassen eines Schmerzgefühls anschaulich gemacht werden. Ein hierfür häufig benutzter Indikator, der »galvanic skin response«, GSR, zeigt die Veränderung der elektrischen Leitfähigkeit, des Widerstandes der Haut, bei gefühlsmäßigen Reaktionen. Leute, die infolge einer hypnotischen Analgesie keine sichtliche Reaktion auf schmerzhafte Elektroschocks zeigen, weisen nichtsdestotrotz GSR-Reaktionen auf, welche typisch für normale Schmerzreaktionen sind.[12] Darüber hinaus läßt sich feststellen, daß man mit einem »versteckten Teil« der Person reden kann, die auch über den Schmerz sprechen kann, obwohl die bewußt empfundene Schmerzintensität vermindert oder gar nicht vorhanden ist. Fordert man Leute unter Hypnose auf, sich hinzusetzen und die linke Hand in einen Eimer mit eiskaltem Wasser zu hängen – was normalerweise äußerst schmerzhaft ist –, wirken sie sehr entspannt und beteuern, sich wirklich nicht oder nur ein ganz kleines bißchen unbehaglich zu fühlen. Fordert man sie aber zusätzlich auf, die rechte Hand zu benutzen, um eine Frageliste zu ihrem allgemeinen Befinden schriftlich zu beantworten, berichten sie über den Schmerz, den sie nicht »fühlen«.

Ernest Hilgard, langjähriger Hypnose-Forscher, hat in einem studentischen Praxisseminar diesen sogenannten Hidden-Observer-Effekt sehr anschaulich demonstriert. Er hypnotisierte einen geeigneten Studenten, schaltete dessen Gehörfunktion aus und machte ihn somit taub: Der Proband bestritt, irgend etwas zu hören, und fuhr bei einem plötzlichen lauten Krach auch nicht zusammen. Während er sich in diesem Zustand befand, flüsterte Hilgard ihm leise ins Ohr:

> Wie du ja weißt, gibt es in unserem Nervensystem bestimmte Bereiche, die bestimmte Aktivitäten fortführen, die sich außerhalb des Bewußtseins abspielen – der Blutkreislauf zum Beispiel... Vielleicht laufen ja auch geistige Prozesse ab, von denen wir nichts wissen, ungefähr solche wie die, die sich letztlich in unseren Träumen niederschlagen. Nun bist du ja unter Hypnose und taub, aber vielleicht gibt es ja einen Bereich in dir, der meine Stimme hört und Informationen weiterverarbeitet. Wenn ja, möchte ich gerne, daß du den Zeigefinger deiner rechten Hand hebst, um zu zeigen, daß dem so ist.

Der Finger ging in die Höhe, und der hypnotisierte Student gab spontan von sich, daß er spüre, wie sich sein Finger hebt, *aber keinen Schimmer hätte, warum er das getan habe.* Hilgard erlöste ihn sodann von der hypnotischen Taubheit und fragte ihn, was er wohl glaube, daß passiert sei. »Ich weiß noch«, sagte er, »daß Sie mir sagten, ich würde taub werden, wenn Sie bis drei gezählt hätten, und wieder hören, sobald Sie Ihre Hand auf meine Schulter legten. Für eine Weile war dann alles ruhig. Es war ein bißchen langweilig, einfach nur so herumzusitzen, und so habe ich mich mit einer statistischen Aufgabe beschäftigt, an der ich sowieso gerade arbeite. Und das tat ich auch noch, als ich plötzlich spürte, wie sich mein Finger hob.«

Informationen und Impulse, die einen Schmerz auslösen oder im Vorfeld ankündigen, bedrohen unser Gefühl der Sicherheit, wobei es noch weit andere Einwirkungen gibt, die es zerstören können. Wir haben eine ganze Reihe fester Überzeugungen, von denen viele für sich wiederum unbewußt oder unartikuliert sind, die bis in alle Einzelheiten unsere Wesensmerkmale und unser Seelenleben mal mehr und mal weniger definitiv festlegen. Sie bestimmen, was für ein Mensch wir sind, unsere Persönlichkeitsstruktur, unser »Selbstbild« und sogar die Art zu denken. Könnten wir also vermuten, daß unser Bewußtsein, das, was wir fühlen können und über uns selbst wissen, von diesen Überzeugungen ebenso gesteuert wird wie von dem dringenden Verlangen nach Bewahrung der eigenen Identität? Gibt es irgend welche Beweise dafür, daß die Bewußtseinsschwellen und die Art der bewußten Wahrnehmung – also die Informationen im Unterbewußtsein, die unserem Bewußtsein zugänglich sind – gemäß solcher Vermutungen beeinflußt werden?

Ellen Langer führte an der Harvard University eine interessante Studie durch und fand heraus, daß sogar ein so elementares physiologisches Moment wie unsere Sehschärfe davon beeinflußt wird, wer wir gerade glauben zu sein. Ihre Testpersonen sollten für einen Nachmittag zu Luftwaffenpiloten werden. Sie schlüpften in die entsprechende Uniform und erhielten die Möglichkeit, einen Düsenjet an einem Flugsimulator zu »steuern«. Das Testumfeld wurde so »real« wie möglich gestaltet, und die Testpersonen wurden aufgefordert zu versuchen, tatsächlich Pilot zu *werden*, und nicht nur die Pilotenrolle zu spielen. Zu Beginn der Studie, noch ehe es an die eigentliche Flugsimulation ging, wurde jeder Proband einer kurzen körperlichen Untersuchung unterzogen, zu der auch routinemäßig ein Sehtest gehörte. Während der Flugsimulation, als richtige Piloten, sollten sie die Markierungsnummer auf den Tragflächen eines anderen Flugzeugs entziffern, das sie vom Cockpit aus sehen konnten. Diese Markierungsnummern waren in Wirklichkeit Ziffern einer Sehtafel, wie sie zuvor bei der ärztlichen Untersuchung verwendet worden war. Es stellte sich heraus, daß sich das Sehvermögen bei nahezu der Hälfte aller »Piloten« deutlich verbessert hatte. Eine andere Gruppe von Testpersonen, die den Pilotentest gleichermaßen begeistert und motiviert mitmachten, aber nicht in die Rolle des Piloten geschlüpft waren, zeigten keine Verbesserung der Sehkraft. Die Veränderung der eigenen Identität bewirkt offenbar, daß Sinneswahrnehmungen präziser erfaßt und auch dem Bewußtsein zugänglich gemacht werden.[13]

Das eigene Selbst beinhaltet Kernvermutungen über psychologische Aspekte unserer Verhaltensweisen, über allgemeine und verfeinerte Lebensformen und auch über unsere Identität als Individuen. Einige dieser Kernvermutungen betreffen das Bewußtsein selbst – wir müssen wissen, wie verläßlich unser denkendes Bewußtsein ist, denn es ist ja zum Denken da. In dieser Hinsicht lautet eine der stillschweigenden Vermutungen: Was wir sehen – bewußt sehen – ist das, was »da« ist, und das ist *alles*, was da ist. Pflichten wir dieser Vorstellung von Wahrnehmung bei, so können wir folgende Behauptung ohne Zögern gleichfalls bejahen: »Wenn ich kein bewußtes visuelles Wahrnehmungsvermögen habe, kann ich auch nichts von dem, was in der visuellen Welt passiert, abgespeichert haben.« Angenommen, ich hätte infolge eines tragischen Zufalls kein bewußtes visuelles Wahrnehmungsvermögen mehr, nach wie vor jedoch unbewußte Informationsbilder, so würde mich diese Vermutung möglicherweise daran hindern, auf visuelle *Vorgänge* angemessen zu reagieren. Wer seine bewußte Sehkraft unfreiwillig einbüßt, versperrt sich gemäß dieser Grundüberzeugung, wonach Bewußtsein und Wahrnehmung ein und dasselbe sind, womöglich auch seine übriggebliebenen, unbewußten visuellen Kräfte und verschlimmert seine Lage noch weiter.

Neueste Vermutungen gehen davon aus, daß sich genau das bei sogannten »Blindsight«-Patienten abspielt. Als äußerst interessante neurologische Kuriosität stellte das Phänomen »Blindsight« sogar das der Bewußtseinsspaltung in den Schatten und ist mittlerweile in aller Munde. »Blindsight« resultiert aus einer Funktionsschädigung im für den visuellen Bereich zuständigen Teil der Großhirnrinde und hinterläßt beim Patienten ein blindes »Loch« in einem Part des Wahrnehmungsfeldes für visuelle Eindrücke. Obwohl diese Patienten kein bewußtes visuelles Wahrnehmungsvermögen haben, wurde überzeugend dargelegt, daß sie dennoch angemessen auf visuelle Stimuli *reagieren können*, die auf dieses »Loch« treffen – doch sie reagieren nur dann, wenn man sie ein ziemlich ausgefallenes Ratespiel spielen läßt, und nicht, wenn man ihnen als Aufgabe gibt, tatsächlich etwas »sehen« zu müssen. Lawrence Weiskrantz von der Oxford University führte anfänglich Studien durch, bei denen an verschiedenen Stellen auf einem Bildschirm kleine Lichter aufleuchteten. Aufgabe der Patienten war es zu reagieren, sobald sie einen kleinen Lichtblitz innerhalb ihres Gesichtsfeldes wahrgenommen hatten. Die Lichter, die auf den blinden Bereich trafen, wurden, wie könnte es anders sein, nicht registriert. Als man sie jedoch aufforderte herumzualbern, bei dem blödsinnigen Spiel mitzuspielen und dahin zu deuten, wo sie das (für den Patienten) nicht vorhandene Licht vermuteten, war die Trefferquote durchweg erstaunlich hoch. Auf *was* genau die Patienten imstande sind zu reagieren, ist noch immer Gegenstand von Forschungen. Zweifelsohne können sie ganz exakt auf Lichtblitze deuten, können verschiedene Formen wie Kreise und Kreuze unterscheiden, und zwei Patienten sollen sogar dabei beobachtet worden sein, wie sie ihre Hand nach Gegenständen ausstreckten, die sie eigentlich nicht »sehen« konnten.[14]

Wie sich zeigt, verfügen »Blindsight«-Patienten über eine Restfähigkeit an visuellem Wahrnehmungsvermögen, doch sind sie allem Anschein nach nicht in der Lage, dieses verbal umzusetzen – genau wie die Testpersonen von Tony Marcel –, um so auf die Lichtblitze zu reagieren. Zudem scheinen sie diese Restinformation auch nicht nutzen zu können, um sich ihren Alltag zu erleichtern. Auf dem CIBA Symposium 1993 unter dem Motto »Experimental and Theoretical Approaches to Consciousness« griff der Psychologe Nicholas Humphrey eine zuvor diskutierte Krankengeschichte auf und machte ein paar erklärende Erläuterungen zu genau diesem Thema:

John Kihlstroms Ausführungen zum inneren Selbst und dessen Beziehung zu unbewußten Vorgängen... werden von einigen Kenntnissen, die wir über Blindsight-Patienten haben, sehr wohl bestätigt... Vor vielen Jahren arbeitete ich mit Affen, denen man die Hirnrindenbezirke (der Hauptteil im Gehirn, der visuelle Eindrücke aufnimmt) entfernt hatte: Jedoch behielten sie eine außergewöhnliche und hochentwickelte visuelle Fähigkeit bei, viel entwickelter als alles, was man je bei Menschen mit Hirnrindenschädigungen im visuellen Bereich beobachtet hatte. Eine Möglichkeit, sich dies zu erklären, ist die, daß Affen keinen sehr ausgereiften Begriff vom eigenen Selbst haben. Folglich sind für sie, anders als bei Menschen, nicht-sensorische (das heißt unbewußte) visuelle Wahrnehmungen bei weitem nichts Außergewöhnliches. Eine sinnliche Wahrnehmung zu machen, die nicht seine (in bezug auf sich selbst) *eigene* Wahrnehmung ist, käme einem Menschen doch wirklich sehr komisch vor. Also macht man als

Patient lieber Ausflüchte: »Ich weiß nicht, was vor sich geht« und streitet die Fähigkeit, überhaupt zu sehen, ab. Ich nehme an, daß Wahrnehmungsimpulse bei Affen nicht in gleicher Form ein existentielles Paradoxon hervorrufen, und deshalb können sie diese Wahrnehmungen auch viel eher nutzen... Interessanterweise kenne ich eine Äffin, mit der ich lange Jahre gearbeitet habe, die unter bestimmten Bedingungen nicht sehen konnte, nämlich dann, wenn sie sich fürchtete oder Schmerzen hatte. Es war, als ob *alles, was ihre Aufmerksamkeit auf ihr innerstes Selbst lenkte, der Fähigkeit, unbewußte Wahrnehmungen umzusetzen, einen Riegel vorschob.*[15]

Je befangener unser Selbstbewußtsein ist – je zerbrechlicher unser Identitätsgefühl –, desto mehr schalten wir unser Unterbewußtsein aus. So wie man sich zunehmend verwundbar oder angreifbar fühlt, so läßt auch die Fähigkeit nach, Zugang zu den leisen, aus dem Unterbewußtsein strömenden Informationen zu finden und auf sie zu vertrauen. Den Zugang zu subtileren Erkenntnisweisen verlieren, heißt, nicht nur körperlich, sondern auch geistig unbeholfener und schwerfälliger werden. Umgekehrt gilt, je weniger befangen unser Selbstbewußtsein ist – je mehr wir »zuhause sind im eigenen Körper und Geist« –, desto stärker können wir uns anscheinend dem Unterbewußtsein und den geistigen Stimmen, durch die es zu uns spricht, öffnen. Das befangene Selbstbewußtsein ist ein Phänomen mit verschiedenen Abstufungen; mal ist es mäßiger, mal stärker oder auch ganz auffällig ausgeprägt und immer auch von jenen negativen Einflußfaktoren begleitet, die wir bereits diskutiert haben, wenn auch in abgeschwächter Form. Aus diesen experimentellen Studien könnten wir nun weitergehend folgern, daß eine Menge Leute – zumindest in Kulturen, deren Alltag von geschäftigem Treiben und der D-Denkweise bestimmt wird – ein mäßiges Selbstbewußtsein haben, das die meiste Zeit über ziemlich überbeansprucht wird. In dieser Lage ist es am besten, das denkende Bewußtsein so anzuordnen und damit so umzugehen, daß die Bewußtseinsinhalte den alltäglichen Erfordernissen an unser Selbst und unseren Verstand so gut wie möglich angepaßt sind und wir uns nicht davon bedroht fühlen. Wir lassen den Kontakt zur schillernden Welt des Unterbewußtseins abklingen und berauben uns somit wertvoller Informationen, und unser Verhalten ist dementsprechend: Wir agieren, als ob wir nicht empfänglich wären für die flimmernden Bewußtseinswelten – obwohl wir das in Wirklichkeit sind –, die unserem denkenden Bewußtsein zugrunde liegen, aber wir glauben nicht an diese Welten, wir vertrauen ihnen nicht, oder wir wollen einfach nicht hören, was sie uns sagen wollen.

Wie aus Forschungen an »Blindsight«-Patienten hervorgeht, wirkt sich das eigene »Selbstverständnis« auf das denkende Bewußtsein aus. Inwiefern, läßt sich vermutlich am ehesten dort beobachten, wo Leute überlegt und zweckbestimmt handeln, im Gegensatz zu unüberlegt, spielerisch oder impulsiv. Das Verständnis für das eigene Selbst ist also ganz eng verbunden mit planvollen Absichten und zielgerichtetem Handeln, die unseren eigenen bewußten Interessen entgegenkommen. In einem zielgerichteten Handeln bringen wir unsere hochgeschätzten Ziele – mit anderen Worten, unser Ich – mit Bedacht und bewußt zum Ausdruck. Das Abkoppeln des unbewußten Sehens vom zielgerichteten Handeln scheint ein Hauptmerkmal des Blindsight-Syndroms zu sein. Es läßt sich ohne weiteres zeigen, daß diese Patienten dennoch über Reste an visuellen Fähigkeiten verfügen, und das geht am besten unter genau solchen Voraussetzungen, bei denen sie nicht aufgrund irgendwelcher innerlich erzeugter Absichten handeln müssen – wenn sie nicht versuchen

231

müssen, irgend etwas mit ihrem Handeln auszurichten oder sich auf irgendeine Art selbst zu beweisen.[16]

Natürlich gibt es auch im alltäglichen Leben Parallelen zu diesem hemmenden Effekt beim zielgerichteten Handeln. Jeder kennt es, daß man »vor lauter Bäumen den Wald nicht sieht« oder zu verbissen etwas zu tun versucht. Haben wir eine feste Absicht und spannen all unsere gedanklichen Kräfte an, um das Ziel zu erreichen, kann es uns leicht passieren, daß wir unser denkendes Bewußtsein in einen vorgefertigten Rahmen von bestimmten Vorstellungen und Erwartungen einpassen. Andere mögliche nützliche oder gar notwendige Wahrnehmungsimpulse werden unbeachtet zur Weiterverarbeitung in unbewußte Sphären verwiesen, wo sie in diesem Falle ignoriert werden. *Intentionen,* zielgerichtete Absichten, lenken also unsere bewußte *Aufmerksamkeit* in bestimmte Bahnen, und das geschieht mitunter zum Nachteil der geistigen Fähigkeiten und des Erkenntnisvermögens. Nach dem Motto der D-Denkweise »Erst besinn's, dann beginn's« *besinnen* wir uns nicht nur, sondern wir *suchen* auch nach etwas Bestimmtem, und das, wonach wir suchen, hat gewissermaßen auch vorgefertigt zu sein. Unsere Aufmerksamkeit wird auf ein Ziel gerichtet und von den Entscheidungen gelenkt, die wir unbewußt vorab getroffen haben und von denen wir annehmen, sie seien für die Problemlösung oder für das Erreichen des Ziels von »Belang«. Diese Annahmen können richtig oder auch falsch sein.

Sigmund Freud hat sich in seinem Werk »Ratschläge für den Arzt bei der psychoanalytischen Behandlung« mit genau diesem Punkt auseinandergesetzt. Die Technik der Psychoanalyse, so schreibt er,

besteht einfach darin, sich nichts besonders merken zu wollen und allem, was man zu hören bekommt, die nämliche »gleichschwebende Aufmerksamkeit«... entgegenzubringen... und vermeidet eine Gefahr.... Sowie man nämlich seine Aufmerksamkeit absichtlich bis zu einer gewissen Höhe anspannt, beginnt man auch unter dem dargebotenen Materiale auzuwählen; man fixiert das eine Stück besonders scharf, eliminiert dafür ein anderes und folgt bei dieser Auswahl seinen Erwartungen oder Neigungen. Gerade dies darf man aber nicht.[17]

Aus diesen Überlegungen geht hervor, daß Gefahrensituationen und Wunschdenken die Gedanken einengen und verkomplizieren. So lassen sich vielleicht auch die in Kapitel 5 beschriebenen Versuche erklären, die gezeigt haben, daß kreatives, intuitives Denken und die Fähigkeit, schwierige Aufgaben zu lösen, nachlassen, sobald man sich bedroht oder überanstrengt fühlt. Solche Situationen erzeugen einen »Tunnelblick«, und das ist einer der Hauptgründe, warum ein Zuviel an Anstrengung, ein Zuviel an Zielstrebigkeit, Streß oder Beklemmung kontraproduktiv wirken. Gedankliche Konzentration kann viele Formen haben: Stellen wir uns doch einmal vor, wie wir plötzlich einen kraftvollen Gedankenstrahl verbreiten, der über unsere fünf Sinne nach außen strahlt auf unsere ganze Umgebung; er wirkt auch nach innen auf unsere Physiologie, unsere Gefühlswelt und auf unsere kognitiven Fähigkeiten. Am äußeren Ende kann dieser Strahl wie ein Suchscheinwerfer auf einen Punkt fokussiert sein, er kann weit zerstreut sein wie ein Flutlicht oder nur ein schwacher Kerzenschein.

Grundsätzlich sind beide Formen der gedanklichen Konzentration, fokussiert und zerstreut, nützlich. In einer stockdunklen Höhle ist man zuallererst auf eine Sturmlaterne angewiesen, die mit ihrem matten Streulicht Größenverhältnisse und Umrisse erkennen läßt. Hätte man nur eine Taschenlampe mit einem feinen Lichtstrahl, könnte man die Lage nicht so gut erfassen. Doch hat man sich erst einmal orientiert, kann man sich an die Einzelheiten machen, und der Scheinwerferstrahl kommt zum Einsatz. Das Streulicht vermittelt einen ganzheitlichen Eindruck, der fokussierte Strahl hingegen ermöglicht ein genaues Zergliedern und Analysieren – und beide werden gebraucht. Befindet man sich in bester geistiger Verfassung, kann man die Gedanken fließen lassen, ans eine oder andere äußere Ende, und das Maß an Konzentration finden, das für den Augenblick angemessen ist. Es gilt, Wahrnehmung und gedankliche Aufmerksamkeit ins richtige Verhältnis zu bringen, genauso wie man auch überlegtes und intuitives Denken ausbalancieren muß, um kreative Gedankengänge bestmöglich auszuschöpfen.

Wenn wir uns überbeansprucht oder bedroht fühlen oder wenn wir zu übereifrig sind, nimmt die Stärke des konzentrierten Gedankenstrahls ab, sei es in bezug auf die inneren Informationsspeicher oder auf Impulse von außen. Es ist erwiesen, daß jemand, der sich ständig beklommen fühlt, in seinem konzentrierten Denken unbeweglicher ist als jemand, der entspannter ist. Mehrere Forscher haben zum Beispiel über beeinträchtigtes Nachtsehvermögen bei Leuten berichtet, die überanstrengt oder ängstlich sind.[18] Es gibt Versuche, bei denen Testpersonen zwei Aufgaben parallel durchführen müssen. Bei der einen Aufgabe geht es darum, einen Punkt zu fokussieren, etwa mit dem Cursor einen irgendwo auf der Bildschirmmitte zufällig auftauchenden Punkt zu verfolgen. Bei der anderen Aufgabe wird das periphere Sehvermögen getestet, indem kleine Lichtblitze am Rande des Bildschirms ausgemacht werden sollen. Im Verlauf des Tests wird eine Erhöhung des Honorars bei erfolgreicher Leistung versprochen, was zu einer höheren Konzentrationsleistung bei der ersten Aufgabe führt und zu einem drastischen Nachlassen bei der zweiten. Hatte man die Testpersonen nicht vorab auf die peripher auftauchenden Lichtblitze hingewiesen, blieb eine Reaktion bei 34 Prozent der Testpersonen, die für ein hohes Honorar am Test teilnahmen, aus. Sie nahmen diese Lichtblitze überhaupt nicht wahr, wohingegen es bei den Testpersonen mit niedrigem Honorar lediglich 8 Prozent waren.[19] Zu dieser Art von Tunnelblick kommt es auch, wenn das Streßmoment in Testsituationen erhöht wird, wenn die Leute etwa Hitze oder Lärm ausgesetzt sind.[20]

In psychischen oder durch die Umgebung verursachten Streßsituationen neigen wir dazu, aus einer Anzahl von Dingen die auszusondern und uns auf die Aspekte zu konzentrieren, deren Eigenschaften unserem Urteil nach für die gerade erforderlichen Zwecke entscheidend sind. Und bei diesem Urteil muß es sich, wie Freud bereits erkannt hat, gewissermaßen um ein Vor-Urteil handeln. Die Entscheidung darüber, was Aufmerksamkeit verdienen soll, erfolgt intuitiv. Verläuft dieses »Aufmerksamkeits-Glücksspiel« fehlerfrei, begreift man schneller oder findet schneller zu einer Lösung, doch verliert man dabei auch den Überblick. Man sieht nur das, was man zu sehen erwartet, und nur wenn sich in der selbst aufgesetzten Brille ein Weg zur Problemlösung spiegelt, kann man Zeit sparen. Wenn nicht, oder wenn sich die Situation ändert – wie in Luchins Experiment mit den Wassergläsern – und man dies vor lauter konzentrierter Anspannung nicht mitkriegt, hilft einem die »Suchscheinwerfer«-Vorgehensweise, auf die man sich eingeschossen hat, nicht weiter. Inwiefern sich Motivation kontraproduktiv auswirken kann, hat Jerome Bruner so zusammengefaßt: »Größere Leistungsanreize führen in höherem Maße zu einem selektiven Konzentrationsverhalten, denn die Aufmerksamkeit beschränkt sich allein auf die Dinge einer schwierigen Situation, die als besonders wichtig erachtet werden, gleichzeitig zeigt sich die Tendenz, andere Situationsmerkmale weniger zu beachten.«[21] In außergewöhnlichen, verworrenen oder festgefahrenen Situationen, wo Einzelheiten zusammengestückelt sind, klassische Lösungsansätze nicht greifen oder beiläufige Details alles über den Haufen werfen, ist eine breit gestreute Aufmerksamkeit eindeutig das, was dringend gebraucht wird. Und genau deshalb hemmt ein Zuviel an gedanklicher Anstrengung die Kreativität.

Ein Experiment von Jerome Singer zeigt, inwiefern eine gesteigerte Erwartungshaltung die visuelle Wahrnehmung so beeinflussen kann, daß wir Einzelheiten allenfalls nur noch grob unterscheiden. Seine Testpersonen sollten die Größe eines Quadrats schätzen, das in einiger Entfernung am Ende eines langen Korridors plaziert war. Direkt neben ihnen standen auf einem Gestell eine ganze Reihe von Quadraten verschiedener Größe, von denen sie das heraussuchen sollten, das in der Größe dem Quadrat am Ende des Korridors entsprach. Die Aufgabe scheint zunächst leichter, als sie tatsächlich ist, vor allem deshalb, weil es kaum Hinweise zur Größe des Quadrats am Ende des Korridors gibt, an denen man sich orientieren könnte. Achtet man aber auf flüchtige, fast unmerkliche Anhaltspunkte wie Schatten, Licht oder sonstige optisch wahrnehmbare Strukturen des Quadrats, könnte man weiterkommen. Obwohl das Quadrat einen sehr genauen Fokus im optischen Sehfeld darstellt, ist eine breit gestreute Aufmerksamkeit, die sich auch auf sämtliche Orientierungshilfen richtet, von großem Vorteil. Mit diesem Aufgabentypus läßt sich gut zeigen, daß innere Anspannung das Wahrnehmungsverhalten beeinflußt. Als man die Testpersonen aufforderte, nicht mehr einfach nur zu schätzen, sondern sich vorzustellen, daß auf ihre Treffsicherheit Wetten abgeschlossen werden würden, verschlechterten sich die Leistungen – und das, obwohl es ja gar nicht um einen echten Wetteinsatz ging. In einer anderen Testvariante sollten die Leute vor Beginn des eigentlichen »Quadrat«-Tests innerhalb von 15 Minuten eine Aufgabe lösen, die allerdings unlösbar war. Angesichts ihrer »schwachen Leistung« gab sich der Versuchsleiter den Testpersonen gegenüber überrascht und enttäuscht. Diese Reaktion hatte offenbar ausgereicht, um Angst und das Gefühl, versagt zu haben, auszulösen, was wiederum bewirkte, daß im eigentlichen Test aufschlußreiche Einzelheiten nurmehr grob wahrgenommen wurden, was am Ende zu einem Leistungsabfall führte.

KAPITEL 9

Was spielt sich hinter unserer Stirn ab?

Weiter als Himmel – das Hirn –
Leg sie nur – Seit an Seit –
Und dieses nimmt leicht jenen auf
Und dich – noch obendrein.
Emily Dickinson[1]

Nun wissen wir bereits eine ganze Menge darüber, was das intelligente Unbewußte alles kann und unter welchen Umständen es am besten funktioniert. Doch einige Fragen sind noch immer offen: Was genau ist es? Wie ist es physisch aufgebaut? Wie funktioniert es? Das heißt, wie macht es uns langsamere Denkweisen und Kräfte der unterschwelligen Wahrnehmung überhaupt zugänglich? Natürlich wissen wir, daß hinter unserer Stirn ein »Gehirn« die Gedanken steuert – doch wer oder was ist das?

Das Gehirn – diese 3 Pfund schwere, weiche, durchfurchte Masse unter unserer Schädeldecke – steht heute wie einst im Mittelpunkt intensiver Forschungsarbeiten. Die neunziger Jahre dieses Jahrhunderts wurden vom amerikanischen Kongreß zur »Decade of the Brain«, zum »Jahrzehnt des Gehirns«, ernannt. Und 1996 mußte auf dem »Festival of Science«, einer alljährlich von der British Association for the Advancement of Science ausgerichteten Veranstaltung zur Präsentation von Forschungsarbeiten von Wissenschaftlern aus aller Welt, ein zweitägiges Symposium über »Gehirn, Verstand und Bewußtsein« vom ursprünglichen Veranstaltungsort in den größten Hörsaal der University of Birmingham verlegt werden, um die große Zuhörerschaft überhaupt fassen zu können. Es vergeht kaum ein Monat, ohne daß ein neues Buch aus der Feder einer der führenden Größen in der neuen, rasch avancierten Disziplin der »Kognitiven Neurowissenschaften« erscheint. Will man die Beziehung zwischen dem physischen Nährboden und den langsamen Denkvorgängen begreifen, fängt man am besten mit der Gehirnstruktur an. Zunächst finden wir einmal heraus, was das Gehirn so alles vollbringt oder besser, was es unserer Meinung nach vermutlich alles vollbringen kann, und sehen dann, was – wenn überhaupt – noch als erklärungsbedürftig »übrig bleibt«.

Das Gehirn ist eines von drei Hauptsystemen, die die Funktionen eines Lebewesens steuern. Zusammen mit dem Hormon- und dem Immunsystem sorgt das Zentralnervensystem, dessen Hauptschaltstelle das Gehirn ist, für ein reibungsloses Zusammenspiel von Körpergliedern, Sinnen und Körperorganen.[2] Das Gehirn verarbeitet alle über Augen, Ohren, Nase, Zunge und Haut eingehenden Informationen, bindet sie in die innere, physiologische Welt ein, und indem es sie mit allen gespeicherten Informationen früherer Erfahrungen abgleicht, ist es imstande, ankommende Impulse so umzusetzen, daß unsere Reaktionen den situationsspezifischen Erfordernissen bestmöglich angepaßt sind. Das Gehirn entscheidet, was von Wichtigkeit ist, es bestimmt, was vorrangig ist, und es koordiniert konkurrierende Bedürfnisse zum allgemeinen Vorteil. Es verknüpft *Bedürfnisse*, welche die Gefühlswelt signalisiert, *Eventualitäten* – auch mögliche Gefahren –, die von außen herangetragen und über die fünf Sinne aufgenommen werden, und *Leistungsvermögen*, wobei es Steuerprogramme für Bewegung und Reaktion einschaltet. Und es ist zumindest beim Menschen in der Lage, all das mit vollendeter Brillanz und außerordentlicher Wirksamkeit zu tun, da es imstande ist, sich an früher Erlebtes zu erinnern und daraus zu lernen.

Das Gehirn besteht aus zwei Zelltypen: Gliazellen und Neuronen (Nervenzellen). Beide sind in großer Zahl vorhanden. Die Gliazellen scheinen hauptsächlich den Haushalt zu besorgen: Sie beseitigen unerwünschte biochemische Abfälle und achten auf einen optimalen Allgemeinzustand des Gehirns als Ganzes. Doch die größte Rolle spielen die Neuronen, annähernd 100 Billionen davon, die dem Gehirn, dieser Datenverarbeitungsmaschinerie, seine ungeheuren Kräfte verleihen. Jedes Neuron sieht aus wie ein winzig kleines Bäumchen mit Wurzeln und Ästen, den Dendriten, und einem Stamm, dem Axon. Aber sie sehen nicht alle gleich aus, Form und Größe variieren beträchtlich. Manche sind unregelmäßig ausgewuchert, langfasrig mit einem langen Axon, das sich über einige Millimeter im Gehirn erstreckt. Andere wiederum sind kurz und buschig mit dichten dendritischen Verästelungen, doch messen sie von einem zum anderen Ende vielleicht gerade mal wenige Tausendstel Millimeter. Allerdings haben alle Neuronen die gleiche Funktion: Sie befördern kleine elektrische Stromschläge von einem Ende zum anderen.

Die Neuronen sind untereinander zu einem dichten Zelldschungel verfasert, und dort, wo sich ihre Wurzeln und Ästelungen berühren, an den Kontaktstellen, die als Synapsen bezeichnet werden, können sie einander stimulieren. Elektrische Impulsübertragung von einem sagen wir »stromaufwärts« gelegenen Neuron bewirkt, daß höchstwahrscheinlich die »stromabwärts« gelegene Nachbarzelle ihrerseits elektrisch stimuliert wird. In der Regel muß jedes stromabwärts gelegene Neuron erst einmal elektrische Impulse von zahlreichen stromaufwärts gelegenen Nachbarzellen aufgefangen haben, bis es ausreichend eigene Erregungsspannung aufgebaut hat, um über die »entzündliche Reizschwelle« hinauskommen. Wenn es dann feuert, setzt sich ein ganzer Zug von Impulsen entlang seines Axons in Bewegung, die dabei in die Dendriten hineinströmen, von wo aus die Erregungsspannung auf andere Nervenzellen, mit denen Kontakt besteht, übertragen werden kann. Dabei ist es unmöglich, daß ein einziger eingegangener Wahrnehmungsimpuls eine einzige stromabwärts gelegene Nervenzelle für sich alleine zündet. Vielmehr leistet jeder Impuls seinen Beitrag zum gemeinschaftlichen Einsatz und versetzt die Zellen mehr oder weniger in Bereitschaft, um in Wechselwirkung mit anderen eingehenden Signalen ein Feuern überhaupt erst auszulösen.

Einer der wohl bemerkenswertesten Erfolge der Wissenschaft im 20. Jahrhundert, über den auch oft und ausführlich berichtet wurde, ist die Entwicklung einer plausiblen Theorie über die Funktionsweise der Nervenzellen. Darüber, wie elektrische Impulse in den Nervenfasern überhaupt entstehen, wie sie über die Axone weitergegeben werden und in Nachbarzellen ebenfalls elektrische Impulse auslösen. Kurz gesagt, jedes Neuron ist von einer halbdurchlässigen Membran ummantelt, die nur für bestimmte chemische Leitstoffe durchlässig ist. Viele dieser kleinen chemischen Teilchen sind elektrisch geladen, Ionen also, die entweder positiv oder negativ sind. Die Membran ist im Normalzustand für diese Ionen selektiv durchlässig, und zwar so, daß es durch Ioneneinstrom und -ausstrom zu einem Potentialgefälle kommt, zu Ionenverschiebungen zwischen dem Inneren der Nervenzelle und der sie umgebenden Flüssigkeit. Unter Einwirkung weiterer chemischer Stoffe – den Transmittersubstanzen –, die in die umgebende Flüssigkeit freigesetzt werden, verändert sich die Beschaffenheit der Membran, und die Ionen können hindurchströmen. Es entsteht ein Strom, der als elektrochemischer Impuls über eine ganze Ionenwanderungskette weiterläuft, bis er sich entlädt, ein Aktionsstrom, der sich von einem Neuronenende auf das andere überträgt.

Solche Aktionsströme tauchen in mehr oder weniger regelmäßigen Abständen auf, denn Nervenzellen sind nie völlig inaktiv. Sogar wenn wir schlafen, sind sie aktiv. Doch das Reaktionsmuster und die Reaktionshäufigkeit des »Feuerns« können durch die Kräfteeinwirkung an den synaptischen Kontaktstellen mit anderen Nervenzellen erheblich verändert werden. Läuft eine elektrische Erregungswelle von einer stromaufwärts gelegenen Zelle bis in die Synapsen, dann werden in den Spalt zwischen der Nervenfaser und der Membran der stromabwärts gelegenen Zelle Transmitterstoffe freigesetzt. Diese Moleküle fließen durch einen Spalt, wandern zu stromabwärts gelegenen Zellen und heften sich dort an die Rezeptoren der Membrane. Sie bewirken so die Durchlässigkeit der Membran für bestimmte Ionen und ermöglichen deren Einstrom in die Zelle, wo sie den nächsten Aktionsstrom auslösen. Die Stimulation, die ein Neuron auf das andere überträgt, kann hemmend sein, dann ist ein Feuern der Nachbarzelle weniger wahrscheinlich oder erregend.

Jede Zelle kann von über 20 000 verschiedenen Faserleitungen Impulse empfangen, der Dschungel aus Nervenzellen ist also unglaublich dicht, und die Zellen sind untereinander durch Querverbindungen zu einem komplizierten Netz verfasert. Man schätzt, daß es allein an der äußeren Zellschicht des Gehirns, dem Kortex, mögliche Zellverbindungen etwa in einer Größenordnung von 1 Million Milliarden gibt. Könnten wir das Gehirn fein säuberlich vor uns ausbreiten, würden wir folgendes zu sehen bekommen: Auf einer Seite laufen alle ankommenden »Rufsignale« über die inneren und äußeren Sinne ein, auf der anderen Seite werden alle Steuerungsbefehle an Muskeln und Körperdrüsen ausgegeben. Im mittleren Teil findet sich dieses unendliche Gestrüpp von unentwegt glühenden Drähten, die in einer biochemischen Mixtur aus ständig wechselnden Substanzen umherschwimmen, Meldun-

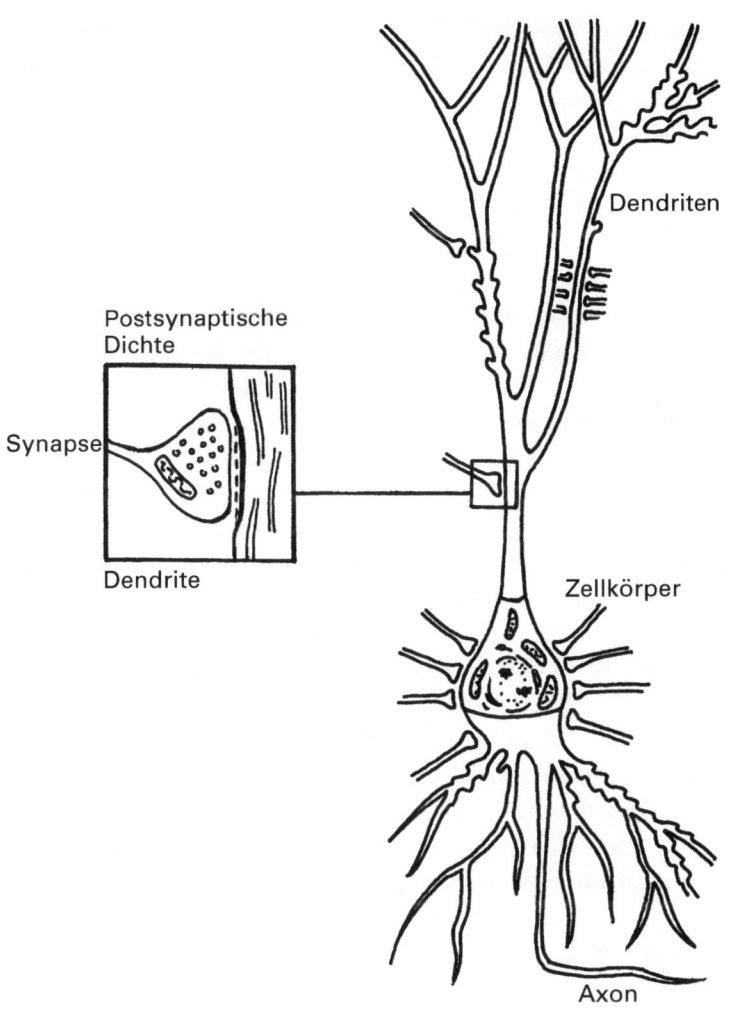

Postsynaptische
Dichte

Synapse

Dendrite

Dendriten

Zellkörper

Axon

Abbildung 8: Vereinfacht dargestelltes Neuron

gen aufnehmen und sie von einer Seite des Netzwerks auf die andere über unzählige Schleifen und Umleitungen hindurchkanalisieren.

Aller Erfahrung nach ist der elektrische Austausch zwischen den Neuronen veränderlich. Nervenzellen, die ursprünglich relativ »taub« füreinander waren, können enge Verbindungen zueinander knüpfen, mit der Folge, daß eine Zelle nur zu »flüstern« braucht, um die Aufmerksamkeit der anderen zu erregen, wo sie zuvor hätte laut schreien müssen. Inwiefern äußere Einflüsse auf den sich ständig fortpflanzenden Stromfluß beim neuronalen Austausch einwirken, läßt sich an den unterschiedlich gestalteten Dendriten erkennen. Tiere, so weiß man, die in einer Umgebung mit vielfältigen Stimuli leben, entwickeln buschigere Neuronen als andere, deren Umgebung eher fade und eintönig ist. Die Gesamtzahl der Synapsen kann ansteigen. Zudem sind Synapsen imstande, sich so zu verändern, daß ein Impuls leichter übertragen wird – dazu ist ein anderer Vorgang nötig, den man »longterm potentiation« (LTP), Langzeitpotenzierung, nennt. Wenn die Transmitterstoffe in den synaptischen Spalt zwischen einer stromaufwärts (gerade aktiv) und einer stromabwärts gelegenen Nervenzelle (gerade inaktiv) ausgeschüttet werden, öffnen sich manche Poren der Membran einer stromabwärts gelegenen Zelle schnell und leicht, um geladene Ionen einströmen zu lassen. Andere hingegen, die sogenannten NMDA(N-Methyl-d-Aspartat)-Rezeptoren, sind von vornherein fester zusammengeschlossen und öffnen sich nur dann, wenn sie einen starken, lang andauernden Reiz erfahren. Doch wenn sie sich erst einmal geöffnet haben, müssen sie später nicht mehr so lange bearbeitet werden, damit sie auch nachfolgende Reize einströmen lassen. Nachdem die NMDA-Poren eine Weile starker Erregung ausgesetzt waren, reagieren sie auch auf viel schwächere Signale. Das ist einer der wesentlichen Mecha-

244

nismen, der dem Gehirn das Lernen erst ermöglicht.[3] Donald Hebb, einer der Pioniere auf dem Gebiet der Hirnforschung, schrieb 1949 in seinem grundlegenden Werk »The Organization of Behavior«: »Befindet sich das Axon einer Zelle A nahe genug an einer Zelle B und ist diese Zelle zudem am mehrmaligen und unablässigen ›Feuern‹ beteiligt, so findet ein Wachstumsprozeß oder irgendeine metabolische Veränderung in einer der Zellen oder in beiden statt, so daß der Wirkungsgrad von A, als eine der Zellen, die auf B feuert, zunimmt.«[4] Oder etwas salopper ausgedrückt: Zellen, die zusammen »glühen«, wachsen auch zusammen.

Ein wichtiges charakteristisches Merkmal der LTP ist ihre *Spezifität*. Auch wenn zahllose Signale von anderen Nervenzellen in eine Nervenzelle einströmen und diese dann – über die LTP – auf eine bestimmte stromaufwärts gelegene Nachbarzelle reagiert, heißt dies nicht, daß sie wahllos auch mit allen anderen in der Umgebung Kontakt knüpft. So gibt es im Gehirn gewisse Mechanismen, die es Neuronengruppierungen ermöglichen, zur leichteren Impulsübertragung ganz bestimmte Kontaktbahnen zu entwickeln. Ein jeder von uns kommt mit einem genetischen Grundgerüst auf die Welt, in dem Neuronen durch bestimmte Erbinformationen bereits festgelegt und miteinander verknüpft sind, die dem Gehirn eine Faserstruktur verleihen. Doch viele Verbindungen sind noch offen. Das Gehirn gleicht einem riesigen Hörsaal voller Studenten an ihrem ersten Uni-Tag: Noch sind alle einander fremd, und eigentlich kann jeder mit jedem Freundschaft schließen. Nach wenigen Wochen hat sich jeder verschiedenen Gruppierungen angeschlossen, man kennt sich aus Studiengruppen, Sportmannschaften und Vereinen oder hat sich mit dem Nebenmann angefreundet. Genauso gehört ein Neuron im Gehirn schon bald zu mehreren sich heranbildenden Zellgruppen, sogenannten Clustern, wobei diese untereinander so verfasert sind, daß die Stimulation eines Gruppenmitglieds oder einer kleineren Mitgliedergruppe höchstwahrscheinlich zu einer »Rekrutierung« der anderen Zellen führt. Warum sich gerade diese und nicht jene Zellen miteinander verbinden, liegt ganz einfach daran, daß sie zur selben Zeit aktiv sind. So können sich Informationen zur Signalübermittlung bestimmte Wege auswählen und fließen dann über stabilisierte Verbindungskanäle durch das gesamte neurale Fasernetz hindurch.

Welche Zusammenhänge zwischen Gehirnstruktur und Denkvorgängen überhaupt bestehen, können wir erst begreifen, wenn wir uns ein Bild über die Verhaltensweisen der Neuronenverbindungen, der Cluster, und nicht nur über die einzelnen Nervenzellen gemacht haben. Um zu sehen, wie Neuronenverbindungen aussehen und wie sie sich verhalten, müssen wir einen Blick auf die Molekularebene werfen. Einige größere Zellverbindungen weisen auch charakteristische Eigenheiten auf, die sich nicht allein auf die biochemischen Eigenschaften reduzieren lassen. Wie ein Student Hockey spielt, läßt sich ja auch nicht aufgrund seiner individuellen Verhaltensweise im Chemielabor oder an der College-Bar vorhersagen oder gar erklären. Zwar gibt es ein paar eindeutige Indizien für die Verhaltensweise von Neuronenverbindungen, doch sind diese sehr schwer zusammenzutragen, und im Vergleich zu dem, was wir über einzelne Nervenzellen wissen, fällt hier die Ausbeute eher dürftig aus. Wir müssen also weiter ausholen, über feststehende Tatsachen hinaus plausible Hypothesen finden und eine eher ganzheitliche Vorstellung vom Gehirn, seinen Eigenarten und Funktionsweisen auf der Grundlage unseres bisherigen Wissens entwickeln.

Stellen Sie sich einmal vor, sie sähen ein paar Dutzend Fotos von ein und derselben Person, nennen wir sie Jane –

Jane in schlechter und in guter Laune, in immer anderen Kleidern, mit immer anderen Leuten und bei immer anderen Tätigkeiten. Doch einige spezifische Merkmale von Jane, wie die Augenfarbe oder die Form ihrer Nase, sind immer dieselben. Daneben gibt es noch einige andere gleichbleibende Grundzüge, die sich nicht so eindeutig beschreiben lassen, wie Körpergestalt und Schönheit etwa. Man kann nicht auf Anhieb sagen, was genau es ist, das Janes Gesicht ausmacht, doch nach einer Weile erkennt man sie auf jedem Foto. Die neuralen Cluster, die auf diese »Kernmerkmale« reagieren, eben jene, die bei jedem Bild von Jane immer wieder aktiv zusammenwirken, sind genau die, die sich auch eng aneinander binden. Sie bilden den Knoten für das Erinnerungsbild von Jane. Andere typische Merkmale wir ihr offenes Lächeln oder ihre Vorliebe für Schlapphüte, auch wenn diese für das Gesamtbild nicht ausschlaggebend sind, werden ebenfalls mit Janes Person eng verbunden, und solange man nichts Gegenteiliges über sie weiß, wird man beim Gedanken an sie automatisch immer an das denken, was an Information vorgegeben worden war.[5]

Es fügen sich auch zahlreiche andere mit Jane assoziierte Merkmale zu weniger fest verknüpften Verbindungen zusammen, die jedoch für die Klassifizierung ihrer Person weniger wichtig sind – das Bild mit dem schokoladeneisverschmierten Mund oder das purpurrote Kostüm, das sie an Tims und Felicitys Hochzeit trug. Diese Erinnerungsbilder knüpfen um das Kern-Cluster ein nicht ganz so festes Neuronennetz, eine neurale Penumbra sozusagen, die jedes Mal, wenn wir an Jane erinnert werden, ein klein wenig mitaktiviert wird, aber nicht stark genug, um selbst zu feuern, es sei denn, die Umstände würden dies unbedingt erfordern. Insofern ist das neuronale Gesamtbild von Jane nicht scharf und eindeutig begrenzt. Es besteht vielmehr aus einer ganzen Ansammlung verworrener und faseriger Verbindungen, von denen einige fest miteinander am funktionellen Knotenpunkt verknüpft sind, andere wiederum eher lose daranhängen. Diese können, wann immer das neurale Erinnerungsbild von Jane aktiviert werden sollte, mit von der Partie sein oder auch nicht. Einige der Merkmale, ob wesentliche, vorgegebene oder zufällige, können leicht unterschieden und bezeichnet werden, die »Nase« etwa oder das »Lächeln«. Andere hingegen sind umfassender und nicht so leicht einzuteilen und zu benennen.

Das neurale Erinnerungsbild von »Jane« als eine weitverzweigte Ansammlung mehr oder weniger fest miteinander verknüpfter Neuronen zu beschreiben, heißt nicht, daß wir von einem einzigen »Jane«-Neuron irgendwo in unserem Gehirn ausgehen müssen, zu dem alle anderen Neuronenverzweigungen hinführen, oder gar daß die »weitläufige Neuronengruppe« an einer bestimmten Stelle im Gehirn sitzt. Es gibt ausreichend Beweise dafür, daß solche Neuronengruppen über das ganze Gehirn verteilt sein können – und es für gewöhnlich auch sind. Ein Blick auf die Welt des Sehens – denn Erinnerungsbilder werden über mehrere Sinne aktiviert – zeigt uns, daß verschiedene visuelle Informationen und Eindrücke – Farbe, Bewegung, Größe, räumliche Wahrnehmungen – zu weit auseinander liegenden Assoziationsfeldern weitergeleitet werden. Nach neuesten Schätzungen sind nicht weniger als 30 bis 40 solcher visuellen Wahrnehmungsbezirke im Gehirn mit der Informationsverarbeitung beschäftigt, wobei diese aus Neuronen bestehenden Informationssysteme noch einmal auf äußerst komplexe Weise miteinander verknüpft sind. Kommen hierzu noch Reize über andere Sinne, das Erinnerungsvermögen, planvolles Handeln und Gemütsverfassungen, so finden sich Spuren von »Jane« in jedem Winkel des Gehirns. So wie in der heutigen modernen Welt die geographische Entfernung ein kaum aussagekräftiges Merkmal für freundschaftliche Beziehungen zwischen Menschen ist, zeigt sich eine enge Beziehung zwischen Neuronen in der funktionalen und nicht unbedingt in der physikalischen Nähe.

Bereits in der Zeit vor der Geburt wurden durch Erfahrungen unablässig zahlreiche Neuronen zu funktionellen Gruppierungen so in unserem Gehirn verknüpft, daß sie auf einen neuralen Aktivierungsstrom oder Signalfluß Anziehungskraft ausüben und ihn »einfangen«. Diese Aktivitätszentren wurden dann ihrerseits wieder verknüpft, um dem neuralen Signalfluß schnellere Bahnen zu verschaffen. Im Gehirn als Ganzem entsteht so eine Art funktionale Topographie. Bleiben wir bei diesem Bild einer Gehirnlandschaft, so können wir uns gut vorstellen, daß ein bestimmtes Erinnerungsbild wie »Jane«, »Katze« oder »Student« eine Signalfluß-»Senke« entstehen läßt, in die alle neuralen Aktivierungsströme aus der Nachbarschaft hineinfließen – so wie Wasser seinen Weg ins Tal findet. Dabei werden Mulden und Furchen von Erfahrungen eingeschliffen und zu »Wegen des geringsten Widerstands«, in die und entlang derer neurale Impulse fließen.

Tief unten, inmitten der Talsohle einer Senke, haben sich die Merkmale abgelagert, die für ein Erinnerungsbild wesentlich sind, aufgrund derer wir es identifizieren können, gleich, ob wir es kennen oder nicht. Links und rechts des Tals liegen die für ein Erinnerungsbild vorgegebenen Eigenheiten und Eigenschaften, und weiter oben befinden sich die unwesentlichen, unwichtigeren Verknüpfungen. Eigene Erfahrungen erodieren und modellieren unzählige Neuronen zu einer dreidimensionalen »Hirnlandschaft«, schaffen einen Schauplatz der Ereignisse, in der die vertikale Ebene den funktionalen Verbindungsgrad – die wechselseitigen Resonanzverbindungen – anzeigt. Je tiefer die Senke, desto fester sind die Neuronen miteinander verknüpft. Man könnte auch sagen, je »tiefer eingesenkt«, desto besser ist ein bestimmtes Realitätsbild im Gedächtnis verankert. Doch jede Erinnerungssenke sieht anders aus. Abgesehen von der unterschiedlichen Ausdehnung und Tiefe, verlaufen auch die Wände unterschiedlich steil. In Mulden mit sehr steilen Abhängen sind die abgelagerten Erinnerungsbilder klar umrissen und haben relativ wenige Verknüpfungen mit bedeutenden Erinnerungsmerkmalen. Sanfte Gefälle deuten auf weitläufigere, lose Verknüpfungen und Nebenausläufer hin.

Es ist technisch nicht möglich, am lebenden Gehirn zu untersuchen, auf welche Weise bei alltäglichen Lernprozessen eine Verknüpfung unter den weitverzweigten Neuronenansammlungen überhaupt zustande kommt. Jedoch können Computerprogramme die Eigenheiten von Neuronen simulieren und auch die Lernfähigkeit einer relativ kleinen Menge solcher künstlich erzeugter Neuronen darstellen. Dabei zeigt sich, daß diese sogenannten »neuralen Netzwerke« außerordentlich intelligent sind. Beispielsweise imitieren sie sehr genau solche Lernmethoden, wie wir sie aus Kapitel 2 und 3 kennen, wo komplizierte sensorische Lernmuster aufgenommen und praktisch umgesetzt werden, ohne daß man sich des Gelernten überhaupt bewußt wird oder es sich bewußt macht.

Um das zu veranschaulichen, werfen wir einen Blick auf die Schwierigkeiten, die der Einsatz von Echo-Ortungsgeräten, wie Asdic oder Sonar, zum Aufspüren von Unterwasserminen mit sich bringt. Für einen sinnvollen Gebrauch ist es zwingend erforderlich, zwischen Unterwasserklippen und versenkten Minen scharf zu unterscheiden, sowohl im Kriegsfall als auch bei Aufräumungsarbeiten danach. Keine leichte Aufgabe, und das aus mehreren Gründen. Beide Gegenstände geben Echos ab, die für ungeübte Ohren nicht unterscheidbar sind. Die Abweichungen innerhalb jeder Gegenstandsgruppe sind erheblich und ganz offenbar noch viel größer als die Unterschiede zwischen beiden Gruppen an sich, denn Klippen und Minen gibt es in unendlich vielen Größen, Formen und in allen möglichen Ortungsrichtungen. Falls es irgendwelche durchgängigen Unterscheidungsmerkmale gibt, werden diese bestimmt nicht als nur ein einziges Kennzeichen ausgedrückt, wie zum Beispiel die Signalstärke auf einer bestimmten Frequenz, sondern sie umfassen eine ganze Reihe von Merkmalsmustern und -kombinationen.

Nehmen wir einmal an, wir müßten ein bestimmtes Echo auf 13 Frequenzbändern analysieren und den Frequenzgang auf jedem dieser Bänder messen. Die Bänder sind mit den Buchstaben von A bis M bezeichnet. Um das ganze auswerten zu können, brauchen wir noch eine Maßeinheit für die Signalstärke, sagen wir, sie soll auf jedem Band von 0 bis 10 reichen. Es ist ziemlich unwahrscheinlich, daß ein Band, für sich alleine betrachtet, den entscheidenden Fingerzeig geben kann. Das Problem, die richtigen Unterscheidungsmerkmale zu finden, läßt sich also nicht einfach lösen, indem man sagt, alle Klippen liegen in der Skala über Wert 7 auf Band H, und alle Minen liegen unter 7. Man kann auch nicht einfach behaupten: »Wenn das Echo von einer Klippe kommt, wird die Signalstärke auf Band C zwei- bis dreimal höher liegen als die Signalstärke auf Band J.« Das einzig halbwegs verständliche Erklärungsmuster, mit dem sich Klippe von Mine unterscheiden läßt, könnte etwa so lauten: Ein Echo kommt wahrscheinlich von einer Mine wenn *entweder* der Gesamtwert der Messungen auf den Bändern A, D und L den gemessenen Wert auf den Bändern E und F um mehr als den Faktor 6 übersteigt und zur gleichen Zeit Wert H minus Wert K um weniger als die Hälfte kleiner als der Wert J geteilt durch Wert B liegt *oder* wenn der Gesamtwert von G, H, K und L über dem 3,5fachen Gesamtwert von A, B und C geteilt durch die Differenz zwischen den

Werten I und M liegt. Um das Problem erfolgreich zu lösen – falls dies überhaupt zu schaffen ist –, ist es also unumgänglich, derartige beziehungsreiche Merkmalsmuster von hochkomplexem Ausmaß aufzuspüren, solche, die nur sehr schwer zu beschreiben, geschweige denn zu entdecken sind.

Immerhin aber können Personen, die mit diesen Dingen befaßt sind, solche Verhältnisse sehr genau beurteilen, wenngleich sie auch nicht – ähnlich wie die Testpersonen in den Testreihen »Lernen durch Osmose« – erklären können, was genau sie eigentlich wissen. Wer den Film »Jagd auf Roter Oktober« kennt, erinnert sich vielleicht an die ausgezeichnet fein »abgestimmte Intuition« des Sonargeräte-Bedieners. Nichtsdestotrotz sind Menschen im Umgang damit weniger perfekt, und Fehlleistungen sind unter Umständen sehr kostspielig. Zwischen Klippen und Minen unterscheiden zu lernen, stellt für ein künstliches Hirn eine interessante und lebensnahe Herausforderung dar.

Diese Aufgabe hat ein neurales Netzwerk, das aus lediglich 22 verschiedenen »Neuronen« bestand, überraschend gut gemeistert. Die Neuronen wurden dabei in drei »Lagen« übereinander geschichtet (siehe Abbildung 9).

Die erste Lage aus 13 »sensorischen« Neuronen entspricht den 13 Frequenzbändern, auf die das Schallspektrum des Echos aufgeteilt wird. Die Neuronen sind auf die Signalstärke ihres speziellen Bandes eingestellt und darauf, ein Signal auszustoßen – so wie der Impulsstoß von echten Neuronen –, das proportional zu dieser Stärke ist. Alle diese sensorischen Neuronen geben ihre Signale an jedes der sieben Neuronen in der nächsten Schicht weiter. Und jedes dieser sieben übermittelt daraufhin eine Abbildung seines Impulses an die beiden Neuronen der letzten Schicht, von denen ein Neuron den Impuls »Es handelt sich um eine Klippe« aussendet, das andere »Es handelt

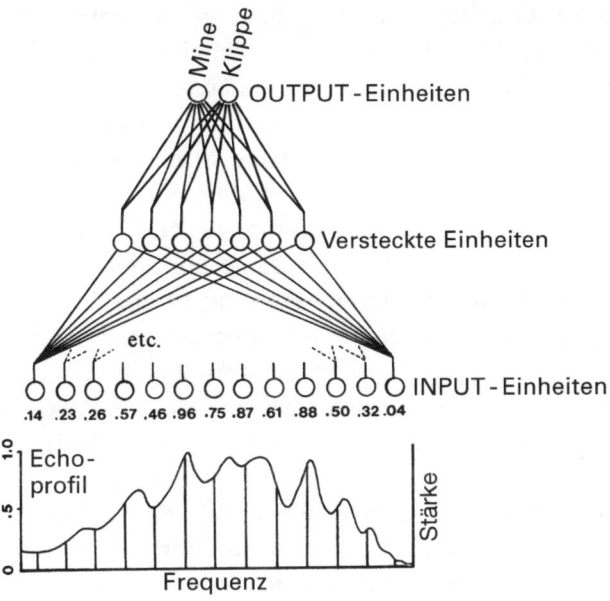

Abbildung 9: Ein einfaches neurales Netz zur Unterscheidung von Klippen und Minen

sich um eine Mine«. Dieses vereinfacht dargestellte Gehirn kann keine weiteren Verbindungen mehr knüpfen, doch ist es imstande, für jedes Neuron eine selektive Empfangsbereitschaft auf ankommende Impulse einzustellen, genau wie bei echten Nervenzellen.

»Aufgabe« des Netzwerkes ist es, diese Empfangsbereitschaft aufgrund der Erfahrungswerte nach und nach immer feiner einzustellen, damit der Aktivierungsfluß das »Klippen«-Neuron durch alle Verbindungen hindurch erreicht und es auch zuverlässig bei jedem Mal aktiviert, wenn ein Klippen-Echo abgegeben wird. Das gleiche gilt für das »Minen«-Neuron. Zu Beginn wissen weder der Programmierer noch der Computer, welcher Empfangsempfindlichkeit es bedarf, und auch nicht, ob ein Komplex von Empfangsempfindlichkeiten überhaupt existiert, der das Problem lösen würde. Um dies herauszufinden, speichert der Programmierer eine breite Palette von unterschiedlichen natürlichen Sonarechos, von denen er weiß, ob sie von einer Klippe oder einer Mine herrühren, eines nach dem anderen in den Computer ein. Der Computer errechnet daraufhin ein Ergebnis und bekommt auf dieser Basis die Rückmeldung, ob seine Entscheidung richtig oder falsch war. In dieser »Trainingsphase« werden dem Computer einige einfache »Lernmuster« vorgegeben, die ihm sagen, wie die Empfangsempfindlichkeiten der Neuronen als Funktion für ein positives oder negatives Ergebnis im großen und ganzen einzustellen sind. Zum Beispiel kann das Netzwerk so programmiert werden, daß es nach jedem Versuchsdurchgang alle Empfindlichkeiten mit als korrekt gewerteten Antworten auf der Grundlage ihres jeweiligen Versuchswertes einstellt. Die Einheiten mit einer besseren »Spurenaufzeichnung« werden dabei nur minimal angeglichen, die mit einer schlechteren dagegen etwas mehr. Nachdem das künstliche Gehirn eine ganze Reihe solcher »Feedback-Sitzungen« durchlaufen hat, bei denen ihm »gesagt« wurde, ob es richtig oder falsch lag, kann es mit neuen, ihm bisher unbekannten Sonarechos getestet werden, um zu sehen, zu welchen Ergebnissen es jetzt kommt.

In diesem Beispiel verhält sich der Computer genau wie die Menschen in den Versuchsreihen zu »Lernen durch Osmose«. Einfache neurale Netzwerke sind offenbar ganz ausgezeichnete Modelle für diese Art von Lernen. Zunächst fängt das Netzwerk an zu »raten« und macht viele Fehler. Doch ganz allmählich wird seine Leistungsfähigkeit besser, bis es am Ende die unterschiedlichen Echos von Klippen und Minen sehr genau unterscheiden kann, auch wenn es ein bestimmtes Echo zuvor noch nie gehört hat. Diese Computersimulationen zeigen sehr überzeugend, daß Computergehirne das leisten können, was auch menschliche Hirne vermögen: komplizierte, nonverbale Muster aufzuspüren, die in einer umfangreichen Versuchsreihe aus anscheinend grundverschiedenen Einzelexperimenten enthalten sind, und diese als Wegweiser für eine zweckdienliche Reaktion zu nutzen. Weder das reale menschliche Wesen noch das künstliche Gehirn weiß, was es tut und auch nicht auf welcher Grundlage. Ihrer beider »Kenntnis« – zweckdienliche, hochkomplizierte Kenntnis – ist in kleinen Schaltstellen gespeichert, die darüber entscheiden, wie die miteinander verbundenen Neuronen den Abfrageimpuls weiterleiten sollen. Sie regulieren den neuralen Signalfluß über die verschiedenen Kanäle und schaffen verschiedene Verbindungen. Lernerfahrungen, Feedback und *Aufmerksamkeit* für ankommende Impulse – mehr »Futter« braucht das Gehirn nicht, den Rest erledigt die »innerbetriebliche« Informationsverarbeitung.

Bemerkenswert ist, daß das künstliche Gehirn in der Echosimulation die Unterscheidungsmerkmale mit einem Genauigkeitsgrad aufgespürt hat, der sogar den von erfahrenen Sonarexperten übertraf, die für Unterwasserminenräumarbeiten längere Zeit unterwegs waren. Das neurale Netzwerk ist trotz seiner einfachen Struktur menschlichen Experten haushoch überlegen – und das nicht, weil Computer cleverer sind als Menschen, sondern einfach deshalb, weil wir als Menschen von Natur aus nicht mit Ohren ausgerüstet sind, die empfindlich genug sind, um Sonarechos in so viele Frequenzbänder aufteilen zu können. Nehmen wir an, die Aufgabenstellung bliebe die gleiche, nur ginge es jetzt nicht mehr um ein metallenes »Peng«, sondern darum, das Geschrei eines Babys richtig zu deuten: Hat es »Hunger« oder »Blähungen«? In diesem Falle könnten wir mit Sicherheit annehmen, daß jede Mutter dem Computer haushoch überlegen wäre. Auf der anderen Seite können Delphine wohl tatsächlich so trainiert werden, daß sie sowohl Computer als auch den Menschen beim richtigen Orten von Klippen oder Minen übertreffen. An der unvollkommenen Leistung unseres menschlichen Gehirns merken wird, daß es Schwierigkeiten nur bis zu einem gewissen Grad meistern kann. In unserer Welt muß es demnach eine Fülle an derart fein strukturierten Zufallsfaktoren geben, daß selbst die hochsensibel eingestellte Empfangssensibilität des menschlichen Gehirns sie nicht wahrnimmt. Dies gilt insbesondere für Einflüsse, die in der Vergangenheit für das menschliche Überleben nicht von unmittelbarer Bedeutung waren, oder für solche, die neue technologische, pharmazeutische oder soziologische Wahrnehmungsmuster enthalten, die das biologische Empfangssystem von seiner natürlichen Anlage her nicht aufspüren kann. Genauso gibt es viele Situationen, die wir vielleicht gerne meistern wollen, wofür es aber schlicht und einfach keine nützliche Information gibt und sich auch kein Grundmuster finden läßt, das man aufgreifen könnte. Doch eines steht fest: *Der ursprüngliche Bauplan des unbewußten neuralen Biocomputers ist so angelegt, daß er Informationen finden, aufzeichnen und nutzen kann, und zwar mit einem so fein strukturierten Genauigkeitsgrad, daß er alles, was wir ausdrücken oder uns vorstellen können, noch überschreitet.* Wenn wir uns dem Wert oder gar der Existenz der unbewußten Erkenntnisweisen verschließen, weil wir denken, unsere Welt der Gedanken sei eine bewußte, überlegene, so machen wir uns um so unerfahrener und dümmer.

Das Gehirn arbeitet, indem es einen Aktivitätsstrom von neuralem Cluster zu neuralem Cluster entsprechend den Kanalverzweigungen und der momentanen Reizbarkeit der Nervenzellen fließen läßt – und das ist alles. So wie ein ins Wasser geworfener Kieselstein eine nach außen gerichtete Bewegung aus konzentrischen Kreisen auslöst, bildet ein angeschobener Aktivitätsstrom in einem Gehirnbereich das, was die Neurowissenschaftlerin Susan Greenfield als »Epizentrum« bezeichnet. Von diesen Epizentren aus breitet er sich in Wechselwirkung mit anderen Strömen aus und löst im weiteren Verlauf neue Epizentren aus. Die israelischen Forscher Frostig und Grinvald haben in ihren Versuchen spezielle Farblösungen in kortikale Neuronen eingebracht, die bei Ankunft eines elektrischen Impulses aufleuchteten. Dabei läßt sich folgendes beobachten: Trifft ein Lichtblitz beispielsweise auf das Auge eines Tieres, so wird augenblicklich ein neurales Cluster aktiviert, das seine Größe innerhalb von 10 Millisekunden verdoppelt. Nach 300 Millisekunden kann sich bereits eine Unzahl von aktivierten Zellverbindungen über ein weitverzweigtes Gebiet verteilt haben.

Der deutsche Forscher Wolf Singer hat den weitästelten Charakter neuraler Cluster anschaulich dargelegt. Singer stellte fest, daß Neuronen, die weit über den Hirnrindenbezirk für visuelle Wahrnehmungen verstreut liegen, dennoch miteinander in Resonanz stehen, und zwar dann, wenn ein bestimmter Stimulus gleiche Schwingungen, gleiche Resonanzmuster, erzeugt, ein Feuern zur Weiterleitung der Information. Wie bereits gesagt, verläuft die Aktivierung also nicht geradlinig von Neuron zu Neuron, sondern der laufende Impuls fließt in die weitverzweigten Zellstrukturen, wo ständig für eine Überbrückung zur nächsten Synapse gesorgt wird. Die Hirnlandschaft ist also funktionell und nicht physikalisch strukturiert. Könnten wir die Aktivitäten unseres Gehirns optisch nachvollziehen und sie vereinfacht darstellen, so würden wir etwas zu Gesicht bekommen, das weniger aussieht wie ein hell erleuchteter Zug, der durch die Nacht braust, sondern eher wie ein strahlendes Kaleidoskop, das fortwährend durchgeschüttelt wird. Doch um diese schillernden Verbindungsmuster, die überall im Gehirn aufleuchten, sichtbar zu machen, reicht unser technisches Können nicht aus, nicht zuletzt auch aufgrund der blitzschnellen Bewegung. Ad Aersten und George Gerstein haben gezeigt, daß Verbindungen von Neuronen einen überaus dynamischen Charakter haben, sich innerhalb kürzester Zeit, in weniger als ein paar Dutzend Millisekunden, zusammenschließen oder sich neu bilden. Darüber hinaus kann ein und dasselbe Neuron von einer Sekunde zur nächsten an unterschiedlichen Verbindungen beteiligt sein. Trotz immenser technischer Probleme hat man bereits ein paar eindeutige Spuren entdeckt, welche die Existenz und Eigenheiten dieser neuralen Verbindungsmuster bestätigten.[6]

Neben langfristigen »strukturellen« Veränderungen im Gehirn gibt es auch eine ganze Reihe kurzfristiger Einflüsse auf die Erregbarkeit. Die topographische »Erosion« der Hirnlandschaft wird sehr stark von vorübergehenden Einflüssen moduliert. Zum Beispiel werden Nervenreize von einem Bedürfnis oder einem Verlangen ausgelöst. Ist ein Tier hungrig, durstig, sexuell erregt oder bedroht, bilden Neuronenverbindungen in der Regel das gleiche Strukturmuster, um zu feuern – oder anders gesagt, um synchron zu arbeiten. Ist das Tier hingegen entspannt und gesättigt, geschieht dies weniger. Der Zustand höchster Erregung scheint Neuronenverbindungen zu veranlassen, sich in funktionellen Gruppen fest zusammenzuschließen. Abgesehen davon, daß dieses Verhalten jede Neuronenverbindung reizempfindlicher macht, ist es nach Susan Greenfield auch in manch anderer Hinsicht interessant.

Da es zweierlei Arten von Neuronenverbindungen gibt, solche, die den Informationsfluß anregen, und solche, die ihn hemmen, kann der Zustand höchster Erregung einen Mischeffekt erzielen: Nachbarzellen einer erregten Zelle feuern schnell und unverzüglich, andere wiederum werden dadurch gehemmt. In erster Linie kommt es zu einer sogenannten *reziproken Hemmung* zwischen einer Neuronenverbindung, die gerade erregt ist, und weiteren Gruppierungen, die sich außerhalb dieser Verbindung befinden. Der Grad dieser »Hemmung« schafft eine mehr oder weniger konkurrierende Beziehung zwischen den unterschiedlichen Stimulationszentren. Grenzt sich ein Cluster ab und hemmt so den Informationsfluß, werden dadurch auch andere potentielle Epizentren gehemmt. Parallel dazu wird die eigene Struktur, die eigene Cluster-Grenze, scharf umrissen. Anstatt ein Breitenfeuer zu zünden und es in unterschiedliche Bereiche laufen zu lassen, schaltet eine Hemmung die Synapsen aus, und die neuralen Resonanzen in den Aktivierungszentren werden folglich abgeschwächt. Unter dem Einfluß von Bicuculline-Drogen, die bekanntlich verhindern, daß es zu einer wechselseitigen Hemmung der Neuronen kommt, kann die Erregbarkeit der Synapsen um mehr als das Zehnfache erhöht werden. Im Zustand geringer Erregung können demnach mehrere verschiedene Zentren gleichzeitig aktiviert werden, da die Konkurrenz untereinander weniger stark vorhanden ist. Zur gleichen Zeit können verschiedene Aktivierungsmuster aus verschiedenen Zentren ineinanderfließen wie Wasserfarben auf einem nassen Blatt Papier. Greenfield führt an, daß aus all diesen Wirkungsweisen vermutlich eine dritte resultiert, denn gerade aufgrund der größeren Konkurrenz sind die Verbindungen des augenblicklichen »Gewinners« relativ instabil, werden vermutlich vom nächstbesten Epizentrum, das sich entwickelt, gleich wieder auseinandergerissen, und auf diese Weise kann der »Zug der Gedanken« eine viel höhere Geschwindigkeit entwickeln.

Einige der biochemischen Mechanismen, die diesem »Neuromodulationseffekt« zugrunde liegen, sind bekannt. Der Hirnstamm, der älteste Teil des Gehirns, bildet am oberen Ende des Rückenmarks eine Ausbuchtung. Von dort aus verzweigen sich ganze Neuronenbündel bis ins Mittelhirn und weiter in die Großhirnrinde. Diese Neuronen leiten Signale für bestimmte Bedürfnisse, Stimmungen und Erregungen weiter, indem sie das Verhalten kortikaler Neuronen beeinflussen. Sie sind in der Lage, chemische Transmittersubstanzen, sogenannte Aminoverbindungen, in die Zellumgebung freizusetzen und die Synapsen vorübergehend mehr oder weniger zu sensibilisieren. Die Transmitterstoffe bestehen aus Molekülen wie Serotonin, Acetylcholin, Dopamin, Noradrenalin und Histamin. Acetylcholin verfügt beispielsweise über einen der üblichen Bremsmechanismen, der bewirkt, daß sich ein Neuron abschaltet, nachdem es eine Weile aktiv war. Im allgemeinen können Neuronen und neurale Cluster durch den Einfluß von Aminoverbindungen zündfertig geladen und sensibilisiert werden, so daß sie »auf Draht« sind.

Die dynamischen Kräfte des Gehirns können sich demnach sehr unterschiedlich gestalten. Die *Richtung* einer Aktivierung wird nicht nur von der Erregbarkeit langfristig bestehender stabiler Verbindungen zwischen verschiedenen Zellen beeinflußt, sondern auch davon, wie sehr die verschiedenen Cluster sensibilisiert sind. So muß ein Aktivierungsfluß nicht immer über eine stark ausgebildete, stabile Bahn laufen, sondern es kann auch eine kleine, instabile Nebenbahn kurzzeitig so hoch aufgeladen werden, daß der Aktivitätsstrom bevorzugt diesen Weg nimmt – der Zug der Gedanken kann also rangiert und über weniger benutzte Nebengeleise umgeleitet werden. Die *Brennweite* zur Aktivierung eines Erinnerungsbildes kann verkleinert oder vergrößert werden, was sich auf die Funktionsweise der neuralen Verbindungen in der Erinnerungssenke auswirkt – sie funktioniert dann so, als ob sie entweder klare oder weniger klare Grenzen hätte, eher stereotyp ist oder flexibler, als dies aufgrund der strukturellen Verbindungen zu vermuten wäre. In der einen Gemütsverfassung bilden sich beispielsweise Verbindungsmuster mit klar umrissenen Grenzen, in einer anderen gibt es weitverzweigte und erst ganz allmählich spitz zulaufende Muster. Anzahl und Vielfalt der unterschiedlichen Epizentren, die gleichzeitig aktiv sein können, variieren ebenfalls. Im Zustand höchster Erregung wird ein Aktivitätsstrom wohl eher über eine einzige, stabile und reizempfindliche Hauptverbindung laufen, wohingegen er sich in einem entspannteren Zustand gleichzeitig aus verschiedenen Epizentren heraus über alle möglichen Bahnen verteilen und neue Verbindungen knüpfen kann. Letztendlich kann auch die *relative Geschwindigkeit* eines Aktivitätsstroms variieren. Im entspannten Zustand kann ein schwach aufgeladener Aktivierungsimpuls in einem Bereich des Netzwerkes durchaus eine Zeitlang verweilen, ehe er weiterfließt oder gehemmt wird. Bei größerer Erregung – bei Gefahr oder großer Motivation – fließen die Impulse wesentlich schneller von Bild zu Bild, von einem Gedanken zum nächsten.

KAPITEL 10

Wo sitzt unser Bewußtsein?

Nichts war dem Menschen anfänglich gewahr, nur flüchtiger Sinnesreize wurde er gewahr, vermutlich nicht einmal seiner selbst. Sein unbewußtes denkendes Bewußtsein nahm ihm alles ab. Alles, was der Mensch tat, tat er ohne Geist.

Lancelot Law Whyte

Intuition entsteht aus einer Denkweise, die weniger zentriert, weniger auf einen Punkt fokussiert ist, und der es gelingt, Gedanken zu verbinden, die über die ganze Hirnlandschaft verteilt, weit voneinander entfernt liegen. Kreatives Denken entwickelt sich aus einer zufälligen Wahrnehmung oder dem Saatkorn einer Idee, dem Zeit gelassen wird zu reifen. Doch für solche Prozesse muß das Gehirn in der Lage sein, einen Aktivierungsfluß langsam von einem Stimulationszentrum aus in alle Richtungen fließen zu lassen, wo er auf andere aktivierte Zentren trifft und vielleicht Verbindungen eingeht, die am Ende ungenau und diffus in unser Bewußtsein dringen.

Kreatives Denken hängt mit neuralen Impulsströmen zusammen, die ebenfalls nicht zentriert auf einen Punkt zulaufen, was Colin Martindale von der University of Maine herausgefunden hat. Er beobachtete die kortikale Erregung mit einem Enzephalographen (EEG), wobei Elektroden an der Kopfhaut angebracht werden, die sämtliche Erregungslinien sowie den Verlauf der Gehirnströme aufzeichnen. Bei größerer Erregung weisen diese »Hirnwellen« eine höhere Frequenz auf, sind unregelmäßig und verlaufen eher »dis-synchron«. In einem entspannten Zustand, nicht schlafend, sondern wach, strömen die Hirnwellen – sogenannte Alpha- und Theta-Wellen – lang-

samer und synchroner. Martindale zeichnete unterschiedliche EEGs auf: Zum einen von Leuten, die an einem Intelligenztest teilnahmen, einem Test, der analytisches Denken erforderte, und zum andern von Leuten, die an einem
Kreativitätstest teilnahmen, bei dem es darum ging,
gedankliche Verbindungen zwischen anscheinend unver-
einbaren Begriffen zu schaffen oder sich allerlei ungewöhnliche Antworten auf eine Frage auszudenken wie
etwa »Wozu kann man eine alte Zeitung verwenden?«.
Aufgrund der Ergebnisse aus einem Standard-Fragebogen
wurden zunächst zwei Gruppen gebildet – eine kreative
und eine nicht-kreative. Im Verlauf des Intelligenztests
schien die kortikale Erregung der Testpersonen in beiden
Gruppen anzusteigen, und zwar in Relation zu einer
Grundlinie des entspannten Zustands. Im Verlauf des
Kreativitätstests ergaben sich bei den Leuten der nicht-
kreativen Gruppe die gleichen Werte wie beim Intelligenztest, wohingegen die Erregungskurve bei den kreativ denkenden Testpersonen sogar noch unter der Grundlinie lag.
   In einer Folgestudie unterteilte Martindale die kreative
Aufgabe in zwei Phasen: In der ersten sollten sich die Testpersonen eine phantastische Geschichte ausdenken, in der
zweiten sollten sie diese aufschreiben. Er vermutete, daß
sich die erste Stufe, die der »Inspiration«, wie er sie
nannte, mehr auf schöpferisch kreative Einfälle stützen
würde, während in der zweiten Stufe, der der »Elaboration« zur Ausarbeitung einer zusammenhängenden
Erzählhandlung, eine eher bewußte, zentrierte Denkweise
zum Tragen kommen würde. Und so war es auch: Die als
weniger kreativ eingeschätzten Testpersonen wiesen in
beiden Testphasen eine gleich hohe Erregungsline auf, bei
den kreativen Testpersonen zeichnete sich eine niedrige
Erregungslinie in der Inspirationsphase ab und eine hohe
in der Elaborationsphase. Wie ich bereits in Kapitel 6 ausgeführt habe, muß im Gebrauch der intuitiven Denkweise

263

die gedankliche Aufmerksamkeit auf einen variablen Fokus gerichtet sein. Man muß sich hin und her bewegen können zwischen bewußten, artikulierten Denkvorgängen der D-Denkweise und dem breiten Spektrum einer eher undeutlichen, gedanklich weniger kontrollierten Bewußtseinsart. Martindales Versuchsergebnisse zeigen, daß sich dieser eher unbewußte Gedankenfluß auch in der physiologischen Funktionsweise unseres Gehirns widerspiegelt. Kreativ denkende Menschen sind demnach solche, die entspannen, den »Gedanken ihren Lauf lassen« können.[1]

In der klassischen Beschreibung wird kreatives Denken in vier Phasen unterteilt: Vorbereitung, Reifung (Inkubation), Erleuchtung und Verwirklichung (Verifikation). Martindales »Inspirationsphase« entspricht hier der Inkubation und Erleuchtung, die »Elaborationsphase« dem, was in einem wissenschaftlichen Kontext wohl eher als Verifizieren bezeichnet wird. In der Vorbereitungsphase wird Information gesammelt und mit der zentrierten Aufmerksamkeit der D-Denkweise analysiert, wobei sich das Gehirn so verhält, als seien die neuronalen Cluster relativ deutlich gegeneinander abgegrenzt und gedankliche Assoziationen verhältnismäßig verständlich und relativ unkompliziert dargelegt. Solange es sich um eine gewöhnliche Aufgabe oder um ein geläufiges Problem handelt, findet man mit dieser Denkweise bestimmt zu einer zufriedenstellenden Lösung. Doch sobald man mit einem etwas ungewöhnlicheren Problem konfrontiert wird, verrennt man sich mit einer solchen Herangehensweise immer wieder in Sackgassen. Impulsströme, die durch festgefügte Bahnen brausen, sind nicht imstande, sich ausreichend zu verlangsamen und in andere Bereiche hinein zu verteilen, um weit voneinander entfernt gelegene Verbindungen, auf die sich kreative Lösungen gründen, gleichzeitig zu aktivieren.

Doch gelangt ein kreativer Gedanke in die Inkubationsphase, ändert sich dies. Die scharfen, hemmenden Cluster-Umrandungen, welche weiche Hügel in funktionelle Canyons verwandeln und die die D-Denkweise braucht, um den Impulsstrom fokussiert und begrenzt zu halten, sind jetzt weich und aufgelockert. Der neurale Impulsstrom verteilt sich nun über weite Teile der Hirnlandschaft und aktiviert verschiedene Epizentren zur gleichen Zeit. Benutzt man eine Denkweise, die nicht auf einen Punkt fixiert ist, so zieht der Aktivierungsstrom Bahnen, die eher einem Schuß aus einer Schrotflinte gleichen, die eine Handvoll Kiesel über einen stillen See schleudert, als der linearen Abfolge von epizentrischen Kreisen, die ein flacher Stein auslöst, der übers Wasser hüpft. Falls nun aus der vorangegangenen Vorbereitungsphase noch eine gewisse Restaktivierung vorhanden ist – das heißt, daß das Problem im Hinterkopf behalten wurde, ohne völlig vergessen zu werden –, so sind auch die neuralen Cluster noch immer aufgeladen. Wer allerdings zu den nicht-kreativ denkenden Menschen zählt, der ist wohl auch jetzt nicht in der Lage, sich diese aufgeladenen Cluster im Hinterkopf warmzuhalten – denn er weiß einfach nicht, wie man etwas »auf die Warmhalteplatte schiebt«, ohne daß es gleich vom Herd fällt –, genausowenig wie er in der Lage war, sich in die kreative Denkweise hineinzubegeben und nicht fixiert zu denken.

Gewohnte, alltägliche Erfordernisse und zufällige Ereignisse aktivieren beim kreativ denkenden Menschen unablässig Tausende von Erinnerungsbildern und Clustern überall im Gehirn. Falls nun diese Impulse zufällig eine Zellverbindung zwischen zuvor nicht verbundenen, aber geladenen Teilen im neuralen Netzwerk schaffen, so kann dieser eine zusätzliche neurale Funken ausreichen, damit ein Bild oder ein Bedeutungszusammenhang die Reizschwelle überschreitet und uns als Gedanke ins Bewußtsein, in den Kopf, schießt – als »plötzliche Erkenntnis«, als Erleuchtung. Der Gedankenfluß nimmt seinen Lauf und kann jetzt, in der Phase der Elaboration oder des Verifizierens, durchaus wieder nur um einen Punkt kreisen, um Bedeutungsinhalte, die sich erschlossen haben, näher zu ergründen.

Steht kreatives Denken nun einfach deshalb in Zusammenhang mit ungenauer und diffuser Gehirntätigkeit, weil so mehrere unterschiedliche neurale Zentren gleichzeitig aktiviert werden können? Wenn ja, so läge es nahe, daß auch unbewußte Bewußtseinsarten – wie unterschwellige Wahrnehmung – vielfach neurale Verbindungen schaffen. Genauer gesagt, wenn ein Erinnerungsbild in einem neuralen Zentrum unbewußt aktiviert wird, so setzt sich der Aktivierungsstrom durch alle neuralen Ausläufer und die damit verbundenen Bedeutungsmerkmale fort. Das heißt, er zieht weitere Schwingungskreise, als wenn der Aktivierungsstrom auf nur einen Punkt zuläuft, der dann einen klaren Gedanken ins Bewußtsein befördert. Zu dieser Annahme gibt es guten Grund. Erinnern wir uns an die in Kapitel 4 beschriebene Studie von Bowers und Kollegen, wo Testpersonen ein einziges Wort herausfinden sollten, das ein gemeinsames Assoziationsmuster mit weiteren 15 Wörtern auf einer Liste aufwies. Spencer und Holland haben ebenfalls einen solchen Versuchstyp herangezogen, um den Effekt der unbewußten Wahrnehmung zu testen. Die Testpersonen erhielten eine Liste mit 20 Wörtern, die sie sich merken sollten. Zehn davon waren – genau wie bei Bowers – entfernt verknüpft mit einem einzigen Wort, beispielsweise mit dem Wort »Obst«. Die übrigen zehn Wörter waren ebenfalls alltägliche, gebräuchliche Wörter, allerdings waren sie nicht miteinander verknüpft, auch nicht minimal.

Im Vorfeld des Tests wurde einigen Testpersonen das Wort »Obst« unterschwellig präsentiert, andere hatten dieses Wort bewußt vor Augen, wieder andere sahen nur einen weißen Bildschirm. Die Personen, die das Wort

»Obst« unbewußt wahrgenommen hatten, konnten sich an mehr assoziative Wörter der Liste erinnern als die Probanden der beiden anderen Gruppen. Spencer und Holland folgerten aus diesem Ergebnis, daß sich das Assoziationsvermögen in bezug auf die im Gedächtnis aktivierte »unmittelbare Wortfamilie« verringert, sobald man sich einen Begriff im denkenden Bewußtsein vergegenwärtigt. Ein Stimulus hingegen, der nicht ganz an ein Stimulationszentrum heranreicht oder den für eine bewußte Wahrnehmung erforderlichen Aktivierungsgrad erreicht, verursacht, daß weite neurale Schwingungskreise aufgeladen und gedankliche Assoziationsmuster geschaffen werden. Fokussiertes Bewußtsein, so ließe sich vermuten, hängt mit der Konzentration eines ganzen Pools von Aktivierungsströmen zusammen, die sich innerhalb eines kleineren Bereiches im Netzwerk der Erinnerungen in eine bestimmte Richtung konzentrieren.

Wie ich in Kapitel 4 gezeigt habe, ermöglicht die Phase der Inkubation, daß man sich eines Besseren besinnt, so daß mit der Zeit Fehlansätze und irrige Vorstellungen durch neue Herangehensweisen abgelöst werden. Doch wissen wir nun auch, wie unser Gehirn diesen Prozeß der »Neubewertung« vollbringt. Stellen wir uns vor, der Aktivitätsstrom im neuralen Netzwerk fließt einen Kanal entlang und kommt an eine Gabelung, an eine T-Kreuzung. Jetzt muß er sich für eine Richtung entscheiden. Wohin wird er weiterfließen? Unter normalen Umständen können wir davon ausgehen, daß alle neuralen Aktivitätsströme die stabilsten Verbindungen »wählen«. Doch zeigt ein Arm des »T«-s aufgrund von größerem Verschleiß nach unten und/oder ist er dazu höher aufgeladen als der andere, so wird der Strom bevorzugt dieser Richtung folgen. In Abbildung 10 ist die relative Richtungsneigung für jede Bahn unterschiedlich stark liniert dargestellt. An jeder Kreuzung muß der Impulsstrom also die dickere Linie »wählen«.[2]

267

Nehmen wir nun an, der gedankliche Ausgangspunkt für ein bestimmtes Problem liegt seiner anfänglichen Analyse nach am Punkt »A«. Um zu einer »Lösung« zu gelangen, muß man nach Punkt »!«. Doch innerhalb dieses kleinen Netzwerkbereichs wird es nicht gelingen, von »A« nach »!« zu gelangen, sofern man immer nur den stärkeren Linien folgt. Man dreht sich im Kreis. Läßt man jedoch aus irgendeinem Grunde davon ab, sich immer wieder von »A« aus dem Problem zu nähern, und findet eher zufällig den Einstieg über Punkt »B«, so entdeckt man »wunderbarerweise«, daß es sehr wohl einen Weg gibt, um mühelos von »B« nach »!« zu gelangen. »BING!« – wie Konrad Lorenz sagen würde. Man hat eine »Einsicht«. Verläßt man die Gedankenbahnen der D-Denkweise und läßt die Gedanken einmal in alle möglichen »unwichtigen« oder auch »albernen« Gedankengänge abschweifen, wird einem vielleicht ebenso zufällig bewußt, daß die eigenen Gedanken nicht um »A«, sondern um »B« kreisen – und mit einem Mal wird klar, daß man auf dem Holzweg war. Ein äußerst wirksames Mittel, um dem »Es-liegt-mir-auf-der-Zunge«-Gefühl Abhilfe zu schaffen, ist somit aufzuhören, sich immer wieder an genau das Wort erinnern zu wollen, das einem einfach nicht in den Kopf kommen will. Vielmehr sollte man sich treiben lassen oder sich mit etwas ganz anderem beschäftigen. Und dann irgendwann, urplötzlich und völlig unerwartet, fällt einem das Wort ein, aus heiterem Himmel.

Das Problem allein mit dem Kopf angehen zu wollen, ist der Anfang vom Ende. Probiert man es allerdings von einer anderen Seite aus, indem man den unbewußten Gedanken freien Lauf gewährt, gelangt man mühelos ans Ziel. Aus diesem Grunde sind Brainstorming und Tagträumerei sehr wirksame Erkenntniswege – was kreativen Menschen schon immer klar war –, denn sie nutzen die biochemischen Vorgänge unseres Gehirns vorteilhaft aus.

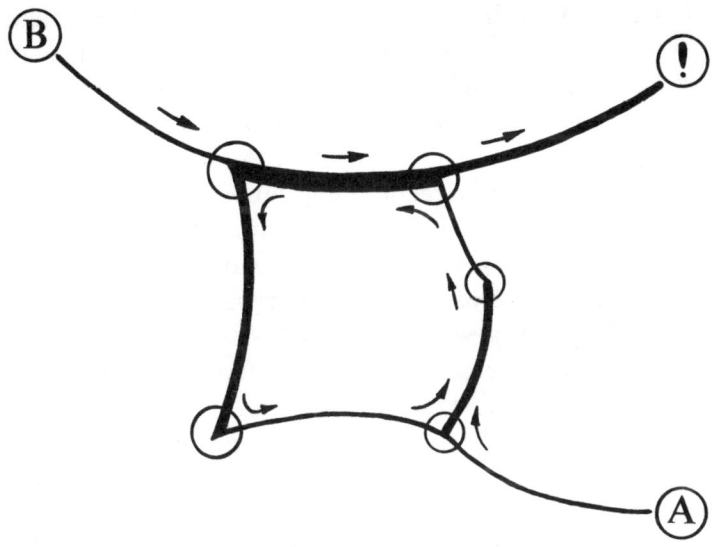

Abbildung 10: Eine »Landkarte der neuralen Bahnen«. Je nach Einstiegspunkt wird ein unlösbares Problem lösbar. Ein Aktivierungsstrom muß an jeder Kreuzung der dickeren Linie folgen.

Dieses neurale Modell verdeutlicht darüber hinaus, daß kreatives Denken nicht nur einen entspannten Geist bevorzugt, sondern auch einen, der gut informiert, nicht aber über-informiert ist. In den Bereichen des neuralen Netzwerks, wo alle gewohnten oder alltäglichen Informationen einlaufen, hat die ständige Wiederholung der eingehenden Reizmuster derart steile mentale Schluchten und Senken eingekerbt, daß selbst bei allgemein ansteigender Erregung, wenn die neurale Hemmung nachläßt, der Aktivierungsstrom nach wie vor über festgelegte Bahnen verläuft. Und dies geschieht, da wir Eindrücke der äußeren Welt in Form von Erinnerungsbildern so tief und fest verankert haben, damit Verknüpfungen überhaupt zustande kommen können. Dort jedoch, wo in der »Gehirnlandschaft« Schluchten und Senken weniger steil aus-

269

gebildet sind, muß der Lösungsweg für ein Problem nicht unweigerlich über eine bestimmte gewohnte Bahn führen; vielmehr werden sich neuartige Gedankenverbindungen auftun, wenn man die Gedanken über weitverzweigte Bahnen lenkt.

Es wird weithin angenommen, daß das Gehirn mit all seinen Teilen nicht laufend gleichermaßen aktiviert sein kann. Je nach dem, wie stark der Aktivierungsstrom ist, der »gerade im Umlauf ist«, werden bestimmte Bereiche nur bis zu einem gewissen Grad aktiviert. Steigt der Grad der Erregung, so kann auch der Aktivierungsimpuls etwas stärker sein. Fest steht jedoch, daß unser kognitives Erkenntnisvermögen diesen Impuls nirgendwo mit bereits möglichen Gedankenverbindungen verknüpfen könnte, wenn der Aktivierungsstrom nicht in bestimmte Bahnen gelenkt werden würde. Womöglich würden wir ein unterhaltsames psychedelisches Feuerwerk aus unerschöpflichen Quellen gedanklicher Bilder und Symbole erleben, die uns heillos überfluten und unfähig machen, die nützlichen und zweckdienlichen von den unsinnigen und unwichtigen zu unterscheiden. Genau dies geschieht bei bestimmten Arten von Gehirnerkrankungen. Der angesehene russische Neurologe A. R. Luria beschrieb solch einen berühmten Fall in seinem Buch »The Mind of a Mnemonist«.[3] Während Aktivierungsmuster ihre Bahnen durch das Gehirn ziehen, muß es also zwangsläufig auch hemmende Mechanismen geben, die »das Licht hinter sich ausmachen«.[4]

Warum eigentlich behindert das Denken in Worten die nonverbalen, eher intuitiven und phantasiereichen Erkenntnisweisen? Wie kann es sein, daß ein kluger Kopf kein weiser ist? Um Antworten auf diese Fragen zu finden, geht man davon aus, daß Informations- oder Wissensquellen immer nur begrenzt aktiviert sind. Einige der in den Senken abgelagerten Erinnerungsbilder sind mit Begriffen versehen, wie »Jane«, »Frühstück« oder »Katze«. Begriffe regen die Aufmerksamkeit für ein bestimmtes Bild an und fokussieren diese auf die bekanntesten und wesentlichsten Merkmale und Erinnerungsmuster: Für gewöhnlich kommt es zu einer Verknüpfung mit dem Kernpunkt der Erinnerungsmerkmale in der Talsohle, nicht mit den an den Abhängen abgelagerten. Lassen wir unsere Phantasie weiterspielen, weiten die Landkarten-Metapher noch etwas aus und stecken nun auf alle Punkte, wo sich ein solches benanntes Erinnerungsbild befindet, einen langen Fahnenmast, an dem ganz oben ein Wimpel mit dem Begriff des Bildes flattert. Die Fahne erfüllt ihren Zweck als Kontaktpol, indem sie auf alles reagiert, was ein Wort an Schwingungen mit heranträgt, wie es klingt, wie es aussieht, wie es ausgesprochen oder geschrieben wird. Natürlich dürfen wir dabei nicht vergessen, daß die »Flagge« auch noch andere »Farben« zeigt, neurale Muster, mit denen ein Erinnerungsbild eng verbunden ist.

Wenn Kinder sprechen lernen, wachsen immer mehr solcher Fahnenmasten aus dem Boden der neuralen Landschaft, werden ihrerseits wiederum verbunden, und es entstehen ganze Garnituren linguistischer Flaggen, die allmählich eine richtige »Wortlandschaft« bilden, welche die durch Erfahrungen geprägte »Hirnlandschaft« überziehen. Wörter können zu »Begriffsbildern« verknüpft werden, denen kein reales Erinnerungsbild, kein direktes begriffliches Bezugswort aus der unmittelbaren eigenen Erfahrung zugrunde liegen. Allgemeine, in Worte gefaßte Begriffe sind stark beeinflußt von den Denkmustern und Wahrnehmungsinhalten einer Gesellschaft und ihrer Kultur. Bestimmte Begriffe werden übermittelt und modelliert, entweder durch methodische Anleitung oder ganz ungezwungen. Verschiedene Sprachen unterteilen die erlebte Welt auf ganz verschiedene Weise. So haben Eskimos bezeichnenderweise Dutzende von Wörtern für

271

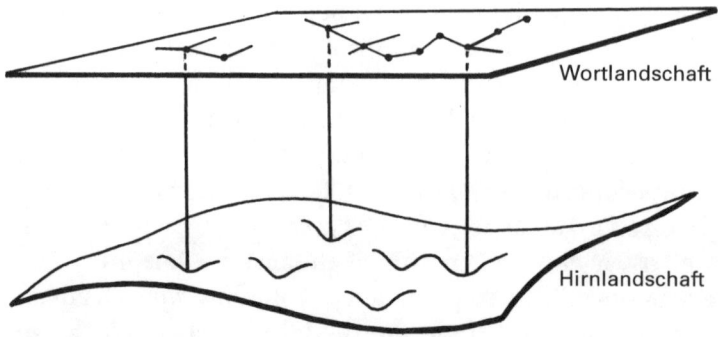

Wortlandschaft

Hirnlandschaft

Abbildung 11: »Hirnlandschaft« und »Wortlandschaft«. Einige Begriffe sind nicht mit einem »Begriffsschild« versehen; manche »Begriffsschilder« werden nicht direkt von Begriffen gestützt.

»Schnee«. Das Englische hat beispielsweise keinen Begriff, der zumindest ansatzweise dem japanischen Wort *bushido* – ein Kriegskodex, der Kampffähigkeit, ein beachtliches Maß an Grausamkeit, Ästhetik und emotionaler Empfindsamkeit vereint – vergleichbar wäre.

Die Topographie jeder »Ebene«, die der »Hirnlandschaft« und die der »Wortlandschaft«, und deren Beziehung zueinander, stellt bildlich den wachsenden Kompromiß dar zwischen der Erosion der Hirnlandschaft, ausgelöst durch unmittelbare Erfahrungen, und den Weisungen einer Sprache, die vorgibt, welche Segmente und Gruppierungen mit einem Begriffsschild versehen werden sollen.[5]

Dieses Modell erzeugt ein »hirn-stationiertes« Begriffs- oder Basisregister. Will man jemandem das Gesicht einer Person mit bestimmten begrifflichen Merkmalen beschreiben, so hat er unter Umständen Mühe, diese Person auch tatsächlich zu erkennen (siehe Kapitel 6). Anstatt die Aufmerksamkeit auf das Gesicht als einheitliches Ganzes zu lenken, um dadurch weitverzweigte Verknüpfungen zwischen den vielfältigen Verbindungsmustern neuraler

272

Cluster in der Hirnlandschaft zu ermöglichen, muß in diesem Fall die ganze Energie darauf verwendet werden, das Gesicht den allgemeinen physiognomischen Erinnerungsbildern, die mit einem Begriffsschild versehen sind, anzupassen. Wohl oder übel beschreibt man das Gesicht mit Hilfe stereotyper Merkmale: »Knollennase«, »buschige Augenbrauen«, wird gelenkt von dem, was gesagt werden kann, anstatt von dem, was vorhanden ist, und vermittelt so eher einen Haufen bruchstückhafter Erinnerungsfetzen als einen ganzheitlichen Eindruck.

Wird ein neurales Cluster weitschweifig aktiviert, so mag die Aktivierungsenergie am Ausgangspunkt vielleicht nicht ganz ausreichen, einen Impuls am Kontaktpol des Begriffsschildes, mit dem es verbunden ist, auszulösen. Wie wir gesehen haben, ist es ja durchaus möglich, Wissen und Kenntnis zu haben, und zwar auf der bewußten wie auch der unbewußten Ebene, ohne dies mit Begriffen belegen zu können. Doch haben sich genügend Erregungsimpulse auf dem Kontaktpol eines Erinnerungsbildes gerichtet und fließt ein Aktivierungsstrom in dieses Epizentrum, so wird es aktiviert, und der »Begriff auf der Flagge« kann seinerseits wiederum eine ganze Kette von verbalen Beschreibungen und Assoziationen auslösen. Und sind verbale Informationseinheiten erst einmal aktiviert, so wird der gesamte aktivierte Erinnerungsspeicher ausgeschöpft. Begrenzte Aktivierung heißt demnach, daß die Aktivierungsenergie für einen Teil der »Wortlandschaft« auf Kosten anderer möglicher Aktivierungen und Veränderungen innerhalb der nonverbalen Berciche auf der Ebene der »Hirnlandschaft« gehen muß. Je mehr Aktivierungsenergie also in die Wortlandschaft »abfließt«, um damit Theorien und Erklärungen auf bewußter Ebene konstruieren zu wollen, um so weniger bleibt übrig, um andere Bereiche der »Hirnlandschaft« zu aktivieren. Ein Aktivierungsstrom, der fokussiert auf ein verbales Erinnerungsbild zuläuft, fördert in aller Regel Gedanken und Denkweisen, die ziemlich abstrakt und ohne Resonanzverbindung sind und denen wesentliche Punkte entgehen.

Vielmehr verhält es sich so, daß ein weitverzweigter Aktivierungsstrom von niedriger Stärke einem Situationsbild mehr an individuellen Resonanzverbindungen und begleitenden Konnotationen einverleibt. Je weiter die Wogen der Assoziationsmuster reichen, desto vielfältiger sind die aktivierten Bedeutungsmuster. Wahrnehmungen und Gedanken werden mit tieferer Bedeutung erfüllt, da ein Situationsbild von ganz individuellen Gemütsbewegungen durchdrungen wird: von Hoffnungen, Ängsten, Absichten und Interessen. Situationsbilder erhalten so »mehr Sinn«, und wir wissen eher, woran wir sind, wenn die so erzeugten Sinneseindrücke begründet sind und durch Gefühlserlebnisse zusammengehalten werden. Da die gedankliche Aufmerksamkeit breit gestreut ist und nur schwach ins Bewußtsein dringt, erscheinen diese Gefühlselemente nicht unbedingt im vollen Licht des Bewußtseins, doch nichtsdestotrotz gewährleistet ihre Aktivierung, daß Wahrnehmung mit Bedeutungsinhalt gefüllt wird.

Einem Situationsbild werden also gefühlte Bedeutungsinhalte einverleibt. Wenn wir eine Bedeutung, einen tieferen Sinn in uns fühlen, berührt uns das körperlich. Wir »verstehen« nicht einfach nur, wir sind vielmehr »berührt« oder »bewegt«. Viele Bedeutungsstränge, die in der Gefühlsfabrik miteinander verwoben werden, bestehen aus solch körperlich gefühlten begleitenden Vorstellungen. Im allgemeinen bringen sich innere wie auch äußere Sinneswahrnehmungen in den gesamten Aktivierungsfluß ein. Sie wirken ein auf die Aktivitätsmuster im Gehirn, und wenn diese weite Kreise ziehen, so werden alle Aktivitäten der inneren Organe und der Muskulatur sowie körperlich gefühlte *Gemütsbewegungen, Bedürfnisse oder Bedrohungen* als Einheit gesehen und einem Situationsbild einverleibt.[6]

Verengt sich dagegen der Fokus eines Aktivierungsflusses, entsteht ein abstrakteres Bild, das mehr verstandesmäßig ausgebildet ist und weniger reich an Bedeutung und Gefühl. David Gelernter, der vieles an Beweismaterial für eine bestehende Verbindung zwischen Fokus und Emotion überprüft hat, kommt zu folgendem Schluß:

> Während wir uns Schritt für Schritt stromaufwärts bewegen, nach und nach unseren Fokus erweitern oder verengen... wird unser Denken ganz unverkennbar immer empfindungsloser. Immer weniger sind wir in der Lage, unsere Erinnerungen zu fühlen; wir erleben sie kaum mehr... Das Denken verliert seine Lebhaftigkeit... Am Ende bleibt uns allein der magere Trost der Logik, um einen gewaltigen, alles durchdringenden – (aber) empfindungslosen und farblosen – Gedankenfluß zuwege zu bekommen und ihn vorwärts zu treiben.

Die Gedankengänge, die in der »Wortlandschaft« stimuliert werden können, sind im allgemeinen vermutlich aufgrund der sprachlichen Normen einer Gesellschaft viel starrer, stereotyper und festgelegter als die möglichen Assoziationsmuster in der »Hirnlandschaft«. Insofern ist es auch leichter, schöpferische Ideen intuitiv zu erkennen, als sie in Worten zu erklären – wie viele kreative Menschen auch schon behauptet haben. Und es ist viel schwerer, kulturell begründete, denkerische Annahmen, die als solches Grundmuster entsprechend in der »Wortlandschaft« fest eingefügt sind, ausfindig zu machen, ans Licht zu befördern und in Frage zu stellen.

Ein weiterer wichtiger Aspekt, der im Zusammenhang mit der Funktionsweise des Gehirns zu betrachten wäre, steht noch aus: Wie, wo und warum erzeugt es Bewußtsein? Schon allein diese Fragen so zu stellen, ist an eine wichtige Voraussetzung geknüpft: Bewußtsein *ist* ein geistiges Produkt unseres Gehirns und nicht etwa ein allgemeines charakteristisches Merkmal aller Materien oder ein Signal von irgendwoher, das vom Gehirn aufgefangen wird, so wie ein Rundfunksendesignal über ein Fernsehempfangsgerät aufgespürt und umgewandelt wird. Beide Auffassungen haben eine sehr lange Geschichte in Philosophie und Religion. Doch bei meinen Ausführungen möchte ich mich an den neurowissenschaftlichen Konsens halten, wonach Bewußtsein als Begriff verstanden wird, der mit bestimmten Tätigkeiten, die lediglich in Nervensystemen mit ganz spezieller Struktur und einem gewissen Maß an Komplexität auftreten, in Wechselbeziehung steht. Schließlich gibt es auch zur Glaubhaftigkeit für diese Ausgangsüberlegung einen hinreichenden Beweis, und der ist überwältigend. Aus eigener unmittelbarer Erfahrung wissen wir, daß Mitglieder *einer* hochentwickelten Spezies – *homo sapiens* – über ein entwickeltes Bewußtsein verfügen, wohingegen die Vorstellung, daß Amöben, Narzissen oder Kieselsteine ein Bewußtsein hätten, im besten Falle eine Mutmaßung oder Übertragung eigener Vorstellungen ist. Und wir wissen auch, daß es Schädigungen am Zentralnervensystem sind – und eben nicht an Leber oder Lunge –, die zu Veränderungen oder gar dem Verlust des Bewußtseins führen.

Sofern Bewußtsein ein charakteristisches Merkmal des Gehirns ist, ist es als sicher anzunehmen, daß es sich dabei nicht um eine Eigenheit einzelner Nervenzellen handelt. Wir sehen und denken in Form von logischen Begriffen und haben Vorstellungsbilder, die mit weitverzweigten, miteinander verwobenen Neuronengruppen und nicht mit einzelnen Zellen verbunden sind. Die Vorstellung, das Bewußtsein habe seinen Sitz an irgendeiner bestimmten

Stelle oder einer bestimmten Musterung im Gehirn, können wir ebenfalls verneinen. Alle bisherigen Versuche, eine solche spezifische, anatomische Trägersubstanz für das Bewußtsein ausfindig zu machen, haben nichts erbracht. Das sollten wir auch nicht wirklich erwarten, da wir ja wissen, daß ein einziges neurales Cluster sich über das ganze Gehirn weit verzweigt. Descartes hielt die Epiphyse, die sich im Zentrum des Gehirns befindet, für den »Sitz der Seele«, und Daniel Dennett beschreibt sie als die »Pforte zu den mentalen Lichtspielen«, wo das Bewußtsein auf eine Leinwand projiziert wird. Doch wissen wir mittlerweile zweifelsfrei, daß es keine lokalisierbare »Hauptkommandozentrale« im Gehirn gibt, wo alle eingehenden Signale hingeleitet und von wo aus alle Befehle erteilt werden.[7]

Insofern müssen wir Bewußtsein eher im Zusammenhang mit verschiedenen *Zuständen* des Nervensystems sehen als mit lokalisierbaren Bereichen. Die Frage müßte also lauten: Welche Bedingungen sind notwendig und/oder reichen aus, damit Tätigkeiten im Gehirn zu Bewußtsein werden? Das weiß keiner so genau, lautet die knappe Entgegnung. Eine Antwort auf diese Frage zu finden, ist für Neurowissenschaftler und Wissenschaftler der Kognitiven Wissenschaften die Suche nach dem »Heiligen Gral« – heute wie damals beschäftigt diese Frage Philosophen und Theologen durch alle Jahrhunderte immer wieder aufs Neue. Ein paar Anhaltspunkte gibt es dennoch. Zunächst wird Bewußtsein in Verbindung gebracht mit *Intensität*. Die Stärke oder Konzentration der Aktivierung in einem neuralen Cluster scheint eine Rolle zu spielen. Sinnesreize, die laut, hell oder furchterregend sind, ziehen unsere bewußte Aufmerksamkeit auf sich, und Stimuli, die unbewußt verarbeitet werden, können ins Bewußtsein »befördert« werden, sobald die Stärke der Empfindungen anschwillt.

Sogar »Blindsight«-Patienten sind beispielsweise in der Lage, eine Aktivität im blinden Sehfeld unmittelbar bewußt zu erfassen, sobald ein Stimulus plötzlich heller wird oder sich schneller bewegt. Bei einer anderen neurologischen Störung, der Prosopagnosie, sind die Patienten nicht in der Lage, Gesichter zu erkennen, die ihnen eigentlich geläufig sind. Zeigt man ihnen ein Bild von Prinzessin Diana, werden sie weder wissen, daß sie das Gesicht kennen, noch können sie ihm einen Namen zuordnen. Aber haben diese Patienten kurz vorher ein Bild von Prinz Charles gesehen – den sie natürlich auch nicht identifizieren konnten –, so steigen die Chancen, daß sie Diana bewußt erkennen. Auch wenn das Bild von Charles nicht über die Schwelle in ihr Bewußtsein getreten ist, so wurde es doch unbewußt erkannt, und dies reicht offenbar aus, um mit wenig Aktivierung das darunterliegende Erinnerungsbild »Diana« zündfertig aufzuladen. Und dies mag, zusammen mit der Aktivierung des Bildes von Diana selbst, die Intensität erreichen, die es braucht, um das Erinnerungsbild ins Bewußtsein zu befördern.[8]

Doch Intensität allein kann Bewußtsein nicht erklären. Auch sehr starke Stimuli können mit der Zeit ignoriert werden. Und nachweislich gibt es sogar einige Neuronen, die paradoxerweise *stärker* von unterschwelligen Reizen stimuliert werden als von bewußt wahrgenommenen. Im visuellen Bereich des Gehirns gibt es zum Beispiel Zellen, die auf einen direkt in das Auge gerichteten Lichtreiz bei einem völlig narkotisierten Tier heftiger reagieren, als wenn es hellwach ist.[9]

Eine weitere entscheidende Bedingung für Bewußtsein scheint die *Nachwirkung* neuraler Aktivität zu sein. Benjamin Libet von der University of California in San Francisco stimulierte ganz direkt den Teilbereich des Gehirns, der für die Tastempfindung zuständig ist, und fand heraus, daß selbst sehr starke Stimuli zunächst für eine Mindestzeitdauer von etwa einer halben Sekunde im Gehirn nachwirken müssen, ehe sie ins Bewußtsein gelangen. Hingegen zeigen sich Reaktionen auf unbewußte Reizverarbeitung sehr viel schneller, und die Stimuli wirken zudem viel kürzer nach.[10] Sofern es einen solchen Mindestzeitfaktor für bewußte Wahrnehmung gibt, müßte sich dies auch in der Reaktionszeit zeigen. Fordert man Testpersonen auf, von einer unbewußten Reaktionsweise in eine bewußte überzuwechseln, so zeigt sich dabei nicht etwa eine allmähliche, sondern eine sprunghafte Beschleunigung ihrer Reaktionsweise. Tatsächlich brauchen Testpersonen etwa 200 Millisekunden, um auf ein Lichtsignal hin so schnell wie möglich einen Knopf zu drücken. Sollen sie jedoch ihre Reaktionszeit um einen ganz winzigen Teil verlangsamen, macht der Sprung etwa eine halbe Sekunde aus, was eine Gesamtreaktionszeit von nahezu einer Dreiviertelsekunde ergibt. Es ist, als ob es keine Zwischenstufe gäbe: Entweder man reagiert instinktiv, oder man muß abwarten, bis sich das bewußte Denken *entwikkelt*, wie bei einer Fotografie, und dann erst reagieren.[11]

Die Gründe, weshalb der neurale Effekt eines Stimulus zur Entwicklung des Bewußtseins ausreichend lange nachwirkt, sind vielfältig. Einer liegt ganz offensichtlich in der Zeitdauer des Stimulus-Ereignisses selbst. Jedoch können starke Stimuli auch ins Bewußtsein gelangen, obwohl sie objektiv eine zu kurze Wirkungszeit hatten, und zwar einfach deshalb, weil die Intensität der Stimuli verursacht, daß die neurale Aktivität für längere Zeit nachwirkt – oder nachhallt, so wie ein gefühlvoll geschlagener Gong noch eine Weile in der Luft hängt. Auf diese Weise können wir die »Intensität«-Bedingung unter der »Nachwirkung«-Bedingung zusammenfassen. Und eine derartige Nachwirkung läßt sich nicht einfach nur auf die Stärke des Stimulus zurückführen. Wenn es zu einer bewußten Wahrnehmung kommen soll, müssen, nach Ansicht von Semir Zeki

279

vom University College in London, im Falle der visuellen Wahrnehmung zwei verschiedene Bereiche in den Hirnrindenbezirken für das Sehvermögen in der Lage sein, »einen Dialog zu führen«. Francis Grick und Christof Koch vom kalifornischen Salk Institute vertreten eine ähnliche Auffassung: Was zur Förderung des Bewußtseins gebraucht wird, ist eine Resonanzschleife, welche den Thalamus (Hauptteil) des Zwischenhirns mit dem Hypothalamus verbindet.

Ein dritter möglicher Grund liegt darin, daß zur Entwicklung des Bewußtseins das Einbringen des eigenen »Selbst« gehört, das die neurale Aktivität bis zur Schwelle des Bewußtseins verlängert, was auch mit einigen der in Kapitel 8 beschriebenen experimentellen Studien übereinstimmt. Wie wir gesehen haben, werden die Testpersonen in eine qualitativ andere, langsamere Verarbeitungsweise von Stimuli hineingestoßen, wenn man von ihnen verlangt, überlegt und bewußt und nicht instinktiv zu reagieren. Und wir haben den umgekehrten Effekt kennengelernt: Wird verlangt, auf schwache Reize schnellstmöglich zu reagieren – also sich nicht mehr sorgsam bedacht auf vorsichtige Erwägungen einer bewußten Denkweise zu stützen und umzuschwenken auf eine schnelle, unkontrollierte Reaktionsweise –, werden richtige Antworten gegeben, welche das Bewußtsein gleich widerruft, sobald es den Vorsprung des Unterbewußtseins aufgeholt hat. Aus dieser Sicht kann Sich-Bewußtsein *sui generis* auch Selbst-Bewußtsein bedeuten.[12] Sinnesreize werden uns bewußt, da sie an einen bestimmten Teilbereich des neuralen Netzwerks, an den, der unserem Selbstbild entspricht, weitergeleitet werden, es sei denn, sie sind an sich sehr stark oder lang anhaltend. Dort wird geprüft, ob sie mit unserem Empfinden übereinstimmen, mit dem, was wir zu sein empfinden, und dem unaufhörlichen Lauf der Welten, an dem wir uns als Beteiligte sehen. Dieser Prüfvorgang dauert seine Zeit, und insoweit erfüllen sich eigentlich die nötigen Bedingungen für die neurale Aktivität zur Entwicklung von Bewußtsein ganz von selbst, auch wenn sogleich weitere kritisch prüfende Vorgänge mitspielen – wie wir das am Phänomen »Perceptual Defence« gesehen haben –, sofern diese Prüfung ergeben hat, daß die eingegangene Information als bedrohlich oder nicht übereinstimmend gewertet wird.[13]

Ist ein Stimulus entweder zu kurz, zu schwach, oder paßt er nicht in das eigene Vorstellungsbild, auf das, was man zu sein glaubt, und das, was gerade passiert, so kann er dennoch eine Rolle spielen, indem er den weiteren Reaktionsverlauf im Gehirn mitbestimmt, ein eher impliziter Vorgang, der im Verborgenen abläuft und nicht explizit nach außen dringt. John Kihlstrom, einer der führenden Forscher über das kognitive Unbewußte, faßt dies folgendermaßen zusammen:

Sobald eine Verbindung entsteht zwischen der mentalen Darstellung des »Selbst« und der mentalen Darstellung eines Gegenstandes oder Ereignisses, treten Wahrnehmungen, Erinnerungen oder Gedanken ins Bewußtsein; kommt diese Verbindung nicht zustande, geschieht dies nicht. Nichtsdestotrotz können unbewußte Wahrnehmungen, Erinnerungen, Bilder, Gefühle und ähnliches weiterhin auf fortlaufende Erfahrungsmomente, Gedanken und Tätigkeiten einwirken ...[14]

Diese Verbindung von eigenem Selbst und Bewußtsein zusammen mit der Vorstellung, daß bewußtes Denken sehr viel an zeitverzehrender Resonanz- oder Nachwirkung zwischen verschiedenen Schaltkreisen im Gehirn beansprucht, führt zu der interessanten Vermutung, daß einzelne Gehirnbereiche auf einer unbewußten Ebene mit ihren Tätigkeiten fortfahren, ohne lange abzuwarten, bis sich das Bewußtsein entwickelt hat. Ein neuraler Aktivierungsstrom könnte sich zweiteilen, wobei ein Teilstrom in Resonanzverbindung mit dem Selbst steht – und somit dem Zutagetreten des denkenden Bewußtseins förderlich ist –, während der andere mit der weiteren Informationsverarbeitung in Richtung einer bewußten, überlegten Reaktion fortfährt. Diese Aufteilung macht durchaus Sinn, besonders wenn wenig Zeit ist. Unter Umständen kommt es einen teuer zu stehen, wenn man vorbereitende Maßnahmen für den Ausbau am eigenen Haus trifft, während man noch auf die formale »Planungsgenehmigung« wartet – ausgehend von der Annahme, daß sie letztendlich erteilt werden wird. Wird die Genehmigung dann doch verweigert, kann man den Plan fallenlassen, noch ehe man mit der eigentlichen baulichen Maßnahme begonnen hat. Vorausgesetzt, man hat nicht schon vor dem Startschuß losgelegt, ist nichts weiter als Planungszeit verlorengegangen. Wäre das Gehirn imstande, auf diese zweigleisige Art zu verfahren, so müßten wir die Funktionsweise des Bewußtseins neu überdenken. Fernab davon, daß es Urheber aller geistiger Tätigkeiten ist, *Quell* aller Weisungen und Entscheidungen, könnte es demnach, zumindest unter manchen Bedingungen, auch einfach nur Rückmeldungen empfangen von Entscheidungen, die eigentlich in ganz anderen Bereichen getroffen wurden.

Eine andere Studie von Ben Libet hat gezeigt, daß diese Gabelung der Gedankengänge tatsächlich vorkommt.[15] Er bat die Testpersonen, eine Hand auszustrecken und einen ihrer Finger zu bewegen, wann immer ihnen danach war. Während des Testverlaufs zeichnete er drei Zeitmomente auf. Zunächst konnte er mittels am Kopf der Testpersonen angebrachter Elektroden exakt den Moment ausmachen, in dem sich Vorläufer der neuralen Verbindungsmuster der Hirnaktionsströme zum ersten Mal bemerkbar machten (mittels EEG). Als nächstes sollten die Testpersonen

282

einen Punkt auf einer vor ihnen aufgestellten rotierenden Uhr wahrnehmen und per Fingerzeig den Moment signalisieren, in dem sie sich der Absicht, den Finger bewegen zu wollen, bewußt wurden. Und schließlich konnte Libet den Moment der physikalischen Bewegung aufzeichnen, indem er die Muskeltätigkeit im Finger maß. Er stellte fest, daß sich die willkürliche Gehirntätigkeit 350 Millisekunden – ein Drittel einer Sekunde – vor Auftreten der bewußten Absicht zu entwickeln begann, welche sich ihrerseits wiederum etwa 200 Millisekunden vor dem eigentlichen Einsetzen der Tätigkeit erkennen ließ. Diese Ergebnisse zeigen ganz deutlich, daß es das Unbewußte ist, das darüber entscheidet, was wann zu tun ist. Das, was wir als bewußte Absicht erleben, ist eine bloße *post-hoc*-Bestätigung dessen, was bereits in Gang gesetzt worden ist. Das Bewußtsein erhält eine Art »überprüften Begleitschein«, den es dann vorlegt, als wäre es der Original-Auftragszettel.

Der »Wille«, oder auch der »freie Wille«, scheint aufgrund dieser experimentellen Belege eher dem Gehirn als dem Bewußtsein zuzugehören. Doch heißt dies nicht, daß das Bewußtsein ohne jegliche Funktion ist. Sofern bewußtes Denken verbunden ist mit einem Kontrollvorgang, der eine Situation nach eventuell versteckten Gefahren für das eigene Selbst absucht, kann das Bewußtsein auch in Funktion treten, um Handlungen und Erfahrungen zu hemmen, die mit der Wertung »riskant« an das Gehirn weitergeleitet werden. Es dient also nicht nur dazu, Handlungen anzutreiben und Handlungsweisen zu erdenken. Das Aufspüren von Unregelmäßigkeiten oder Gefahren, ob echt oder eingebildet, kann auf einen Einspruch hinauslaufen, welcher die Ausführung des entstehenden Plans verhindert, ehe es zu spät ist und es »kein Zurück« mehr gibt. Der Psychologe Richard Gregory hat die Vermutung angestellt, daß wir keinen »freien Willen«, sondern einen »freien Nicht-Willen« haben.

Dies führt uns zu folgender Frage: Wozu haben wir ein Bewußtsein? Am meisten sind uns die Dinge bewußt, die uns gefährlich oder bedrohlich werden können, es sei denn, das Gefühl der drohenden Gefahr ist so groß, so bedrohlich an sich, daß die unmittelbare Erfahrung verhindert wird, wie beispielsweise bei hysterischer Erblindung, traumatischer Amnesie oder psychopathologischen Verdrängungsmechanismen. Wo die erste, unbewußte Wertung der Situation als »sicher« und »vertraut« gemeldet wird, besteht kein Grund, sich damit aufzuhalten – kein Grund, diese Meldung an das Selbst für weitere Tests zu übermitteln. Der Aktivierungsstrom fließt zu schnell, als daß die Bedingung der Nachwirkung, die der bewußten Wahrnehmung vorausgeht, erfüllt werden würde. Doch gibt es bereits eingangs Zweifel, so wird der Aktivierungsstrom am Weiterfließen gehindert, damit eine Resonanzverbindung entstehen kann zwischen der jeweiligen Situation und den Dringlichkeitsstufen und Kontrollvorgängen des Selbst, um so weitere Informationen sammeln oder Verbindungsmuster aktivieren zu können. Lautet das Ergebnis »alles klar«, kann der Vorgang ungehindert weiterlaufen. Wird eine drohende Gefahr entdeckt, können diese Kontrollmechanismen Retter in der Not sein.

Aus dieser Sicht tritt denkendes Bewußtsein als etwas grundsätzlich Unsinniges und Wißbegieriges in Erscheinung, da wir uns dessen bewußt werden, was zuvor ja einer wirksamen und gründlichen Untersuchung auf Bedeutung und Wichtigkeit unterzogen wird. Wie aus Fachkreisen der Kognitiven Wissenschaften verlautet, wird fokussiertes denkendes Bewußtsein, der Lichtstrahl der Gedanken, in erster Linie assoziiert mit prekären Situationen, wenn man in der Klemme steckt und demzufolge auch mit allen Denkvorgängen, die sich daraus ergeben – Untersuchung der Sache, Treffen von Feststellungen und Lösungen finden.[16] Gibt irgendeine Teilinformation aus einem Gesamteindruck Rätsel auf und konzentrieren sich daher große Aktivierungskräfte in den entsprechenden Resonanzbereichen des neuralen Netzwerkes, so können die Merkmale einer prekären Situation – was *ist* das eigentlich dort draußen (oder hier drinnen)? – vollständiger erfaßt und eine angemessene Reaktion herbeigeführt werden. Befindet man sich in Bedrängnis oder ist man gänzlich in Anspruch genommen, ist der daraufhin aktivierte proportionale Anteil der (begrenzten) Wissensquellen des Gehirns unter Umständen so groß, daß andere konkurrierende Tätigkeiten zeitweilig eingestellt werden – wir frieren oder halten den Atem an. Bewußtsein – so wurde bereits angedeutet – trat in der Evolution ursprünglich nur in Erscheinung im Zusammenhang mit einer fokussierten, hemmenden Reaktion auf drohende Gefahren und Unsicherheiten.

Diese Auffassung entspricht nicht der wirklichkeitsnahen Ansicht, wonach das Bewußtsein Regierungssitz des menschlichen Geistes ist, Schauplatz der »Realität«. Angesichts dieser Erkenntnisse scheinen eigentlich zwei Grundgedanken naheliegend. Zunächst sagt uns der gesunde Menschenverstand, daß Bewußtsein das ist, auf das wir vertrauen können, daß die Welt *ist*, wie sie zu sein scheint. Ergebnisse der Hirnforschung hingegen sagen, im Bewußtsein manifestiert sich nicht das, was sicher ist, sondern das, was in Zweifel steht. Fokussiertes Bewußtsein wird in Verbindung gebracht mit solchen geistigen Tätigkeiten, *welche üblicherweise als schwierig und heikel eingestuft werden.* Was auch immer im Mittelpunkt unserer bewußten Aufmerksamkeit steht, befindet sich dort, weil an dessen Sinn, Bedeutung und Interpretation Zweifel bestehen. Gedankliches Verweilen bei einer Sache kann uns zu umfassender, »wahrhaftigerer« Erkenntnis führen, doch ist dies das Ergebnis von Sich-Bewußt-Sein und nicht die oberste Voraussetzung.

Der zweite Grundgedanke ist der, daß Bewußtsein *per se* nicht wirklich etwas *tut*. Vielmehr begleitet es und ist insofern charakteristisch für einen speziellen Verarbeitungsvorgang des Denkapparates Gehirn als Ganzes gesehen: Es schaltet sich ein, wenn fortlaufende Einwirkungen am Weiterfließen gehindert werden, lenkt die besorgte Aufmerksamkeit auf die Ursache dieser Unterbrechung, alle neuralen Teilsysteme warten ruhig und bedacht auf weitere Informationen, vorrangige Stellenwerte werden noch einmal überdacht, und es wird über neue Absichten informiert. Dies sind die besonderen Umstände, unter denen der Denkapparat Gehirn denkendes Bewußtsein »generiert«. Angestrengtes Koordinieren und Verstärken von Aktivierungskräften schaffen die Voraussetzungen für das Sichtbarwerden von Bewußtsein. Denkendes Bewußtsein begleitet eine ganz spezielle und äußerst nützliche Denkweise, auch wenn es selbst keine verantwortliche Funktion für den eigentlichen Ablauf der Denkvorgänge hat. Auch diese Formulierung schreibt dem denkenden Bewußtsein Einflußkräfte zu, die es eigentlich gar nicht hat. Wenngleich ich bereits angemerkt habe, daß wir durch unser Bewußtsein auch einen »freien Nicht-Willen« haben, denn der Vorgang, der letztlich eine Handlung verhindert oder Erkenntnisse hervorbringt, wird vom Gehirn selbst ausgeführt. Sogar das innere »Selbst« ist dabei nur ein Teilsystem unter vielen in der gesamten neuralen Struktur des Gehirns – das System, das bestimmt, welche Informationen als »drohende Gefahr« oder als »Bedürfnis« zu werten sind, und das alle Erfahrungsmomente demgemäß filtriert.

Die Vorstellung, daß das Gehirn intelligente Tätigkeiten selbst ausübt und daß das Bewußtsein *per se* keinerlei kognitive Funktionen erfüllt, kann ziemlich verwirrend sein, da es scheint, daß »uns« bisweilen überhaupt nichts mehr zu tun bleibt. Doch wollen wir einen freieren Zugang zu den langsameren Erkenntnisweisen erlangen, so ist dieses beunruhigende Gefühl, überflüssig und entbehrlich zu sein, wohl der Preis, den wir bezahlen müssen. Mit Sicherheit sind viele Neurowissenschaftler fest davon überzeugt, daß das physikalische Gehirn *alles* ist, was zur Erklärung menschlicher Intelligenz nötig ist. Patricia Churchland, eine der selbsternannten »Neurophilosophen« vertritt diese Ansicht sehr überzeugt. Sie schreibt:

> Das Grundprinzip für einen (Neurowissenschaftler) lautet... es gibt kein kleines Männchen im Gehirn, das auf eine innere Mattscheibe »sieht«, eine innere Stimme »hört«... Gründe gegeneinander abwägt, entscheidet, was zu tun ist, und so fort. Es gibt nichts als Neuronen und Neuronenverbindungen. Wenn jemand sieht, so geschieht dies, weil Neuronen, einzelne blinde und dumme Neuronen, gruppenweise auf zweckdienliche Art und Weise orchestriert werden... In einer entspannten Gemütslage sehen wir in Wahrnehmungen, Denkvorgängen, Kontrollmechanismen und so weiter noch immer ein Urbild von einem »Selbst« – ein sehr begabtes, intelligentes Selbst –, welches wahrnimmt, denkt und kontrolliert. Es macht einige Mühe, im Gedächtnis zu behalten, daß die Intelligenz des Gehirns nicht mit der Intelligenz eines inneren Selbst zu erklären ist, sondern allein mit der Funktionsweise der neuronalen Denkmaschinerie, welche das Gehirn selbst ist... Auf die eigene Person bezogen, scheint es natürlich ziemlich verletzend und schockierend, daß die eigene Intelligenz nichts weiter als das Resultat wohlorchestrierter Dummheit sein soll.[17]

Vielleicht hat man sich ja zu sehr mit den Denkrichtungen und Bewertungen der D-Denkweise identifiziert und fühlt sich lediglich deshalb bei dieser Vorstellung unbehaglich.

Um dieses unbehagliche Gefühl zu zerstreuen, muß man vielleicht nur die enge Definition von Intelligenz erweitern, um das Gehirn dem Geist wieder einzuverleiben.

KAPITEL 11

Aufmerksamkeit empfinden

Eines Tages kam ein Mann zu Zen-Meister Ikkyu:
»Meister, bitte, würdest du mir ein paar Regeln zur Erlangung höchster Weisheit niederschreiben?« Ikkyu nahm sogleich seinen Pinsel und schrieb das Wort »Aufmerksamkeit«. »Ist das alles?« fragte der Mann, »oder fügst du noch was hinzu?« Ikkyu schrieb sodann zweimal hintereinander: »Aufmerksamkeit, Aufmerksamkeit«. »Nun«, bemerkte der Mann ziemlich gereizt, »ich kann darin beileibe nicht viel an Tiefsinn oder Weitblick erkennen.« Ikkyu schrieb dieselben Worte erneut nieder, dreimal hintereinander: »Aufmerksamkeit, Aufmerksamkeit, Aufmerksamkeit«. Erzürnt fragte der Mann: »Was soll das überhaupt heißen ›Aufmerksamkeit‹?« Und Ikkyu antwortete sanftmütig: »Aufmerksamkeit heißt Aufmerksamkeit.«

Philipp Kapleau Roshi

Bewußte Wahrnehmung ist kennzeichnend für die D-Denkweise. Sie hat die Aufgabe, die über die Sinne ankommenden Informationen solange zu prüfen, bis sie erkannt sind, kategorisiert und begrifflich benannt werden können. Bis feststeht, um was es sich »dort draußen« handelt – einen »Verkehrsstau« oder einen »Politiker« – oder um was es sich »hier drinnen« handelt – um »Traurigkeit« oder »Kopfschmerz«. Ist die Beurteilung dann abgegeben, hat die bewußte Wahrnehmung ihre Aufgabe erfüllt, und das Interesse verschiebt sich mit dem Gedankenfluß. Es gilt nun herauszufinden, welche Schlüsse die festgestellte Situation zuläßt und was getan werden kann. Ist die »Blitz«-Aufnahme richtig und passend, stützt sich der weitere Gedankengang auf ein fest verankertes Fundament. Doch solch ein kurzer Weg zur bewußten Wahrnehmung birgt immer auch die Gefahr, daß Informationen vernachlässigt werden, die auf den ersten Blick unbedeutend scheinen, welche aber, wäre die gedankliche Aufmerksamkeit weniger voreilig abgelenkt worden, durchaus ihre Wichtigkeit und ihren Wert hätten beweisen können. Die D-Denkweise bestimmt, in welche Richtung die gedankliche Aufmerksamkeit weiterentwickelt werden soll, doch ist sie dafür nicht immer unbedingt die geeignetste. Die D-Denkweise hat ihre ganz eigene Art, sich den Dingen zu widmen. Bleiben wir aber in ihr verhaftet, so schieben wir womöglich vorzeitig und unbeabsichtigt genau die Informationen, die wir brauchen, als unnütz beiseite. Mitunter kann man sich über einen langsameren, bedächtigeren Weg eine genauere Vorstellung von der Situation machen und kommt folglich zu besseren Erkenntnissen. Geht es darum, so gut es geht, in eine Sache Einblick zu gewinnen, müssen wir vom High-Speed-Scanner-Programm der D-Denkweise umschalten und eine langsame und besonnene Haltung einnehmen, die es den Eindrücken der äußeren Welt erlaubt, ausführlicher für sich selbst zu sprechen. Dieses Kapitel befaßt sich mit vier verschiedenen Arten von gedanklicher Aufmerksamkeit oder »langsamem Erkennen«: Erkennen und Feststellen, Konzentration auf die innere Verfassung, poetische Sensibilität und kognitives Bewußtsein.

Die Angewohnheit, sich die Dinge ganz genau und geruhsam in allen Einzelheiten zu betrachten – und wirken die einzelnen Informationsfetzen noch so unscheinbar und unbedeutend –, zeichnet erfahrene Fachleute aus allen Sparten der Kunst, des Handwerks und sonstiger Berufe aus, urbildlich den Jäger. Ein kundiger Jäger kann an einem abgeknickten Ästchen, einer Feder oder einem Stück vertrocknetem Kot erkennen, um welches Tier es sich handelt, wie alt es ist und in welchem Gesundheitszustand es sich befindet. Und das macht er auf scheinbar ganz beiläufige, geruhsame Art, bei der all diese einzelnen Informationsfetzen im geistigen Wissens- und Erfahrungsspeicher größtenteils unbewußt mitschwingen können. Man kann einen Fährtensucher unmöglich zur Eile antreiben. Jedem Detail wird Zeit gegeben, einen Kern zu bilden, ein Epizentrum im Gehirn, von dem aus Verbindungen mit zusätzlichen Bedeutungsmerkmalen geknüpft werden, die sich sodann zu einem zusammenhängenden Erinnerungsbild eines Tieres und seiner Spur verdichten. Carlo Ginzburg schließt in einer interessanten Abhandlung über »Spuren« auf folgendes: Ein dicht am Boden kauernder Jäger, welcher die Spuren seines verfolgten Wilds untersucht, ist wohl mit der urältesten Tätigkeit in der Geschichte der vernunftbegabten Menschheit beschäftigt.[1] Dasselbe gilt für viele andere Leistungen heimischer Kenntnisse: Ein sachkundiger Blick erkennt ein kränkliches Pferd am Aussehen der Fesselgelenke, einen aufziehenden Sturm, wenn sich der Wind dreht, eine Laichwanderung von Lachsen an einer leichten, kaum wahrnehmbaren Wellenbewegung im Fluß oder eine feindliche Absicht an einem leichten Zusammenkneifen der Augen. Dabei handelt es sich jedes Mal um einen hochintelligenten Vorgang, bei dem eine ganze Ansammlung von uraltem Wissen und Erfahrungswerten zum Einsatz gelangt. Unter dem geübten Auge und mit wenig, wenn überhaupt, bewußtem Nachdenken bildet sich dieses Wissen langsam aus.

Bei diesem Vorgang, wo Wissen und Erfahrung aufmerksam mitschwingen, wird Erkenntnisvermögen nicht zum Gegenstand expliziten bewußten Denkens. Vielmehr geht es implizit in sich selbst auf, begreift die Situation als ein zusammenhängendes Ganzes. Es gibt die berühmt-berüchtigte Geschichte von einem altgedienten Fabrikkesselboiler, der eines Tages seinen Geist aufgab, und dem alten Mann, der ihn reparieren sollte. Er spazierte um das windungsreiche Röhrenwerk herum, summte leise vor sich hin, legte dann und wann das Ohr an einen Hahn oder eine Lötnaht, nahm einen Hammer aus seiner Werkzeugtasche und schlug einmal fest auf eine der hintersten Ecken. Der Boiler stieß einen dumpfen Seufzer aus, rumpelte kurz und lief wieder. Der alte Mann stellte eine Rechnung über 300 Pfund aus, was dem Firmenchef übertrieben hoch erschien. Er sandte die Rechnung an den alten Mann zurück mit der Bitte, die einzelnen Posten doch aufzulisten. Das tat dieser und schickte die Rechnung retour. Darauf stand:

Für den Hammerschlag: 50 Pence
Für das Wissen, wohin zu schlagen ist: 299 Pfund, 50 Pence

Ähnliches trug sich zu, als der Maler J. M. Whistler im Verfahren gegen John Ruskin vom Richter gefragt wurde, wie er es eigentlich habe wagen können, 350 Pfund für eine »Nocturne« zu verlangen, an der er nur wenige Stunden gemalt hatte. Whistler gab zur Antwort, das Honorar sei nicht für das Gemälde gewesen, sondern für die »Erfahrung eines ganzen Lebens«.

Im ausgehenden 19. Jahrhundert entstanden drei neue Berufsgruppen, die sich ausdrücklich auf die Kunst verlegten, Spuren zu lesen: Experten zur Echtheitsbeglaubigung von Kunstwerken, Detektive und Psychoanalytiker. Mitte der siebziger Jahre des 18. Jahrhunderts entwickelte Giovanni Morelli eine Methode, mit Hilfe derer man Originalgemälde von Kopien und Fälschungen unterscheiden konnte. Sie basierte nicht auf der Gesamtkomposition oder der Zeichenkunst, sondern auf der Ausführung solcher winziger Details wie Ohrläppchen oder Fingernägel. Gerade in diesen unscheinbaren Kleinigkeiten, so stellte Morelli fest, wenn sowohl »Meister« wie Kopist »unachtsam« waren, zeigen sich die Unterschiede in der angewandten Technik am allerdeutlichsten. So wie die persönliche Note in einer unleserlichen Unterschrift und nicht in einem steifen Schriftzug steckt, sind es auch hier genau diese nachlässig ausgearbeiteten Kleinigkeiten, welche die persönliche Handschrift des Künstlers verraten – allerdings nur dem geübten Auge. Genau wie der Jäger sollte der Spurensucher auch hier ein wachsames Auge auf bedeutungsvolle Hinweise der einzelnen Informationsfetzen und Randerscheinungen haben.

Morelli hat die Entwicklung der »detektivischen Wissenschaften« stark beeinflußt, die auch in der neu entstandenen literarischen Gattung der Detektivromane ihren Ausdruck fand. In Frankreich machte Ende der siebziger Jahre des 18. Jahrhunderts der Romanschriftsteller Gaboriau auf sich aufmerksam und in England wenig später auch der weltberühmte Sir Arthur Conan Doyle mit seinen Sherlock-Holmes-Geschichten. In einer seiner »Monsieur-Lecoq-Geschichten« kontrastiert Gaboriau den neuartigen Ansatz zur Aufdeckung eines Verbrechens mit der »antiquierten Praxis« des alten Polizisten Gevrol, »der sich mit äußeren Tatumständen aufhält, und deshalb keinen Schritt weiterkommt«.[2] In der Sherlock-Holmes-Geschichte »Die Pappschachtel« hingegen, die mit dem rätselhaften Eintreffen eines Postpakets mit zwei frisch abgeschnittenen menschlichen Ohren im Haus einer »unschuldigen, alleinstehenden Dame« beginnt, »morellisiert« Holmes buchstäblich. Dr. Watson berichtet: »Holmes hielt inne, und indes ich mich umblickte, sah ich mit Erstaunen, daß er mit außergewöhnlicher Aufmerksamkeit auf das Profil der Lady starrte.« Holmes erklärt später:

Sie müssen wissen, Watson, es gibt keinen Körperteil, der bei jedem Menschen so grundverschieden ist wie das menschliche Ohr... Ich hatte deshalb die Ohren in der Schachtel mit den Augen eines Fachmannes betrachtet und mir die anatomischen Eigenheiten genau gemerkt. Stellen Sie sich vor, wie erstaunt ich war, als ich beim Blick auf Miss Cushing gewahr wurde, daß ihr Ohr zu dem weiblichen Ohr, welches ich gerade inspiziert hatte, ganz genau paßte... Sogleich erkannte ich die Bedeutsamkeit dieser Beobachtung. Es lag auf der Hand, daß das Opfer eine Blutsverwandte war und sehr wahrscheinlich eine sehr nahe.[3]

Auch Sigmund Freud wurde bei der Entwicklung seiner psychoanalytischen Methoden von Morelli und vermutlich auch von Conan Doyle beeinflußt. Freud soll mit einem seiner Patienten, dem sogenannten Wolfsmann, über seine Begeisterung für Sherlock-Holmes-Geschichten gesprochen haben. Und zweifelsohne hatten ihn Morellis Techniken schon viel früher fasziniert, mindestens zehn Jahre, bevor er als Begründer der Psychoanalyse seine Werke zu veröffentlichen begann. In »Der Moses des Michelangelo«, einer kurzen Abhandlung aus dem Jahre 1914, schreibt Freud rückblickend über diesen Einfluß:

Lange bevor ich etwas von der Psychoanalyse hören konnte, erfuhr ich, daß ein russischer Kunstkenner, Ivan Lermolieff (ein Pseudonym von Morelli),... Kopien von Originalen mit Sicherheit unterscheiden lehrte... Er brachte dies zustande, indem er vom Gesamteindruck und von den großen Zügen eines Gemäldes absehen hieß und die charakteristische Bedeutung von untergeordneten Details hervorhob,... die doch jeder Künstler in einer ihn kennzeichnenden Weise ausführt... Ich glaube, sein Verfahren ist mit der Technik der ärztlichen Psychoanalyse nahe verwandt. Auch diese ist gewöhnt, aus gering geschätzten oder nicht beachteten Zügen, aus dem Abhub – dem »refuse« – der Beobachtung, Geheimes und Verborgenes zu erraten.[4]

In diesem Zusammenhang ist es interessant, die veränderte Einstellung der medizinischen Diagnoseverfahren im Laufe der letzten 200 Jahre zu beobachten. Dem Prozeß des Entdeckens und Identifizierens von Krankheiten fehlt heutzutage häufig dieses geruhsame Mitschwingen von aufmerksamer Beobachtung im Wissen und in der Kenntnis lebenslanger Erfahrungen. In der heutigen Zeit trifft ein moderner Allgemeinmediziner in den zu behandelnden Fällen blitzschnelle Entscheidungen, und zwar entweder im Hinblick auf die Eigenart einer Krankheit oder auf weitere sachliche »wissenschaftliche« Untersuchungen. Er ist heute so gehetzt und so begeistert von der modernen Technologie – wie wir alle – und der technologischen Denkweise, daß er sich im allgemeinen lieber auf einen maschinengefertigten Befund verläßt als auf eine ausführliche klinische Beurteilung. Technisches Gerät liefert uns »echte Erkenntnisse« über den Patienten, wohingegen uns der Arzt, der Ärmste, außer seinem »Gutachten« nicht viel Handfestes bieten kann. Sich auf die eigene Intuition, die weiß, wie der Hase läuft, zu verlassen, scheint zunehmend »subjektiv«, riskant und altmodisch. Der Medizinhistoriker Stanley Reiser sieht dies so:

Ohne zu begreifen, was eigentlich passiert ist, hat der Arzt seine unzulängliche Anknüpfung an subjektive Befunde nach und nach aufgegeben... nur um sie durch eine eifrige Hingabe an technologische Befunde einer Untersuchung zu ersetzen... Somit hat er nurmehr die eine partielle Bestandsaufnahme einer Krankheit gegen eine andere ausgetauscht. Da der Arzt seiner Diagnose vermehrt technologisch erstellte Befunde zugrunde legt, nimmt er seinen Patienten auch immer mehr indirekt über Bild- und Röntgenschirme und durch die Brille eines Facharztes wahr; somit gibt er auch die Kontrolle über den vollständigen diagnostischen Prozeß aus der Hand. Diese Umstände entfremden ihn wohl oder übel von seinem Patienten *und von seiner eigenen Beurteilung.*[5]

Doch war der Arzt in der Medizingeschichte schon immer eher ein Fährtensucher oder ein Detektiv als ein Techniker. Und sogar in heutiger Zeit finden sich immer wieder bemerkenswerte Beispiele von aufmerksamer, mitschwingender Intuition in der praktischen Arbeit eines Arztes. In Fachkreisen erzählt man sich, wie der Leibarzt des Dalai Lama, Yeshi Dhonden, der Yale Medical School einen Besuch abstattete. Er gab der versammelten Mannschaft skeptischer westlicher Ärzte eine eindrucksvolle Demonstration traditionellen tibetischen Diagnoseverfahrens, indem er eine Patientin untersuchte, deren Krankheitsbefund ihm vorenthalten wurde. Als er an ihr Bett trat, stellte er keine Fragen, er sah sie nur unverwandt an, etwa eine Minute lang, dann nahm er ihre Hand und fühlte den Puls. Richard Selzer war einer der anwesenden Ärzte und berichtet:

Er hatte den Puls gleich gefunden, und die nächste halbe Stunde behielt er diese Stellung bei, schwebte über der Patientin wie ein exotischer goldener Vogel mit angelegten Flügeln, fühlte den Puls der Frau unter seinen Fingern und wiegte ihre Hand in der seinen. All die Kraft dieses Mannes schien hinabgezogen worden zu sein auf diese eine wesentliche Sache – Pulsfühlen zum Ritual erhoben... seine Fingerspitzen empfingen die Stimme ihres kranken Körpers durch den Rhythmus und das Pochen, eine Stimme, die sie über ihr Handgelenk äußerte. Mit einem Male war ich neidisch – nicht auf ihn, auf Yeshi Dhonden, nicht auf seine Gabe der Schönheit und Heiligkeit, nein, auf sie. Auch ich möchte so gehalten werden, so berührt werden, *empfangen* werden. Und ich wußte, daß ich, der ich schon Hunderttausende von Pulsen getastet habe, keinen einzigen wirklich gefühlt habe.

Schließlich legte Yeshi Dhonden die Hand der Frau wieder nieder. Er ging zu einem Behälter mit einer Urinprobe der Patientin, rührte kräftig um und atmete den Geruch dreimal tief ein. Seine Untersuchung war zu Ende. Und er hatte noch immer kein Wort gesagt. Seine Diagnose, wie auch immer sie lauten würde, war also einzig und allein auf seine lang anhaltende Aufmerksamkeit gegründet, die er dem äußeren Erscheinungsbild, dem Sich-Anfühlen und dem Geruch des kranken Körpers widmete. Zurück im Konferenzraum, gab ein junger Übersetzer Yeshi Dhondens Befund in seltsam poetischen Worten bekannt. »Lange, lange Zeit, bevor sie geboren wurde, kam ein Wind und blies zwischen den Herzkammern einen weit hineinreichenden Eingang auf, der niemals geöffnet werden darf. Hier hindurch steigt der hohe Wasserstand ihres Flusses an – so wie im Frühjahr das Wasser aus den Gebirgen wasserfallartig herabstürzt, die Erde losschlägt und losklopft – und flutet ihren Atem.« Schließlich verriet der fachärztliche Gutachter der Patientin seine Diagnose: »Kongenitale Herzkrankheit: intraventricularer, septaler Defekt mit resultierender Herzlähmung«. Wenn Yeshi Dhonden nicht einfach Glück gehabt hatte oder vielleicht doch heimlich vorab informiert worden war, so können wir der Schlußfolgerung des anfänglich skeptischen Selzer beipflichten, daß Dhonden einfach »den Klängen des Körpers lauschte, wofür unsereiner taub ist«. Indem sein Geist durch Praktiken der Meditation zur Ruhe gekommen ist, sieht, hört, fühlt und riecht er, *ohne zu denken,* versucht nicht irgend etwas zu verstehen, läßt sich viel mehr Zeit, all die Sinnesempfindungen langsam in sich eindringen zu lassen, sie in die entlegensten Ecken seines großen und weiten, unartikulierten Wissens- und Erfahrungsspeichers aufzunehmen, bis sie zurückkommen und seinem Bewußtsein Bilder und Symbole übergeben, die dem Ganzen einen Sinn verleihen.[6]

297

Diese Art der Enthüllung beweist sich unter bestimmten Voraussetzungen als Schritt in die richtige Richtung. Es muß ein Problem geben, das sich genau formulieren läßt – etwa: Wie lange ist es her, daß die Pferde vorbeikamen? Wer hat die Bombe gelegt? Woher kommt das Fieber? –, zu dem die Antwort aber nicht auf der Hand liegt. Man braucht also »Spuren«: Informationsteile, deren Bedeutung oder gar Vorhandensein nicht sogleich erkennbar sind. Und das funktioniert mit einem Geist, der über einen reichhaltigen Informationsspeicher voll möglicher sachdienlicher Daten verfügt, wovon vieles passives, auf Erfahrung gegründetes Wissen ist und nicht klar artikuliertes. Diese Art der Aufdeckung verlangt zudem eine spezielle mentale Denkweise, in welcher man geistig bei Details verweilen kann, zunächst ohne zu wissen, was ihre Bedeutung sein könnte, so daß langsame Aktivierungsbewegungen im Gehirn mögliche bedeutsame Verbindungen aufdecken können. Ohne dieses geruhsame Nachsinnen wird es zwischen Spuren, Problem und Informationsspeicher nicht zu der fruchtbaren Verbindung kommen, die sichtbar werden läßt, welche Art von Beziehung unter diesen drei Faktoren besteht.

Ein erfolgreicher Detektiv schult sein Bewußtsein auf die äußere Welt, um eine Bedeutung in den kleinsten Einzelheiten zu finden. Der zweite wirksame Weg, Aufmerksamkeit auf etwas zu richten, ist ähnlich, doch wird das Bewußtsein hier nach innen gerichtet, auf die fast unmerklichen Tätigkeiten und Eingebungen des eigenen Körpers. Die Fähigkeit, »auf den Körper zu hören«, ist sehr hilfreich, um Einblick zu erlangen in das gesamte Spektrum persönlicher Beschwerden und gesundheitlicher Verfassungen. Diese Fähigkeit wurde von Eugene Gendlin, einem amerikanischen Psychotherapeuten, mit dem Begriff *focusing* belegt. In den sechziger Jahren waren Gendlin und Kollegen an einem großangelegten Forschungsobjekt beteiligt, um herauszufinden, warum einige Leute in psychotherapeutischer Behandlung gute Fortschritte machten und andere nicht, egal, wer der Therapeut war oder was er unternahm. Nachdem sie Tausende von Stunden damit zugebracht hatten, Tonbandaufzeichnungen aus Sitzungen zu analysieren, enträtselte Gendlin die magische Ingredienz, die Zauberwurzel, welche die weitere therapeutische Entwicklung bereits in der ersten oder zweiten Sitzung prognostizierte. Es kam nicht auf die therapeutische Schule oder Technik des Therapeuten an und anscheinend auch nicht auf das, was gerade Thema der Sitzung war, sondern vielmehr auf die spontane Reaktion der Patienten, darauf, sich in gewisser Hinsicht mit ihren eigenen Erfahrungen in Beziehung zu bringen. Taten sie dies, machten sie gute Fortschritte, ansonsten nicht.[7]

Erfolgreiche Patienten waren diejenigen, die immer mal wieder ganz spontan aufhörten zu reden, die vom bewußten, überlegten Denken, Analysieren, Erklären und Theoretisieren abließen und ganz ruhig dasaßen, während sie allem Anschein nach ihre Aufmerksamkeit den inneren Vorgängen widmeten, die zu diesem Zeitpunkt noch nicht klar und deutlich formuliert werden konnten. Sie lauschten auf etwas in ihrem Inneren, wofür sie noch keine Worte fanden. Sie verhielten sich, als ob sie darauf warteten, daß etwas ziemlich Verschwommenes doch Gestalt annehmen würde, ein vorsichtig tastender Versuch, die richtigen Worte zu finden. Häufig dauerte dieser Vorgang der stillen Empfänglichkeit etwa 30 Sekunden, mitunter auch länger. Wenn sie dann anfingen zu reden, mit Mühe Worte fanden für das, was sie gerade dumpf und schwach gefühlt hatten, sprachen sie, als ob ihre heraufdämmernde Erkenntnis neu und frisch und nur ein vorsichtig tastender Erklärungsversuch wäre – völlig anders als das oft vorausgegangene müde und matte Beteuern von Beschwerden oder Schuldgefühlen.

Gendlin nannte diesen verschwommenen Schatten, auf den die Patienten nun ihre Aufmerksamkeit richteten und den sie langsam fruchtbare Gestalt annehmen ließen, *felt sense,* einen *erfühlten Sinn,* und dieser hatte nichts gemein mit einer bewußten Gedankenkette und auch nicht mit der Sinneserfahrung einer bestimmten Gemütsbewegung oder Gefühlsregung. Gedanken, Erinnerungsbilder und Gefühle schienen aus dem inneren Nährboden zu kommen und Gestalt anzunehmen, sobald den Patienten dazu Zeit gelassen wurde und sie ihre spontane Aufmerksamkeit darauf richten konnten. Wie es schien, mangelte es dennoch vielen an dieser Fähigkeit und vielleicht auch an der bereitwilligen Geduld, die Dinge sich auf diesem Wege entfalten zu lassen. Viele stoppten diesen Entwicklungsprozeß bereits vorab, da sie es eilig hatten, Antworten zu finden, zeichneten ein Bild des Problems, das ihnen nichts Neues sagte, ihnen auch kein Gefühl der Erleichterung verschaffte oder die Empfindung, irgendwie weitergekommen zu sein.

Gendlin fand heraus, daß der *erfühlte Sinn* sich nicht im Kopf, sondern im Zentrum des Körpers bildet, irgendwo zwischen Hals und Bauch. Bewußtsein ist ein *körperlicher* Zustand, und sowie es ihm erlaubt wird, sich zu bilden, sowie es gehört worden ist und korrekt in einem Satz oder einem Bild eingefangen wurde, zieht es ein entsprechendes körperliches Gefühl der Erleichterung und der Entspannung nach sich. Es ist, als ob sich ein unartikulierter Teil der Persönlichkeit plötzlich verstanden fühlt – ein wenig so wie ein betrübtes Kind – und mit einem Seufzer der Erleichterung antwortet: »Ja, genau. Genau so ist es. Du hast's verstanden. Danke.« Sobald diese »erfühlte Veränderung« passiert, gibt das vorherige Gefühl der Sperre nach. Kehrt man jetzt noch einmal ruhig und gelassen zu diesem *erfühlten Sinn* zurück, so wird man merken, daß er bereit ist, noch ein wenig mehr zu erzählen, noch ein wenig mehr preiszugeben.

Beim Fokussieren kreisen die Gedanken um ein bestimmtes Problem, man überlegt: »Was soll die ganze Sache eigentlich?« und zieht sich dann *still* zurück. Ungefähr in der folgenden halben Minute, während man das Bewußtsein darüber im Körper festhält, bildet sich ein körperliches Gefühl der »ganzen Sache«, welches zunächst nicht in einzelne bedeutungstragende Einheiten segmentiert ist und deshalb auch nicht über Sprache artikuliert werden kann. Die übliche, von der D-Denkweise dominierte Neigung, schnell und voreilig Schlüsse zu ziehen, sich so schnell wie möglich klar und einleuchtend eine Erklärung zurechtzulegen, wird in das genaue Gegenteil verkehrt. Die Antworten der D-Denkweise, die in aller Regel nicht lange auf sich warten lassen und sich gerne einen gelehrten Anstrich mit der Note »genau-so-ist-es-offenbar« geben, werden schlichtweg ignoriert.[8] Doch wie weiß man, ob man *focusing* auch richtig betreibt? Gendlin zufolge merkt man dies an einem unsicheren Gefühl, man ist sich nicht sicher, ob man es richtig macht – eben weil man noch nicht zu *sagen* vermag, was genau da ist. »Der Körper ist weiser als all unsere bewußten Gedanken«, so Gendlin, »denn er zählt sie allesamt zusammen und noch mehr dazu. Er zählt all die Begleiterscheinungen und unwichtigen Einzelheiten, die wir fühlen, hinzu. Die Gesamtsumme, das Ganze, erhalten wir, wenn wir es zulassen, daß irgendwo in uns drinnen ein erfühltes Gefühl Gestalt annimmt.«[9]

Diese Art der »Erkenntnisweise« war zuvor noch nie als ein Faktor erkannt worden, der aktiv an dem Erfolg einer Therapie beteiligt ist, und insofern waren sich auch viele Therapeuten der Notwendigkeit, diese Fähigkeit ihrer Patienten dahingehend auszubilden und zu verfeinern, nicht bewußt. Doch erkannte man dies erst einmal an, so fand Gendlin heraus, konnte diese Fähigkeit auf ganz praktische Weise gelehrt werden. Es war nur eine Sache der Übung, und jeder wußte alsbald, wie es geht, und konnte Nutzen daraus ziehen. Und das nicht nur im Hinblick auf die Bewältigung der Probleme, wegen derer die Patienten ursprünglich in die Therapie gekommen waren, sondern sie kamen auch mit einer ganzen Reihe alltäglicher Situationen besser zurecht. Zunächst kommt einem die *focusing*-Methode recht seltsam vor, da es sich in der Tat um eine ganz andere, ungewohnte und unbekannte Erkenntnisweise handelt. So wie ein Medizinstudent einige Zeit braucht, um Röntgenbilder richtig lesen zu können, benötigt der Patient auch hier Zeit, um zu »sehen«, was da eigentlich ist, und diese unbekannten, verschwommenen Objekte der Aufmerksamkeit dingfest zu machen. Doch dieses vorsichtig tastende, untersuchende »Erfühlen« ist recht bald unverkennbar vorhanden. In einer Sitzung, an der ich teilnahm, sagte der Patient während des *focusing:* »Ich fürchte mich irgendwie, aber weiß nicht wovor. Als ob da drinnen ein Tier wäre, äußerst wachsam, die Ohren gespitzt... als ob etwas herannahen würde, ein Teil von mir hat die Fährte schon aufgenommen und ist bereit, doch ›Ich‹ weiß immer noch nicht, was da kommt.« Genau dieses Gefühl ist kennzeichnend für das Fokussieren, das Gefühl von drohender Gefahr, von bevorstehendem Unheil, da sich das Wesen der Bedeutung noch nicht offenbart hat. Das erfühlte Gefühl trägt schließlich Früchte, und das Ergebnis sind nicht selten bildhafte Symbole oder gefühlsbetonte Äußerungen und eigentlich keine vollständige Geschichte mit Hand und Fuß – so wie das oben angeführte Bild eines furchterregenden Tieres, das die Gefahr spürt, oder das Unbekannte, noch aber nicht in der Lage ist, es zu identifizieren. Die Gestalt, die die entstehende Bedeutung als erstes annimmt, ist oft poetisch oder symbolisch und nicht sachlich-nüchtern und klar formuliert.

Focusing ist auch keineswegs eine neuzeitliche Entdeckung, obwohl es ohne Zweifel zu dem prometheischen

Geist unserer heutigen Zeit ganz gut passen würde, da man daraus eine spezielle Technik entwickelt hat. Beispielsweise ist der Begriff *focusing* mit dem japanischen *kufu* eng verwandt, welchen D. T. Suzuki in seinem Buch »Shunyata – Die Fülle in der Leere« folgendermaßen beschreibt:

> [*kufu* ist] nicht nur Denken mit dem Kopf, sondern der Zustand, bei dem der ganze Körper am Lösen des Problems beteiligt ist... Der Intellekt ist es, der eine Frage aufkommen läßt, doch er ist es nicht, der sie auch beantwortet... Die Japaner sagen immer »frag den Bauch« oder »denk mit dem Bauch« oder »sieh und höre mit dem Bauch«. Der Bauch, der alle inneren Organe in sich schließt, symbolisiert die Ganzheit der Persönlichkeit... Psychologisch gesagt, [*kufu*] bringt das heraus, was im Unbewußten abgelegt ist, es soll sich ganz alleine entwickeln, völlig unabhängig, ohne daß das Bewußtsein eingreift... Vielleicht sagen einige, das ist ja, als ob man buchstäblich »im Dunkeln tappt«, nichts Eindeutiges ist zu sehen, wir haben uns gänzlich im Labyrinth verirrt.[10]

Denkbar auch, daß Gendlin mit seinem Begriff »erfühlter Sinn« Bezug auf das nimmt, was von den klassischen Griechen mit *thymos* bezeichnet wurde. In den *phrenes* gelegen, also wiederum im zentralen Teil des Körpers – Lungen, Zwerchfell, Bauch –, ist *thymos* derjenige Körperbereich eines Menschen, der »ihm im Fortgang seines Tuns informiert und berät, ihm Worte in den Mund legt... Man kann sich mit ihm unterhalten, mit dem ›Herzen‹ sprechen oder mit dem ›Bauch‹, fast so wie von Mensch zu Mensch... Im dichterischen Werk Homers wird *thymos* nicht als Teil des eigenen Selbst wahrgenommen, sondern tritt vielmehr als unabhängige, innere Stimme in Erscheinung.«[11] Es hat den Anschein, daß in anderen Kulturen anderer Zeiten das »Denken mit dem Bauch« eine übliche und vertraute Erkenntnisweise darstellte. Lediglich in unserer modernen, von der D-Denkweise geprägten europäischen Kultur, die der Vorstellung anheimfällt, Denken ist ein schnelles, bewußtes, kontrolliertes und zerebrales Informationsverarbeitungsverfahren, glaubt man, die Fähigkeit, mit dem Körper zu denken, sei auszugrenzen, anders zu verpacken und als neuartige Fähigkeit den Patienten beizubringen.

Genau wie bei der detektivischen Aufdeckung steht auch beim *focusing* die Frage bereits vorher fest – es gilt, ein bestimmtes Problem zu lösen oder zu klären –, und insofern ist der Denkvorgang, der sich mit Einzelheiten beschäftigt, klar umrissen und wird zielgerichtet kanalisiert. Doch trotz einer gewissen Offenheit und geduldigen Beharrlichkeit werden im geistigen Hintergrund die Fortentwicklung und Relevanz der Frage im Auge behalten. Aber es gibt einen dritten Weg der Aufmerksamkeit, den ich an dieser Stelle betrachten möchte: *Poetische Sensibilität* besitzt die Fähigkeit, unser Leben neu zu ordnen, kritische Punkte, Kummer und Sorgen aufzudecken, möglicherweise in unerwarteten Bereichen oder auf erstaunliche Weise. Indem wir uns nicht dagegen wehren, von einer momentanen Sinneserfahrung aufgesaugt zu werden, ohne irgend etwas erlangen oder festhalten zu wollen, können wir an Erfahrungsbereiche herangeführt und erinnert werden, die sonst von der Hektik des Alltags verdunkelt sind. Wir können Erkenntnis- und Sichtweisen erfahren, die, wenn wir es zulassen, aus unserem Innersten kommen und weniger egozentrisch sind. Blicken wir hinaus aufs Meer oder in einen wolkenlosen Himmel, hören das Geläut von Ziegenglocken in einem Tal oder ein Beethoven-Quartett, dann spüren wir vielleicht etwas von dem, was jenseits aller Inanspruchnahme des Alltagslebens liegt. Vielleicht verspüren wir auch eine Art dunkle Sehnsucht, eine bittersüße Nostalgie nach einer natürlicheren, unkomplizierteren Seite unseres inneren Wesens, das so sehr vernachlässigt worden ist.[12]

Nach einem Tag auf dem Land fühlen sich die meisten Leute ruhiger, mehr beisammen und ausgeglichener. Dabei müssen wir nicht unbedingt etwas verstanden haben, zu Einsichten oder Antworten gekommen sein, doch irgendwie fühlen wir uns dennoch verändert, als ob sich etwas Heilsames oder Bedeutungsvolles zwar mitgeteilt, aber nicht offenbart hätte. In manchen Stimmungen können wir flüchtige Einblicke in das erhaschen, was irgendwie nach Erkenntnis oder Wahrheit aussieht – vielleicht auch etwas tiefer geht –, aber *keine* Antwort ist auf eine bewußt überlegte Frage. Auch läßt sich dieses Gefühl nicht klar ausdrücken, in Worte fassen, ohne genau die Qualität zu verlieren, die ihren eigentlichen Wert ausmacht. Es gibt eine Art von Wissen, ein im *Wesentlichen* indirektes, beiseite geschobenes Wissen, das eine symbolische Sprache spricht, das Hinweise gibt und Gefühle wachruft, berührt und bewegt, auf eine Art und Weise, die sich allen Erklärungen entzieht. Erreichbar ist dieses Wissen nicht über unbeirrte abstrakte Denkversuche, sondern über eine stille und besonnene Betrachtung der Einzelheiten.

Sofern wir uns im Hier und Jetzt verlieren, tun wir genau dies – uns verlieren. Dem Linguisten und Philosophen Ernst Cassirer zufolge »kommt der Geist in der Augenblickserfahrung zur Ruhe; der fühlbare Augenblick ist so groß, daß alles andere vor ihm dahinschwindet. Auf den, dessen Wahrnehmungsvermögen von dieser geistigen Haltung in Bann geschlagen wird, übt der unmittelbare mentale Kontext eine solche Anziehungskraft auf seine Aufmerksamkeit aus, daß nichts anderes mehr daneben oder abseits davon existieren kann. Das Ego verwendet all seine Energie einzig auf diesen Gegenstand der Aufmerksamkeit, lebt in ihm, verliert sich in ihm.«[13] Man entfernt sich unbemerkt von Selbstinteresse und Voreingenommenheit und gleitet in die pure Kraft des Eindrukkes von der Wahrnehmung der Dinge, in die Bilder der Ereignisse, in die Klänge selbst hinein. Dieser Vorgang dauert so lange, bis, wie Keats es ausdrückt, uns die gedankenlose unendliche Stille ganz gefangen nimmt:

Thou, silent form, dost tease us out of thought
As doth eternity...

Das Ego, oder das »Ich«, ist in der Hauptsache ein Netzwerk aus vorgefaßten Meinungen. Im Interesse unseres menschlichen Fortbestehens, Wohlbefindens oder auch unserer Zufriedenheit verlangen eine ganze Reihe von Dingen mit vorrangiger Bedeutung nach unserer Aufmerksamkeit. Sobald das Ego die Kontrolle über den Geist hat, handeln, empfinden und denken wir, als ob eine Vielfalt von Dingen von Wichtigkeit wäre – Ansehen, sozialer Status, Lebensstil, Intelligenz – und als ob ihre Gegensätze – Unbeliebtheit, Ignoranz und so weiter – drohende Gefahren darstellten. Sobald wir uns im Augenblick verlieren, schwinden diese genormten Sehnsüchte dahin, und anstelle angstvoller Mühsal tritt vielleicht das erfrischende Gefühl von friedvoller Zugehörigkeit. Der Blick wird frei, unverstellt von Hoffnung oder Furcht kann er nun einfach das aufnehmen, was da ist. Hermann Hesse schrieb 1917 in seinem Essay »Über die Seele«: »Der Wunsch, etwas zu sehen, beschmutzt und verzerrt unseren Blick. Nur wenn wir uns nichts wünschen, wenn unser aufmerksamer Blick reine Betrachtung wird, offenbart sich uns die (schöne) Seele der Dinge.«

Aufgrund ihres innersten Wesens ist es unmöglich, diese doch eher nüchterne, aber wesentliche Erkenntnisweise durch Willensanstrengungen zuwege zu bringen. Sie entsteht, wenn überhaupt, ganz spontan. Das Erlebnis ist ungefähr so, wie wenn man in einem »Magischen-Auge«-Bild die dreidimensionale Form erkennt. Solange man solch ein dreidimensionales Bild unverwandt ansieht, den normalen fokussierten Blick fest darauf heftet, um es nach seiner »Bedeutung« abzutasten, wird man nichts außer einem flachen Feld mit komischen Schnörkeln darauf sehen. Man sieht vielerlei Einzelheiten, die aber nicht zusammenpassen. Doch sobald man es aufgibt, »sehen zu wollen, was es da zu sehen gibt«, die Augen entspannt, so daß sie ganz unangestrengt *durch* das Bild hindurchsehen, und den Blick eine Weile in diesem Zustand des Nichtbegreifens verharren läßt, dann fangen all die einzelnen Schnörkel an sich aufzulösen und miteinander zu verschmelzen, und plötzlich entfaltet sich eine ganz neue Art des Sehens, eine, die die »verborgenen Tiefen« in dem Bild offenbart. Der Zeitpunkt dieser Offenbarung hängt ganz ohne Zweifel mit einer inneren Einwirkung auf die Organe zusammen, die nicht erzwungen oder simuliert werden kann – einen Witz »kapieren« oder nicht hängt ebenfalls mit einer spontanen, körperlichen Regung zusammen, die nicht bewußt in Gang gesetzt werden kann. Wer »denkt«, das Bild zu sehen, oder wer »denkt«, den Witz zu »verstehen«, hat in beiden Fällen nichts verstanden.

Poetische Sensibilität läßt sich nicht befehligen, kann aber, wie das dreidimensionale visuelle Bild, belebt werden. Man kann seine Sinne dafür empfänglich machen, indem man sich darin übt, abzuwarten und aufmerksam zu bleiben, obwohl man nichts begreift – was Keats mit dem bekannten Ausdruck der »negativen Fähigkeit« bezeichnet hat: »wenn jemand fähig ist, sich in Ungewißheit, Rätseln und Zweifeln zu befinden, ohne nervös nach Fakten und Ursachen zu suchen«. Auf diese Weise abzuwarten, verlangt eine Art innerer Sicherheit, eine Art Vertrauen darauf, daß man wohl die Klarheit des bewußten Denkens und die Kontrolle verlieren kann, nicht aber sich selbst. Die »negative Fähigkeit« hat Keats in einem Brief an seine Brüder beschrieben, nach einer abendfüllenden

Diskussion mit seinem Freund Charles Dilke – einem Mann, der, laut Keats, nicht in der Lage war, »zu spüren, daß er eine persönliche Identität hatte, wenn er sich nicht immer über alles im klaren war«, und der »nie zu irgendeiner Wahrheit gelangt, solange er lebt, weil er es immer und immer versucht«.[14]

Die Vorherrschaft der D-Denkweise in Kultur und Bildung scheint eine ganze Gesellschaft von Charles Dilkesens geschaffen zu haben. Viele Leute scheinen einer Erkenntnisweise entfremdet worden zu sein, die, so läßt sich vermuten, Teil ihres kognitiven und ästhetischen Erbrechts ist. Sie erweckt den Eindruck, als ob Kinder schneller Zugang zu einer poetischen Sensibilität fänden als Erwachsene. Kleine Kinder, so stellte man fest, sind in ihrer Erkenntnisweise oft sehr poetisch, zumindest in einer Hinsicht: Sie können viel besser als ältere Kinder oder Erwachsene sprachliche Metaphern bilden und auch verwenden. Die Psychologen Howard Gardner und Ellen Winner haben beobachtet, daß drei- bis vierjährige Kinder viel mehr situationsgerechte Metaphern hervorbringen als sieben- bis elfjährige. Doch sind alle Kinder im Vergleich zu Collegestudenten weitaus bessere Benutzer und Erfinder von spontanen Metaphern.[15] Wordsworth betrauert in seiner »Ode to Immortality« den Verlust der kindlichen Erkenntnisweisen.

> There was a time when meadow, grove and stream,
> The earth, and every common sight,
> To me did seem
> Apparelled in celestial light,
> The glory and the freshness of a dream.
> It is not now as it hath een of yore; –
> Turn whereso'er I may,
> By night or day,
> The things which I have seen I now can see no more.

Auch der folgende Wortwechsel hat sich wohl aufgrund der Fähigkeit des Kindes, sich im Augenblick zu verlieren, ergeben:

»Los, komm!« sagte das Kindermädchen zu Félicité de la Mennais, acht Jahre alt, »du hast jetzt lange genug auf diese Wellen gesehen, und noch jede ist verschwunden.« Antwort: »*Ils regardent ce que je regarde, mais ils ne voient pas ce que je vois.*« Das war keine Angeberei, sondern lediglich eine Ausrede, um noch zu bleiben.[16]

Diese Fähigkeit geht bis zum Erwachsenenalter oftmals verloren, doch kann diese kindliche Art des Versunkenseins in den Augenblick wiedererlangt werden. Wir können die erforderliche Geisteshaltung aufleben lassen, indem wir es zulassen, einzutauchen in die Dinge – und dann geduldig abwarten. Jacques Maritain, Autor des umfangreichen Werkes »Creative Intuition in Art and Poetry« schreibt über die Stimme der »poetischen Intuition«:

Sie kann nicht an sich verstärkt werden; sie will nur gehört werden. Doch kann der Dichter sich für sie bereithalten, ihr zur Verfügung stehen, indem er hinderliche Umstände beiseite schafft oder Lärm vermeidet. Er kann sie beobachten und behüten und somit das spontane Fortschreiten ihrer Stärke und Reinheit in sich beleben. Er kann sich selbst an ihr schulen, indem er sie niemals verrät.[17]

Zahlreiche Schriftsteller und Künstler haben immer wieder den Wert eines solchen Erkenntnisvermögens hervorgehoben, eines, das aus einer geduldig abwartenden Versunkenheit hervorgeht. So schreibt Kafka in seinem Werk »Betrachtungen«: »Du mußt den Raum nicht verlassen. Bleib an deinem Tisch sitzen und höre einfach zu. Höre nicht einmal zu, sondern warte einfach. Warte nicht einmal, sondern sei still und zurückgezogen. Die Welt wird sich dir freiwillig anbieten und sich vor dir demaskieren, sie hat keine andere Wahl, als sich in Verzückung vor deine Füße zu werfen.«[18] Und T. S. Eliot legt uns in »East Coker« nahe: »...sei still und warte, ohne zu hoffen/Denn Hoffen wäre auf Falsches gerichtet«.[19] Ein Vorwort zu Martin Heideggers Werk »Zur Sache des Denkens« verdeutlicht dies einmal mehr:

Wenn wir warten, warten wir normalerweise *auf* etwas, was uns interessiert, oder auf etwas, das uns das geben kann, was wir möchten. Warten wir also auf diese unsere menschliche Art, so schließt dieses Warten unsere Wünsche, Ziele und Bedürfnisse ein. Doch Warten muß nicht so eindeutig durch unser Wesen gefärbt sein. Es gibt ein Gefühl des Wartens, wo wir auch warten können, ohne zu wissen auf was. Vielleicht warten wir mit diesem Gefühl, ohne auf irgend etwas zu warten; irgend etwas, will heißen, etwas Greifbares, etwas mit subjektiven irdischen Worten Ausgedrücktes. Doch in diesem Gefühl warten wir einfach, und vielleicht ergibt sich aus dieser Art Warten eine weitreichendere Bedeutung (über unser Selbst hinaus).[20]

Rainer Maria Rilke gibt diesen Rat seinem selbsternannten Dichterlehrling:

Wenn Sie sich an die Natur halten, an das Einfache in ihr, an das Kleine, das kaum einer sieht und das so unversehens zum Großen und Unermeßlichen werden kann; wenn Sie diese Liebe haben zu dem Geringen und ganz schlicht als ein Dienender das Vertrauen dessen zu gewinnen suchen, was arm scheint: Dann wird Ihnen alles leichter, einheitlicher und irgendwie versöhnender werden, nicht im Verstande vielleicht, der staunend zurückbleibt, aber in ihrem innersten Bewußtsein, Wachsein und Wissen.[21]

Poetische Sensibilität ist jedem zugänglich und steht nicht nur Dichtern mit groß geschriebenem D – diejenigen, die wohlerwogen Worte zu sogenannten »Gedichten« formen – als besonderes Vorrecht zu. Um ein Dichter zu sein, ist es notwendig – nicht aber ausreichend –, die Dinge auf »poetische« Weise zu sehen. Darüber hinaus muß der Dichter imstande sein, Sprache so zu verwenden, daß sie den Leser des Gedichts nicht nur in die Welt des Dichters einlädt, sondern auch in die gleiche geistige Denkweise, den Quell des Gedichtes. Sobald wir die Dinge für sich allein betrachten, ohne sie immer gleich auf unser eigennütziges Interesse zu beziehen – was uns ein Dichter einlädt zu tun –, befinden wir uns in einer Weise der Empfindung, Erkenntnis und Gelehrsamkeit, die uns Bereiche der Welt erschließen, die außerhalb der Peripherie unserer Vorsätze und Begehrlichkeiten liegen. Tatsächlich können wir dadurch zu Selbsterkenntnis gelangen, indem wir unsere Belange in einen größeren Zusammenhang stellen, der normalerweise in unserem Bewußtsein ausgeblendet ist. Da wir es zulassen, daß ein Gedicht uns aufsaugt, uns ganz in sich aufnimmt, zieht es uns förmlich hinein in ein Empfindungsvermögen, das im Bewußtseinsstrom unserer sonst üblichen Begriffs- und Vorstellungswelten weiter stromaufwärts gelegen ist. Gleichzeitig erfahren wir die Welt und auch uns selbst auf andere Weise. So betrachtet, ist ein Gedicht eine kunstvolle Erfindung, um beim Leser eine ganz besondere Art von Empfindsamkeit auszulösen. In den Worten Paul Valérys ist ein Gedicht »eine Art Maschine zur Produktion des poetischen Geisteszustandes mit Hilfe von Wörtern«.

Der Dichter erreicht seine Wirkung, indem er zwei Dinge auf einmal tut. Zum einen malt er ein Bild, das uns rührt, uns einbindet, worin wir uns erkennen. Zum anderen verwendet er eine Sprache, die unsere sonst so übliche analytische Denk- und Deutungsweise behindert. Wir können das Gedicht nicht mit unseren gewohnten Denkkategorien und Interessen aufnehmen, ohne dabei die Worte des Dichters ganz erheblich zu verletzen. Somit bleiben wir für einen Augenblick reglos hängen und befinden uns in unmittelbarer Nähe von etwas, das fremd- und neuartig gestaltet ist. George Whalley, der über den »Dichtunterricht« in Schulen schreibt, betont, wie wichtig es ist, das Gedicht zu »erfahren«, womit er meint, »es aufmerksam zu betrachten, als handele es sich dabei nicht in erster Linie um eine geistige Abstraktion, sondern um ein Werk, daß unmittelbar mit den Sinnen zu erfassen ist«.[22] Wenn wir – vor allem der jungen Generation – ein Gedicht präsentieren als etwas, das zu »interpretieren« oder »erklären« ist, als eine Art geistiges Problem, das es zu lösen gilt wie ein ewig langes Kreuzworträtsel, haben wir das Eigentliche verfehlt. Gedichte lesen ist eine Übung darin, »kognitive Kräfte in der sinnlichen Wahrnehmungsweise lebendig zu halten«. Man muß nicht nach einem Sinn suchen, vielmehr muß man sich sozusagen in die »Würze einlegen«, alles in sich aufsaugen und den Sinn »kommen lassen«. Geht man mit einem Gedicht nicht respektvoll um, als wäre es ohne Leben und Reinheit, konstruieren die Gedanken am Ende nur einen kümmerlichen Ersatz für das echte, aber unverstandene Gedicht, ein annehmbares Surrogat, das weniger aufwühlt und eigentlich bloß das eigene Denkverhalten und Begriffsverständnis wiedergibt.

Ein Gedicht, das mit dem Verstand begriffen wird, erzeugt eine gewisse intellektuelle Befriedigung. Doch ein Gedicht, das einen wirklich fesselt, erzeugt einen körperlichen Schauder, eine organische und ästhetische Reaktion, nicht nur eine geistige. Genau wie beim Vorgang des *focusing* spürt der Körper etwas, was der Kopf vielleicht gar nicht begreift. A. E. Housman schildert trefflich und mit Humor – wie wäre es auch anders zu erwarten – die Körperlichkeit der Dichtkunst:

> In der Tat scheint mir die Dichtkunst eher etwas Körperliches als Intellektuelles zu sein. Vor ein oder zwei Jahren hat man mich, sowie auch noch andere, von Amerika aus angeschrieben, ich möge »Dichtkunst« definieren. Ich antwortete, daß ich Dichtkunst nicht viel besser definieren könnte als ein Terrier eine Ratte, doch sei ich der Überzeugung, daß wir beide diese Erscheinung an den Symptomen erkennen, die sie in uns hervorruft... Die Erfahrung hat mich gelehrt, meine Gedanken zu verfolgen, wenn ich mich morgens rasiere, denn, sobald sich eine poetische Zeile in mein Gedächtnis verirrt, bekomme ich eine Gänsehaut, und der Rasierer kann nicht mehr arbeiten. Dieses besondere Symptom wird begleitet von einem Schauer, der mir den Rücken hinunterläuft. Des weiteren schnürt es mir den Hals zu, und das Wasser schießt mir in die Augen. Es gibt noch ein drittes Symptom, das ich nur mit einem Satz von Keat beschreiben kann, den ich mir aus einem seiner letzten Briefe mal eben ausleihe, wo er über Fanny Brawne spricht: »Alles, was mich an sie erinnert, durchbohrt mich wie eine Lanze.«[23]

Benedetto Croce macht im frühen 20. Jahrhundert in seinem Werk »Aesthetic« die Schönheit zum Dreh- und Angelpunkt seiner Ansichten über Intuition.[24] Für den Betrachter eines Gemäldes, einer Skulptur oder eines Tanzes, wie auch für den Leser eines Gedichts, ist die ästhetische Reaktion eine gefühlte Offenbarung einer gewissen Betrachtungs- oder Erkenntnisweise, welche dieses Objekt durch völlige Inanspruchnahme des Betrachters erwirkt hat. Denn das, was gesehen wird, wie es ist, mit völliger Aufmerksamkeit, nicht in Begriffe gepackt oder mit solchen versehen wird, ist schön. Man muß lernen, zu erkennen, gewähren zu lassen, sich zu erfreuen, um schließlich diese innewohnende Vieldeutigkeit und Unergründlichkeit zu schätzen zu wissen – mit den Worten von Louis MacNeice, »die Trunkenheit der so mannigfaltigen Dinge«.[25] Die Sprache der poetischen Sensibilität und Intuition ist reichhaltiger, bedeutungsvoller und feinsinniger als die Alltagssprache. Es gibt Formen von Wissen, die jeglicher Artikulation trotzen. Sinneseindrücke sprechen und schwingen als vibrierendes Ganzes, unzerstückelt. In dieser Erkenntnisweise kommen Schönheit, Wahrheit und Unsäglichkeit zusammen. Der argentinische Schriftsteller Luis Borges beispielsweise, der ein Bild von einigen natürlichen Auslösern der Attraktivität poetischer Denkweisen gibt, meint:

Musik, Glücksmomente, Mythologie, vom Alter gezeichnete Gesichter, bestimmte Zwielichte und manche Orte wollen uns etwas sagen, haben vielleicht schon etwas gesagt, das wir wohl überhört haben müssen, oder sind im Begriff, etwas zu sagen: *Dieses nahe Bevorstehen einer Offenbarung, die uns nicht vor Augen tritt, ist vielleicht gerade das ästhetische Phänomen.*[26]

So verfeinert und vollkommen die poetische Erkenntnisweise auch sein mag, sollten wir uns dennoch nicht dazu verleiten lassen, irdisch weltliche Gedankengänge immer und überall durch sie ersetzen zu wollen. Sie bleibt eine Denkweise unter vielen, und darin gefangen zu werden wäre genauso verhängnisvoll, wie in der D-Denkweise gefangen zu sein. Der Neurologe Oliver Sacks hat in seinem Buch »Der Mann, der seine Frau mit einem Hut verwechselte« die bewegende Geschichte einer Patientin erzählt, die sich genau in dieser Situation befand.[27] Rebecca war mit 19 Jahren nicht in der Lage, auf Anhieb eine Tür aufzuschließen, weil sie nicht wußte, in welche Richtung sie den Schlüssel drehen mußte. Wenn sie auf die Straße ging, verlief sie sich sofort, und manchmal zog sie ihre Kleider verkehrt herum an – »links rum« oder mit dem Rückenteil nach vorn. Sie war unfähig, einfache Aussagen und Anweisungen zu begreifen, und war mit den einfachsten Rechnungen überfordert. Doch sie mochte Geschichten, vor allem Gedichte, und sie schien selbst bei anspruchsvollen Gedichten wenig Schwierigkeiten zu haben, die darin enthaltenen Metaphern und Symbole zu verstehen. »Die Sprache des Gefühls, des Konkreten, der Bilder und Symbole ließ eine Welt entstehen, die sie liebte und in der sie sich auskannte.« Bei den üblichen neurologischen Tests hatte sie erschreckend schlecht abgeschnitten, doch – wie Sacks scharfsinnig bemerkt –, sind diese Tests darauf abgestellt, den Patienten in Funktionen und Ausfälle zu zerlegen. Und eben deshalb geben sie keinerlei Aufschluß über »ihre positiven Fähigkeiten, über die Tatsache, daß sie die reale Welt – die Welt der Natur und vielleicht auch die der Phantasie – als ein vollständiges, verständliches, poetisches Ganzes begreifen und dies sehen, denken und (wenn sie Gelegenheit dazu hatte) leben konnte«. In der Welt des begrifflichen Denkens, der bewußten Intelligenz war sie aufs Schwerste behindert. Die Welt des Unkonkreten, der Bilder und Symbole hingegen war ihr vertraut, in dieser Welt war sie kerngesund und glücklich.

Zunächst teilte Sacks sie verschiedenen Arbeits- und Fördergruppen zu, um die »fundamentalen Fähigkeiten«, ihre geistige und kognitive Entwicklung, zu fördern. Doch das funktionierte bei Rebecca nicht, da die Fördergruppen ihr Wesen »in bruchstückhafte Einzelteile zerlegten«. Rebecca selbst sagte: »Sie helfen mir nicht. Sie helfen mir nicht, mich zusammenzubringen.... Ich bin eine Art lebendiger Teppich. Ich brauche ein Muster wie das hier, auf dem Teppich. Wenn ich kein Muster habe, falle ich auseinander und löse mich auf.« Und so war es. Wenn sie sich spontan in eine Tätigkeit hineinversenkte, völlig davon in Anspruch genommen wurde, war sie ein anderer Mensch. Sie wurde aus den »Förderklassen« herausgenommen und einer Theatergruppe zugeteilt, was ihr wirklich sehr gefiel und wo sie förmlich aufblühte. Sie wurde »zusammengebracht«, ein ganzer Mensch, machte ihre Sache erstaunlich gut und spielte ihre Rollen mit innerer Ausgeglichenheit, Sensibilität und Ausdruckskraft. Sacks schließt seinen Bericht mit der Feststellung: »Wenn man Rebecca heute auf der Bühne sieht, würde man nie auf den Gedanken kommen, daß sie einmal als geistig behindert galt.« Sie ging in ihren Rollen auf, wurde ein ganzer Mensch und agierte flüssig. In der Welt des abstrakten Denkens hingegen brach sie in Stücke und war verloren.

Eine gewisse Oberflächlichkeit im Umgang mit sinnlicher und geistiger Wahrnehmung birgt zweierlei Gefahren. Informative oder gar inspirierende Wahrnehmungsbereiche der inneren und äußeren Welt können leicht übersehen werden. Hinzu kommt, daß man womöglich unbeabsichtigt störenden Einfluß ausübt, wenn Annahmen oder Behauptungen entwickelt werden, die nicht überzeugend oder erwünscht sind. Und womöglich ist der bewußt wahrgenommene Sinneseindruck am Ende verarmt, kunstvoll zurechtgelegt oder gar verfälscht. Will der denkende Geist eilfertige Lösungen herbeiführen, neigt er dazu, das zu sehen, was er zu sehen erwartet, was er sehen will oder was er gewohnt ist zu sehen. Eines meiner Probleme ist zum Beispiel mein Name, »Guy«, denn es passiert mir ständig, daß ich auf Zurufe reagiere, auch wenn ich gar nicht gemeint bin. Ruft also jemand aus der Menschenmenge über die Straße: »Hi!« oder »Bye!«, so schaue ich ihn höchstwahrscheinlich ganz perplex an – ehe ich meinen

Irrtum bemerke. Es ist Glückssache, auf diese Weise voreilig Schlüsse zu ziehen. Indem ich die Reizschwelle für die Wahrnehmung meines Vornamens auf hochempfindlich einstelle, kann ich sicher sein, auch ja schnell zu reagieren – doch unterlaufen mir auch eine ganze Menge »falscher positiver« Irrtümer. In der Annahme, daß das Gewohnte immer auch wirklich eintritt, spare ich Zeit in der Verarbeitung von Reizinformationen, was allerdings zu Fehleinschätzungen führt, wenn eine Situation sich einmal anders als gewohnt gestaltet. Die vierte Form der Aufmerksamkeit, auf die ich hier eingehen möchte, ist eine Art der Auffassung, die sich durch vorgegebene Wahrnehmungsmuster ergibt. Man nennt sie auch kognitive Wahrnehmung.

In welchem Maße die Welt, wie wir sie wahrnehmen, ein Spiegel unserer vorgefaßten Meinungen oder unserer Voreingenommenheit ist – und insofern auch die damit verbundenen Gedanken, Gefühle und Reaktionen, die diesen Annahmen angepaßt werden –, wird leicht unterschätzt. Es kostet einige Mühe zu erkennen, wie sich die Dinge tatsächlich verhalten, denn unsere kognitiven Annahmen sind mit den jeweiligen Sinnesorganen verschmolzen. Nehmen wir als banales Beispiel einmal unseren Speichel, fühlen ihn einen Moment lang bewußt im Mund, lassen ein bißchen davon zusammenlaufen und rollen ihn hin und her. Wie ein Schmiermittel gleitet er über Zunge und Zähne. Dann nehmen wir ein sauberes Glas, spucken etwas davon hinein – und trinken es. Merken Sie, wie sich das Wahrnehmungsverhalten und die innere Haltung zur gleichen Substanz seltsamerweise geändert haben? Was eben noch »sauber« und »natürlich« war, wurde durch das Spucken »unsauber« und »ekelhaft«. Dabei hat sich der Speichel natürlich nicht verändert, lediglich seine Interpretation.

Experimentalpsychologen lieferten uns in diesem Jahrhundert zuhauf »theoriebeladene«, neue und eindrucksvolle Demonstrationen über Wahrnehmungsarten, gerade so wie Dichter im Laufe der Geschichte die Funktion erfüllten, uns die Welt in ihrer Mannigfaltigkeit darzulegen, uns zu zeigen, daß sie unergründlicher und rätselhafter ist, als wir gemeinhin annehmen. Viele Forschungsergebnisse zum Thema visuelle Illusion zeigen dies sehr deutlich. In der folgenden Abbildung der sogenannten Kanisza-Figuren sehen wir – abbildungsgetreu – Formen, die nicht »wirklich abgebildet«, für unseren denkenden Geist allerdings fraglos vorhanden sind.[28] Wir sind daran gewöhnt, Dinge und Formen als Ganzes zu sehen, auch wenn sie teilweise von anderen verdeckt werden. Und diese Erwartungshaltung kann dazu führen – sofern sie »Sinn macht« –, daß wir der Sinnestäuschung einer dazwischen geratenen Form unterliegen. Wir ersinnen gar entsprechend Umrisse und denken uns Sinneseindrücke wie Tiefe und Helligkeitsunterschiede hinzu, um uns die Interpretation noch glaubhafter ins Bewußtsein zu bringen. Eigentlich stoppeln wir fortwährend die Wirklichkeit auf diese Art zusammen, und zwar geschieht dies auf geistigen Ebenen, die von bewußter Absicht oder Kontrolle weit entfernt sind.

Ein weniger konstruiertes Beispiel liefert das Bild vom »Alter«. »Alt« sein, ist nicht nur ein biologisches Phänomen, wie man damit umgeht, hängt von der eigenen – weitgehend unbewußten – Vorstellung davon ab. Wie ist es, was bedeutet es, alt zu sein? Und dies spiegelt wiederum eine Unmenge an kulturellen Wahrnehmungsmustern und persönlichen Erfahrungen wider. Ellen Langer und einige Kollegen von der Harvard University haben alte Leute untersucht. Sie wollten wissen, inwiefern die persönlichen frühkindlichen Erfahrungen sich auf den Umgang mit dem Altsein auswirken. Sie stellten einige Überlegungen an und kamen zu dem Schluß, daß Kinder wohl unbewußt das Bild der Großeltern in ihr geistiges

Abbildung 12: Illusorische Formen und Konturen,
nach Kanisza (1979)

Vorstellungsbild vom Altsein aufnehmen – welches sich
dann im Alter wiederholen würde. Des weiteren vermuteten sie folgendes: Je jünger die Großeltern, wenn Kinder
sie zum ersten Mal kennenlernen, desto »jugendlicher«
gestaltet sich das Vorstellungsbild vom »Alter«, welches
Kinder unbewußt in sich aufnehmen, und desto positiver
entwickelt sich die eigene Auffassung vom Älterwerden.

Um herauszufinden, ob diese Überlegungen richtig sind,
befragten Langer und ihre Kollegen alte Leute in Altershei-
men in der Umgebung von Boston. Sie wollten von ihnen
wissen, ob sie in ihrer Kindheit mit einem Großelternteil
zusammengelebt hatten und wenn ja, wie alt sie selbst gewesen waren, als die Großeltern bei ihnen einzogen. Unabhängig davon sollten die Altenpfleger, die nicht in die Studie
eingeweiht waren, ihren Eindruck von den alten Menschen
schildern. Es stellte sich heraus, daß die Alten, die bereits im
frühesten Kindesalter mit einem Großelternteil zusammengelebt hatten, als rüstiger, aktiver und unabhängiger eingestuft wurden, als diejenigen, die erst als Teenager mit einem
Großelternteil zusammenzuleben begannen. Zur Bekräfti-

gung dieser Ergebnisse müßten allerdings weitere Forschungen angestellt werden. Doch sieht es so aus, als ob die Auffassung vom eigenen Alter in direkter Linie mit den erfahrenen Wahrnehmungsmustern und vermittelten Eindrücken aus der Kindheit zusammenhängt. Und das Vorstellungsbild vom Altsein variiert von Mensch zu Mensch.[29] Es ist ziemlich schwierig, die unbewußten Annahmen zu verändern, die man den Sinneserfahrungen einverleibt. Doch manchmal gelingt es, mit suggestiven Empfehlungen einen veränderten Eindruck entstehen zu lassen, vornehmlich dann, wenn diese von einer Autoritätsperson kommen. Zum Beispiel kann die Schmerzerfahrung im normalen Bewußtsein von Testpersonen einfach dadurch vehement verändert werden, daß man sie anweist, anders darüber zu denken. Bei der Durchführung eines Tests mit leichten Elektroschocks wurde den freiwilligen Testteilnehmern eingeredet, diese Schocks doch als »neue physiologische Empfindung« zu betrachten. Und siehe da, sie hatten weniger Angst und einen niedrigeren Puls als diejenigen, die nicht auf diese Weise instruiert worden waren.[30] In einer anderen Studie hatte man Krankenhauspatienten, die einen größeren chirurgischen Eingriff vor sich hatten, bewußt gemacht, wie sehr die Schmerzerfahrung mit der Art und Weise damit umzugehen zusammenhängt, mit der interpretatorischen Erfahrung. So erinnerte man sie daran, daß eine Prellung beim Fußballspielen oder ein Schnitt in den Finger beim Kochen für Freunde weit weniger schmerzhaft sind als vergleichbare Verletzungen in weniger angespannten Situationen. Zudem zeigte man ihnen entsprechende Verhaltensweisen, die Klinikerfahrung neu zu interpretieren und als weniger bedrohlich zu betrachten. Patienten, die in diesem Verhalten geschult wurden, brauchten nach der Operation weniger Schmerzmittel und Sedativa und wurden auch früher nach Hause entlassen als die Gruppe der nicht geschulten Patienten.

Diese Versuche zeigen, wie wir von anderen vor – wie Langer es bezeichnet – »verfrühter kognitiver Festlegung« bewahrt werden können. Sie helfen dabei, uns der mit unserer kognitiven Wahrnehmung verschmolzenen Annahmen bewußt zu werden, und ziehen neue alternative Wege zur Situationsbewältigung in Betracht. Dabei sollen situationsspezifische Lebensumstände nicht verändert werden, sondern lediglich die Interpretationsweise. Und diese weitverbreitete Technik hat auch einen Namen: »Reframing«. R. D. Laing beispielsweise half in einem klassischen Fall einem Mann, der an seiner »Insomnie« verzweifelte. Er wies ihn an, die vielen Extrastunden des Wachseins einmal als eine Gnade zu betrachten: »Denken Sie doch einfach an all diese Leute da draußen, die an ›Somnie‹ leiden und gezwungenermaßen acht bis neun Stunden damit zubringen müssen, rein gar nichts zu tun.« Handelt es sich um ein Problem, das durch unsere unbewußten Wahrnehmungsmuster erst entsteht, nützt auch der beste Wille und alle Mühe nichts, es zu lösen. Derlei verzerrte Auffassungen machen die ursprüngliche Fehlinterpretation nur noch schlimmer. Und der einzige Ausweg aus dieser Falle ist, durch diese Interpretation hindurchzusehen; sie als eine Interpretationsweise zu betrachten. Erst mit diesem Selbst-Bewußtsein, einem »kognitiven Bewußtsein«, wird es möglich, sich von einer zugrundegelegten Annahme, die einem aber letztlich zum Nachteil gereicht, zu befreien.

Zum kognitiven Bewußtsein gehört auch, daß man die eigenen Erfahrungen wachsam beobachtet, um falsche Auffassungen auszumachen, die sich womöglich versehentlich eingeschlichen haben. Es gibt vielerlei Arten, unsere geistigen Kräfte urbar zu machen, doch sollte man nicht jedesmal unablässig auf geistige Aktivitäten drängen, die bewußte Bewußtheit vielmehr auf die Welt der Sinneseindrücke fokussieren. Das ist allemal besser, als sich auf die erstbeste Interpretation zu stürzen, die sogleich in Richtung Entscheidungs- und Aktionsdrang davonwirbelt. Kognitives Bewußtsein kann unmittelbar erfahren werden, in Form von säkularer Meditation etwa. Jon Kabat-Zinn, Leiter des Programms für Streßbewältigung am University of Massachusetts Health Center, umreißt klar und verständlich, um was es dabei geht:

Das Wesentliche bei diesem Zustand ist, vollkommen im Augenblick zu »sein«, ohne diesen beurteilen oder werten zu wollen, ohne Rückschau auf Erinnerungen zu halten, ohne mit den Gedanken sorgenvoll in die Zukunft zu blicken und ohne irgendwelche unangenehmen Seiten der augenblicklichen Situation »problemlösen« oder sonstwie vermeiden zu wollen. In diesem Zustand ist das Bewußtsein äußerst wach, fokussiert auf die Wirklichkeit des Augenblicks, »so wie sie ist«, sie wird in ihrer ganzen »Realität« akzeptiert und anerkannt, ohne sogleich wieder auszuweichen auf eine diskursive Erkenntnisweise, ohne darüber nachzudenken, wie sie verändert werden könnte, und ohne in einen Zustand abzugleiten, wo man mit den Gedanken ganz woanders ist. Eine differenzierte Verarbeitung von Sinneseindrücken, bei der über das augenblicklich Erfahrene, den tieferen Sinn und die eigentliche Bedeutung bewußt nachgedacht wird, fehlt im kognitiven Bewußtseinszustand. Vielmehr gehört zum kognitiven Bewußtsein das unmittelbare, ganzheitliche Erfahren oder Erkennen des Augenblicks.[31]

Mittlerweile gibt es eine Reihe von Beweisen für die Wirksamkeit dieser Art von Wahrnehmungstraining. Hunderten von Patienten gelang es mit Hilfe von Kabat-Zinns Programm, allerlei Arten von Leiden und Krankheiten besser zu bewältigen, in Schmerz- oder Streßsituationen sich von sekundären Angstgefühlen zu lösen, von Beklemmungen, die durch ebensolche Situationen erst recht ausgelöst werden. Sogar die Schmerzhaftigkeit des Schmerzes an sich kann durch die kognitive Wahrnehmung vermindert werden.

John Teasdale, medizinischer Psychologe in Cambridge, hat den praktischen Nutzen der kognitiven Wahrnehmung auf besonders beeindruckende Weise dargestellt. Seine Forschungen konzentrierten sich darauf, Wege zu finden, um chronisch depressive Patienten vor einem Rückfall zu bewahren.[32] Bei den meisten Arten von Depression leiden die Patienten an einem Zustand der Niedergeschlagenheit und der gedrückten Stimmungen. Doch anstatt damit bestmöglich umzugehen, wird eine ganze Reihe negativer Annahmen aktiviert, die Spirale dreht sich weiter abwärts und führt zu pessimistischen Gedanken, Gefühlen und Interpretationen. Ist dieser Prozeß erst einmal in vollem Gange, sehen die Betroffenen die Welt wie auch sich selbst durch eine zunehmend schwärzer werdende Brille, und um so wahrscheinlicher wird es, daß sie sich vermehrt von solchen Erfahrungsmerkmalen leiten lassen, die das Gefühl der Unzulänglichkeit oder Hoffnungslosigkeit bestätigen und gar verschlimmern. Es wird ihnen zunehmend unmöglich, sich an positive Erlebnisse zu erinnern oder Mut machende Erfahrungen wahrzunehmen. Der bewußt denkende Geist wird von Zwangsvorstellungen befallen, von »persönlichen Zielvorstellungen, die weder erreicht noch aufgegeben werden können«.

Teasdale ist der Auffassung, daß diese sich verhängnisvoll drehende Spirale nicht dadurch aufgehalten wird, daß man enttäuschende oder unsichere Erfahrungsmomente fernhält. Das wäre nicht hilfreich, da es immer Verstimmungen geben wird. Viel eher müssen diese Patienten angeleitet werden, neue Denkmuster zu erlernen und ihnen auch Gehör zu schenken. Nur so kann die selbstzerstörerische Spirale auf ihrem Weg zur totalen Herrschaft über den Geist gestoppt werden. Kognitive Wahrnehmung hindert einen daran, voreilig Schlüsse zu ziehen und im weiteren diese Schlüsse so zu verwenden, als ob sie real und wahr wären. Zuallererst hilft diese Art der Wahrnehmung bei »baren Fakten« zu bleiben, Maulwurfshügel als Maulwurfshügel zu sehen und sie nicht automatisch zu einem Riesengebirge aufzutürmen. Zweitens erfährt man die geistigen Regungen anders, da man ihnen aufmerksamer gegenübertritt. Die Schlußfolgerungen, die ins Bewußtsein gelangen, werden fortan nicht mehr als ein »unumschränkt gültiges Bild des eigentlichen Ichs« gewertet – ein »wertloses« sozusagen –, sondern als »vom Geist geschaffene Gedanken«. Diese Gedanken werden neu ausgelegt, sind jetzt »geistige Zustände« oder »Ereignisse auf dem Feld des denkenden Bewußtseins« und nicht mehr »Spiegelungen der Realität«. Bewußte Wahrnehmung befähigt einen gar, negativen Interpretationen und Schlüssen, die an die Oberfläche des Bewußtseins schwappen, entgegenzutreten und der Versuchung zu widerstehen, sie hinterfragen zu wollen. Was das Bewußtsein erfährt, ist also nicht das Wesentliche an sich, nicht »Ich« bin es mehr, der sich erwehren muß. Vielmehr scheint das, was an die Oberfläche gelangt, nun selbst zweifelhaft – der Spieß ist umgedreht worden.

John Teasdales Forschungsergebnisse über depressive Patienten sind vielleicht ein Beitrag, breiten Teilen der Bevölkerung Aufschluß über dieses Krankheitsbild zu geben:

Ein Rückfall in die Depression scheint häufig dann zu passieren, wenn kein entsprechendes Heilmittel verabreicht wird oder im Anfangsstadium eines beginnenden Rückfalls, wenn die Depression noch relativ leicht in den Griff zu bekommen ist, die Patienten jedoch nicht frühzeitig dagegen ankämpfen. Nicht selten werden Probleme aufgeschoben, um erst in einer späteren Phase des Rückfallprozesses erkannt und eingestanden zu werden, wenn sich das Krankheitsbild womöglich ausgewachsen hat und viel schwerer zu behandeln ist... Kognitives Wahrnehmungstraining... lernen, sich potentiellen Schwierigkeiten »zu«- und nicht von ihnen »abzuwenden«, erleichtert aller Wahrscheinlichkeit nach ein frühzeitiges Erkennen von Anzeichen... Es steigert die Chancen, daß heilfördernde Maßnahmen zu einem Zeitpunkt ergriffen werden, da sie den größten Erfolg versprechen.

Der pharmakologische Aspekt spielt bei einem depressiven Krankheitsbild zwar nach wie vor eine wichtige Rolle, doch zeigen die Forschungen, daß mit Teasdales und Kabat-Zinns Herangehensweise mindestens eine solche Wirksamkeit erzielt werden kann wie mit herkömmlichen Anti-Depressiva – und das obendrein mit weniger Nebenwirkungen.

Daniel Goleman befaßt sich in seinem Buch »Emotionale Intelligenz« mit der Rolle der kognitiven Wahrnehmung zur Verhinderung eines »emotional hi-jacking«, eines »emotionalen Überfalls«.[33] Kriegen sich beispielsweise Paare in die Haare und liefern sich einen ehelichen »Kampf«, kann die Situation leicht eskalieren, wenn einer oder alle beide immer wieder in selbst-bestärkende negative Denkmuster zurückfallen. Durch kognitive Wahrnehmung können derlei Denkstrukturen ausgemacht und neutralisiert werden, ehe dadurch zuviel Schaden entsteht. Goleman führt ein Beispiel von einer Ehefrau in der Hitze des Gefechts an: »Er schert sich überhaupt nicht um mich, meine Bedürfnisse sind ihm ganz egal; er denkt immer nur an sich.« Doch im selben Moment, da sie ihn derart »verdammt«, bringt sie es fertig, sich zu besinnen: »Er hat sich auch schon viele Male gekümmert – auch wenn das eben gerade rücksichtslos war und mich völlig aus der Fassung gebracht hat«. Im Moment der kognitiven Wahrnehmung ist sie in der Lage, ihre übertriebenen Gedanken auszuschalten. Denn hätte sie diese weitergesponnen, hätte ein Wort das andere gegeben, und die Situation wäre nur noch mehr angeheizt worden.

Die Gedanken langsam zur Ruhe kommen lassen, kann sehr wertvoll sein, was sich in Dutzenden von Alltagssituationen beweist. Nehmen wir als Beispiel ein Paar, das in Scheidung lebt und sich über das Sorgerecht für sein Kind streitet. In einer derart emotional angespannten Situation führt ein eingeschränktes Empfindungsvermögen sehr leicht zu einer unnachgiebigen Reaktion: eine, in der anscheinend nur einer der beiden »gewinnen« kann und der andere demnach »verlieren« muß. Alle weiteren tiefgründigeren Analysen der augenblicklichen Lage, die Aufschluß darüber geben könnten, auf was eigentlich jede Partei hinaus will, fällt einem unwillkürlichen und beharrlichen Festhalten an einer eindimensionalen Sichtweise zum Opfer. Unter diesem dogmatischen Festhalten verbergen sich womöglich eine ganze Reihe anderer Faktoren und Wertungen, die bei weiterer Überlegung durchaus alle Beteiligten zu »Gewinnern« machen könnten – auch das Kind. Ist denn tatsächlich jedem Elternteil an der körperlichen Präsenz des Kindes gelegen, oder geht es vielmehr um eine Beziehungsqualität, die beibehalten werden soll? Oder wird versucht, über den Streitpunkt Sorgerecht sich gegenseitig auf der Partnerebene zu verletzen, vielleicht auch das Gefühl von Dominanz aufrechterhalten zu wollen, was in der Ehe verlorengegangen ist? Gibt es denn überhaupt gar keine Vorteile einer Art Teilzeit-Elternschaft, die vielleicht übersehen worden sind? Familienberater und Mediatoren spielen zunehmend eine Rolle, wenn es darum geht, in derart angespannten und verfahrenen

Situationen zu vermitteln und die Lage ganzheitlicher zu betrachten. Kognitive Wahrnehmung entwickeln heißt, zu lernen, diese Rolle zum eigenen Wohle selbst zu übernehmen.

Will man seine kognitive Wahrnehmung schulen, ist eine Unterweisung in herkömmlichen Meditationsmethoden nicht nötig, wenn sie vielleicht auch hilfreich sein mag. Auch in unserer Kultur finden sich zahlreiche respektable und effektive Tätigkeiten – oder »Untätigkeiten« –, die unserem Geist von der D-Denkweise in eine entspannte und offene Wahrnehmung verhelfen, dennoch aber verschlungene Pfade und Irrwege des Gedankenlaufs wachsam verfolgen. Angeln ist beispielsweise, wie Ted Hughes bemerkte, Meditation pur. Ein schöner Vorwand, den Angelkorken zu betrachten und den Gedanken freien Lauf zu lassen, den Lichtschimmer auf dem Wasser zu genießen oder den weichen Regen auf der Haut zu spüren. Fischer kennen das Gefühl ganz gut, einen leichten Unmut zu verspüren, wenn sie aus ihren Tagträumen gerissen werden, da die seltene Aufmerksamkeit eines Fisches einmal dem Angelhaken gilt. Rhythmische körperliche Tätigkeiten, wie Stricken, Unkrautjäten oder Schwimmen, fördern allesamt die kognitive Wahrnehmung einfacher Körperempfindungen, die von Geräuschen und Gerüchen. Dabei wird die Aufmerksamkeit vom problemlösenden Denken in die Welt der sinnlichen Wahrnehmung zurückgelenkt. Eine gute Übung ist es, sich einmal ein relativ unwichtiges Fußballspiel anzuschauen, und zwar live. Denn sieht man ein Spiel auf der Mattscheibe, schweift man allzu häufig ab – die Rückblenden auf die spannenden Momente zeigen ja sowieso noch einmal die Highlights. Live dabei hingegen, verpaßt man die spannenden Szenen, wenn man im entscheidenden Augenblick mit den Gedanken woanders ist. Natürlich ist es unmöglich, den lieben langen Tag auf eine Sache konzentriert zu sein.

Doch kann man mit der Zeit die Aufmerksamkeit einer Katze entwickeln: entspannt und gleichzeitig auf der Hut, bei der man das »Pulsieren« des Bewußtseins spürt, von dem in Kapitel 10 die Rede war.

Schnuppern unsere wahrnehmenden Sinne an Erfahrungen, nur um sie in Kategorien einzuordnen und zu entscheiden, ob sie nützlich oder doch eher schädlich sind, so ist das entstehende bewußte Erfahrungsbild wohl eher schwach und undeutlich. Hat unser Wahrnehmungsempfinden an Schärfe und Deutlichkeit verloren, suchen wir nach Extremsituationen, wo die äußere Welt uns genügend in Erstaunen oder Schrecken versetzt, damit dieses Gefühl der intensiven Wahrnehmung wiederkehrt. So wird die Maschinerie der »Unterhaltungsindustrie« in Gang gesetzt, und mit Gewalt- oder Pornovideos, Höllenfahrten in Erlebnisparks, Megafeten oder Kokain wird unser vorübergehender Erlebnishunger gestillt, eine lebhafte Erfahrung, die wir uns mit unserer gewohnten Denkweise offenbar nicht selbst verschaffen können. Ein feinfühliges kognitives Wahrnehmungsempfinden bereichert und vitalisiert bewußtes Erleben. Sinnliche Wahrnehmungen sind von besonderem Zauber und Lebendigkeit. Um dies erfahren zu können, muß man lernen, still zu verweilen und sich darin zu verlieren.

KAPITEL 12

Über Weisheit

Die Weisheit des Schriftgelehrten vermehrt
das Wissen. Wer frei ist von Arbeit, kann sich
der Weisheit widmen.
Ecclesiasticus, Buch Jesus Sirach 38;24

Summerhill, eine von A. S. Neill gegründete alternative
Schule mit völlig neuartigen Grundsätzen, wird von einer
Schülerversammlung verwaltet, dem »moot«, die sich einmal
wöchentlich trifft. Jedes Mitglied der Schule, vom
fünfjährigen Neuling bis zum ältesten Lehrer, hat eine
Stimme, und alle Stimmen sind gleichwertig. Der »moot«
entscheidet alle wichtigen Angelegenheiten: Schulordnung,
Nachtruhe, in einzelnen Fällen verhängt er auch
Bestrafungen. Die folgende Szene spielt Mitte der siebziger
Jahre: Der Schulgründer und seine Frau sitzen in der
Versammlung und hören, wie zwei Mädchen sich über
einen Jungen beklagen, der sie angeblich geärgert hatte,
unter anderem mit Handtüchern nach ihnen geschnellt
hatte. Die Stimmung der Versammlung ist gegen den
Angeklagten. Ein Schüler nach dem anderen erteilt ihm
eine Rüge. Eine saftige Strafe scheint unausweichlich.
Auch Neill und seine Frau haben den Finger gehoben und
warten, bis das dreizehnjährige Mädchen, das dieses Mal
den Vorsitz führt, ihnen das Wort erteilt. Schließlich ist
Mrs. Neill an der Reihe: »Denkt doch einmal darüber
nach, wie langweilig euer Leben ohne die Jungs wäre, die
euch ärgern«, sagte sie mit einem Augenzwinkern.
Gelächter. Dann sprach Neill mit rauher, lakonischer
Stimme, als wolle er einen Punkt zum formalen Ablauf
dieser Verhandlung anschneiden: »Ich glaube nicht, daß
die Versammlung das Recht hat, sich in eine Liebesaffäre

einzumischen«, sagte er. Und wieder Gelächter. Der Junge und eines der Mädchen grinsten einander verschämt an.[1]

»Tiefere Erkenntnis durch langsameres Denken« – diese Aussage führt uns schließlich dazu, uns auch mit dem Begriff der Weisheit auseinanderzusetzen. Laut Wörterbuch ist Weisheit »die Fähigkeit, in Fragen, die das Leben und die Lebensführung betreffen, richtig zu urteilen; eine klare Beurteilung besonders in praktischen Angelegenheiten zu fällen; aus Wissen schöpfen«. Doch damit kommen wir nicht sehr weit. Was heißt schon, »richtig zu urteilen« oder »eine klare Beurteilung«? Wer hat zu entscheiden, was richtig oder klar ist? Welche Art Wissen wird überhaupt benötigt und wie lernt man denn, aus ihm zu schöpfen? All diese wichtigen Fragen werden ausgelassen. Unsere Überlegungen zur Denkweise des Hasen und der Schildkröte können uns eher weiterhelfen, mit diesem äußerst schwer definierbaren, aber doch so wichtigen Begriff besser umzugehen.

Die Reaktionen der Neills deuten auf ein paar charakteristische Eigenschaften von Weisheit hin. Vor allem ist Weisheit etwas praktisch Orientiertes, da es sich unmittelbar »Fragen, die das Leben und die Lebensführung betreffen«, zuwendet. Darüber hinaus ist sie kreativ und vervollständigend. Die Neills meistern die polarisierte Situation, indem sie sie »umgestalten« und es wohlweislich vermeiden, Partei zu ergreifen. Wo sich die Protagonisten einer Situation selbst im Wege stehen, da sie der unumstößlichen Ansicht sind, daß einer immer verliert, wenn der andere gewinnt, findet der Ratgeber einen Weg, der die gegensätzlichen Positionen in einem Ganzen zusammenschließt und sie über ihre Grenzen hinausführt. Wunderbarerweise werden offenbar stocksteife Vorstellungen zu gemeinsamen Zwecken und Zielen umgewandelt. Ein klassisches Beispiel dieser Art der kreativen Umgestaltung einer Situation zeigt ein Vorfall während der zahlreichen

Unruhen und Tumulte im Paris des 19. Jahrhunderts. Damals erhielt ein Befehlshaber eines Sonderkommandos die Weisung, einen öffentlichen Platz durch Feuern auf die *canaille* – den Pöbel – zu räumen. Er befahl seinen Soldaten sich aufzustellen, ihre Schießposition einzunehmen, die Gewehre auf die aufständische Menschenmenge zu richten, und dann, als sich eine schaurige Stille breitmachte, zog er sein Schwert und schrie aus Leibesbrust: »Mesdames et Messieurs, ich habe Befehl, auf die *canaille* zu feuern. Doch soweit ich von hier aus sehen kann, handelt es sich um zahlreiche ehrenwerte und achtbare Bürger, die sich rechtschaffen verdingen, und so darf ich bitten, daß diese doch den Platz friedlich räumen mögen, damit ich mir sicher sein kann, auch wirklich nur auf die widerliche *canaille* zu schießen.« In wenigen Minuten war der Platz leer, ohne daß man Tote oder Verletzte beklagen mußte.[2]

Weisheit heißt auch, durch ein offensichtliches Problem zum wahren, darunterliegenden Kern hindurchzusehen. Wo die Summerhill-Schüler nichts als Konflikt und Meinungsverschiedenheit sahen, erkannte Neill eine vielschichtigere Dynamik, eine Zärtlichkeit und Verspieltheit unter der oberflächlichen Streiterei. Seine Frau deutete indes auf eine längerfristige Perspektive hin, bei der das Anzetteln und Lösen solcher kleinerer Konflikte als wichtige und angebrachte Übungsstunden auf dem »Lehrplan« zum Erwachsenwerden stehen. Die Mädchen reagieren aus ihrem Ärger heraus, der natürlich und echt ist, aber auch halbfertig, eine weniger als abgeschlossene Geschichte, und Mrs. Neill weist sie auf einen größeren Wertezusammenhang hin, einen, an dem beide Seiten großen Anteil haben, was zeitweilig in Vergessenheit geraten war. Bestimmt würde ein Teil der Mädchen ganz schön enttäuscht sein, wenn die Jungs sie künftig in Ruhe lassen müßten. Auf einem anderen Niveau ersuchte Nelson Man-

331

dela 1994 in seiner Antrittsrede als Präsident von Südafrika seine Landsleute, ihre Ängste und Sehnsüchte umzugestalten. Er versuchte, die alte Farbe der gegenseitigen Verständigung abzukratzen, um eine andere freizulegen:

Unsere tiefste Furcht ist nicht, daß wir nicht vollwertig sind. Unsere tiefste Furcht ist, daß wir über die Maßen stark sind. Es ist unser Licht, nicht unser Dunkel, das wir fürchten. Wir fragen uns, warum soll gerade ich hochintelligent, großartig, talentiert und einfach fabelhaft sein? Doch warum sollen wir das eigentlich nicht sein?... Zurückzuweichen und klein beizugeben, so daß andere um uns herum sich nicht unsicher fühlen, hat nichts Erhellendes... Wenn wir unser Licht scheinen lassen, erteilen wir unbewußt auch anderen die Erlaubnis, das gleiche zu tun. Wenn wir von unserer eigenen Furcht befreit sind, so befreien wir durch unsere Persönlichkeit automatisch auch andere.

Wir können sagen, daß Weise in der Lage sind, »richtig« zu urteilen, denn sie sehen durch die komplizierten, vielschichtigen Ebenen von Wertvorstellungen, in die man mitunter sehr leicht verstrickt wird, hindurch und erkennen so die einfachsten Wahrheiten und Wertvorstellungen, die nahezu jeder zutiefst in sich trägt: sich sicher fühlen zu können; sich ohne Furcht mitteilen zu können; wissen, woher und wohin; ehrsam handeln; irgendwo hingehören; lieben und geliebt werden. Die französische Psychologin Gisela Labouvie-Vief untersuchte die Thematik »Weisheit« und kam zu folgendem Schluß: »Was Künstler, Dichter oder Wissenschaftler zu Weisen macht, sind nicht ihre fundierten Fachkenntnisse in ihrem jeweiligen Bereich, vielmehr ist es die Kenntnis über Kernfragen, die Teil der menschlichen Eigenart sind. Weisheit besteht also sozusagen aus der Fähigkeit, sowohl durch die individuelle Einzigartigkeit und den speziellen Charakter hindurch als auch darüber hinaus zu sehen, und solche Strukturen zu erkennen, die uns mit unserer gemeinsamen menschlichen Natur in Verbindung bringen.«[3]

Eine weise Beurteilung zieht nicht nur ethisch moralische Aspekte in Betracht, sondern auch soziale und historische, die sich an diese Beurteilung anschließen. Eine Teilanalyse eines Problems führt womöglich zu einer übereilten Lösung, die nur einen einzigen Gesichtspunkt darstellt oder auch eine längerfristige Perspektive außer acht läßt. Wer bemüht ist, seine Geschäfte auf einer ethisch moralischen Grundlage zu führen, dem ist unter anderem auch daran gelegen, Entscheidungen zugunsten der Kundschaft, der Kundschaft der »Wertneutralen«, zu treffen, wozu Angestellte mitsamt Familie gehören, Kunden ebenso wie Einwohner sowie die Aktionäre. Er ist bemüht, die Interessen und Anrechte zukünftiger Generationen zu respektieren. Weisheit arbeitet mit einem »großen Gesamtbild«, einem, das sorgfältig alle moralischen, praktischen und zwischenmenschlichen Details in sich vereinigt, egal wie unbequem sie sind, und versucht eine Lösung zu finden, die diesem zusammengesetzten Bild in allen Teilen bestmöglich gerecht wird. Weisheit sucht nicht nach einer Grundsatzfibel für Lehrschablonen und Allgemeinplätze, in welche die Situation eingepaßt werden kann. Sie sucht vielmehr den Weg zurück zu moralischen und menschlichen Grundsätzen und strebt eine Lösung nach Maß an, die so viele Zwänge und Bedürfnisse wie möglich in Einklang bringt.

Was fundamentale Werte angeht, so ist Weisheit sehr unnachgiebig, jedoch flexibel und kreativ, wenn es darum geht, Mittel und Wege zu finden, diese Werte zu bewahren oder anzustreben. Auch wenn diese mitunter sehr außergewöhnlich, gar schockierend sind. Ein Zen-Meister versetzte seine Mönchen einst in Staunen, als er Buddha-Statuen verbrannte, um sich zu wärmen. Ohne Umschweife gebot Jesus in einer verzwickten moralischen Situation seinen verunsicherten und aufgebrachten Jüngern, dem Gesetz zu gehorchen, den Geist aber frei zu halten. Er sagte zu ihnen:»So gebt dem Kaiser, was dem Kaiser gehört, und Gott, was Gott gehört!« Es mag den Anschein erwecken, daß eine weise Handlung sich über Konventionen oder gar Vernunftdenken hinwegsetzt. In verzweifelten Situationen, wo kein Ausweg zu finden ist, kann es sehr wohl weise sein, etwas völlig Absurdes zu tun.

Im Jahre 1334 ließ die Herzogin von Tirol Burg Hochosterwitz umzingeln. Sie wußte, daß diese Festung, die sich hoch auf einem steilen Felsen über das Tal erhob, unmöglich durch einen direkten Angriff einzunehmen sein und daß lediglich ein langer zermürbender Belagerungszustand zum Ziel führen würde. Und so geschah es auch. Letztendlich waren die Verteidiger sowie die Truppen der Herzogin nahe daran, aufzugeben. Den Verteidigern blieb ein letzter Ochse, und sie hatten nurmehr zwei Gerstensäcke. Die Soldaten der angreifenden Truppe waren demoralisiert und nicht mehr zu befehligen. Auch warteten anderenorts dringendere Aufgaben auf sie. Obendrein schien der Befehlshaber der Burg zu diesem Zeitpunkt auch noch den Verstand zu verlieren, denn er befahl, den Ochsen zu schlachten, den Kadaver mit der Gerste zu füllen und ihn über den Festungswall hinunterzuwerfen, von wo er über die Felsklippen rollte und schließlich im feindlichen Lager vor den Augen der Soldaten liegenblieb. Die Herzogin entnahm dieser hochmütigen Botschaft, daß jeder, der sich solch eine ungewöhnliche Geste erlauben kann, noch über ausreichend Essensvorräte verfügen und guter Verfassung sein müsse. Und so gab die zermürbte Herzogin die Belagerung auf und zog weiter.

Ist eine Situation mit der D-Denkweise zu lösen, ist Weisheit nicht nötig. Eine»verläßliche Beurteilung in schwierigen Fällen«, auch so wurde Weisheit definiert.[4] Schwierige Fälle sind vielschichtig und verschwommen und schaffen Situationen, in denen ein stereotypes oder egozentrisches Denken auf eine verschärfte Polarisierung oder auf Antagonismus hinausläuft und in eine Sackgasse führt. In komplizierten Fällen kann es durchaus passieren, daß persönliche Werte miteinander konkurrieren: Den Weg der Ehrbarkeit gehen heißt, einen Popularitätsverlust riskieren; das Abenteuer wählen heißt, Sicherheit gefährden. Es ist etwa so wie im Beispiel mit den Schaulustigen, das ich in einem der vorangegangenen Kapitel erwähnte: Eilt man jemandem öffentlich zu Hilfe, riskiert man womöglich, zu spät zu einer Verabredung zu kommen, oder man macht sich die Kleider schmutzig oder womöglich lächerlich, wenn sich die Situation am Ende als Schülerstreich herausstellt. Schwierige Fälle sind solche, die eine Entscheidung aufgrund einer unzureichenden Informationsgrundlage fordern, wo nicht genau ersichtlich ist, was nun wichtig ist und was nicht; wo Bedeutungen und Interpretationen von Handlungen und Motiven unklar sind und auf Vermutungen basieren; wo in einem noch so kleinen Detail der Schlüssel zur Lösung liegen kann; wo Kosten und Nutzen oder langfristige Konsequenzen nur schwerlich erkennbar sind; wo zahlreiche Variablen miteinander auf undurchschaubare Weise in Wechselbeziehung stehen.

Anders gesagt, in schwierigen Fällen wird Weisheit genau dort benötigt, wo die langsamen Erkenntniswege zum Zuge kommen. Weise sein heißt, über ein reichhaltiges und gut entwickeltes Repertoire an verschiedenen Erkenntnisweisen zu verfügen sowie auch in der Lage zu sein, diese angemessen zu entfalten. Die Fähigkeit, klar und logisch denken zu können, ist ein wesentlicher Bestandteil der Weisheit, doch für sich alleine nicht ausreichend. Nicht selten haben kluge Leute auch »unweise«

Entscheidungen getroffen. Man muß imstande sein, komplexe Situationserfahrungen durch die eigenen Poren aufzusaugen und die darin latent enthaltenen, kaum merklichen Zufallsmuster auszumachen. Dazu bedarf es der Fähigkeit, einer ganzen Reihe von Situationen aufmerksam zu folgen, geduldig abwartend, auch ohne sie zu begreifen. Man muß der Versuchung widerstehen, im voraus beantworten zu wollen, was uns diese Erfahrung wohl lehren mag. Der Dichter und Kritiker Matthew Arnold hat in seiner Zeit als Schulinspektor gerne von einem Kollegen erzählt, der sich seiner dreizehnjährigen Erfahrung rühmte – wobei jedem, der diesen Kollegen kannte, mehr als klar war, daß dem nicht so war. Er hatte die Erfahrung eines Jahres, dreizehn Mal. Zudem muß man in der Lage sein, sich Zeit zu lassen – lange und besonnen über ein Problem nachzudenken, bei den Einzelheiten und Möglichkeiten zu verweilen. Kurz gesagt, um weise zu sein, braucht man die Schildkröte ebenso – vielleicht sogar mehr – wie den Hasen.

Sich mit der Weisheit Zeit zu lassen, ist in sozialen Berufsfeldern, etwa bei der sozialen Beratung oder in der Psychotherapie, ganz wichtig. Robin Skynner, Mitbegründer des Institute of Family Therapy und des Institute of Group Analysis, zusammen mit dem Komiker John Cleese Autor der beiden Bücher »Families and How to Survive Them«, und »Life and How to Survive It«, berichtete von seiner über die Jahre andauernden Verlegenheit, wenn eine neue Gruppe oder eine neue Familie zu ihm kam.[5] Auch nach 49 Jahren Erfahrung passiere es ihm, sagte er, daß er im ersten Beratungsgespräch für ein paar Minuten nicht mehr weiter wisse. Mit einem Mal scheinen ihn all sein angesammeltes Wissen und seine Erfahrung zu verlassen. Es sieht so aus, als gäbe es keine Präzedenzfälle, auf die er zurückgreifen könnte. Er frage sich dann, was er hier eigentlich solle oder fühle sich gar wie ein Betrüger. Es fiele ihm auch überhaupt nichts Weises ein, nichts, was er zu sagen oder zu tun wüßte. Jedoch, so Skynner, einer der größten Gewinne aus der langjährigen Erfahrung sei der Mut, vor diesem unproduktiven Zustand nicht davonzulaufen. Auch nach all den Jahren sei dieser Zustand natürlich unangenehm, doch betrachte er ihn inzwischen als eine notwendige »Winterphase«, in der anscheinend nicht wächst, was auf die Ankunft des Frühlings deutet. Es braucht etwa eine halbe Stunde, bis sich erste vorsichtige Anzeichen und Intuitionen bemerkbar machen, und ganz allmählich erwächst das sichere Gefühl, diese noch nie dagewesene Situation sehr wohl bewältigen zu können. Skynners Wissen um zwischenmenschliche dynamische Kräfte manifestiert sich nicht in schnell verordneten und sicheren Rezepten – bei weitem nicht. Es offenbart sich vielmehr in seinem Mut abzuwarten, um schließlich das zarte Aufkeimen der Schößlinge namens Verstehen und Geist zu bemerken und Vertrauen in sie setzen zu können.

Die Erkenntnisweise, aus der Weisheit erwächst, ist eine wißbegierige, da sie über das übliche Schwarzweißdenken hinauszugehen scheint. Sie ist gleichermaßen subjektiv wie objektiv, ist aufmerksam und liebevoll, aber auch ruhig und unbefangen. Sie hat einen klaren, ungetrübten Blick, der nicht verstellt ist von persönlichen Empfindungen und Ansichten. Weisheit läßt etwas von dem erkennen, was ich zuvor als »poetische Sensibilität« bezeichnet habe. Das Objekt der Aufmerksamkeit ist innig oder gar »zärtlich« vertraut, doch ohne jegliche Projektion von seelischen Empfindungen: Keine Hoffnungen oder Ängste stehen dem ungetrübten Empfindungsvermögen im Wege. Handelt es sich bei dem »Objekt« um eine Person, beispielsweise um jemanden in Kummer und Sorge, wird ein weiser Berater berührt, bleibt aber dennoch davon unbeeinflußt. Er erfährt die Situation als Mensch und nicht einfach als Fachkundiger. Sein Einfühlungsvermögen löst sich nicht in bloßem Mitleid auf oder, schlimmer noch, in einem heimlichen Einverständnis. Er ist – mit Hilfe der kognitiven Wahrnehmung – fähig, Überzeugungen und Ansichten zu erkennen, und zwar sowohl seine eigenen wie auch die der anderen, sieht diese als Interpretationen und nicht – wie es dem Leidtragenden scheinen mag – als die reine transparente Wahrheit.

Der Psychotherapeut Carl Rogers beschreibt Einfühlungsvermögen als

> das Eintreten in die persönliche Empfindungswelt des anderen und sich dort wie zu Hause zu fühlen... Das heißt, zeitweilig in seinem/ihrem Leben zu wohnen, sich darin leise und vorsichtig zu bewegen, ohne sich ein Urteil zu bilden... indes mit wachen und unerschrockenen Augen die Dinge zu betrachten, vor denen der andere sich ängstigt... Auf diese Weise mit jemand anderem zusammen zu sein heißt, für diese Dauer die eigenen Ansichten und Werte beiseite zu legen, um in eine andere Welt vorurteilsfrei einzutreten.[6]

Um diesen feinfühligen Balanceakt meistern zu können, muß der Weise aufmerksam und achtsam sein, nicht nur gegenüber der Welt des anderen, sondern auch seiner eigenen. So wie beim fokussierten Bewußtsein muß er auch hier in der Lage sein, sich »einzustellen« auf sein inneres Befinden, damit er sicher gehen kann, daß sich keine Urteile oder Projektionen unbemerkt in seine Interpretation der Situation einschleichen. Nur wenn das eigene Empfindungsvermögen rein und echt ist, wird die Beurteilung feinsinnig, klar und vertrauenswürdig ausfallen. Aus diesem Grunde ist die sogenannte »Counter Transference« in der Psychotherapie – wenn der Therapeut Gemütsbewegungen wie Zuneigung oder gar sexuelle

Anziehung auf Patienten projiziert – ein derart wichtiges Thema. Aus diesem Grund ist es Ärzten, zumindest im Vereinigten Königreich, nicht gestattet, Familienmitglieder zu behandeln. Doch so manchem fällt es offenbar schwer, sich an diese sachliche, für Patienten sehr günstige Forderung in ausreichendem Maße zu halten. Der dänische Philosoph Kierkegaard meint: »Die große Mehrheit der Männer ist sich selbst gegenüber subjektiv veranlagt, allen anderen gegenüber eher objektiv – zuweilen gar schrecklich objektiv – doch die eigentliche Aufgabe besteht darin, dem eigenen Ich gegenüber objektiv zu sein und subjektiv gegenüber allen anderen.«[7]

Über Weisheit an sich gibt es sehr wenige empirische Untersuchungen, doch haben wir einige Informationen darüber, was gemeinhin unter Weisheit verstanden wird. Robert Sternberg, Psychologe an der University of Yale, faßt zusammen, welche Vorstellungen es von einem Weisen im allgemeinen gibt:

[Er] hört anderen zu, weiß Ratschläge abzuwägen und kann mit allerlei unterschiedlichen Persönlichkeiten umgehen. Da eine weise Person für ihre Einschätzung nach soviel Information wie möglich sucht, liest sie auch zwischen den Zeilen... Eine weise Person ist insbesondere in der Lage, eine Situation klar und greifbar zu beurteilen, und dabei faßt sie langfristige wie auch kurzfristige Konsequenzen ihrer Beurteilung ins Auge... [Sie] scheut sich nicht davor, eine einmal gefaßte Meinung im Bedarfsfall wieder zu ändern, und die für schwierige Problemfälle angebotenen Lösungen sind im großen und ganzen die richtigen.[8]

Die Fähigkeit, welche die kognitive Wahrnehmung begleitet und die Weisheit scheinbar zur Voraussetzung hat – das eigene Wissen wie auch das der anderen als ein individuelles und soziales Konstrukt zu betrachten, das hinterfragt, neu gestaltet oder neu ausgelegt werden kann –, entfaltet sich nicht mühelos und hat ihren Preis. Es verlangt ein enormes Selbstsicherheitsgefühl, um so manches Vertrauen in bestimmte Überzeugungen aufgeben zu können. Doch wird nicht einfach nur verlangt, sich einzugestehen, daß das eigene Wissen unvollständig ist – daß es immer noch mehr gibt, was ins Auge gefaßt werden könnte –, sondern es geht auch um die Erkenntnis, daß Wissen an sich in der Hauptsache ungewiß, unbestimmt, fraglich und immer wieder neu auslegbar ist. Der Harvard-Pädagoge Robert Kegan hat in seinem jüngsten Buch mit dem Titel »In over our Heads: the Mental Demands od Modern Life« darauf hingewiesen, daß diese Perspektive nur auf Kosten »einer schmerzlichen Trennung des inneren Selbst von der kulturellen Umgebung« erlangt werden kann.[9] Zum Beispiel verlangen Lehrer in der Erwachsenenbildung, die von ihren Schülern diese reflektive, kritische Fähigkeit erwarten, daß sie

die ganze Perspektive ihres Selbstverständnisses, ihre Auffassung von der Welt sowie die Beziehung dieser beiden untereinander ändern. Viele werden angehalten, ihr Treueverhalten und ihre Redlichkeit, auf deren Sockel sie ihr ganzes Leben gestellt haben, aufs Spiel zu setzen. Wir erlangen »persönliche Autorität« letztendlich nur, indem wir unsere Beziehung zu öffentlichen Autoritäten relativieren – das heißt nur dann, wenn wir sie fundamental verändern. Das ist eine lange und oftmals auch schmerzliche Reise, bei der man die meiste Zeit über das Gefühl hat, sich aufzulehnen und ganz und gar nicht das Empfinden, sich auf einer anregenden Expedition zur Entdeckung von Neuland zu befinden.

Um weise zu sein, ist es nötig, eine Geisteshaltung zu entwickeln, die das im Grunde relative Wissen akzeptiert, die aber nicht in einen zügellosen Subjektivismus oder Solipsismus umschlägt. Dabei sollte Voltaires Diktum beherzigt werden:»Zweifel ist ein ungemütlicher Zustand, doch Gewißheit ist ein lächerlicher.« Doch muß dieser Zweifel auch Handlungsfreiraum lassen – denn mitunter gilt es, rasch und entschlossen zu handeln. Eine weise Person bewegt sich auf einem schmalen Grat zwischen dem Zwillingspaar der Gefahren eines starren Dogmatismus und einer lähmenden Unentschlossenheit. Der Psychologe John Meacham drückt dies folgendermaßen aus:»Man gibt beides auf, die Hoffnung auf absolute Wahrheit und die auf absolutes Wissen, denn nichts kann wirklich gewußt werden; Weisheit ermöglicht es, klug und erfahren zu handeln, während man gleichzeitig im Zweifel ist.«[10]

Meacham untermauert seine Aussage mit einem Beispiel, bei dem dieses Bewußtsein der Fehlbarkeit ganz offensichtlich nicht vorhanden ist. Im Film»The Graduate« wird der junge Ben (Dustin Hoffman) bei der Party seiner Promotion von Mr. Maguire, einem Freund seines Vaters, beiseite genommen.»Komm mal eine Sekunde mit«, sagt Maguire.»Ich will dir was sagen. Eigentlich nur ein Wort, Nur ein einziges Wort.«»Ja, Sir«, erwidert Ben.»Hörst du auch zu?«fragt Maguire nach.»Ja natürlich, Sir«, antwortet Ben.»Plastik«, sagt Maguire. Sie schauen einander an, und es dauert eine ganze Weile, bis Ben schließlich fragt:»Was genau meinen Sie damit, Sir?« Was das Komische dieser lakonischen Szene ausmacht, ist genau diese Art von törichter Überzeugung Maguires, der absolut sicher ist, daß sein so großzügig und reichlich dargebotenes Wissen völlig unfehlbar ist. Meacham verdeutlicht damit, daß ein rein wissenschaftliches, erkenntnistheoretisches Umfeld, ob Schule, Universität oder Arbeitsplatz, wo stets nur unerschütterliches Überzeugtsein gefordert wird, der Entwicklung von Weisheit im Weg steht. Und weiter:»Ein intellektuelles Klima, das Mehrdeutigkeiten und Widersprüchlichkeiten feindlich gesinnt ist, fördert bequeme Lösungen, als da wären Stereotypen und Intoleranz.«

Weisheit erwächst aus einer wohlwollenden und innigen Beziehung mit dem Unterbewußtsein. Man muß sich bereitwillig, wie Pu der Bär, »die Dinge zufliegen lassen«, und nicht, wie das Kaninchen, »stets zupacken, wo es etwas zu holen gibt«. Die D-Denkweise hält sich an Gedankenlinien, die klar, kontrolliert, stereotyp und sicher sind: vornehmlich an solche, denen sich »schwierige Fälle« aufgrund ihrer ganz eigenen Art nicht unterwerfen werden. Weisheit kommt zu denen, die gewillt sind, ihr eigenes Selbstverständnis außerhalb der Sphäre einer bewußten Kontrolle zu erweitern, um einen anderen Mittelpunkt des Erkenntnisvermögens in sich zu begreifen. Zu diesem Mittelpunkt hat das denkende Bewußtsein keinerlei Zugang, und es scheint sich zum Großteil auch einer bewußten Kontrolle zu entziehen. Emerson formuliert es so: »Ein Mensch erkennt, daß es da irgend etwas in ihm gibt, das mehr weiß als er selbst. Augenblicklich stellt er folgende neugierige Fragen: Wer ist wer? Welcher der beiden ist denn nun eigentlich Ich? Der, der mehr weiß, oder der, der weniger weiß; der kleine Kamerad oder der große?«

Bei jenen Weisen und Sehern, die für die vollkommenste Verkörperung von Weisheit stehen, gibt es zweierlei Antworten auf Emersons Fragen. Wer den theistischen, religiösen Traditionen anhaftet, ist eher geneigt, sich mit dem »kleinen Kameraden« zu identifizieren. Der »große Kamerad« ist eher irgendeine externe Autoritätsperson, von der man, dank ihrer Gnade und Barmherzigkeit, zu der Person auserkoren wurde, »durch« die sie spricht. In der jüdisch-christlichen Tradition zum Beispiel gilt Gott als diese allumfassende Autorität. Doch sogar innerhalb dieser Religionen gab es auch andere Stimmen, die die Quelle der Weisheit unbeirrt als immanent betrachten.

Der große »Kamerad« heißt zwar immer noch Gott oder Gottheit, doch wird er jetzt als unergründliche Macht oder als rätselhafter Vorgang verstanden. In der sogenannten »apophantischen« Tradition innerhalb des Christentums gibt es beispielsweise viele Mystiker und Weise, die ihre wiederentdeckte Vertrautheit mit dem Unterbewußten mit diesen Worten ausgedrückt haben. Der Begründer der apophantischen Tradition, Dionysius Areopagite, der im 6. Jahrhundert gelebt hat, beschreibt den Mystiker als einen, der »gänzlich im Ungreifbaren und Unsichtbaren verweilt; da er aller Kenntnis entsagt hat, ist (er) mit dem Un(er)kennbaren verbunden – mit Gott – besser gesagt, und *Nichtwissen erkennt mit Wissen, das den Intellekt übersteigt*«.[11] Dionysius sagt: »Das göttlichste Wissen Gottes ist das, welches durch Nichtwissen gewußt wird.«

Eckhart von Hochheim, in der Geschichte und bei seinen Anhängern als »Meister Eckhart« bekannt, gilt als der vielleicht größte christliche Mystiker, obwohl zu seinen Lebzeiten seine Werke von einer päpstlichen Kommission als ketzerisch und gefährlich verurteilt worden waren. Es scheint, als sei er gerade noch rechtzeitig verstorben, um dem Scheiterhaufen zu entkommen. Eckhart: »Eine vollkommene Person ist *dem Ich so entseelt,* so verloren in Gott, dem Willen Gottes so hingegeben, daß ihr ganzes Glück darin besteht, *nicht in der Bewußtheit für das eigene Ich* und dessen Sorgen zu leben, sondern im Bewußtsein für Gott.« Das Ziel geistiger Übung ist, den inneren Ort zu finden, »wo es keine Unterschiede gibt, wo Vater, Sohn und Heiliger Geist eins sind, wo keiner wohnt, doch das Feuer der Seele im stillen wieder zur Ruhe kommt«.

Johannes Tauler, ein Dominikanermönch und Schüler von Meister Eckhart, der Mitte des 14. Jahrhunderts im Rheinland lebte, war einer der ersten Apophantiker, der in seine religiöse Erfahrung eine eindeutig psychologische Deutung hineinlegte. Seine praktischen Anweisungen über das kontemplative Leben, von denen er zumeist in seinen Predigten in Abteien und Klöstern, die er besuchte, sprach, gaben den Nonnen und Mönchen deutliche Anweisungen, ihren Weg der Hingabe nach innen zu richten. Für ihn war es selbstverständlich, daß die Menschen sich nach Innerlichkeit sehnten, nach »persönlicher Erneuerung durch ein Hineinversenken in die göttlichen Gründe, aus denen alle Kreaturen hervorgingen«.[12] Und bei diesen göttlichen Gründen handelte es sich um nichts anderes als das Königreich Gottes.

Dieses Königreich hat seinen angemessenen Platz in der innersten Abgeschiedenheit des Geistes. Wenn die Kräfte der Sinne und die Kräfte des Verstandes im innersten Mittelpunkt eines Menschen zusammenfinden – *in den ungesehenen Tiefen des Geistes, wo sich das Bild Gottes befindet* –, und so er sich den göttlichen Abgrund niederstürzt... wo [alles] so *still* ist, *voller Geheimnis und Leere*, gibt es dort nichts außer der reinen Göttlichkeit. Nichts Fremdartiges, keine Kreatur, kein Bild. Keine Gestalt ist je dort eingedrungen.

Taulers Ansatz, dieses Königreich zu erklären, stützt sich auf eine bewußte, methodische Kultivierung der Passivität, darauf, sich Mächten und Impulsen zu übergeben, die ihren Ursprung nicht im bewußten Selbst haben. Tauler folgt darin Eckhart und Heidegger – dieser sei hier vorweggenommen – und verwendet dafür den Begriff *Gelassenheit*. Der pragmatische Nutzen dieser Auffassung stand für Tauler zweifelsfrei fest: »Auf diese Weise werden inneres Wesen und Vernunft geläutert, die Gedanken gestärkt und der Einzelne ruhiger, ausgeglichener und gelassener.«

Taulers psychologische Interpretation des Symbolismus in der Kirche muß in den Augen seiner eher konservativen Zeitgenossen an Blasphemie gegrenzt haben. Nach seiner

Auffassung von der Dreieinigkeit ist Gottvater zum Beispiel keine transzendentale Figur mehr. Er wird zu einer Gottheit, zum innersten Quell, zum unbewußten Geheimnis. Der Sohn symbolisiert die immerwährende Geburt von »etwas« aus diesem göttlichen »Nichts«, das Wundervolle, das ins Dasein bewußter Erfahrung und körperlicher Handlung tritt, etwas, das unaufhörlich aus dem unergründlichen Urquell hervorströmt. Und der Heilige Geist ist die Transformation des Seins, die Weisheit, der »Friede Gottes, der über allen Verstand hinausgeht«, der allen zuteil wird, die Meister Eckhart zufolge willens sind, »sich selbst als nichtig« zu betrachten und an den inneren Gott zu glauben, der auf »mysteriöse Weise wirkt«.

Die direkte Erkenntnis dieser Weisen und die neuen Wissenschaften des intelligenten – wenn nicht gar weisen – Unbewußten zeigen erstaunliche Parallelen. Würde dieses Zusammenfließen der Erkenntniskräfte stärker bekannt werden, so wäre man vielleicht etwas zuversichtlicher, was die Entwicklung der eigenen Fähigkeiten zu einem weisen Denken angeht. Lancelot Law Whyte, einer der Ersten, der die Geschichte des Unbewußten bis in vorfreudianische Zeiten zurückverfolgt, kommt zu dem Schluß:

Glaube in der heutigen Zeit, sofern dieser Begriff überhaupt irgendeine Beziehung zur natürlichen Welt in sich trägt, impliziert einen Glauben an das Unbewußte. Wenn es einen Gott gibt, so muß er dort sprechen; wenn es eine heilende Kraft gibt, so muß sie dort wirken... Der bewußte Geist wird keine Ruhe finden, bis er nicht eine vollkommenere Erkenntnis über die eigenen unbewußten Quellen besitzt.[13]

Von allen großen Religionen der Welt ist es der Buddhismus, in dem die Quelle der Weisheit sehr klar und durchweg mit dem Unbewußten identifiziert wird. Der Buddhismus geht in seinen Aussagen so weit zu behaupten, daß Weisheit in der Erkenntnis wohnt, daß *alle* Tätigkeiten und Inhalte des Bewußtseins bloße Manifestationen unbewußter Vorgänge sind. Sogar unsere vernünftigsten und wohlüberlegten Gedankengänge werden nicht von einem bewußten »Ich« gebildet, sondern lediglich im Bewußtsein dargestellt, so wie Zeichen und Buchstaben auf einem Computerschirm. Der Bildschirm verfügt über keine Intelligenz an sich; er porträtiert bloß Ergebnisse einer bestimmten Aktivität aus der unbeobachtbaren Welt des Mikrochips. Der buddhistische Gedanke, so könnten wir sagen, will eine Verschiebung im »Gravitationszentrum« unserer Identität bewirken, vom bewußten zum geheimnisvollen Unbewußten. Durch die ganz eigene Form der Aufmerksamkeit, die mit eingehenden Meditationsübungen kultiviert wird, werden uns beiläufige Einzelheiten unseres Wissens bewußt, das unstete, flüchtige und kurzlebige, fragwürdige Wesen unseres bewußten Geistes wird uns allmählich immer deutlicher. Man muß fähig sein, dem Bewußtsein skeptisch gegenüber zu stehen, es als ein Drama, ein erregendes Geschehen neu zu begreifen, als eine zeitweilige Show, und nicht als einen allzeit verläßlichen Leitstern. Mit den Worten eines zeitgenössischen tibetanischen *Dzogchen*-Meisters heißt dies:

Was auch immer momentan im körperlichen Geist
entsteht...
hat wenig Wirkliches.
Warum sich also damit identifizieren,
sich daran anheften,
ein Urteil darüber fällen, und über uns selbst?
Es ist doch weit besser, einfach
dem ganzen Spiel seinen Lauf lassen,
rauf und runter schwappend wie Wellen.[14]

Das Zentrum von Identität und Intelligenz wird in den Bereich des Unbewußten verlagert, was innerhalb der buddhistischen Religionen vor allem für die Tradition des Zen ganz bezeichnend ist. Der zeitgenössische japanische Zen-Lehrer Shunryu Suzuki Roshi, der das Zen-Zentrum in San Francisco gegründet und viele Jahre lang geleitet hat, sagte oft:»In Japan haben wir den Begriff *shoshin,* was soviel heißt wie ›Geist des Anfängers‹. Ziel der Übungen ist es, sich diesen Geist eines Anfängers zu bewahren... Ist der Geist leer, ist er allzeit zur Aufnahme bereit; er ist für alles offen. Im Geist eines Anfängers liegen noch viele Möglichkeiten; im Geist eines Experten nur wenige.«[15] Ein anderer zeitgenössischer Zen-Lehrer, der Koreaner Seung Sahn Sunim, der ebenfalls in den USA lebt, gibt seinen Schülern folgende Anweisung:

Ich frage euch: Was seid ihr? Ihr wißt es nicht; aber es gibt nur ein »Ich weiß es nicht«. Bewahrt euch stets diesen Weiß-nicht-Sinn. Wird der Weiß-nicht-Sinn klarer, dann werdet ihr verstehen. Bewahrt ihr den Weiß-nicht-Sinn beim Autofahren, so fahrt ihr auf Zen-Weise. Bewahrt ihr ihn beim Sprechen, so sprecht ihr auf Zen-Weise. Bewahrt ihr ihn beim Fernsehen schauen, seht ihr auf Zen-Weise. Ihr müßt euch den »Weiß-nicht-Sinn« immer und überall bewahren. Das ist die wahre Praxis des Zen.[16]

Doch die Entdeckung der inneren Werte in den verborgenen Welten des Geistes ist keine neuzeitliche Errungenschaft, auch keine des Zen-Buddhismus oder des Christentums. Sie reicht zurück bis ins 7. Jahrhundert, als der chinesische Lehrer Hui-Neng, 6. Patriarch des Zen und mutmaßlicher Verfasser des richtungsweisenden Werkes »Platform Sutra«, seine Anhänger anhielt, auf die Tätigkeiten ihres Unterbewußtseins zu achten.[17] Hui-Neng war, nach allem was man über ihn weiß, ein recht bodenständiger Zeitgenosse, von rauher Gutmütigkeit. Ihm lag viel daran, gegen die vorherrschende Auffassung anzukämpfen, wonach geistige Verwirklichung ein Ausschalten der Gedanken mit einschließt und eine ernsthaft betriebene, häufige Meditation unbedingt den Lohn der »Erleuchtung« bringen würde. Hui-Neng sah in der spirituellen Praxis nicht etwa das Ruhen und Leeren des Geistes. Vielmehr ging es ihm um ein beobachtendes Wahrnehmen der dynamischen Beziehung zwischen Bewußtsein und Unbewußtsein, und zwar unablässig, immer und überall, in allem Tun.

Oh Freunde, falls unter euch einige sind, die sich noch im lernenden Stadium befinden, so lenkt eure erleuchteten Gedanken, wann immer euer Geist solche erweckt, auf den Urquell des Bewußtseins... Der [bewußte] Geist hat nichts mit Denken zu tun, *denn sein Urquell ist leer*... Über etwas volle Klarheit gewinnen, sich dessen völlig bewußt werden, nennt man »höchste Erleuchtung«.

D.T. Suzuki, ein buddhistischer Gelehrter, erklärt mit Hilfe des buddhistischen Schlüsselbegriffs *prajna*, der für gewöhnlich mit »Weisheit« übersetzt wird, sehr verständlich, was das bewußte Wissen von der Grenzfläche zwischen Bewußtsein und Unbewußtsein bedeutet:

Prajna weist zwei Richtungen: zum Unbewußten und zu einer Welt des Bewußten, die sich unseren Gedanken offenbart... Wenn wir zu sehr mit der nach außen gerichteten Bewegung des Bewußtseins beschäftigt sind, die andere Richtung von Prajna benachteiligt behandeln, sie vergessen, bleibt die [Weisheit] verborgen, und die so reine, unbefleckte Oberfläche des Unbe-

wußten ist nun getrübt… Normalerweise lenkt der
»apperzipierende«, der wahrnehmende Geist die Aufmerksamkeit der Gedanken zu sehr nach außen und
vergißt dabei das Hinterland, den unermeßlich weiten
Abgrund in die Tiefen des Unbewußten. Ist die Aufmerksamkeit nach außen gerichtet, hält der Geist an der
Vorstellung von einem Ego als dem Wesentlichen fest.
Erst wenn er die Aufmerksamkeit nach innen richtet,
wird er das Unbewußte bemerken.

Das Unbewußte ist für Hui-Neng, wie die Gottheit für Tauler, das »Nichts«, das unaufhörlich all das »Etwas« des
Geistes ins Licht des Bewußtseins befördert. Das Wunder
dabei drückt D. T. Suzuki folgendermaßen aus: »Es liegt
im Wesen dieser Beschaffenheit (des Unbewußten) selbst,
sich ihrer bewußt zu werden… Im innersten Wesen, dem
Selbst-Wesen der So-Beschaffenheit entspringt Bewußtsein… Im psychologischen Sinne können wir sagen, daß
aus (So-Beschaffenheit) dem Unbewußten all unsere
bewußten Gedanken und Gefühle erwachsen.« Und weiter: »Das Selbst-Wesen erkennen heißt, im Unbewußten
zu erwachen.«

Wenn Ma-tsu und andere Zen-Meister verlautbaren lassen, daß »dieser Geist Buddha selbst ist«, so heißt dies
nicht, daß sich in den Tiefen des Bewußtseins eine Art
Mensch verbirgt, vielmehr ist es ein *Bewußtseinszustand… der jede bewußte und unbewußte Handlung
begleitet, der die Buddhaheit ausmacht.*

KAPITEL 13

Die verarmte Gesellschaft:
Von den Vorteilen der Langsamkeit

> Das große Schreckgespenst, das in den
> letzten zweihundert Jahren immer wie-
> der viele der sensibelsten Menschen
> heimgesucht hat, ist die Vorstellung,
> daß eines Tages aller Reichtum und
> Überfluß der Schöpfungen der Welt
> einfach durch das menschliche Auge
> hindurchgehen, hinein in den Kopf, wo
> sie vom Gehirn in eine Art Formel und
> Gleichung verwandelt werden.
>
> *Nathan Scott*

Im Jahre 1994 tagt im Ballsaal des Hilton Hotels in Wa-
shington die internationale Konferenz zum Thema »A Glo-
bal Conversation about Learning«. 1500 namhafte Pädagogen aus aller Welt lauschen aufmerksam dem Vortrag von
Dough Ross, damaliger Assistant Secreatry of Labor for
Employment and Training unter Clinton, über die Zukunft
des Bildungswesens. Ross schließt seine Ausführungen mit
dem Versprechen, die unter seiner Verwaltung bereitste-
henden Mittel in Milliardenhöhe dem »Bildungswesen«
zufließen zu lassen. Es existierten bereits Pläne, so Dough,
Steueranreize zu schaffen, um die Bevölkerung zu animie-
ren, lebenslang zu lernen, Geld in die Entwicklung ihres
»kognitiven Kapitals« zu stecken für die gesamte Dauer
ihres Arbeitsverhältnisses. Ein Darlehen für Studien zu
bekommen sollte genauso unkompliziert und finanziell
attraktiv sein, wie eine Hypothek aufzunehmen. Neue För-
derungsprogramme wie »School to Work« sollten mit der
traditionellen Zweiteilung von Akademiker- und Berufs-

bildung aufräumen und helfen, neue ausgereifte Theorien am Arbeitsplatz umzusetzen.

Ross versuchte nicht, darüber hinwegzutäuschen, daß die neuen »Armen«, die neue Randgruppe in der Gesellschaft, diejenigen sein würden, die nichts gelernt haben oder nichts lernen wollen. Lernen und Verdienen seien heute schon so unauflösbar miteinander verflochten, daß dies in Zukunft kaum anders sein würde. Die Arbeit der Zukunft wird vorwiegend *Kopf*-Arbeit sein. Handwerker und Fabrikarbeiter, so Ross, würden bereits Anfang des nächsten Jahrhunderts nur noch 10 Prozent der gesamten Arbeiterschaft stellen. Wirtschaftsfachleute und Berufsfacharbeiter raten mit bisher nicht gekanntem Nachdruck jedem, egal aus welcher gesellschaftlichen Schicht er kommt, stets auf dem laufenden zu bleiben und sich neues Wissen und Fähigkeiten anzueignen. Und die *Fähigkeit* zum Lernen zu entwickeln, Selbstvertrauen und geistige Mobilität zu zeigen und sich in die Lage zu versetzen, durch Weiterbildung im Leben voranzukommen.

Die Sorge um den Bildungsstand ist kein rein amerikanisches Problem, sondern ein weltweites. 1996 gab es in Großbritannien eine großangelegte Kampagne unter dem Motto »Campaign for Learning«, die von der Regierung und von Großunternehmen unterstützt und von der Royal Society of Arts koordiniert wurde. Gemäß den Worten ihres Präsidenten, Sir Christopher Ball, sollten die Menschen darin ermutigt werden, »sich um ihre Bildung zu kümmern, so wie wir auch alle nach und nach lernen, uns um unsere Umwelt und unsere Gesundheitsvorsorge zu kümmern«. Ziel der Kampagne war es, »im Vereinigten Königreich zu einem Bildungswesen beizutragen, wo jeder einzelne ein Leben lang an gelehrtem Wissen teilhat, schulisch-methodisch oder ganz zwanglos. Das bedeutet, den Wunsch zu lernen zunächst einmal zu entfachen, bereits bestehende Lernmöglichkeiten hervorzuheben und neue

Methoden vorzuschlagen.« Die Kampagne war eine Reaktion auf eine großangelegte Umfrage, aus der hervorging, daß 80 Prozent der Bevölkerung glaubten, Lernen sei für sie wichtig, doch nur weniger als ein Drittel überlegte, sich tatsächlich weiterzubilden. Über das Organisationsbüro der Kampagne erhält man für nur 2,50 Pfund einen ganzen Stapel von Material zum Erstellen eines individuellen Bildungsplans, und zahlreiche weitere Initiativen folgen diesem Beispiel.

Der Druck, sich weiterzubilden, ist jedoch nicht einfach nur eine Konsequenz aus den Veränderungen am Arbeitsmarkt. Arbeitgeber und Staat sind nicht mehr in der Lage, jedem einzelnen einen »Job auf Lebenszeit« garantieren zu können, und auch andere kulturelle Pfeiler der Stabilität und Sicherheit sind im Laufe des 20. Jahrhunderts geschwächt worden und ins Wanken geraten. Es ist beinahe schon eine Redensart geworden, vom »Kollaps der Sicherheit« zu sprechen. Doch es gibt viele Beispiele dafür: das Verschwinden traditioneller Formen des Zusammenlebens; eine vermehrte geographische Mobilität; die explosionsartige Entwicklung in der Informations- und Kommunikationstechnologie; die kulturelle Vielfalt in der Gesellschaft; das Entstehen verwirrend vieler neuer spiritueller Bewegungen und das Auftauchen neuer Führergestalten, welche für die traditionell anerkannten Religionen eine Herausforderung darstellen; die Freiheit, ganz individuelle Lebensformen auszuprobieren und Neigungen nachzugehen, die vielleicht überhaupt nichts mit den gesellschaftlichen Mustern zu tun haben, in die man hineingeboren wurde. Für viele in der westlichen Gesellschaft besteht heutzutage nicht nur die Möglichkeit, weitgehend selbst zu bestimmen, wie, wo und mit wem er gerne leben möchte, und was aus ihm wird, sondern auch die Verpflichtung, diese Entscheidungen zu treffen. Egal, ob die Freiheit, sich selbst ausprobieren zu können, begrüßt wird oder nicht, ist es Sache des einzelnen, zu lernen und alles auszuschöpfen, um weiterzukommen. Und das in einem Maße wie nie zuvor.

Mitten in diesen Unsicherheiten und Möglichkeiten ist es daher von höchster Wichtigkeit, nicht nur genügend Selbstvertrauen zu besitzen, sondern auch das nötige Know-how, mit dem *gezieltes* Lernen erst möglich wird. Regierungen können Anreize schaffen, und Kampagnen können etwas bewegen, doch wenn sich die Menschen unsicher fühlen, nicht genügend unterstützt werden oder das Handwerk des Lernens an sich nicht gelernt haben, ergreifen sie vielleicht die Möglichkeiten, die sich ihnen bieten, nicht beim Schopfe – auch wenn diese sie ihren wertgeschätzten Zielen und Interessen näherbringen würden. Lernen ist stets ein heikles Unterfangen – sei es, mit einer neuen Technologie umzugehen oder sich von einer Scheidung zu erholen. Mangelnde Mittel zum Lernen oder fehlendes Selbstvertrauen führen zu Trägheit und geistigem Stillstand.

In diesem Zusammenhang wird es einmal mehr bedeutsam, daß die Kognitiven Wissenschaften unsere Aufmerksamkeit gegenwärtig auf die doch eigenartige Tatsache lenken, daß wir vergessen haben, wie unser denkender Geist arbeitet. Wie wir gesehen haben, hat der moderne Geist ein verzerrtes Bild von sich selbst, was ihn offenbar veranlaßt, einige wertvolle Lernkapazitäten brachliegen zu lassen. Inzwischen wissen wir, daß unser Gehirn nicht nur dazu da ist, schnell und eilig zu denken, sondern auch, um bei Gedanken zu verweilen, und wir wissen, daß eine langsame Erkenntnisweise nicht selten die besseren Antworten liefert. Erkenntnis dringt ins Bewußtsein durch Empfindungen, Bilder, Gefühle und dunkle Ahnungen und durch klare und bewußte Gedanken. Aus Experimenten wissen wir, daß aus komplexen Situationen eine Art von Verständnis hervorgehen kann, welches unmöglich erklärt oder ausgedrückt werden kann. Dies geschieht dann, wenn man sich in Situationen interagierend einbringt und sie nicht gleich ergründen will. Andere Studien haben gezeigt, daß Verwirrung mitunter ein ganz guter Ausgangspunkt ist, um auf einen hilfreichen Gedanken zu kommen. Dies sollten wir im Gedächtnis behalten, wenn wir mit all den verunsichernden Herausforderungen der heutigen Zeit zurechtkommen wollen. Zudem sollten wir unser Wissensrepertoire durch verschiedene Lernmethoden und Erkenntnisweisen erweitern, um die ganze Bandbreite der Möglichkeiten auszuschöpfen.

Das wird nicht leicht sein, denn die D-Denkweise hält uns im 20. Jahrhundert fest im Griff – ein typisches Merkmal der europäischen Verhaltensweise, das im Gedankengut der klassischen Griechen seinen Ursprung hat. Für Homer hatte die menschliche Identität und Intelligenz ihren Sitz im emotionalen Bereich und nicht im rationalen, war eher undurchsichtig als transparent. Das Unbewußte, die *Psyche,* war lebendige Wirklichkeit, die körperlich erfahren wurde. Wie Julian Jaynes meinte, wurde sie entweder als »Stimme der Götter« interpretiert oder als lebendiges Element der menschlichen Persönlichkeit.[1] Doch zu Zeiten Platos erfuhr das Gravitätszentrum des Wesens des Menschen eine Verschiebung in Richtung Kopf und wurde fortan mit logischer Vernunft und Kontrolle verknüpft. Das Unbewußte existierte als emotionale oder intuitive Kraft zwar weiter, doch wurde es fortan als sekundär oder zerstörend angesehen, als etwas Unberechenbares, Primitives und Unzuverlässiges. Es entsprach der Vernunft, daß die Menschen wahrhaft und erhaben waren.[2]

Dieses ambivalente Verhältnis zum Unbewußten sollte sich über ein Jahrtausend hin fortsetzen. Bewußtes Vernunftdenken mag sich vielleicht als Verherrlichung des »Selbst« erweisen, dennoch blieb ein gewisses Zugeständnis an seinen geheimnisvolleren, zuweilen mehr inspirierten und weniger kontrollierbaren Schatten erhalten. Plotinus, der Neoplatonist aus dem 3. Jahrhundert, bemerkte, daß »Gefühle vorhanden sein können, ohne daß man sich ihrer bewußt ist«, und weiter, daß »das Fehlen der bewußten Wahrnehmung kein Beweis für das Fehlen geistiger Aktivität ist«. Ein Jahrhundert später schrieb St. Augustinus: »Ich kann nicht alles von dem fassen, was ich bin. Der Geist ist nicht groß genug, um sich selbst zu fassen: Doch wo kann der Teil von ihm sein, den er nicht faßt?« Und Thomas von Aquin schrieb im 13. Jahrhundert, daß es »Vorgänge in der Seele gibt, derer wir uns nicht sogleich bewußt werden.«[3]

Shakespeare erkannte die Vielfalt unbewußter Einwirkungen auf unser bewußtes Denken und Handeln klar und deutlich. Die Unfähigkeit der Menschen, die Quelle der eigenen Erfahrungen zu erkennen oder ihre wahre Bedeutung zu begreifen, schneidet Shakespeare in vielen seiner Stücke an. Am bekanntesten dürfte Antonios Klagelied am Anfang der Komödie »Der Kaufmann von Venedig« sein:

Fürwahr, ich weiß nicht, was mich traurig macht:
Ich bin es satt; ihr sagt, das seid ihr auch.
Doch wie ich dran kam, wie mir's angeweht,
Von was für Stoff es ist, woraus erzeugt,
Das soll ich erst erfahren.
Und solchem Dummkopf macht aus mir die Schwermut,
Ich kenne mit genauer Not mich selbst.

In der »Komödie der Irrungen« kommt er auf die Kraft der unterschwelligen Einflüsse sinnlicher Wahrnehmung zu sprechen, indem er sagt:

Behenden Gauklern, die das Auge blenden,
Nächtlichen Zaubrern, die den Sinn verstören.

Und in »Ein Sommernachtstraum« entwirft er eine Kreativitätstheorie, die bereits vor 300 Jahren über die Art von Erkenntnissen spricht, die wir in Kapitel 4 diskutierten:

Und wie die schwangre Phantasie Gebilde
Von unbekannten Dichtern ausgebiert,
Gestaltet sie des Dichters Kiel, benennt
Das luft'ge Nichts und gibt ihm festen Wohnsitz.

Vor dem 6. Jahrhundert war der Sinn der Menschen für den eigenen Geist tiefer und offener, als es später der Fall sein sollte: tiefer, da sie mit Gleichmut die Existenz innerer Kräfte, die sich ihrer Sichtweite entzogen, erfaßten; offener, da sie größtenteils sehr vertrauensvoll die Existenz von externen Erkenntnisquellen und maßgeblichen Einflüssen annahmen. »Geistiges Denken« war damals nicht persönliches Eigentum, es wurde vielmehr von außen in die Gesellschaft hineingetragen und dort verankert. Im Verlauf der nächsten 200 Jahre jedoch sollten sich diese beiden Elemente nachhaltig ändern. Zunächst wurde es normal, daß sich jeder »seine eigene Meinung« über die Dinge bildete – ganz anders als zuvor. Bereits im Jahre 600 schrieb Lancelot Law Whyte: »Ein Mensch, der sich seine eigenen Gedanken macht, war nun nicht mehr ein sozial Geächteter wie zuvor, da er von anderen am abweichenden Denken gehindert worden war. Er begann die Gelegenheit zu nutzen, sich selbst zu begreifen und in das Gemeinwesen hineinzutragen«. Im 17. Jahrhundert läßt sich »ein neuer Erfahrungsansatz erkennen, eine neue Richtung im gesellschaftlichen Leben, die in unserer heutigen Zeit zu einer sozialen Alltäglichkeit geworden ist: Die Existentialisten beklagen, es gäbe keine traditionellen Konventionen mehr, die das Leben erträglicher machen würden... Von da an mußte jeder junge Mensch mit Sinn für Veränderungen aus eigener freier Wahl für sich entscheiden.«[4] Vom

18. Jahrhundert an wurde die Tendenz und die Fähigkeit zum selbständigen Denken als Endziel der geistigen Entwicklung und als wesentliches Merkmal von Reife vorbehaltlos akzeptiert.

Diese wachsende Tendenz, sich bei der Suche nach maßgeblichen Einflüssen nicht mehr nach außen zu orientieren, an den allgemein anerkannten Traditionen und Mythologien von Kirche und Staat, sondern nach innen, an den eigenen geistigen Gedankenabläufen, wurde begleitet von einer Verminderung der »geistigen Denkfähigkeit«. Was zählte, war bewußtes Vernunftdenken. Die Legitimität oder gar die eigentliche Existenz von geistigen Bereichen, die sich einer kritischen bewußten Prüfung durch den Verstand entzogen, wurden geleugnet. Man löste Probleme und Aufgaben allein durch bewußtes und überlegtes Denken und kam so zu Schlüssen und Überzeugungen, die man *wußte*. Und nur diese Art von rationalem »Denken«, von kognitiver Aktivität, zählte – ein eigentlich unerhört hoher und wie sich herausstellte auch zwingender Anspruch, der René Descartes zuzuschreiben ist, welcher, wie Jacques Maritain es ausdrückt »mit seinen klar umrissenen Vorstellungen Verstand und Wissen von Unerklärlichem trennte«. Und das, obgleich Descartes' Beitrag darin bestand, einer intellektuellen Bewegung, die ohnehin schon eine enorme Wirkung hatte, wortgewaltig Ausdruck zu verleihen. Descartes schrieb an seinen Freund Mersennes: »Nichts kann in mir sein, soll heißen, in meinem ›Geist‹, dessen ich mir nicht bewußt bin; ich habe dies in den *Meditations [de prima philosophia]* bewiesen.« Descartes' Beweisführung, mit der er beharrlich die Existenz eines intelligenten Unbewußten einfach leugnet, war so überzeugend, daß sich dieses Denken langsam aber sicher in unserer Kultur durchsetzte und zum »gesunden Menschenverstand« wurde. Alles Denken ist bewußt, und bewußtes Denken – Vernunft – bin, im Grunde genommen, ich.

1690 formulierte John Locke, was offensichtlich war: »Es ist genauso verständlich zu sagen, daß ein Körper ohne Gliedmaßen ausgestreckt ist, als zu sagen, daß irgend etwas denkt, ohne sich dessen bewußt zu sein.« In seinem »Essay Concerning Human Understanding« hüllt er gewandt das in Worte, was im Sturmschritt die psychologische Denkrichtung angab:

[Ein Mensch] ist ein denkendes, intelligentes Wesen, ausgestattet mit Vernunft und Reflexion und kann sich selbst als sich selbst erkennen, das gleiche denkende Wesen, zu verschiedenen Zeiten an unterschiedlichen Orten, was es allein mit der Art von Bewußtsein tut, die vom Denken untrennbar ist und, wie es mir scheint, auch zu dessen Wesen gehört... Denken wird stets von Bewußtsein begleitet, und Bewußtsein ist das, was das »Selbst«, wie man es nennt, eines jeden ausmacht.

Die Annahme, daß der bewußte Verstand als Herzstück menschlicher Identität und als die höchste Errungenschaft der geistigen Evolution galt, leistete dem Wachstum der empirischen Wissenschaften Vorschub und verhalf den überzähligen Wundern der Technologie zum Aufstieg. Von der Technologie war es nur noch ein kleiner Schritt in die geistige Kultur unserer heutigen Gesellschaft, was Neil Postman, wie wir bereits gesehen haben, als »Technopolie« bezeichnet: eine Welt, in der jeder widrige oder störende Umstand als technologisches Problem ausgelegt wird, das über zweckdienliche, rationale Analysen und Ideen zu lösen ist.[5] In einer solchen Welt wird kognitives Denken zum Synonym für die D-Denkweise – als geschäftige, zweckgerichtete geistige Aktivität. Eine abwartende Haltung, die »den Dingen ihren Lauf läßt«, wirkt dagegen paradox oder gar lächerlich. Denken *ist* die bewußte Beeinflussung von Information und Gedanken, und dies (jetzt) vornehmlich mit Hilfe von Kalkulationstabellen und Grafiken. Kommt man auf keine Lösung, so heißt dies schlicht und einfach, daß man nicht gründlich und eingehend genug über ein Problem nachgedacht hat oder vielleicht tauglichere Information braucht. Mit der Erfindung der Druckerpresse etwa ist »Prosa« entstanden, gleichzeitig damit wurde Poesie etwas Exotisches, etwas Elitäres und die Balladensänger überflüssig. Die Vormachtstellung der modernen Informationstechnologie hat die Geschwindigkeit und Vielschichtigkeit im Umgang mit Information enorm erhöht und ließ ein nachdenkliches Betrachten oder Sinnieren über Dinge hoffnungslos ineffizient und veraltet aussehen. Instrumente sind ideologisch oder psychologisch keine neutralen Werkzeuge. Durch ihr bloßes Vorhandensein kanalisieren sie die Entwicklung von intelligentem Denken – ebenso wie eine ganze Reihe anderer Facetten auf kultureller Ebene, wie etwa berufliches Prestige –, eröffnen und unterstützen bestimmte kognitive Gedankenbahnen, zugleich schließen sie dabei andere und werten sie ab. Durch unsere Instrumente wird unser Denkverhalten geformt, an allererster Stelle durch den Computer. Denn »der Computer redefiniert die Menschen als ›Informationsprozessor‹ und die Natur als zu verarbeitende Information. Kurz gesagt, ist die grundlegende metaphorische Information des Computers die, daß wir Maschinen sind – denkende Maschinen, wohlgemerkt, doch immerhin Maschinen.«[6] Computer bringen die Definition von »Intelligenz« auf eine kurze Formel: schnell, explizit, klar und eindeutig, auf der Grundlage von objektiven Daten und unter strenger Kontrolle.

Der Computer macht die Erfüllung von Descartes' Traum eines mathematisch philosophischen Denkens in der Welt erst möglich. Computer machen es leicht, Fak-

359

ten in Statistiken und Probleme in Gleichungen umzuwandeln. Und wobei dies sehr nützlich sein kann... ist es zugleich unterhaltsam, aber auch gefährlich, wenn es wahllos auf das Gemeinwesen angewendet wird. Schnelligkeit und besonders die Leistungsfähigkeit, Information zu generieren und in einer bisher nie gekannten Quantität zu speichern, sind beim Computer Merkmale von Gewicht. In spezialisierten Sachzusammenhängen mögen Berechnungen mit enormer Geschwindigkeit sowie eine Fülle an Informationsmaterial ja durchaus von unbestreitbarem Wert sein. Doch die »Botschaft« des Computers ist vielsagend und unerbittlich. Kurz und knapp: Der Computer bekundet, daß alle Probleme, die sich uns sowohl auf persönlicher als auch auf gesellschaftlicher Ebene stellen, eine technische Lösung durch schnellen Zugriff auf Informationen, die anderweitig nicht verfügbar sind, erfordert.[7]

Diese Schlußfolgerung ist falsch und nachteilig zugleich. Unsere ernsthaften Probleme sind nämlich nicht technischer Natur, und sie entstehen auch nicht aufgrund unzureichender Informationen. Bricht ein Krieg aus oder fällt eine Familie auseinander, so geschieht dies für gewöhnlich ja auch nicht aufgrund unvollständiger Informationen. Doch will man sich einsetzen für die Tugendhaftigkeit geistiger Trägheit, für eine Denkweise, die unvollständig und symbolisch ist, bei der einem die Ziele womöglich nicht einmal klar sind, gilt man schnell als ein Ketzer im Zeitalter der Informationstechnologie. Wie sagt man so schön in der Branche? »It does not compute.« Computern ist der Wert der gedanklichen Verwirrung oder Tugend der Trägheit unbekannt. Ihre Qualität macht sich an Speichergröße und Verarbeitungsgeschwindigkeit fest.

Doch der Computer irrt sehr viel weniger als der in eine rechnerische Schablone gefaßte Geist. Anläßlich einer Gedenkfeier zum Geburtstag des deutschen Komponisten Conradin Kreutzer im Jahre 1955 hielt Martin Heidegger eine berühmte Rede, in der er einen klaren Unterschied machte zwischen »kalkulativem« und »meditativem« Denken. Er ging dabei ausführlich auf die Gefahren ein, denen man sich aussetzt, wenn sich das Lernverhalten ausschließlich der ersteren Denkart bedient.[8]

Heute kann der Mensch sagen – und das mit gutem Recht –, daß es noch nie zuvor so weitreichende Vorhaben gab, so viele Forschungen auf so vielen Gebieten, noch nie wurde (so viel) Forschung so leidenschaftlich betrieben wie heute. Natürlich. Und diese Entfaltung der Erfindungsgaben hat ihre eigene großartige Zweckmäßigkeit. Solches Denken bleibt unentbehrlich. Doch – ist es ebenso richtig, daß es sich dabei um ein Denken der besonderen Art handelt. Die Besonderheit liegt in der Tatsache, daß wann immer wir planen, forschen und organisieren, wir stets auch (Bedingungen) in Betracht ziehen mit dem kalkulierten Ziel, daß sie dem Zweck auch Genüge leisten … Ein solches Denken bleibt schiere Kalkulation, auch wenn es ohne Zahlen vor sich geht, ohne Rechenmaschine oder Computer.
Der Mensch befindet sich in einer gefährlichen Lage … Es bedroht ihn eine größere Gefahr (als der Ausbruch des Dritten Weltkrieges): Die nahende Flut der technischen Revolution im Atomzeitalter könnte den Menschen derart gefangennehmen, in Bann ziehen, blenden und so betören, daß *kalkulatives Denken eines Tages als einzige Denkart akzeptiert und praktiziert wird.* Welch größere Gefahr könnte uns ereilen? Dann könnten die größten Konstruktionen des kalkulativen Planens und Erfindens Hand in Hand gehen mit einer Gleichgültigkeit gegenüber dem »meditativen« Denken, mit einer totalen Unbesonnenheit. Und dann? Dann

hätte der Mensch sein ureigenes inneres Wesen – das eigentlich ein meditatives Wesen ist – verleugnet und weggeworfen. Deshalb geht es darum, das innere Wesen des Menschen zu bewahren. Deshalb geht es darum, meditatives Denken lebendig zu halten.

Der Wert des Geistes wird mit kalkulativen Fachausdrükken bestimmt. Trotz der versuchsweisen Einführung projektbezogener Kurse oder praktischer Übungseinheiten – ob in Schulen oder an Universitäten – werden Studenten größtenteils nach wie vor nach ihrem Leistungsvermögen beurteilt. Danach, Datenmaterial unter Zeitdruck möglichst schnell bearbeiten zu können. In den USA – und zunehmend auch anderswo – gibt es den sogenannten GMAT-Test (Graduate Management Admission Test), eine Art Ausscheidungsverfahren, das bestimmt, welche Schulabgänger für Management-Schulen oder Handelsakademien zugelassen werden. Der Test besteht aus neun Teilen, von denen sieben reihenweise Multiple-Choice-Aufgaben enthalten, die unmöglich in der sparsam bemessenen Zeit gelöst werden können. Die Fragen prüfen »mathematische Grundkenntnisse und elementares Begriffsverständnis, die Fähigkeit zur quantitativen Analyse, das Lösen von Mengenaufgaben sowie die Fähigkeit, graphische Darstellungen zu interpretieren. Darüber hinaus werden die Fähigkeit, schriftliche Aufgaben zu begreifen und zu beurteilen sowie kritisch zu denken und komplexe Zusammenhänge schriftlich darlegen zu können, abgefragt.«[9]

Natürlich sind diese Fähigkeiten für einen zukünftigen Manager nützlich und wichtig, ganz ohne Frage. Doch die implizite Annahme, diese Tests würden rundweg alle wichtigen Fähigkeiten abfragen, scheint, den Forschungsergebnissen, die ich hier beschrieben habe, zufolge, erschreckend kurzsichtig. Im Gegenteil, die Fähigkeit zu innovativem Denken oder die, eine Bedeutung in einem noch so winzigen Informationsschnipsel erkennen zu können – beispielsweise einen neuen Verbrauchertrend –, Fähigkeiten, die in der Geschäftswelt häufig verlangt werden, aber nur selten zu bekommen sind, erfordern eine gewisse Erfahrenheit in den langsamen, undurchsichtigen und nicht den schnellen und direkten Erkenntnisweisen. Der GMAT-Test scheint allerdings so konzipiert zu sein, daß die, die zu einer nachdenklichen oder betrachtenden Denkweise veranlagt sind, von vornherein ausscheiden. Wer dazu neigt und die Stärke seines Könnens darin sieht, ein virtuoser Grübler zu werden, braucht sich für diesen Test gar nicht erst zu bewerben. In der Regel haben bei all diesen Testverfahren zur Prüfung der »geistigen Fähigkeiten« oder der »Intelligenz« im engeren Sinne all diejenigen einen Vorteil, die fähig sind, (a) schnell, (b) unter Zeitdruck und (c) selbständig zu denken; die (d) über abstrakte, sachliche Aufgaben, die (e) klar definiert sind, (f) eine einzige »korrekte« Antwort enthalten und die (g) über Aufgaben, die von unbekannten Personen ausformuliert worden sind, genau nachdenken können.[10] Es kann vorkommen, daß in einer praktischen Situation genau diese Fähigkeiten gefragt sind. Doch viele Situationen erfordern etwas völlig anderes. Im alltäglichen Berufsleben wird an Leistung ein ganz anderer Maßstab angelegt, und so überrascht es nicht weiter, daß Intelligenztests für diese Anforderungen einen recht kümmerlichen Maßstab abgeben. Wie wir in Kapitel 2 gesehen haben, können amerikanische Handikapper, die auf Rennbahnen arbeiten, hochkomplizierte Spielausgleichsberechnungen mit bis zu sieben verschiedenen Variablen durchführen – und dies weitgehend ohne Formel –, wobei diese Fähigkeit mit dem jeweiligen IQ-Wert in keinerlei Verhältnis steht.[11]

Die Vorstellung, Wert und Qualität eines Denkvorgangs hingen von Umfang und Aktualität solcher Informationen ab, hat sich im Geschäftsleben voll und ganz durchgesetzt.

Es ist nahezu unmöglich, sich dieser vorherrschenden Meinung zu verschließen, wonach alles zweckmäßige Denken automatisch eine bewußte Beeinflussung der Informationen mit sich bringt – was letzten Endes auf »Fakten und Zahlen« hinausläuft. Alles Denken ist zweckgerichtet, explizit, kalkuliert und gut informiert. Tom Peters, einer der angesehensten Manager-Gurus, zitiert offenbar beifällig folgendes:

> *Gentry* magazine, Juni-Juli 1994. Eine mehrseitige Werbeanzeige des Silicon Valley Grundstücksmaklers Alain Pinel beinhaltet doch tatsächlich die Internetadresse jedes einzelnen Maklers. Zum Beispiel kann man Mary S. Gullixson unter der Adresse mgullixs@apr.com erreichen. Eine Freundin von mir, die für diese Firma arbeitet, hat mir erzählt, sie komme morgens ins Büro und finde 100 E-Mails vor![12]

Wenn Harriet Donnely auf Geschäftsreise ist, schleppt sie gewissenhaft und eifrig stets ihr NCR Safari 3170 Notebook, ihren alphanumerischen SkyWood Piepser und ihr AT&T-Zelltelefon mit sich mit. Dem *Fortune magazine* sagte sie... über das Ende eines langen Konferenztages: »Zurück im Hotel, beantworte ich als erstes alle Anrufaufzeichnungen; das mache ich mit Voice Mail. Dann stöpsle ich meinen Computer ins Telefon und lade alle E-Mails... Und dann sind da noch die Nachrichten auf meinem Piepser.«[13]

Eines Morgens stand ich auf einem wackeligen Schiffsanlegeplatz [in Bangkok] und wartete auf ein verrußtes altes »Expreß«-Pendelboot. Neben mir stand ein geschniegelter thailändischer Geschäftsmann... Geübt verlagerte er sein Körpergewicht von einem Bein aufs andere, um Balance zu halten, und zeichnete dabei eine ganze Reihe von Gesprächen auf seinem tragbaren Zelltelefon auf, in das er aufgeregt hineinsprach. Wo immer ich auch war, erlebte ich diese Art von hektischem Treiben, von Entrepreneurship, von geschäftigem Eifer... Offen gestanden, ganz so, als ob Amerika aus diesem Wettbewerb ausgestiegen wäre.[14]

Wenn sogar Mary Gullixson und Harriet Donnelly – deren Gewohnheiten im Handumdrehen zur Geschäftsnorm geworden sind – bei dieser Art »Wetteifern« nicht mitmachen, so liegt das eindeutig daran, daß die amerikanische Geschäftswelt »bei diesem Spiel« mit Geschwindigkeit und Information nicht in den vorderen Reihen mitspielt. Die Möglichkeit, daß Arbeit von Gedanken, von geistigen Vorstellungen abhängig ist, daß diese Gedanken in ihrer *Qualität* ebenso wie ihrer Aktualität sehr verschieden sind und daß Qualität Zeit braucht, um sich zu entwickeln, scheint nahezu überall aus den Gedanken verbannt.

Allerdings dringt aus der Geschäftswelt mittlerweile ein kaum vernehmliches Räuspern, das auf die Gefahren der überhandnehmenden D-Denkweise aufmerksam machen will, auch wenn noch keiner die Tragweite des Problems richtig zu erkennen scheint. Roy Rowan spricht in seinem Buch »The Intuitive Manager« über einen Managertypen, den er einen »articulate incompetent« nennt: voll guter, tadellos präsentierter Ideen, denen es aber an Substanz fehlt und die nicht funktionieren. »Articulate incompetents« überzeugen durch ihre Eloquenz, gleich, worüber sie sprechen, sie formulieren das Thema derart geschickt aus, daß es packend und eindrucksvoll klingt. Sie neigen dazu, einen gewaltigen Überbau aus stichhaltigen Gründen auf einem sehr kleinen Unterbau aus reflektiver Beobachtung aufzubauen. Und dabei kann es passieren, daß sie so unnachgiebig an der »Richtigkeit« ihrer Ausführungen festhalten, daß sie auch dann nicht davon abweichen, wenn offensichtlich wird, daß es durchaus Überlegungen gibt, die sie nicht in Betracht gezogen haben. Rowan führt Interviews mit Geschäftsführern an, welche die Schuld an diesem Phänomen den Schulen zuschieben wollen. Robert Bernstein, Präsident des Verlagsriesen Random House, rügt beispielsweise die Unzulänglichkeit des GMAT-Tests und das ganze darauf aufbauende »Bildungssystem«. Bernstein sagt: »Das ist genau das, was mich so erschreckt, wenn ich an Handelsschulen denke. Das Gesagte soll schön klingen – so werden die Schüler dort erzogen. Doch geht es darum, herauszufinden, ob sich hinter den schönen Worten auch ein urteilsfähiger Geist verbirgt.«[15]

Alternativ dazu gibt es den negativen Managertypus, den »Skeptiker mit klaren Gedanken«. Seine Klugheit manifestiert sich als reflexartiges Bedürfnis, allen zu zeigen, wie intelligent er ist, indem er alles kritisiert, was von anderen vorgeschlagen wird. Edward de Bono hebt hervor: »Die kritische Anwendung von Intelligenz, nicht die konstruktive, verschafft einem stets sofortige Befriedigung. Jemandem nachzuweisen, daß er ganz offensichtlich falsch liegt, gibt einem augenblicklich das Gefühl von Großtat und Überlegenheit. Pflichtet man hingegen jemandem bei, erscheint man mit seinen Worten überflüssig und als ›Kriecher‹. Bringt man einen eigenen Gedanken vor, so ist man dem Wohlwollen derjenigen ausgesetzt, von denen die Bewertung der Idee abhängt.«[16] Also mag es für einen kritisch beurteilenden, vorwiegend mit der D-Denkweise operierenden Menschen sicherer sein, in Problemsituationen eine eher reaktive und weniger eine initiative Verhaltensweise an den Tag zu legen. Das heißt, auf ein Problem entsprechende Antworten zu geben und es nicht noch einmal ganz von vorn aufzurollen, um eventuell neue Knackpunkte zu erörtern. Neue Ideen präsentieren, sich kreativ und intuitiv in eine Situation einbringen, ist zwangsläufig ein riskanteres Unterfangen, als diese einfach nur zu beurteilen.

Mittlerweile hat man in den unter großem Druck stehenden Konferenzzimmern in den Chefetagen die Notwendigkeit erkannt, den veränderten Bedingungen mit kreativen Antworten entgegenzutreten. Großangelegte strategische Pläne funktionieren gut in einem stabilisierten Umfeld, doch, so Rowan, muß ein Chefmanager weiterdenken: »Je weiter seine Entscheidungen in eine unsichere Zukunft reichen... desto mehr muß er sich auf seine Intuition verlassen.«[17] Wie wie gesehen haben, ist es nicht so, daß wir in ungewissen Situationen mit unserer Intuition »vorlieb nehmen müssen«, als ob wir krampfhaft nach einem Strohhalm griffen. Es ist vielmehr so, daß ausgereifte, vorsichtig angewandte Intuition tatsächlich das beste Denkwerkzeug für derlei Aufgaben ist, während der scheinbar passende Zuschnitt eines logischen und strategischen Lösungsentwurfs nicht viel mehr als eine ermutigende Illusion bietet. Henry Mintzberg, Professor für Management an der McGill University in Kanada, zeigt in seinem Klassiker »The Rise and Fall of Strategic Planning« ein für allemal die Unzulänglichkeit der D-Denkweise als Erkenntnisweise für die Geschäftswelt.[18] »In der Unternehmensplanung ist ziemlich viel... wie ein Regentanzritual. Es hat keine Auswirkungen auf das Wetter danach, doch die, die daran teilnehmen, denken das... Darüber hinaus gehen die meisten Ratschläge im Hinblick auf Unternehmensplanung in Richtung einer Verbesserung des Tanzes, nicht des Wetters.«[19]

Ein starres Festhalten an einem Plan, der mit viel Zeitaufwand, Mühen und Kosten erstellt wurde, macht ein Unternehmen nicht nur reaktionsunfähig. Derartige Pläne sind, wie Mintzberg zeigt, nicht selten rein auf solchen Betrachtungen aufgebaut, die klar artikuliert und – vorzugsweise – quantifiziert werden können: »harte Daten«. Deshalb gelingt es ihnen auch nicht, genau die »Rand«-Informationen in Betracht zu ziehen – Eindrücke, Einzelheiten, Ahnungen, »aufschlußreiche Hinweise« und so weiter –, welche uns rettende »Strohhalme im Wind« sein können, auf die sich vorhersehende Entscheidungen gründen und aus denen Intuition wächst. Da das denkende Bewußtsein Information fordert, die klar und unmißverständlich ist, kann es nie so *reichhaltig* informiert sein wie intuitives Denken. Wartet man, bis sich eine Markttendenz eindeutig abzeichnet, vergibt man eine Chance. Wann immer Entscheidungen in schwierigen Situationen von schwachen Anhaltspunkten abhängen – in der Geschäftswelt wie auch anderswo –, überflügelt die Schildkröten-Denkweise die des Hasen.

Doch der Grad der Intuition variiert gewaltig. Handelt es sich bei der Intuition eher um eine panikartige, impulsive Reaktion auf die Unzulänglichkeiten der D-Denkweise, so wird sie sehr unverläßlich sein. In einer Welt, wo TQM für »Terrible Quality of Mind«, eine entsetzliche Denkqualität, steht, und das immer mehr, müssen intuitive Denkweisen um so mehr gepflegt werden. Um positiv zu denken, müssen wir etwas von unserer Aufmerksamkeit auch auf solche Umstände lenken, die dem Gedeihen intuitiver Gedanken erstklassiger Qualität zuträglich sind. Dazu bedarf es zuallererst eines Umfelds, in welchem der Wert der Intuition und die Art der geistigen Denkweisen, aus denen Intuition hervorgeht, von allen wirklich verstanden werden. Die zweite Bedingung ist, daß eine Führungskraft da ist, die den Wert des intuitiven Denkens ausformt und auch anerkennt – Manager etwa, die »das Wort führen«, was langsame Erkenntnisweisen angeht, die Gedankenbeiträge und Ideen unterstützen, die nach ihrem eigentlichen Wert beurteilt werden und nicht danach, wie redegewandt oder überzeugend sie anfänglich vermittelt wurden. Manager müssen offen sein für den »Keim einer Idee«, den noch unentwickelten Ansatz, der auf den ersten Blick ungewöhnlich scheinen mag oder in Form von Analogien oder Bildern dargeboten wird.

De Bono hat in zahlreichen Büchern über »laterales Denken« eine Fülle eindrucksvoller und anschaulicher Beispiele für Ideen geliefert, die anfangs alle »dumm« oder »kindisch« scheinen, bei näherem Betrachten jedoch Ansätze für äußerst kreative und zweckdienliche Lösungen bergen.[20] So hat ein Kind eine Schubkarre gezeichnet, bei der das Rad am hinteren Ende bei den Griffen und die Füße vorne saßen. Dieser »dumme Fehler«, den ein in traditioneller Weise unterrichtender Lehrer leicht hätte korrigieren können, brachte eine Schubkarre hervor, mit der man ideal um enge Kurven manövrieren kann nach dem gleichen Prinzip wie ein Gabelstapler, der die Steuerungsräder ebenfalls hinten hat.

Eine offenbar wenig vertrauenerweckende Firma, die Glasware auf Bestellung verschickte, erlitt hohe Verluste, da das Glasgut auf dem Transportweg überdurchschnittlich häufig zu Bruch ging. Es konnte keine Verpackungsmethode gefunden werden, die das änderte. Egal wieviel Polstermaterial sie darumlegten, das Glas zerbrach immer. Irgendwann schlug jemand vor, doch einfach das Adreßetikett direkt auf die Glasware zu kleben und es völlig ungeschützt zu verschicken. Dieser Vorschlag wurde natürlich als zu riskant abgelehnt, doch die Idee, die dahinter stand, war wirklich gut – denn würden die Leute bei der Post ganz klar *sehen,* daß es sich um zerbrechliches Gut handelte, würde ihnen dies also nicht nur über einen Paketaufkleber mitgeteilt, den sie sowieso meist ignorierten, dann würden sie natürlich auch besser achtgeben. Zu guter Letzt führte diese anfängliche Idee zu einem zweiten kreativen Gedankensprung. Es wurde ein Verpackungsdesign entworfen, das durchsichtig war, womit der gewünschte Effekt schließlich erreicht wurde.

Ein kreativer Arbeitsplatz muß so gestaltet sein, daß er die Leute aufmuntert und bestärkt, sich mit ihrer Arbeit aufmerksam zu beschäftigen und nachzudenken über das, was sie tun. Der Entwicklung einer solchen Arbeitsumgebung wird nachgeholfen, indem man dem einzelnen und insbesondere auch dem ganzen Arbeitsteam Verantwortung in der Planung und Durchführung bedeutsamer Arbeitsschritte überträgt und sie darüber entscheiden läßt, wie die angestrebten Ziele am besten zu erreichen sind. Ein jüngst erstellter offizieller Bericht mit dem Titel »Fostering Innovation« der British Psychological Society kommt nach einer Zusammenschau aller relevanter Forschungsergebnisse zu folgendem Schluß: »Der einzelne wird eher zum innovativen Denken angeregt, wenn er genügend Autonomie und Kontrolle über seine Tätigkeit besitzt, wenn er neue und verbesserte Wege, Dinge zu tun, ausprobieren kann.« Und weiter: »wenn Team-Mitarbeiter aktiv an der Festsetzung der Ziele mitwirken können«.[21] Je mehr jemand das Gefühl hat, an seiner Arbeit Anteil zu haben, desto eher wird er Interesse aufbringen, spontan nach Verbesserungen zu suchen, und desto häufiger schwelen Gedanken, Vermutungen und Ideen im Hinterkopf ruhig vor sich hin, und zwar sowohl »im Job« als auch am Feierabend.

In Kapitel 5 haben wir gesehen, daß manche alltägliche Verrichtungen und äußere Umstände dem Keimen einer Idee förderlicher sind als andere. Angestellten mehr Eigenverantwortung und Kontrolle über ihre Tätigkeit zu geben, mag zwar sehr hilfreich sein. Doch nicht jeder kommt mit veränderten Bedingungen gleich gut zurecht und kann damit am besten arbeiten, und viele verbessernde Bedingungen lassen sich auch gar nicht so einfach in die Strukturen traditioneller Arbeitsverhältnisse einpassen. Ich kann zum Beispiel am besten am Meer arbeiten. Andere kommen bei bestimmter Musik in die richtige Arbeitsstimmung. Oft ist man am empfänglichsten, wenn man viel Zeit in Ruhe verbringen kann. Manche joggen, manche schwimmen, andere meditieren. Descartes, so weiß man, brachte seine besten Gedanken hervor, wenn er bis in den späten Tag hinein im Bett blieb. Ein erster praktischer Schritt ist also, die Leute anzuregen, aufzuschreiben, unter welchen Bedingungen sie am besten tätig sein können. Innerhalb eines Unternehmens sollte es nicht ausgeschlossen sein – mit ein bißchen Erfindergeist –, einige dieser Bedingungen zu realisieren, zumindest für einen Teil der Zeit.

Die Menschen sind offenbar eher geneigt, innovativ und intuitiv zu denken, wenn sie sich dabei sicher fühlen können. »Fostering Innovation« kommentiert:

Was Innovationen mit am meisten bedroht, sind ein unsicheres Gefühl bei der Verrichtung der Arbeit und mangelndes Selbstbewußtsein am Arbeitsplatz... Hat jemand das Gefühl, Angst haben zu müssen, so verhält er sich eher defensiv und phantasielos... Man wird dazu neigen, sich an die erprobte und altbewährte Routine zu halten, und weniger nach neuen Wegen im Arbeitsumfeld suchen... Und umgekehrt ist es eher wahrscheinlich, daß man etwas riskiert und Neues ausprobiert in einem Umfeld, in dem man sich relativ wenig gefährdet sieht. Dieses Dokument soll den Anstoß geben, damit die Revolution der Managementpraktiken in den achtziger Jahren mit einer neuen Revolution in den Neunzigern und bis ins nächste Jahrhundert eine Parallele erfährt, die mit allem Nachdruck die psychologische Sicherheit am Arbeitsplatz betont sowie Entwicklungen und Einführungen neuer und verbesserter Arbeitsweisen praktisch unterstützt.

Es geht aber nicht einfach nur darum, daß man die Dinge beherzter und mutiger anpackt, wenn man sich entspannt und sicher fühlt. Unsicherheiten und bedrohliche Situationen schaffen eine Denkhaltung voller Angst und Beklemmung, eine Art Ausflucht, in der sich das Bewußtsein verengt und man allein darauf konzentriert ist, bedrohliche Situationen zu vermeiden. Sie schaffen keineswegs eine freimütige, offene Denkhaltung, welche langsame Denkweisen benötigen, um bei Überlegungen mitzuwirken. Man muß das Gefühl haben, sagen zu können: »Das mag jetzt etwas blöd klingen, aber...«, oder »Kann ich mal ganz kurz laut denken...«. Wo halb ausgegorene Ideen sogleich gründlich zunichte gemacht werden, lernt man ganz schnell abzuwarten, bis die D-Denkweise Argumente liefert, die ausgefeilt und hieb- und stichfest sind – doch sehr wahrscheinlich auch übervorsichtig und schon wieder überholt –, aber womöglich überhaupt nichts bringen.

Schließlich gibt es noch den Faktor Zeit an sich. Und so werden die langsamen Erkenntnisweisen ihr fein gesponnenes gedankliches Produkt nicht preisgeben, solange der Geist in Eile und Hektik ist. Ständig unter Zeitdruck und in einem Zustand beständiger Unruhe, sieht sich der denkende Verstand genötigt, seine Gedanken über die gewohnten gedanklichen Bahnen laufen zu lassen. Doch nur wenn der Strom der Gedanken über gewundene, verschlungene Bahnen fließt, kann er sich verzweigen und herumwaten und dabei still und leise solche Spalten und Kanäle ausfindig machen, die nicht verzeichnet sind, sich aber abseits der gewohnten Bahnen auftun. Paradoxerweise müssen langsame Denkweisen nicht unbedingt viel Zeit in Anspruch nehmen, denn es handelt sich dabei um eine Art des Denkens, die erworben und praktiziert werden kann. Man muß dem Geist Zeit *geben*. Allerdings hängt die Findigkeit des Geistes auch vom Üben der entsprechenden Geisteshaltung ab, *vom Sich-Zeit-lassen,* und zwar soviel wie möglich. Zugang zu finden zu diesen anderen Erkenntnisweisen und diese weidlich zu nutzen, kann erlernt werden. Vielleicht sollten Manager – und ihr

Mitarbeiterstab – sich in Meditation üben, wenngleich sie hierzu vorab verstehen müßten, was dies bedeutet und wie es hilft.

Indes mögen diejenigen, die versuchen, ganze Nationen oder auch Unternehmen zu führen, angesichts der sich zunehmend verschärfenden Komplexität der Situationen, die sie unter Kontrolle halten wollen, bestürzt und fassungslos auf einen solchen Vorschlag reagieren, zumal sie voraussetzen, daß Zeit das einzige ist, was nicht zur Verfügung steht. Ihr Trugschluß liegt in der Annahme, daß je schneller sich die Dinge ändern, desto schneller und ernsthafter man auch denken muß. Unter dieser Art von Druck hetzt man sich ab, denkt in der D-Denkweise von einem oberflächlichen Patentrezept zum anderen, von einer ausgeformten Idee zur nächsten, wobei sich am Ende herausstellt, daß jeder einzelne Gedanke dabei zunächst mehr versprach, als er letztendlich halten konnte. Business-Konzepte werden re-konstruiert, Hierarchien abgebaut, Unternehmen versuchen sich in *lernende* Gesellschaften zu wandeln, werden »virtuell«. Meetings nehmen überhand, Arbeitstage werden immer länger, Zeit wird immer knapper. Es wird so viel Zeit gebraucht, um Informationen zu verarbeiten, Probleme zu lösen, Fristen einzuhalten, daß überhaupt keine Zeit mehr zum Denken bleibt. Sogar »intuitives Denken« wird dabei leicht zu einer Art »Modetorheit«, die versagt und das Erwartete nicht leistet – da die zugrunde liegende Denkart sich in keinster Weise verändert hat.

Es ist wirklich wichtig, darüber nachzudenken, inwiefern das *Aufleben* langsamer Erkenntnisweisen angetrieben werden kann. Doch ist es weitaus wichtiger, auch über die Bedingungen nachzudenken, welche den Menschen langfristige *Vorkehrungen* bieten, individuelle *Werte* und *Befähigungen,* damit sie jeweils ganz individuell verschiedene Erkenntniswege auch vollauf nutzen können, ganz gleich, in welcher speziellen Denkart sie sich gerade zufällig befinden. Auch wenn das kulturelle Umfeld implizit den Gebrauch der D-Denkweise nahelegt, so muß man dennoch wissen, wie die langsamen Erkenntnisweisen zu nutzen und wann sie angebracht sind. Und dies muß zum jetzigen Zeitpunkt in der kulturellen Geschichte die eigentliche Aufgabe des Erziehungswesens sein.

An Schulen und Colleges gibt es nicht nur einen Lehrplan, sondern zwei. Den ersten könnte man den traditionellen, den *einvernehmlichen Lehrplan* nennen: Er umfaßt all das Wissen und Know-how, um das zu erwerben man sich in Bildungsanstalten befindet – Rechenaufgaben, Französisch, Philosophie, Zahnheilkunde und so weiter. Sowohl Schüler als auch Lehrer sind sich über den Lernstoff und den Bewertungsmaßstab der Leistungen im klaren. Wäre dies der einzige Lehrplan, so könnten die Lehrer uneingeschränkt alle möglichen Hilfsmittel einsetzen, um das Lernen zu erleichtern, es zu beschleunigen, angenehmer und erfolgversprechender zu gestalten. Doch so ist es nicht. Denn sofern eine Einvernehmlichkeit in Sachen Lehrstoff besteht, gibt es immer auch eine andere Seite, eine, die tiefer liegt, einen Lehrplan also, der sich weniger sichtbar abzeichnet, doch ebenso wichtig ist: den Lern-Lehrplan. Er ist ein Lehrplan, der den Studenten etwas über das Lernen an sich beibringt: was es ist, was sie, die Studenten, als Lernende sind, worin ihre Stärken liegen und worin nicht. Und wenn Dough Ross, US Labor Secretary, und Sir Christopher Ball, Präsident der »Campaign for Learning«, recht haben und die Zukunft des sozialen wie auch des persönlichen Wohlergehens vom Selbstvertrauen und der Kompetenz des einzelnen *als Lernenden* abhängt, dann kann dieser zweite Lehrplan nicht einfach ignoriert werden. Vor allem aber braucht das Bildungswesen ein Erziehungssystem, das alle jungen Menschen – nicht nur die akademisch Gebildeten – mit dem geistigen

Rüstzeug versieht, auch mit Unsicherheiten umgehen zu können.

Lernerfahrungen werden gemacht mit einer ganzen Reihe von Lernfähigkeiten und Lerngepflogenheiten – in Verbindung mit der Lernaufgabe und der umgebenden Lernkultur –, die alle über den Lernerfolg mitbestimmen. Diese Lernfähigkeiten und -bedingungen verändern sich wiederum durch die Erfahrung an sich: Das Lernvermögen als Lernender, die geistige Stärke angesichts von Lernschwierigkeiten, das implizite Verständnis dessen, was Lernen mit sich bringt, und das Bild von sich selbst in der Rolle als Lernender werden sich mit jedem Lernvorgang etwas verändert oder auch nur gefestigt oder gestärkt haben. Daß der Lern-Lehrplan am Lernvorgang beteiligt wird, liegt an ebendiesen Veränderungen, die mit der Zeit immer mehr werden. Er geht der Frage nach: Wie kann diese Aufeinanderfolge von Lernherausforderungen und Lernaufgaben konzipiert und präsentiert werden, damit das Lernvermögen sich auf längere Zeit hin positiv gestaltet?

Der Lern-Lehrplan wetteifert nicht mit dem einvernehmlichen Lehrplan, ist auch nicht wie dieser veränderlich. Zwei Lehrpläne zu haben heißt nicht, daß die eine Tätigkeit, fachspezifischen Lehrstoff zu vermitteln, eingestellt werden soll. Mit dem Lernen ist es wie mit allen menschlichen Qualitäten: Jene eines »richtigen Lerners« entwickeln sich mit bestimmten Betätigungen im Laufe der Zeit. Und dabei muß es eine gewisse Einvernehmlichkeit geben, etwas, das gelernt werden will, etwas, womit man sich beschäftigt. Was den einvernehmlichen Lehrplan betrifft, sind noch viele Fragen offen. Doch es kommt auf die Kriterien an, die festlegen, wie der Stoff vermittelt wird, auf die Lehr- und Lernmethoden, die gefördert werden, und auf den Bewertungsmaßstab: All dies verändert sich, sobald man den zweiten Lehrplan mit einbezieht.

Egal, um welches Wissensgebiet es sich handelt, ein Teil der pädagogischen Aufmerksamkeit muß der geschickten Förderung der spezifischen Lernfähigkeit und Lehrmaterialien gelten. Ein weiterer Teil jedoch muß die nachhaltige Wirkung im Auge behalten, die aus den jeweiligen Lernbedingungen resultiert und den erworbenen Befähigungen zum Nutzen oder Schaden gereicht. Wir können nicht einfach davon ausgehen, daß, was im Sinne des einen Lehrplans gut und nützlich ist, ebensogut und nützlich im Sinne des anderen ist. Soll eine Schwimmerin ihre persönliche Bestzeit steigern, so könnte man ihr schwere Bestrafungen androhen, falls sie es nicht schafft. Man könnte sie gar im Schlepptau pfeilschnell durchs Wasser ziehen. Doch keiner dieser Scherze würde zu einer langfristigen Leistungsverbesserung beitragen. Die Angst zu versagen, würde sie wahrscheinlich verkrampft und widerwillig machen. Das Schlepptau, sollte es tatsächlich wiederholt eingesetzt werden, würde nur ihre Muskeln schwächen. Es ist also ganz offensichtlich, daß die beiden Lehrpläne gerade diesbezüglich doch manchmal sehr auseinanderklaffen.

Carol Dweck von der University of Illinois hat in einer detaillierten Studie untersucht, was die Qualität des »richtigen Lernens« ausmacht – Lernfreude, so könnte man diese Qualität bezeichnen: die Fähigkeit, enttäuschende Erlebnisse und Lernschwierigkeiten, die im Laufe des Lernvorgangs nicht ausbleiben, zu akzeptieren, ohne sich aufzuregen oder die Sache vorschnell hinzuschmeißen. Dweck fand heraus, daß die Freude am Lernen bei jedermann sehr unterschiedlich ist, und das quer durch alle Altersstufen, von der Vorschule bis zum Promotionsstudium. Manche Leute verlieren schnell den Mut, sobald sich ihnen Schwierigkeiten in den Weg stellen, und anstatt sich weiter mit der Aufgabe zu beschäftigen, suchen sie nach Wegen, ihre Selbstachtung zu wahren. Dieser Lerntyp hatte Schwierigkeiten, den Stoff aufzunehmen, und die Lernerfahrung war entsprechend negativ. Von allen getesteten Schülern, so geht aus Dwecks Ergebnissen hervor, waren es die »aufgeweckten Mädchen«, bei denen sich am ehesten ein Fehlen dieser Lernfreude feststellen ließ – oder anders gesagt, die beim Lern-Lehrplan versagten. Dweck mutmaßte, daß es sich bei den aufgeweckten Mädchen um einen Lerntypus handelt, der über eine sehr empfindsame und feinfühlige geistige Auffassungsgabe verfügt, vielleicht gerade, weil sie sich am wenigsten von Schwierigkeiten verwirren lassen und damit (zuweilen) Erfolg haben. Da sie »aufgeweckt« sind, lernen sie relativ leicht und haben auch weniger Schwierigkeiten mit dem Lernen an sich als ein weniger »lernbegabtes« Kind. Zudem sind sie Mädchen, und im Unterschied zu Jungen werden sie eher getröstet, wenn sie mit einer Aufgabe nicht weiterkommen, oder der Lehrer bietet ihnen eine anderweitige Beschäftigung an. Jungen hingegen, so zeigt das Forschungsergebnis, werden viel eher angehalten, »bei der Aufgabe zu bleiben und sie durchzuziehen«. Somit sind die aufgeweckten Mädchen die Schüler, welche die wenigsten Möglichkeiten hatten, ihre »Lernmuskeln« zu trainieren, und folglich haben sie beim Lernen auch wenig Ausdauer.[22]

Wer als Lernender nicht über die nötige Lernfreude verfügt, wird sich nur solange mit dem Lernen leicht tun, wie er auf keine größeren Probleme stößt, wird aber sehr schnell über Aufgaben stolpern, sobald sie etwas schwieriger werden. Aus dieser Verletzbarkeit heraus suchen sich solche Lerntypen lieber konservative Lernmethoden aus. Wem es an Lernfreude mangelt, der wird sich Aufgaben suchen, von denen er weiß, wie er damit umzugehen hat, er wird schnell unruhig werden, sobald der Lehrer die gewohnten Methoden ändert oder eine andere, weniger vertraute Art der Lernerfahrung anbietet. Als Folge werden diese Lernenden nur ein begrenztes Repertoire an Lernfähigkeiten entwickeln, vornehmlich solche, welche die höchste Wahrscheinlichkeit für einen Erfolg bieten. »Ein guter Schüler sein« – wenn in den Schulen damit die Fähigkeit gemeint ist, sich ausdrücken und erklären zu können, so wird dort ausschließlich die D-Denkweise gebraucht und gefördert. Die Gefahr dabei ist, daß einige junge Schüler, die »erfolgreichen«, eine Seite ihres gesamten Lernpotentials überentwickeln und eine andere brachliegen lassen, während andere, die relativen »Versager«, wohl kaum überhaupt Lernqualitäten entwickeln werden, sich womöglich gar »zurückentwickeln«. Im schlimmsten Fall steht jeder Schüler vor der wenig beneidenswerten Wahl, entweder geistig zu verkrüppeln oder sich einseitig geistig zu entwickeln.

Der Lern-Lehrplan muß deshalb zuallererst und vordringlich auf die Lernfreude eingehen und sie stärken. Dies erfordert, den Schülern einen umfassenden Überblick über die unterschiedlichen Lernarten, Denkarten und Lerntypen zu vermitteln. Zum Lernvorgang gehören mitunter gewisse Unklarheiten und Unverständlichkeiten einfach dazu, und insofern macht es beispielsweise auch keinen Sinn, einen einvernehmlichen Lehrplan aufzustellen, der die jungen Menschen systematisch der Gelegenheiten beraubt, sich an unklare Situationen zu gewöhnen und zu lernen, damit produktiv umzugehen. Es macht auch keinen Sinn, Lerngepflogenheiten zu kultivieren oder zu fördern, die implizit alle Unklarheiten als dem Lernerfolg abträglich auslegen oder davon ausgehen, daß Lernen nur ohne Wirrwarr vollzogen werden kann und/oder sollte. Ebenso ist ein Lehrplan sinnlos, der Schülern das Gefühl vermittelt, ihr Selbstwertgefühl hinge von einem klaren Verständnis ab, und Unwissenheit zerstöre es nur. Wenn Kinder lernen, daß Unwissenheit, wie auch Lernschwächen oder Mißerfolge, mit einem bedrohlichen Gefühl verbunden sind, so wird ihre Lernfreude nachlassen.

Carol Dweck hat zudem nachgewiesen, daß Lernfreude auch durch eine falsche Auffassung von »Intelligenz« unterbunden wird. Sie unterschied zwischen zwei generellen Auffassungen von Intelligenz oder »geistigen Fähigkeiten«. Nach der einen Auffassung – die genauere der beiden, welche ich auch hier verwende –, wird Intelligenz als eine Art entwicklungsfähiges geistiges Werkzeug für Lern- und Erkenntnisweisen gesehen. Beim Lernen kann man auch Lernen lernen – und ein besserer Lerner werden. Nach der anderen Auffassung, die bedauerlicherweise in vielen pädagogischen Ansichten durchsickert, ist Intelligenz eine von Natur aus festgelegte geistige Voraussetzung des allgemeinen Denkvermögens, ein angeborenes Maß, das bestimmt, welchen Lernerfolg man erwarten kann oder zu erwarten hat. Sagt man von einem Kind: »Sally ist groß, hat braune Augen und ist sehr intelligent«, so pflichtet man der letzteren Auffassung von Intelligenz bei – und veranlaßt auch Sally, dies ebenfalls zu tun. Denn nach dieser Auffassung braucht sich Sally keine Mühe zu geben, da sich ihre Größe, Augenfarbe und eben auch ihre »Intelligenz« sowieso nicht ändern werden.

Das Tragische dabei ist, daß nach allem, was Dweck herausgefunden hat, diese zweite, deterministische Auffassung der mangelnden Lernfreude häufig noch Vorschub leistet. Ist ein Kind davon überzeugt, daß »es möglich ist, gescheiter zu werden«, wird es auch eher ein ausdauerndes und phantasievolles Lernverhalten an den Tag legen. Ist es hingegen der Meinung, »Intelligenz« sei etwas Festgelegtes, so wird es bei einer erbrachten mangelhaften Leistung auch eher den Mut verlieren. Warum? Weil die »offene Theorie« über Intelligenz ein Kind ermutigt, sich unter Anspannung aller Fähigkeiten anzutesten, und indem es dies tut, kann es auch intelligenter werden. Es hat eine Entwicklungsmöglichkeit, die dem weniger begünstigten Mitschüler nicht vergönnt ist. Dieser hat nämlich vielmehr das Gefühl, ohnehin ein gewisses unveränderliches Maß an Intelligenz zu besitzen. Versagt er bei einer Aufgabe oder hat Mühe sie zu verstehen, so ist das für ihn nichts weiter als ein Beweis für seine mangelnde geistige Fähigkeit. Je mehr er dadurch entmutigt wird, desto mehr sieht er sich genötigt, sich innerlich zurückzuziehen, eine Abwehr- oder Angriffshaltung zu entwickeln. Die Ergebnisse dieser Studie im Lern-Lehrplan praktisch umzusetzen heißt, daß Lehrer die Veränderlichkeit und Vielfältigkeit der Lernfähigkeit begreifen und eine Sprache gebrauchen müssen, die diese Auffassung von Lernen den Schülern vermittelt.

Zunächst muß also die Auffassung von einem entwicklungsfähigen Geist durchgesetzt werden. Die nächste Forderung des Lern-Lehrplans besteht darin, Lernmöglichkeiten zu bieten, die helfen, die ganze Bandbreite der Lern- und Erkenntnisweisen auch zu entfalten. Arbeitet man auf einer breiten Grundlage der Lernfreude, so kann sich ein großer Ideenreichtum entwickeln. Ebenso wie die D-Denkweise gefördert und kultiviert werden muß, müssen auch die geistigen Kräfte des intuitiven Denkens und der Vorstellungskraft entwickelt werden: aufmerksames, nonverbales Beobachten, auf den Körper hören, kleine Keime der Erkenntnis aufspüren, ohne sie vorschnell zu ernten, sich in die mystische Welt der Phantasie und Träumerei verlieren, gerührt sein, ohne zu wissen warum. Wenn Lehrern sowohl die Möglichkeiten als auch der Wert und die Wichtigkeit, Lernbereitschaft zu wecken, einsichtiger wären, so würden sie wohl in der Lage sein, eine ganze Reihe von Möglichkeiten zu finden, den Lernstoff auf verschieden viele Arten anzubieten, was die Unterrichtsstunden beleben würde und auch erforderlich wäre. Dies gilt insbesondere für Lehrer im höheren Bildungswesen. Viele der Erkenntnisweisen, die wir hier untersucht haben, sind Schülern aus der Grundschule und ihren Lehrern bekannt. Doch der traditionelle Lehrplan macht meist den Fehler, sie als »kindisch« abzutun, will sie so schnell wie möglich verdrängen und durch explizite und klare Formen einer kognitiven Denkweise ersetzen. Mit einer solchen Einstellung befindet man sich jedoch auf dem Holzweg. Die langsameren Erkenntnisweisen müssen nicht ersetzt werden. Sie müssen vielmehr verfeinert und herausgebildet werden, und zwar bis ins Erwachsenenalter hinein. Sie müssen auch nicht durch die üblicheren Erkenntnisweisen, die später hinzukommen, vervollständigt oder gar übertroffen werden.

Intuitives Denken kann zum Beispiel ohne weiteres geschärft werden, indem man es in das jeweilige Lernumfeld mit einbezieht. Wie aus neueren Forschungsarbeiten hervorgeht, entwickeln Kinder beim Erlernen von systematischem Wissen eine größere Einsicht, eine stärkere und flexiblere geistige Auffassungsgabe für wissenschaftliche Denkweisen, wenn sie ermutigt werden, ihr intuitives Denken einzubringen, und wenn sie ihre eigenen Vorstellungen über die Zusammenhänge in der Welt in ein wissenschaftliches Forschungslabor hineintragen dürfen – damit sie sie teilen, untersuchen und ausprobieren können. Wie wir in Kapitel 4 gesehen haben, ist Intuition in der wissenschaftlichen Forschung eine ganz entscheidende Art der Erkenntnis. Indem Kinder ihre Intuition einsetzen und sie nicht ignorieren, erfahren sie Wissenschaft nicht einfach nur als ein Wissenssystem, sondern sie lernen auch, wie ein Wissenschaftler zu denken.[23]

Eine weitere Aufgabe des Erziehungssystems könnte darin liegen, eine entspanntere Geisteshaltung zu kultivieren, eine, in der einem »die Dinge zufliegen können«. Bei einigen jungen Schülern fällt der Groschen von alleine, anderen muß man vielleicht auf die Sprünge helfen. Erzbischof William Temple gehörte eindeutig zur ersten Gruppe:

Als kleiner Junge gab man mir in der Schule oft die Aufgabe, lateinische Verse zu dichten, was, wie jeder weiß, ziemlich schwierig ist. Wie auch immer, ich arbeitete bei Kerzenlicht, und jedes Mal, wenn ich »steckenblieb« und mir die rechten Worte nicht einfallen wollten, kratzte ich einen Wachskrümel von der Kerze und schob ihn ganz sacht wieder in die Flammen zurück. Und dann flogen mir die Worte einfach so zu.[24]

Der Wert des phantasievollen Denkens ist nachweislich ein sinnvolles Lernwerkzeug für das ganze Leben. Es kann vielseitig eingesetzt werden: beim Erlernen von körperlichen Fähigkeiten, wie etwa Sport, für die Vorbereitungen auf schwierige Verabredungen oder wenn man sich über die eigenen Wertvorstellungen und Überzeugungen klar werden möchte. Aktive Erfindungskraft, Phantasie und Ideenreichtum können sich als effektiver erweisen als ein rationales Selbstverständnis.[25] Im Erfinden und Phantasieren sind Kinder natürlicherweise besonders begabt, und insofern kann auf diesen Gebieten das Lernvermögen auch besonders leicht herangebildet und weiterentwickelt werden. Umgekehrt wird das Lernvermögen beeinträchtigt und vermindert, wenn man dieses natürliche Erbe verkümmern läßt, indem man es fortwährend vernachlässigt.

Wie steht es mit dem kognitiven Bewußtsein? Sollen junge Leute mit dem einvernehmlichen Lehrplan erfolgreich lernen, so könnte man sie ja ohne weiteres mit einer Lehrmethode unterrichten, die alles Wissen als unumstößlich und sicher ansieht. Bei dieser Lehrmethode sollte man sich eher an »Lehrbücher« halten oder sich so verhalten, als wäre Wissen, und die entsprechenden Methoden, es zu vermitteln, größtenteils abgemacht und garantiert. »Warum sollte man riskieren, Kinder mit abgehobenem Gerede über eine ›gesellschaftliche Aufbereitung von Wissen‹ durcheinanderzubringen?« – dies ist eine völlig berechtigte Frage. Beim Lern-Lehrplan jedoch brauchen Kinder Hilfe, um ein größeres Bewußtsein für den Lernprozeß zu entwickeln, für die Aneignung und den Erwerb von Wissen. Und das heißt auch, Wissen mehrdeutiger zu präsentieren, als ein menschliches Produkt, das stets für Fragen und Überprüfung offen ist. Wollen wir die Kinder auf eine Reise schicken, die, wie weit das Ziel auch entfernt sein mag, in Richtung Weisheit führt, so müssen wir das Risiko auf uns nehmen und einige erkenntnistheoretische Unsicherheiten schaffen.

Ellen Langer leitete an der Harvard University eine Reihe von Studien, die sowohl mit High-School- als auch mit Collegestudenten durchgeführt wurde. Dabei wurden verschiedenen Gruppen die gleiche Information auf unterschiedliche Weise dargeboten. Zum Beispiel gab man in einer Studie den Studenten einen Aufsatz zu lesen, in dem es um die Entwicklung urbaner Nachbarschaften ging. Für eine Gruppe wurde der Aufsatz so geschrieben, als handele es sich um die unumstößliche Wahrheit. Einer anderen Gruppe wurde der Aufsatz als eine Theorie präsentiert mit Formulierungen wie: »Man könnte die Daten auf diese Weise betrachten« oder »Es kann sein, daß...«. Langer testete sie sodann auf die Fähigkeit, das erworbene Wissen auch anzuwenden, und fand heraus, daß – obwohl beide Gruppen den Text gleich gut behalten hatten – die »Könnte-sein«-Gruppe besser abschnitt bei der flexiblen und kreativen Verwendung der Informationen. Sie kam zu dem Schluß, daß die Furcht, Kinder in bezug auf Wissen zu verunsichern, unbegründet ist, vorausgesetzt, Lehrer vermitteln den vorübergehenden, nicht endgültigen Status von Wissen als spezifische und wesentliche Eigenart und nicht als persönliche Unentschlossenheit. »Kinder, die bedingt (auf diese Weise) unterrichtet wurden, sind *sicherer*, denn sie sind besser vorbereitet auf negative oder unerwartete Ergebnisse.«[26]

Inwiefern steht die Unterscheidung zwischen dem einvernehmlichen und dem Lern-Lehrplan in Zusammenhang mit der alten Debatte, die zwischen klassischem »Tafel-und-Kreide«-Unterricht und der Methode »Lernen entdecken« unterscheidet? Aus Sicht des einvernehmlichen Lehrplans scheint es völlig unnütz, Kindern zu erlauben, herumzuprobieren und »das Rad neu zu entdecken«, wo es so viele verschiedene Räder gibt, über die man sich Kenntnisse aneignen sollte. Ist die wichtige Sache dabei das Rad, so ist dieser Einwand berechtigt. Doch im Lern-Lehrplan geht es nicht sosehr um das Rad als um das Erfinden – und um das Stärken der Erfindungskräfte, die sich entfalten, indem man erfinden darf und dazu auch ermutigt und angeregt wird. Die Zeit, die man damit verbringt, den Dingen selber auf den Grund zu gehen, auch wenn da jemand ist, der einem die Antwort oder die Information einfach hätte geben können, ist mitunter gut genutzte Zeit, da das Ergebnis dem Forschergeist mehr Vertrauen und Kompetenz gibt. Lernen durch Entdecken stützt sich auf das »Lernen durch Osmose« und entwickelt diese Lernkräfte weiter. Wie bei der Intuition, der Vorstellungs- und Erfindungskraft, ist auch hier die Fähigkeit, die der Erfahrung zugrunde liegenden Muster erkennen zu können, ohne zwangsläufig sagen zu können, um welche Muster es sich handelt, von unschätzbarem Wert für das ganze Leben. Sowohl der Erwerb von Wissen und Fähigkeiten, *als auch* die Entwicklung der Lernkräfte sind wichtig. Lernenden, egal ob Kindern oder Erwachsenen, gelingt es, unproduktiv hin und her zu probieren, wenn sie weder über das Werkzeug noch über Informationen verfügen, die sie vielleicht bräuchten, um an eine Aufgabe heranzugehen. Der wirkliche Feind des Lern-Lehrplans heißt Dogmatismus, egal von welcher Seite.

In diesem Sinne heißt findig und einfallsreich sein, die ganze Bandbreite von Lern-Hilfsmitteln zur Verfügung haben – verschiedene Erkenntnisweisen also – sowie einen ausgeprägten intuitiven Sinn dafür, für welche Art Aufgabe welche Erkenntnisweise am besten geeignet ist und welche Art von Kenntnis jede Aufgabe vermittelt. Der findige und einfallsreiche Lerner ist in der Lage, verworrenen Situationen mit präziser und konzentrierter Aufmerksamkeit ebenso wie mit entspannter Weitschweifigkeit zu begegnen. Er ist fähig, »die Dinge sprechen zu lassen«, zu erkennen, was tatsächlich vorhanden ist, und nicht, wie Hesse es ausdrückt, alles durch »den beschlagenen Spiegel des eigenen Wunschdenkens« zu beobachten. Er weiß Anhaltspunkte und Hinweise gut zu nutzen. Er kann analysieren und forschend prüfen, aber auch sich der Tagträumerei hingeben und nachsinnen. Er ist in der Lage, Fragen zu stellen und zusammenzuarbeiten, aber auch zu schweigen und die Dinge nachdenklich zu betrachten. Er kann nüchtern sein oder bildlich sprechen, klar und deutlich oder phantasievoll, wissenschaftlich oder poetisch: wissen wie Madame Curie und wissen wie Emily Dickinson. Ein findiger und einfallsreicher Lerner sein heißt auch, Gelegenheiten gehabt zu haben, mit jeder dieser Erkenntnisweisen zu spielen, zu forschen und zu experimentieren, so daß all deren Kräfte, Genauigkeit und Angemessenheit sämtlich aufgedeckt werden konnten.

Der findige Lerner muß auch Fähigkeiten entwickeln, ein guter »Manager« der eigenen Lernvorhaben zu sein. Er muß imstande sein, die Dinge einzuschätzen, wenn etwa eine Herangehensweise für ein Problem nicht zum Erfolg führt, muß er wissen, wann er unbeirrt damit fortfahren soll, wann er die Gangart wechseln und wann er besser aufgeben sollte. Erfolgreiches Lernen erfordert die Fähigkeit, *reflektierend* zu denken, eine strategische wie auch eine taktische Perspektive für das eigene Lernen und Wissen einzunehmen, sich darüber bewußt zu sein, »wie die Dinge liegen« und welche alternativen Herangehensweisen es noch geben könnte. Folglich verlangt der Lern-Lehrplan von den Lernern auch, daß sie in angemessenem Maße eine gewisse Verantwortung übernehmen und selbst entscheiden, was, wann und wie sie lernen, und ihre eigenen Anstrengungen auch selbst kritisch beurteilen. Das Wissen um das *Wie* entwickelt sich mit der Entdeckung der eigenen Stärken, Schwächen und Grenzen in den unterschiedlichen Lernarten und Lernstrategien, die auf alle möglichen realen Lernsituationen angewendet werden.

Wie ich bereits gesagt habe, kann »Lernen« nicht als neues »Schulfach« dem einvernehmlichen Lehrplan hinzugefügt werden. Aus Studienprogrammen für die Entwicklung der »Lernfähigkeiten« geht beispielsweise hervor, daß Lernstrategien nicht unmittelbar gelehrt werden können und daß jeglicher Nutzen daraus zumeist nicht von der Theorie in die Praxis übertragbar ist.[27] Lernkraft wächst mit der Erfahrung, sie kann nicht auf Formeln reduziert und auch nicht mittels erzieherischen Unterrichts in den Kopf hineinbefördert werden. Wo also der einvernehmliche Lehrplan sich eng an den Lehrplan anlehnt und auch die Kontrollfunktion übernimmt, geht es dem Lern-Lehrplan eher darum, den Schülern mehr Zeit, Freiheit und Forschungsanreize zu bieten. Beim einvernehmlichen Lehrplan ist es wichtig, daß Lernern ihr Leistungsstand mitgeteilt wird, indem man sie an »objektiven« Leistungsmaßstäben mißt: Ein solches Feedback gibt ihnen Aufschluß über den erzielten Fortschritt und kann »motivieren«, sofern es nicht entmutigend ausfällt. Beim Lern-Lehrplan ist es jedoch entscheidend, daß den Lernern eine gewisse Verantwortung übertragen wird, daß sie Ermutigung erfahren und Hilfestellungen beim Reflektieren über den Wert ihrer erbrachten Leistungen, denn nur so können sie eine »intuitive Nase« für die Lernqualität entwickeln sowie die Fähigkeit, nach ihren eigenen Wertungen, die größtenteils im stillen gemacht werden und sicherlich nicht quantitativ meßbar sind, selbst einzuschätzen, was »gute Arbeit« ist.

Beim einvernehmlichen Lehrplan werden zu leichte wie auch zu schwierige Aufgabenstellungen mitunter als der Motivation abträglich erachtet – die Schüler könnten gelangweilt reagieren, oder ihr Selbstwertgefühl könnte angekratzt werden, wenn sie versagen. Beim Lern-Lehrplan muß man die Schüler weniger vor auftauchenden Schwierigkeiten schützen oder davor, »mehr in den Mund zu nehmen, als man mit beiden Backen kauen kann«. Denn Lernkraft wird gerade durch das »Kauen an einem Problem« gestärkt und ausgeweitet, und den Wert, der darin liegt, begreift man vielleicht, wenn man im Alter von zehn Jahren über Eliots »Ash Wednesday« nachdenkt, mit der älteren Schwester angeln geht, obwohl man eigentlich zu klein ist, um die Angelrute hochzuhalten. Oder wenn man der Mutter beim Kreuzworträtsel hilft, obwohl man gar nichts zur Lösung beitragen kann. Bekommt man immer nur Probleme in Form einer Diätpackung zu kauen, fein säuberlich portioniert und zurechtgelegt, wird man der Gelegenheit beraubt, jene langsamen, intuitiven Erkenntnisweisen zu entwickeln, die für ungeordnete, verschwommene oder schwer zu begreifende Situationen eigentlich am geeignetsten sind.

Will sich das Bildungswesen entwickeln, so müssen zunächst praktische Veränderungen in der geistigen Haltung am Arbeitsplatz und in den Lehrmethoden – nach der Art, wie ich sie skizziert habe – Unterstützung erfahren. Doch wird auf einer tieferen Ebene nichts weniger von uns verlangt, als den menschlichen Geist auf neuartige Weise zu begreifen. Descartes' Vermächtnis für das 20. Jahrhundert ist ein Bild vom menschlichen Geist als einem »Schauspiel des Bewußtseins«, einer hell erleuchteten Bühne, auf der das Schauspiel des geistigen Lebens gegeben wird. Oder vielleicht gar das Bild eines hell erleuchteten Büros, wo ein intelligenter Manager sitzt, bedächtig Argumente abwägt, Entscheidungen trifft, Probleme löst und Befehle erteilt. In diesem »Regierungssitz« laufen menschliche Intelligenz, Bewußtsein und Identität zusammen, im Grunde handelt es sich dabei um ein und dasselbe. »Ich« bin der Manager. »Ich« arbeite im Rampenlicht. »Ich« habe Zugang zu all den Daten, die meine »Intelligenz« ausmachen. Was ich nicht sehen kann, oder wo ich nicht hineinsehen kann, existiert entweder nicht oder ist bloße »Materie«, jene stumme Körpersubstanz, die nichts, was von Bedeutung wäre, alleine verrichten kann, außer vielleicht gewisse niedere Tätigkeiten wie Verdauung, Atmung und Kreislauf, ohne bewußte Kontrolle darüber zu haben. Doch um irgend etwas Intelligentes zu vollbringen, muß die stumme Materie auf Anweisungen aus dem »Haupt-Quartier« warten.

Dieses Bild beseelt und kanalisiert unsere Auffassung von unserem Seelenleben, unseren möglichen inneren Wirkungskräften und unseren geistigen Hilfsquellen – und ist in jeder Hinsicht falsch. Der naive Geist-Körper-Dualismus, auf den sich dieses Bild stützt, ist philosophisch verarmt und wissenschaftlich unglaubwürdig. *Unbewußte* Intelligenz ist eine bewiesene unleugbare Tatsache. Und es ist ebenso gewiß, daß es unabdingbar ist, auf Inspiration zu warten und sie nicht selbst vollbringen zu wollen, und gleichwohl das bewußte Selbst als Rezipienten zu betrachten, der Gaben aufnimmt aus einer geistigen Werkstätte, zu der das Bewußtsein keinen Zugang hat. Wollen wir die Erkenntnisweisen, mit denen das Unbewußte verknüpft ist, wiedererlangen, so brauchen wir ein anderes Verständnis vom Unbewußten – eines, das dem Unbewußten Intelligenz zuspricht, die wir im stillen in uns selbst auch wiedereinsetzen. Die explosionsartige Entwicklung von wissenschaftlichem Denken und technologischem Fortschritt in den letzten beiden Jahrhunderten war möglich, da die Erkenntnisweisen, die mit bewußtem Denken, mit Kontrolle und unmißverständlicher Artikulation verknüpft sind, in den Vordergrund gestellt worden sind. Doch der Preis dafür war eine Lähmung anderer geistiger Denkmöglichkeiten, ohne die wir allerdings nicht existieren können. Lancelot Whyte drückt dies folgendermaßen aus:

Es gibt in der europäischen Welt das Ideal vom selbstbewußten Individuum, das seinen Geschicken mit seinem eigenen unbezwingbaren Willen und skeptischer Vernunft, die einzigen Dinge, auf die es sich verlassen kann, entgegengeht; vielleicht ist dies ja die edelste Absicht, die bislang von irgendeiner kulturellen Gemeinschaft allgemein anerkannt worden ist... Doch wurde unterdessen klar, daß dieses Ideal ein moralischer Fehler und ein intellektueller Irrtum war, da es die ethische, philosophische und wissenschaftliche Bedeutung des Bewußtseins des einzelnen über alles andere gestellt hat. Und einer der Hauptfaktoren, die dieses unzulängliche Ideal entlarvt, ist die (Wieder)-Entdeckung des unbewußten Geistes. *Und darum liegt im Begriff des Unbewußten die größte Revolution des modernen Zeitalters.*[28]

Diese Auffassung vom Unbewußten – was ich als Unterverstand bezeichnet habe – unterscheidet sich sehr von den Vorstellungen des Unbewußten, wie sie in der europäischen Kultur des 20. Jahrhunderts gemeinhin eingestanden werden. Das Unbewußte bei Freud etwa ist die Vorstellung von einem geistigen Sumpf, in dem alle Erfahrungen, innere Regungen und Gedanken versinken, die zu furchtbar oder gefährlich sind, um sie ins Bewußtsein treten zu lassen. Diese Vorstellung vom Unbewußten ist eine pathologische und gehemmte. Sie bejaht die kartesische

Prämisse, wonach Bewußtsein intelligent und kontrolliert ist, und insofern auch die Folgerung, daß das Unbewußte, anders als das Bewußtsein, diesem genau entgegengesetzt sein muß: emotional, irrational, unkontrolliert und fremdartig. Das Unbewußte kann nicht »Ich« sein – es muß »Es« sein – »das Es«, wie es bei Freud ursprünglich hieß und woraus später in der englischen Übersetzung völlig unbegründet »the Id« gemacht wurde.

Erfahrungen aus der klinischen Praxis sowie die Entwicklung der Psychotherapie im 19. und 20. Jahrhundert haben gezeigt, daß wir in der Tat diesen Sinn für das Unbewußte benötigen, um menschliche Erfahrensbereiche und Verhaltensweisen erklären zu können. Doch das kartesische Bild wird im Grunde unangefochten bleiben, wenn wir den Fehler machen, anzunehmen, daß diese dunkle aufrührerische Ecke in unserem Geist der *einzige* Bereich sei, der außerhalb unseres denkenden Bewußtseins liegt. Auch wenn wir – wie Arthur Koestler über Jung sagte – diesem im wesentlichen pathologischen Bild eine Art »mystischen Heiligenschein« hinzufügen, wird das die Kernallianz von denkendem Bewußtsein, Intelligenz und Identität überstehen. Die Vorstellungen vom Unbewußten, die in der gegenwärtigen Kultur auferstanden sind und überlebt haben, sind nichts weiter als Nachbesserungen oder Fußnoten, die einem Bild hinzugefügt werden, das nach wie vor die Denkweise über uns selbst bestimmt.

Doch in den letzten 350 Jahren gab es sehr wohl eine ganze Reihe anderer Stimmen, die forderten, daß das Unbewußte wieder in den Mittelpunkt unserer Auffassung vom Geist gerückt werden muß. Nicht einmal 20 Jahre nach Descartes erinnert uns Blaise Pascal daran, daß »das Herz einen Verstand hat, von dem der Verstand selbst gar nichts weiß«. Im ausgehenden 17. Jahrhundert schreibt Ralph Cudworth, Philosoph und Wissenschaftler in Cam-

bridge: »Zweifelsohne wissen unsere menschlichen Seelen
nicht immer, was in ihnen wohnt; so hat ein schlafender
Wissenschaftler der Geometrie auch im Schlaf irgendwo
da drinnen all seine geometrischen Lehrsätze. (Und) wir
haben alle unsere Erfahrung darin, viele verschiedene…
Dinge zu verrichten, ohne ihnen besondere Aufmerksamkeit zu widmen.« Und Sir William Hamilton, einer der
ersten englischen Philosophen, der vom Aufstieg der deutschen Romantikbewegung beeinflußt wurde, hielt eine
Vorlesung zu folgendem Lehrsatz: »Der Bereich der
Bewußtseinsveränderungen ist nur ein kleiner Kreis
inmitten eines weit größeren Bereichs, in dem Handlungen und Gemütsbewegungen ablaufen, die uns nur durch
ihre Wirkungen bewußt werden.«

1870 schrieb der französische Historiker und Zeitkriti-
ker H. A. Taine ein Essay mit dem Titel »Sur l'Intelligence«,
in welchem er das Bild des »kartesischen Theaters« entwickelte, bei dem das Unbewußtsein die Kulisse bildet:

Man kann daher den menschlichen Geist mit einem
unendlich in die Tiefe reichenden Theater vergleichen.
Die Bühnenvorrichtung ist zwar sehr eng, doch die
Bühne wird größer, je weiter sie in die Tiefe reicht. Auf
der Bühnenvorrichtung hat nur ein einziger Schauspie-
ler Platz. Er betritt sie, gestikuliert kurz und tritt wieder
ab; dann kommt der nächste, und wieder der nächste,
und so weiter… Im Bühnenbild und auf der weit abge-
legenen Hinterbühne gibt es eine Vielzahl undeutlich
erkennbarer Formen, die ein Ruf auf die Bühne zu bringen vermag oder sogar ins Licht der Bühnenvorrichtung, wo es unaufhörlich Veränderungen in der großen
Menge von Akteuren aller Art gibt, welche die Sterne
gestalten, die einer nach dem anderen an unserem Auge
vorüberziehen.

Hier können wir schließlich das kartesische Bild des Geistes gegen sich selbst kehren, da das bloße Bild eines »Gedankens im Rampenlicht« wohl kaum unserer Vorstellung von »Theater« gerecht wird. Es läßt mindestens zwei Dinge außer acht, ohne die Theater einfach kein Theater ist: Die Seitenkulissen und das Wesen des Dramas selbst. Die Bühnenhandlung ergibt nur einen Sinn durch Auf- und Abtritte. Akteure werden nicht auf der Bühne geboren, *sie kommen*, und dann, nach einer Weile, *gehen* sie wieder. Und wir wissen, daß sie von irgendwoher kommen und wieder irgendwohin gehen. Wir begreifen Theater nicht, wenn uns nicht bewußt ist – auch wenn wir nicht bewußt darüber nachdenken –, daß *es* da ein »hinter den Kulissen« gibt: Ankleideräume, Bühnentechniker, Drehbühnen und Requisiten, eine verborgene Welt der Proben und der Diskussion mit provisorischen Interpretationen und Probevorstellungen, die weniger mit dem zu tun haben, was dann tatsächlich in Kostüm und Rampenlicht auf der Bühne zu sehen ist. Das, was es in der Vorstellung zu sehen gibt, setzt zahllose unsichtbare Gerätschaften und Aktivitäten voraus.

Desgleichen verwirrt es uns sehr, wenn wir zwischen Akteur und Rolle keinen Unterschied erkennen, zwischen Drama und »wirklichem Leben«. Was wir im Theater sehen, ist eine Simulation, eine Fiktion, die das »wirkliche Leben« darstellen, es gleichzeitig aber auch *dramatisieren* soll. Es will verzerren, hervorheben, verfälschen und notfalls auch in die Irre leiten, doch es muß eine Pointe haben oder einen Effekt erzielen. Vergißt man, daß das, was da auf der Bühne geboten wird, nicht »wirklich« ist, kann man erleben, wie man sich in seinen Sitz kauert, wenn der Missetäter die Pistole zieht, oder wie man auf die Bühne hasten will, um die Heldin vor einem Verhängnis, schlimmer als der Tod, zu bewahren. Ein gutes »Stück« fesselt und bewegt, man »verliert sich« für eine Weile in dieser

Welt, doch kann man letzten Endes das Stück nicht von der Wirklichkeit unterscheiden, ist man verwirrt. Und genau diesen Fehler begeht man, sofern man glaubt, unser Bewußtsein zeige und vermittle uns die volle und wirklichkeitsgetreue Wahrheit. Wollen wir also damit anfangen, die Metapher vom Theater zu analysieren, so sehen wir, daß sie sich ganz von selbst wieder auflöst. Wir müssen feststellen, daß wir ohne die Seitenbühne des Unbewußten hilflos sind, und das, was im Bewußtsein vor sich geht, können wir nicht für bare Münze nehmen.

Ein Bild wie das des erweiterten Theaters kann zwar dazu beitragen, ein Gefühl für die gesuchte neue Beziehung zwischen Bewußtsein und Unbewußtem zu vermitteln, doch in einer Kultur, in der die D-Denkweise vorherrscht, hat dies nicht viel Gewicht. Die Stimmen aus Philosophie, Dichtung und Bildersprache sind nur schwach zu hören in einer Welt, die weitgehend davon ausgeht, daß allein die Stimmen der Wissenschaft und Vernunft wirklich gewichtig sind. Paradoxerweise kann uns daher nur die Wissenschaft selbst glaubwürdige Botschaften von den unwissenschaftlichen Erkenntnisweisen liefern. Die empirische Erforschung der langsameren Erkenntnisweisen sowie des kognitiven Erkenntnisvermögens des Unbewußten kann ganz erheblich zu der dringend benötigten Veränderung im allgemeinen Verständnis vom menschlichen Geist beitragen. Gewinnt die Forschung auf diesem Gebiet mehr Stoßkraft, so werden diese Erkenntnisweisen – was zu hoffen ist – in ihrer Gesamtheit in unseren Kulturkreis durchsickern und auch Pädagogen, Geschäftsführer und Politiker ermuntern, sich zur Lösung schwieriger Aufgaben, denen sie gegenüberstehen, geistiger Denkwerkzeuge zu bedienen, die dafür einfach besser geeignet sind. Die Hasen-Denkweise ist lange genug auf ihre Kosten gekommen. Jetzt ist es an der Zeit, sich auf die Schildkröten-Denkweise zu besinnen.

Anmerkungen

KAPITEL 1

1 Siehe Fensham, P. J. und Marton, F.: »What has Happened to Intuition in Science Education?«, Research in Science Education, Vol. 22 1992, S. 114–122. Dieser Absatz enthält einige Aussagen, die ich später noch weiter erörtern und rechtfertigen werde.

2 Norberg-Hodege, Helena: »Ancient Futures: Learning from Ladakh«, Shaftesbury 1991.

3 Postman, Neil: »Technopoly«, New York 1992.

4 Darzulegen, daß es einen Urquell der »unbewußten Intelligenz« im menschlichen Geist gibt, ist für die Argumentation dieses Buches entscheidend, und damit wir über Vorgänge und Eigenschaften dieses Urquells sprechen können, bedarf es einer Bezeichnung – oder Bezeichnungen. Manchmal werde ich ganz einfach vom »Unbewußten« sprechen, will diesen Begriff aber abheben vom »Unterbewußten« bei Freud, der mit dieser Bezeichnung alle verdrängten Erinnerungen zusammenfaßt. Wo ein genauerer Unterschied gemacht werden muß, verwende ich die Begriffe »das intelligente Unbewußte« oder »das kognitive Unbewußte«. Zur Abwechslung und dort, wo ich das Gefühl habe, der Ausdruck »das Unbewußte« verkompliziert das Verständnis, verwende ich auch meine eigene Wortschöpfung, »der Unterverstand«. In der Diskussion darüber, wie unbewußte Intelligenz an Beispielen von Menschen aus Fleisch und Blut illustriert oder auch erzeugt wird, bezeichne ich diesen Urquell als »unbewußten Biocomputer« oder einfach als »Hirn-und-Verstand-System«. Indem ich verschiedene Begriffe verwende, will ich ein zusammengesetztes Bild vom »intelligenten Unbewußten« erstellen, das seinen vielen Gesichtern und Funktionen auch gerecht wird.

5 Es gibt augenblicklich ein enormes Interesse am Thema Bewußtsein und Bewußtheit – sowohl in der breiten Bevölkerung als auch
in Gelehrtenkreisen. »The Origin of Consciousness in the Breakdown of the Bicameral Mind« von Julian Jayne, »Consciousness
Explained« von Daniel Dennett, »Shadows of the Mind« von
Roger Penrose und »The Psychology of Consciousness« von
Robert Ornstein sind nur vier von Dutzenden von Büchern, die
in den letzten Jahren zum Thema »Bewußter Geist« erschienen
sind und sich mit seinem Wesen, seiner Entwicklungsgeschichte
und den Funktionsweisen befassen. Mein Buch reflektiert zum
Teil diese Welle der Begeisterung für dieses Thema, zum Teil
geht es auch dagegen an. Gewiß hat dieses Buch zum Thema
Bewußtsein etwas zu sagen, was es ist und wozu es nütze ist,
doch will ich darüber hinaus auch verständlich machen, daß wir
das Wesen des bewußten Geistes nicht begreifen können, ohne
eine klarere Vorstellung zu haben von den unzugänglichen
Bewußtseinsebenen im Verborgenen – vom Geist hinter dem
Geist –, welche unter dem bewußten Geist liegen und aus denen
er entspringt. Bewußtsein kann nur in Relation zum Unbewußtsein verstanden werden. Versuchen wir, beharrlich Bewußtsein
in und aus seiner eigentlichen engeren Bedeutung zu begreifen,
so halten wir nach wie vor die Denkweisen für überragend, die
mit Bewußtsein am engsten verknüpft sind, und ignorieren oder
unterschätzen weiterhin die Denkarten, die weniger bewußt
oder weniger überlegt ablaufen, die vielleicht auch eine andere
Auffassung vom Geist an sich verlangen, wenn sie zutage treten
und Sinn machen sollen. Doch vieles von dem, was auf dieser
Welle erforscht und gemutmaßt wird, ist – so faszinierend es
auch sein mag – eher als ein Symptom als ein Korrektiv für
unsere intellekt-besessene Gesellschaft zu sehen. Keines der
Bücher geht auf irgendeinen praktischen Effekt für die Psychologie ein, für ein neues Begriffsverständnis, das Bewußtsein und
Unbewußtsein in einem veränderten Verhältnis sieht.

6 Was ich hier erörtere, ist nicht einfach eine etwas verschleierte
Darstellung der unterschiedlichen Funktionsweisen der »rechten« und »linken« Gehirnhälfte. Mit einer solchen Denkweise,
wie sie noch vor wenigen Jahren gang und gäbe war, erklärte
man verlorengegangene Leistungsfähigkeiten des Gehirns. Sie ist

nach wie vor in der Literatur der sogenannten »Pop Psychologie« zu finden, hat aber an Zugkraft verloren. In erster Linie arbeitet das Gehirn bei allen Menschen, mit ein paar wenigen leidvollen Ausnahmen, als Ganzes. Funktionell gibt es keine zwei separaten Hälften. Man kann ja auch nicht von jemandem verlangen, beim Denken vom »linken Gehirn« auf das »rechte Gehirn« umzuschalten. Das wäre so, wie wenn man beim Fahren von jemandem verlangt, von einer »Maschinengondel« auf ein »Lenkrad-Gefährt« umzuschalten.

Zweitens erhofft man sich vom »rechten Gehirn« viel zu viel, weit mehr als wissenschaftliche Forschungen vielleicht nachweisen können. Gewiß liegt eine größere sprachliche Fähigkeit bei den meisten Rechtshändern eher in der linken als in der rechten Gehirnhälfte; Forschungen belegen jedoch, daß auch in der rechten Hälfte Sprache verarbeitet wird, genauso wie es auch in der linken Hälfte »holistische« Eigenschaften gibt. Michael Gazzaniga, einer der Wissenschaftler, der, neben Nobelpreisträger Roger Sperry, dessen Werk über Patienten mit sogenannter »Bewußtseinspaltung« den Anstoß gab, zwischen »linkem Gehirn« und »rechtem Gehirn« zu unterscheiden, schrieb bereits im Jahre 1985 voller Verzweiflung: »Wie kommt es, daß einige im Labor gemachte Entdeckungen von begrenzter Allgemeingültigkeit so heftig fehlinterpretiert werden? ... Es gab die Idee (in der populärwissenschaftlichen Literatur), daß ein Teil des Gehirns eine Sache tut und der andere Teil etwas ganz anderes, und (die Tatsache), daß dies ein verworrener Gedanke war, schien keinen Unterschied zu machen.« (Gazzaniga, M.: »The Social Brain: Discovering the Networks of the Mind«, New York 1985.)

Wenn ich hier von der »Schildkröten-Denkweise« spreche, dem »Unterverstand« oder dem »intelligenten Unbewußten«, so spreche ich nicht etwa von einem neuen Bit des Gehirns. Ich spreche von einer ganzen Reihe von Denkarten, welche in der Hauptsache ein weniger geschäftiges, weniger zweckgerichtetes und weniger problemorientiertes geistiges Milieu erfordern.

KAPITEL 2

1 Gardner, Howard: »The Theory of Multiple Intelligences« – Presentation to the Annual Conference of the British Psychological Society Division of Educational and Child Psychologists, York 1996.

2 Goleman, Daniel: »Emotionale Intelligenz«, München 1996.

3 Rozin Paul: »The Evolution of Intelligence and Access to the Cognitive Unconscious«, in: Sprague, J. M., und Epstein, A. N. (Hrsg.): »Progress in Psychobiology and Physiological Psychology«, Vol. 6, New York 1976. Rozin verwendete als einer der ersten den Begriff »kognitives Unbewußtsein«, und ich habe für diesen Abschnitt auch weitere Argumente und Beispiele aus seiner grundlegenden Arbeit übernommen.

4 Siehe Woolridge, D.: »The Machinery of the Brain«, New York 1963.

5 Studien von Aronson (1951), nachzulesen bei Rozin (1976), S. 252.

6 Siehe Smith, Ronald, Sarason, Irwin und Sarason, Barbara: »Psychology: the Frontiers of Behavior«, 2. Ausgabe, San Francisco 1982, S. 273.

7 Forschungen, die diese Unterschiede belegen, wurden kürzlich zusammengefaßt von Reber, Arthur: »Implicit Learning and Tacit Knowledge: an Essay on the Cognitive Unconscious«, Oxford 1993.

8 Einige der Studien, die zu dieser Schlußfolgerung führen, werden in Kapitel 8 erörtert.

9 Carraher, T. N., Carraher, D. und Schliemann, A. D.: »Mathematics in the street and in schools«, British Journal of Developmental Psychology, Vol. 3 (1985), S. 21–29. Ceci, S. J. und Liker, J.: »A Day at the Races: a Study of IQ, Expertise and cognitive Com-

plexity«, Journal of Experimental Psychology: General, Vol. 115 (1986), S. 255–266.

10 Berry, Dianne C. und Broadbent, Donald E.: »On the Relationship between Task Performance and associated verbalizable Knowledge«, Quarterly Journal of Experimental Psychology, Vol. 36A (1984), S. 209–231. Siehe auch die neuere Zusammenfassung dieser Ergebnisse in Berry, Dianne und Dienes, Zoltan: »Implicit Learning«, London 1992.

11 Watzlawick, Paul, Weakland, John und Fisch, Richard: »Change: Principles of Problem Formation and Problem Resolution«, New York 1974.

12 Ein Großteil dieser Arbeit ist zusammengefaßt in Lewicki, P., Hill, T. und Czyzewska, M.: »Nonconscious Acquistion of Information«, American Psychologist, Vol. 47 (1992), S. 796–801.

13 Reber (1993), Hervorhebungen von Guy Claxton.

KAPITEL 3

1 Die Entwicklungspsychologin Annette Karmiloff-Smith macht die gleiche Beobachtung in ihrem Buch: »Beyond Modularity: a Developmental Perspective on Cognitive Science«, Cambridge 1992.

2 Diese Studien werden ausführlich dargelegt in Berry und Dienes (1992).

3 Es gibt in der Tat Forschungsarbeiten, die zeigen, daß unser Vertrauen in ein klares und deutliches Artikulieren als ein Maßstab für fachliche Kompetenz in der »wirklichen Welt« nicht hinreichend ist. Leistungen von Medizinstudenten in schriftlichen Tests beispielsweise standen in keinerlei Beziehung zu ihren medizinischen Fähigkeiten und ihrem praktischen Urteilsvermögen. Doch unser implizites (hier im Sinne von »unbezweifeltes«) Vertrauen in die guten alten Prüfungsarbeiten ist so groß,

daß wir weiterhin ganze Studentengenerationen durch diese Mühle drehen. Siehe Skernberg, R. T. und Wagner, R. K. (Hrsg.): »Mind in Context«, Cambridge 1994.

4 Siehe Wason, Peter, und Johnson-Laird, Philip: »The Psychology of Reasoning: Structure and Content«, London 1972.

5 Coulson, Mark: »The Cognitive Function of Confusion«, Abhandlung für die British Psychological Conference, London (Dezember) 1995.

6 Lewicki et al. (1992).

7 Master, R. S. W.: »Knowledge, Knerves and Know-how: the Role of explicit versus implicit Knowledge in the Breakdown of a complex Skill under Pressure«, British Journal of Psychology, Vol. 83 (1992), S. 343–358.

8 Den polaren Planimeter, als Metapher für praktisches Wissen, beschreibt Runeson, Sverker: »On the Possibility of ›smart‹ perceptual Mechanisms«, Scandinavian Journal of Psychology, Vol. 18 (1977), S. 172–179.

9 Bourdieu, Pierre: »In Other Words: Essays Towards a Reflexive Sociology«, Stanford 1990.

10 Huxley, Aldous: »Island«, London 1962.

11 Korzybski gilt als Begründer der intellektuellen Bewegung, die unter dem Namen »General semantics« bekannt wurde und in den vierziger und fünfziger Jahren einflußreich wirkte und die Beziehung zwischen Sprache und menschlichen Erfahrungswerten untersuchte: siehe u. a. sein Buch: »Science and Sanity«, New York 1949.

KAPITEL 4

1 Aus: Spencer, Herbert: »An Autobiography«, zitiert in: Ghiselin, Brewster (Hrsg.): »The Creative Process«, Berkely 1952.

2 Diese Lesart von »Intuition« steht in einer langen Tradition religiöser und philosophischer Schreiber, wozu hauptsächlich Spinoza und später auch Henri Bergson gehören, welche Intuition als königlichen Weg zu einer höheren »spirituellen« Wahrheit begreifen. Bei Spinoza bezieht sich der Begriff auf eine Art tiefsinniges und unmittelbares Verständnis vom »Wesen der Dinge«, welches durch eine tiefe, kontemplative Verbindung der Menschen mit den Dingen erwächst. Diese »Intuition« ist Spinoza zufolge naturgemäß richtig; sie ist mit einer unbestreitbaren Gewißheit und Autorität behaftet und tritt nur dann in Erscheinung, wenn die zweckmäßigen und absichtsvollen Untersuchungen des Verstands sich erschöpft haben.

3 Alle drei Aufgaben können gelöst werden, indem man das größte Glas auffüllt, davon abschöpft und das mittlere Glas einmal füllt und das kleinste Glas zweimal. Dann bleibt die gewünschte Menge im großen Glas übrig. Zur ausführlichen Darstellung dieser Studien, siehe Rokeach, Milton: »The Effect of Perception Time upon the Rigidity and Concreteness of Thinking«, Journal of Experimental Psychology, Vol. 40 (1959), S. 206–216.

4 Bei dieser Aufgabe genügt es, sich an die Mathematik aus der Schulzeit zu erinnern, als man gelernt hat, daß der Kreisumfang eines runden Körpers 6,28 mal so groß ist wie der Radius (das heißt zweimal das Produkt des Radius und der Konstanten π, die 3,14 ist).
Nehmen wir an, der Radius der Erde mit einer geglätteten Oberfläche sei R.
Dann ist die Originallänge des Seils 6,28 mal R.
Bezeichnen wir die Größe der Lücke, um die es uns hier geht, mit »r«, so ist der neue Gesamtradius R+r und die neue Gesamtlänge des Seils folglich 6,28 mal (R+r).
Doch die Originallänge ist hier 6,28 R plus 2 m oder 200 cm.
Also ergibt sich: $6{,}28\,(R+r) = 6{,}28\,R + 200$

Nehmen wir = 6,28R auf beiden Seiten der Gleichung weg und dividieren beide Seiten durch 6,28, ergibt sich: r = 200/6, 28, oder circa 32 cm.

5 Dieses gespannte Verhältnis zwischen Vernunft und Intuition ist seit der Antike bekannt. So ist etwa überliefert, daß Nicas, Feldherr aus Athen, bei der Belagerung von Syrakus sich entschloß, seiner intuitiven Interpretation einer Mondfinsternis zu folgen und einen taktischen Rückzug aufzuschieben, was seiner »besseren« – sprich vernünftigeren – Einschätzung der Lage eigentlich widersprach. Sein Glaube an die Intuition führte zu einer entscheidenden Niederlage.

6 Siehe beispielsweise McCloskey, M.: »Intuitive Physics«, Scientific American, Vol. 248 (1983), S. 114–122.

7 Ceci, S. J. und Bronfenbrenner, U.: »Don't forget to take the Cupcakes out of the Oven: strategic Time-Monitoring, Prospective Memory and Context«, Child Development, Vol. 56 (1985), S. 175–190.

8 Dieses Beispiel lehnt sich an »Lernen durch Osmose« an und nicht an die Art von intuitivem Denken, um die es in diesem Kapitel hauptsächlich geht. Doch es veranschaulicht einen Punkt, der für beide Arten der langsamen Erkenntnis gilt.

9 Kahneman, Daniel und Tversky, Amos: »Intuitive Prediction: Biases and Corrective Procedures«, in: Kahneman, D., Slovic, P. und Tversky, A. (Hrsg.): »Judgement under Uncertainty: Heuristics and Biases«, Cambridge 1982.

10 Diese Zitate entstammen einer Zusammenfassung aus dem Jahre 1992, in welcher 83 wissenschaftliche Nobelpreisträger aus den Bereichen Physik, Chemie und Medizin folgende Frage beantworten: »Glauben Sie an wissenschaftliche Intuition?« Für die große Mehrheit gab es keinen Zweifel darüber, daß sie auf dem Weg zu ihren Entdeckungen in entscheidenden Etappen auf Vorahnungen in bezug auf die Wertung von Ergebnissen hörten oder plötzlichen Eingebungen folgten, die ihnen sagten, welche

Richtung einzuschlagen sei, doch waren sie nicht in der Lage, diese Entscheidungen auch rational zu erklären. Siehe Fensham, Peter und Marton, Ference: »What has happened to Intuition in Science Education?«, Research in Science Education, Vol. 22 (1992), S. 114–122.

11 Spencer Brown, George: »Laws of Form«, London 1969.

12 Noddings, Nel und Shore, Paul: »Awakening the Inner Eye: Intuition in Education«, New York 1984, Hervorhebungen von Guy Claxton.

13 Lowe, John Livingston: »The Road to Xanadu«, Boston 1927.

14 Zitiert nach Gerard in: Ghiselin (1952).

15 Coleridge, Samuel Taylor: »Prefatory note to Kubla Khan«, zitiert in: Ghiselin (1952).

16 Zitat aus Woodworth, R. S. und Schlosberg, H.: »Experimental Psychology« (1954), zitiert in: Smith, S. M. und Blankenship, S. E.: »Incubation and the persistence of fixation in problem solving«, American Journal of Psychology, Vol. 104 (1991), S. 61–87. Siehe auch Smith, S. M. und Brown, J. M. und Balfour, S. P.: »TOTimals: a controlled experimental method for studying tip-of-tongue states«, Bulletin of the Psychonomic Society, Vol. 29 (1991), S. 445–447; und Smith, S. M.: »Fixation, incubation and insight in memory and creative thinking«, in: Smith, S. M., Ward, T. B. und Finke, R. A. (Hrsg.): »The Creative Cognition Approach«, Cambridge 1995.

17 Yaniv, I. und Meyer, D. E.: »Activation and Metacognition of inaccessible stored Information: potential Bases for incubation Effects in Problemsolving«, Journal of Experimental Psychology: Learning, Memory and Cognition, Vol. 13 (1987), S. 187–205.

18 Diese Studien werden behandelt in Bowers, K. S., Regehr, G., Balthazard, C. und Parker, K.: »Intuition in the Context of Discovery«, Cognitive Psychology, Vol. 22 (1990), S. 72–110; und

Bowers, K. S., Farvolden, P. und Mermigis, L.: »Intuitive antecedents of insight«, in: Smith, S. M. et al (Hrsg.): »The Creative Cognition Approach«, (1995). Die Lösungen für das Bilderrätsel lauten: 1A zeigt einen Fotoapparat; 2A zeigt ein Kamel.

19 Die Wörter in 1A gehören allesamt zur Wortfamilie »Kerze«; die Wörter in 2B zu »Teppich«; die Wörter in 3A zu »Pfeife«.

20 Allen 15 Wörtern ist die Assoziation »Frucht« gemeinsam. Haben Sie das Gefühl, diesen Assoziationen nicht zustimmen zu können, so bedenken Sie, daß alle Assoziationen statistisch definiert wurden als assoziative Reaktionen mit niedriger Häufigkeit, bezogen auf ein Schlüsselwort in einer umfangreichen Prüfung, die amerikanischen Studenten vorgelegt wurde.

KAPITEL 5

1 Skinner, B. F.: »On ›Having‹ a Poem«, nachgedruckt in: Cumulative Record, New York 1972.

2 Zitiert in Ghiselin (1952).

3 Diese beiden letzten Beispiele wurden auch im Fernsehen in der Sendung »Break the Science Barrier with Richard Dawkins« vorgestellt, ausgestrahlt auf Channel 4 am 1. September 1996.

4 James, Henry: »Preface to The Spoils of Poynton«, in: Ghiselin (1952).

5 Canfield, Dorothy: »How Flint and Fire Started and Grew«, in: Ghiselin (1952).

6 Simonton, D. K.: »Genius, Creativity and Leadership: Historiometric Inquiries«, Cambridge, MA 1984.

7 Dieses Beispiel wird erörtert bei Schooler, Jonathan und Melcher, Joseph: »The Ineffability of Insight«, in: Smith, Stephen et al. (Hrsg.): The Creative Cognition Approach, (1995). Eine all-

gemeine Übersicht über das (auf-den-Kopf-gestellte-U)-Verhältnis zwischen Kenntnisfähigkeit und Kreativität gibt Simonton (1984).

8 Westcotts »successful intuitives« ähneln dem Charaktertypus, den C. G. Jung die »introvertierten Intuitiven« nannte. Diese Menschen sind nicht nur in ihrem sozialen Verhalten etwas introvertiert, wie die Intuitiven bei Westcott, sondern sie haben, laut Jung, auch die engste Beziehung zu ihrem eigenen Unbewußten. Siehe hierzu Jungs Klassiker »Psychologische Typen«, München 1921. Für Jung ist Intuition eine von vier grundlegenden geistigen Funktionen; die drei anderen sind »Denken«, »Gefühlssinn« und »Empfindungsvermögen«. Es handelt sich um eine eher unbestimmte geistige Kraft, die auf ganzheitliche Weise, auf Kosten der Details, Möglichkeiten und Verflechtungen ausmacht. Nach Jungs Auffassung ist bei jedem Menschen eine der vier Funktionen ausgeprägter entwickelt, welche dann auch vorwiegend in Gebrauch ist. Der Charakteranlage nach ist man also eher ein »intuitiver« oder ein »denkender« Typ. Darüber hinaus führt Jung an, daß alle Menschen eine andersartige Grundorientierung haben, die entweder auf die äußere oder innere Welt gerichtet ist, was einen »extrovertierten« oder »introvertierten« Typus ausmacht.

Jung unterscheidet auch zwischen zwei Ebenen des unbewußten Geistes – der persönlichen und der kollektiven. Im persönlichen Unbewußten liegen diejenigen Erinnerungen und Wahrnehmungen, die zu schwach sind, um jemals über die Schwelle ins Bewußtsein zu gelangen, oder auch die, die unterdrückt werden. Das kollektive Unbewußte enthält die Archetypen, Formen des universellen Wissens der Menschheit, die aus der ganzen persönlichen Ahnenlinie herrühren und wieder erwachen in der individuellen Hirnstruktur eines jeden einzelnen. Das kollektive Unbewußte macht sich bemerkbar durch unser angeborenes Wissen um allgegenwärtige Situationen und Beziehungsstrukturen sowie durch ein universelles Zeichensystem. Nach den Ausführungen Jungs haben »introvertierte Intuitive« im Gegensatz zu den anderen Typen kraft ihrer innigeren Beziehung zum Symbolhaften und Urwissen des kollektiven Unbewußten gewissermaßen Zugang zu »höherer« Kenntnis.

Jungs Typologie (sowie eine Vielzahl von Persönlichkeitstests, die sich darauf gründen, wie etwa »Myers-Briggs Type Inventory«) wirkt hier im Lichte eines besseren und empirischen Verständnisses darüber, wie das Unbewußte selbst Intuitionen hervorruft, eher grob und ungeschliffen. (Jung hält sich an eine Sichtweise, die Intuition als Denkart begreift, um in das Unbewußte hineinblicken zu können, begreift Intuition also nicht als Produkt dessen.) Es gibt noch einen wichtigen Ansatzpunkt, der Jungs Pionierarbeit mittlerweile übertroffen hat. Jung spricht, fatalistischerweise, von den vier grundlegenden Charaktertypen, als wären sie anlagebedingt und demnach auch unveränderlich. Doch wir wissen inzwischen, daß intuitive Erkenntnisweisen anerzogen und herausgebildet werden, wertvoller genutzt und verfeinert werden können. Aus diesen Gründen wird Jungs Gedanken in diesem Buch weniger Aufmerksamkeit gewidmet, als das mancher Leser vielleicht erwartet hätte.

9 Westcott, Malcolm: »Toward a Contemporary Psychology of Intuition«, New York 1968.

10 Schon, Donald: »The Reflective Practitioner: How Professionals Think in Action«, New York 1983.

11 Rokeach (1959).

12 Cowen, Emory L.: »The Influence of varying Degrees of psychological Stress on problem-solving Rigidity«, Journal of Abnormal and Social Psychology, Vol. 47 (1952), S. 512–519.

13 Combs, Arthur und Taylor, Charles: »The Effect of Perception of mild Degrees of Threat on Performance«, Journal of Abnormal and Social Psychology, Vol. 47 (1952), S. 420–424.

14 Kruglansky, A. W. und Freund, T.: »The Freezing and Unfreezing of lay Inferences: Effects on impressional Primacy, ethnic Stereotyping and numerical Anchoring«, Journal of Experimental Social Psychology, Vol. 19 (1983), S. 448–468.

15 Wright, Morgan: »A Study of Anxiety in a general Hospital setting«, Canadian Journal of Psychology, Vol. 8 (1954), S. 195–203.

16 Prince, George: »Creativity, Self and Power«, in: Taylor, I. A. und Getzels, J. W. (Hrsg.): »Perspectives in Creativity«, Chicago 1975.

17 Fischbein, Efraim: »Intuition in Science and Mathematics«, Dordrecht 1987, S. 198.

18 Viesti, Carl: »Effect of Monetary Rewards on an Insight Learning Task«, Psychonomic Science, Vol. 23 (1971), S. 181–183.

19 Bruner, Jerome, Matter, Jean und Papanek, Miriam: »Breadth of Learning as a Function of Drive Level and Mechanisation«, Pschological Review, Vol. 62 (1955), S. 1–10.

20 Hughes, Ted: »Poetry in the Making«, London 1967.

21 Emerson, R. W.: »Self-Reliance«, in: The Collected Works of Ralph Waldo Emerson, Vol. II, Cambridge 1979.

22 Lynn, Steven und Rhue, Judith: »The Fantasy-Prone Person: Hypnosis, Imagination and Creativity«, Journal of Personality and Social Psychology, Vol. 51 (1986), S. 404–408; und Bastick, Tony: »Intuition: How We Think and Act«, Chichester 1982.

23 Hillman, James: »Insearch: Psychology and Religion«, Dallas 1967; und »Archetypal Psychology: A Brief Account«, Dallas 1983.

24 Lawrence, D. H.: »Making pictures«, in: Ghiselin (1952).

25 Zitiert nach Zervos, C.: »Conversation with Picasso«, in: Ghiselin (1952).

KAPITEL 6

1 Aus: Goodman, N. G. (Hrsg.): »A Benjamin Franklin Reader«, New York 1945. Zitiert in: Wilson, Timothy und Schooler, Jonathan: »Thinking too much: Introspection can reduce the Quality of Preferences and Decisions«, Journal of Personality and Social

Psychology, Vol. 60 (1991), S. 181–192. Die Experimente, die im ersten Teil dieses Kapitels erörtert werden, sind mehreren Abhandlungen von Schooler und Kollegen entnommen, einschließlich auch aus diesem Werke sowie: Schooler, Jonathan und Engstler-Schooler, Tonya: »Verbal Overshadowing of Visual Memories: some Things are Better Left Unsaid«, Cognitive Psychology, Vol. 22 (1990), S. 36–71; Schooler, Jonathan, Ohlsson, Stellan und Brooks, Kevin: »Thought beyond Words: when Language overshadows Insight«, Journal of Experimental Psychology: General, Vol. 122 (1993), S. 166–183; und Schooler, Jonathan und Melcher, Joseph: »The Ineffability of Insight«, in: Smith et al. (Hrsg.): »The Creative Cognition Approach« (1995).

2 Raiffa, H.: »Decision Analysis«, Reading, MA 1968. Zitiert in: Wilson und Schooler (1991).

3 Lösung zu den beiden »Erkenntnistheoretischen«-Aufgaben:

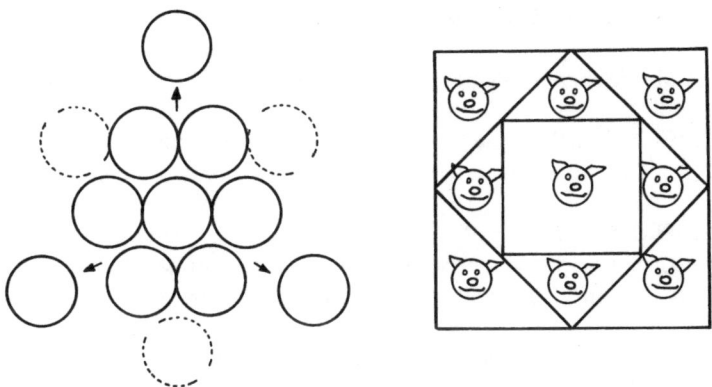

Abbildung 13. Lösungen zu der »Münz«-Aufgabe und der »Schweinegehege«-Aufgabe

Die Lösungen zu den beiden analytischen Aufgabenstellungen lauten:
a) Bei den drei gesuchten Spielkarten handelt es sich, von links nach rechts, um: Herz Bube, Karo König, Pik Dame.
b) Bob sagt die Wahrheit. Alan hat das Verbrechen begangen.

4 Die Dinge sind, wie immer, komplizierter, als uns dies lieb wäre. Von der D-Denkweise umzuschalten und »impulsiv« zu reagieren, birgt auch Risiken, besonders in Situationen, die gefühlsbeladen sind. Daniel Goleman hat in seinem Werk »Emotionale Intelligenz« (1996) herausgestellt, daß eine impulsive Verhaltensweise uns empfänglich macht, »emotional in Besitz genommen zu werden von Reflexen, die uns bis dahin vielleicht im verborgenen Gedankendschungel gute Dienste geleistet haben, jetzt aber extrem gefährlich und kontraproduktiv sein können.«

5 Henri Poincaré, zitiert in: Ghiselin (1952).

6 Mozart: »A Letter«, zitiert in: Ghiselin (1952).

7 Dryden, John: »Dedication of ›The Rival-Ladies‹«, zitiert in: Ghiselin (1952).

8 Wordsworth, William: »Preface to Second Edition of Lyrical Ballads«, zitiert in: Ghiselin (1952).

9 Moore, Henry: »Notes on sculpture«, zitiert in: Ghiselin (1952).

10 Gerard, R. W.: »The Biological Basis of the Imagination«, Scientific Monthly (Juni 1946).

11 Edelman, Gerald: »Neural Darwinism: The Theory of Neuronal Group Selection«, New York 1992. Weitere Abhandlungen über Gehirnmechanismen folgen in Kapitel 9.

12 Lowell, Amy, zitiert in: Ghiselin (1952).

13 Housman, A. E.: »The Name and Nature of Poetry«, zitiert in: Ghiselin (1952).

14 Belenky, Mary Field, Clinchy, Blythe McVicker, Goldberger, Nancy Rule und Tarule, Jill Mattuck: »Women's Ways of Knowing: The Development of Self, Voice, and Mind«, New York 1986.

15 Weil, Simone: »Gravity and Grace«, London 1972. Zitiert nach Belenky et al. (1986), S. 99.

1 Die Existenz der unbewußten Wahrnehmung wird mittlerweile in Fachkreisen der Kognitiven Wissenschaften weitgehend akzeptiert. Es gibt zwei bis drei ganz Hartnäckige, wie etwa Douglas Holender, der 1986 eine lange Kritik verfaßte, in der er versuchte, methodologische Schwachstellen in jeder Studie zu finden, die für sich in Anspruch nahm, unbewußte Wahrnehmung nachzuweisen. Norman Dixon, Wortführer auf dem Gebiet der unterschwelligen Informationsverarbeitung, schloß seine Reaktion auf diese Kritik mit den Worten:»Das interessanteste Phänomen, auf das sich die geneigte Aufmerksamkeit des Lesers von Holenders Kritik richtet, ist die ungewöhnliche Antipathie, die manche Leute noch immer hegen gegenüber der Vorstellung, wir könnten durch Dinge beeinflußt werden, derer wir uns nicht bewußt sind. Es mag vielleicht etwas zu kraß klingen, aber diese Haltung erinnert doch sehr an den Skeptizismus der ›Erdenscheiben‹-Theoretiker, als sie mit der beunruhigenden Vorstellung, die Erde sei rund, konfrontiert wurden.« Siehe Holender, D.: »Semantic Activation without Conscious Identification in Dichotic Listening, Parafoveal Vision and Visual Masking: a Survey and Appraisal«, Behavioral and Brain Sciences, Vol. 9 (1986), S. 1–23; und Dixon, N. F.: »On Private Events and Brain Events«, Behavioral and Brain Sciences, Vol. 9 (1986), S. 29–30.

2 Diese Studie beschreibt Pittman, Thane: »Perception without Awareness in the Stream of Behavior: Processes that Produce and Limit Nonconscious Biasing Effects«, in: Bornstein, R. F. und Pittman, T. S. (Hrsg.): »Perception without Awareness: Cognitive, Clinical and Social Perspectives«, New York 1992.

3 Dieses Phänomen wird in einer wissenschaftlichen Abhandlung von Simpson, Brian erörtert:»The Escalator Effect«, The Psychologist, Vol. 5 (1992), S. 462–463.

4 Sidis, B.: »The Psychology of Suggestion«, New York 1989, zitiert nach Merikle, P. M. und Reingold, E. M.: »Measuring Unconscious Perceptual Processes«, in: Bornstein und Pittman (1992).

5 Pierce, C. S. und Jastrow, J.: »On Small Differences in Sensation«, Memoirs of the National Academy of Science, Vol. 3 (1884), S. 75–83. Zitiert nach Kihlstrom, J. F., Barnhardt, T. M. und Tatary, D. J.: »Implicit perception«, in: Bornstein und Pittman (1992), Hervorhebungen von Guy Claxton.

6 Sowohl die Studien von Poetzl wie auch die neueren Folgestudien werden beschrieben in: Ionescu, M. D. und Erdelyi, M. H.: »The Direct Recovery of Subliminal Stimuli«, in: Bornstein und Pittman (1992).

7 Bradshaw, John: »Peripherally Presented and Unreported Words May Bias the Perceived Meaning of a Centrally Fixated Homograph«, Journal of Experimental Psychology, Vol. 103 (1974), S. 1200–1202.

8 Patton, C. J.: »Fear of Abandonment and Binge Eating: a Subliminal Psychodynamic Activation Investigation«, zitiert in: Masling, Joseph: »What Does it all Mean?«, in: Bornstein und Pittman (1992). Die Tatsache, daß es sehr schwierig sein kann, bewußt zuzugeben, daß die unterschwellige Wahrnehmung des Satzes »Mama verläßt mich« eine derart einschneidende Auswirkung auf die Verhaltensweise hat, ist an sich ein weiterer Beweis dieses Effekts in den Studien von Patton.

9 Darley, J. M. und Gross, P. H.: »A Hypothesis-Confirming Bias in Labeling Effects«, Journal of Personality and Social Psychology, Vol. 44 (1983), S. 20–33.

10 Whittlesea, B. W., Jacoby, L. L., Girard, K. A.: »Illusions of Immediate Memory: Evidence of an Attributional Basis for Feelings of Familiarity and Perceptual Quality«, Journal of Memory and Language, Vol. 29 (1990), S. 716–732.

11 Schacter, Daniel (Hrsg.): »Memory Distortions: How Minds, Brains and Societies Reconstruct the Past«, Cambridge 1995.

12 In Kapitel 11, wenn es um »kognitive Wahrnehmung« geht, werde ich näher darauf eingehen, inwieweit wir uns vor unseren unbewußten Annahmen schützen können.

13 Siehe Nisbett, R. und Wilson, T.: »Telling More than We Know: Verbal Reports on Mental Processes«, Psychological Review, Vol. 84 (1977), S. 231–259.

14 Latane, B., und Darley, J. M.: »The Unresponsive Bystander: Why Doesn't He Help?«, New York 1970.

15 Fitzgerald, F. Scott: »Zärtlich ist die Nacht«, Zürich 1982.

16 Der Fall Flournoy und Helen Smith wird erörtert bei Ellenberger, Henri: »The Discovery of the Unconscious«, New York 1970, S. 316.

KAPITEL 8

1 Masling, Joseph M.: »What Does it all Mean?«, in: Bornstein und Pittman (1992).

2 Bruner, Jerome und Postman, Leo: »Emotional Selectivity in Perception and Reaction«, Journal of Personality, Vol. 16 (1947), S. 69–77.

3 Es überrascht, wie häufig gebildete Erwachsene in unserer Gesellschaft fürchten, daß jegliche Art von psychologischem Test etwas Unerwünschtes über die eigenen geistigen Kräfte preisgeben könnte. Quiz-Sendungen im Fernsehen zum Beispiel reflektieren und propagieren gleichwohl die geradezu lächerliche Annahme, daß eine rasche Antwort auf Fragen des Allgemeinwissens ein gültiges Zeichen für »Intelligenz« sei – wenngleich auch Schulen mit etwas anspruchsvolleren Anforderungen in die gleiche Falle laufen.

4 Ähnlich interpretiert wurden die Zajoncschen Studien von Reber (1993).

5 Zitiert nach Reber (1993), S. 18.

6 Diese Studien über das sogenannte »implizite Erinnerungsver-
mögen« werden anschaulich dargelegt bei Schacter, Daniel:
»Implicit Memory: History and Current Status«, Journal of
Experimental Psychology: Learning, Memory and Cognition,
Vol. 13 (1987), S. 501–518.

7 Marcel, Tony: »Slippage in the Unity of Consciousness«, in: CIBA
Symposium 174, »Experimental and Theoretical Studies of
Consciousness«, Chichester 1993.

8 Cumming, Geoff: »Visual Perception and Metacontrast at Rapid
Input Rates«, Dphil thesis, University of Oxford (1971).

9 Marcel (1993).

10 Abhandlungen zum Thema »funktionelle Blindheit« sind nach
wie vor am allerbesten dargestellt im klassischen Werk von
Janet, P.: »The Major Symptoms of Hysteria«, New York 1907.
Eine faszinierende fiktionalisierte Beschreibung gibt William
Wharton in: »Last Lovers«, London 1991.

11 Siehe Wall, Patrick, in: CIBA Symposium 174 (1993).

12 Sutcliffe, J. P.: »›Credulous‹ und ›Skeptical‹ Views of Hypnotic
Phenomena: Experiments in Esthesia, Hallucination and Delusion«, Journal of Abnormal and Social Psychology, Vol. 62
(1961), S. 189–200.

13 Langer, E., Dillon, M., Kurtz, R. und Katz, M.: »Believing is
Seeing«, unveröffentlicht, Harvard University, bezugnehmend in:
Langer, Ellen: »Mindfulness: Choice and Control in Everyday
Life«, London 1991.

14 Für eine Zusammenfassung der »Blindsight«-Studien, siehe
Weiskrantz, Lawrence: »Blindsight: A Case Study and Its Implications«, Oxford 1986.

15 Humphrey, Nicholas, Diskussionsbeiträge, in: CIBA Symposium
174 (1993), S. 161, Hervorhebungen von Guy Claxton.

16 Ich fragte Tony Marcel einmal, ob ein durstiger Blindsight-Patient ganz spontan nach einem Glas Wasser greifen würde, wenn es innerhalb des blinden Sehfeldes stünde. Er sagte, daß dies in der Praxis ein wohl kaum durchführbarer Test wäre, da keiner dieser Patienten in allen Bereichen für visuelles Sehvermögen »blind« sei; wenn also der Blick frei umherschweifen kann, was er normalerweise auch tut, wird jeder Gegenstand im Umfeld über die Bereiche für normales Sehvermögen sehr schnell wahrgenommen. Doch (und dies sei betont), so sagt ihm seine starke Intuition nach all der Zeit, in der er sich mit solchen Patienten befaßt hat, würden sie es nicht tun.

17 Freud, Sigmund: »Ratschläge für den Arzt bei der psychoanalytischen Behandlung«, in: Gesammelte Werke, Band 8, Frankfurt 1943, S. 376 ff.

18 Granger, G. W.: »Night Vision and Psychiatric Disorders«, Journal of Mental Science, Vol. 103 (1957), S. 48–79.

19 Bahrick, H. P., Fitts, P. M. und Rankin, R. E.: »Effect of Incentives upon Reactions to Peripheral Stimuli«, Journal of Experimental Psychology, Vol. 44 (1952), S. 400–406.

20 Bursill, A. E.: »The Restriction of Peripheral Vision during Exposure to Hot and Humid Conditions«, Quarterly Journal of Experimental Psychology, Vol. 10 (1958), S. 113–129.

21 Bruner, J. S., Matter, J. und Papanek, M. L. (1955).

KAPITEL 9

1 Dickinson, Emily: »Dichtungen«, Mainz 1995.

2 Wir wissen nun, daß die drei »Systeme« so miteinander verquickt sind, daß es präziser ist, sie als drei Aspekte eines einzigen Systems zu betrachten. Wollen wir das physische Stützwerk der langsamen Erkenntnisweise richtig einschätzen, so müssen wir das Gehirn in seinem körperlichen Gesamtzusammenhang

sehen, und das machen wir in Kapitel 10. Doch ist es sinnvoll, mit dem Gehirn als solchem zu beginnen.

3 Bislang hat sich gezeigt, daß die Zellen mit LTP – im Ammonshorn, einem Bereich des Mittelhirns – letztlich wieder in den ursprünglichen eigensinnigen Zustand zurückfallen, so daß sie selbst nicht für das Erinnerungsvermögen eines ganzen Lebens verantwortlich gemacht werden können. Es wird nicht mehr lange dauern, und es wird eine ähnliche und gar nachhaltigere mechanistische Auffassung gefunden werden, nach der sich die Zellen im Kortex zusammenschweißen. Doch im Moment bleibt dies jenseits der vordersten Grenze dessen, was technisch zu untersuchen möglich ist.

4 Hebb, D. O.: »The Organization of Behavior«, New York 1949.

5 Siehe beispielsweise Minsky, Marvin: »The Society of Mind«, London 1988.

6 Einen Überblick gibt Greenfield, Susan: »Journey to the Centers of the Mind«, Oxford 1955. Meine Vorstellung vom Gehirn als organisiertes Ganzes, eine zunächst vorläufige Version dessen, was später in: »Cognitive Psychology: New Directions«, London 1980, veröffentlicht wurde, ähnelt in vieler Hinsicht Susan Greenfields Vorstellungen; ein Zufall, der vielleicht damit zusammenhängt, daß wir beide Anfang der Siebziger Studienkollegen in Oxford waren. Die Hauptunterschiede sind zum einen, daß mein Modell versucht, der Sprache einen Platz zu geben, und zum anderen ist unsere Auffassung von der Rolle, die »Erregung« spielt, etwas anders.

KAPITEL 10

1 Dieser Beweis wird überprüft bei Martindale, Colin: »Creativity and Connectionism«, in: Smith, Ward und Finke (1995).

2 Diese Darstellung ist die Weiterführung der von Esward de Bono, in: »The Mechanism of Mind«, Harmondsworth 1971.

414

3 Luria, A. R.: »The Mind of a Mnemonist«, Harmondsworth 1975.

4 Diese Annahme wird eindeutig nachgewiesen, siehe Grossberg (1980), zitiert in: Martindale (1995); Kahneman, D.: »Attention and Effort«, Englewood Cliffs 1973; Baddeley, A. D. und Weiskrantz, L. (Hrsg.): »Attention: Selection, Awareness and Control«, Oxford 1993.

5 Die Einflüsse der Kultur und der Erfahrungen können in der Praxis nicht so einfach ausgesondert werden, wie dieses Bild zu verstehen geben könnte. Vieles, wenn nicht gar alles, der direkten sprachlichen Erfahrungswelt eines Kindes wird sowohl über »(be)wirkende Kräfte« des kulturellen Umfelds vermittelt, als auch von kulturellen Postulaten durchtränkt. Eltern, ältere Geschwister oder Lehrer lenken fortwährend die Aufmerksamkeit eines jungen Menschen, leiten so seine Aufmerksamkeit implizit auf die Dinge, die der Aufmerksamkeit wert sind, und teilen ihm auf diese Weise mit, welche Bedeutung diesen einzelnen Erfahrungen zugeschrieben wird. Kinder begreifen Werturteile sehr schnell – Scheu oder Furcht beispielsweise –, indem sie Reaktionen der Älteren beobachten. Und selbst wenn gerade keine »wirkende Kraft« körperlich vorhanden ist, so ist die Welt eines Kindes voller Gegen-Dinge und Erfahrungen, die kulturelle Werte und Annahmen ausdrücken: Spielzeug, Spiele, Gebrauchsgegenstände oder auch Brauchtümer aller Art. Sogar das Haus, in dem es wohnt, oder die Landschaft, durch die es geht, bilden einen Grundstock mit kultureller Bedeutung.
Das Modell der zwei Ebenen, das ich hier verwende, ist eine einfache Version des Hybriden-Modells, ein Modell des neuralen Netzwerks, mit dem sich derzeit zahlreiche Theoretiker beschäftigen. Siehe als Beispiel: Churchland, P. S. und Sejnowski, T. J.: »The Computational Brain«, Cambridge 1992.

6 In den folgenden Abschnitten stütze ich mich auf einige von Gelernters Vorstellungen. Siehe Gelernter, David: »The Muse in the Machine: Computers and Creative Thought«, London 1994.

7 Dennett, Daniel: »Consciousness Explaines«, London 1992.

8 Young, A. W. und De Haan, E. H.: »Face Recognition and Awareness after Brain Injury«, in: Milner, A. D. und Rugg, M. D. (Hrsg.): »The Neuropsychology of Consciousness«, London 1992.

9 Forschungsarbeit zitiert nach Greenfield (1955).

10 Libet, Benjamin: »The Neural Time Factor in Conscious and Unconscious Events«, in: CIBA Symposium 174 (1993).

11 Versuch von Jensen (1979), zitiert nach Libet (1993), S. 126.

12 Zu diesem Thema ausführlicher in meinem Werk: »Noises from the Darkroom: the Science and Mystery of the Mind«, London 1994.

13 Zu diesem Thema ausführlicher, siehe meinen Artikel »Structure, Strategy and Self in the Fabrication of Conscious Experience«, Journal of Consciousness Studies, Vol. 3 (1996), S. 98–111.

14 Kihlstrom, John: »The Psychological Unconscious and Self«, in: CIBA Symposium 174 (1993), S. 152.

15 Libet (1993).

16 Diese Sichtweise erörtere ich eingehender in meinem Werk »Noises from the Darkroom: The Science and Mystery of the Mind« (1994); ebenso Velmans, Max: »Is Human Information Processing Conscious?«, Behavioral and Brain Sciences, Vol. 14 (1992), S. 651–726; und Mandler, George: »Mind and Emotion«, New York 1975. Die Beweisführung ähnelt der von Keith Oatley in: »Best Laid Schemes«, Cambridge 1992.

17 Churchland, Patricia: »Neurophilosophy«, Cambridge 1986.

KAPITEL 11

1 Ginzburg, Carlo: »Myths, Emblems, Clues«, London 1990. Alan Bleakley bin ich dankbar, daß er Ginzburgs Werk in meinem Sinne ausgelegt hat.

2 Zitiert in: Ginzburg (1990), S. 211.

3 Conan Doyle, Sir Arthur: »The Cardboard Box«, zuerst veröffentlicht in: Strand Magazine, Vol. 5 (1893), S. 61–73. Zitiert nach Ginzburg (1990).

4 Freud, Sigmund: »Der Moses des Michelangelo«, in: Gesammelte Werke, Band 10, Frankfurt 1946, Hervorhebungen von Guy Claxton.

5 Reiser, Stanley: »Medicine and the Reign of Technology«, Cambridge 1978. Zitiert in: Postman (1992), Hervorhebungen von Guy Claxton.

6 Aus: Seltzer, Richard: »Mortal Lessons«, New York 1974. Nachdruck in: Feldman, Christina und Kornfield, Jack (Hrsg.): »Stories of the Spirit, Stories of the Heart«, San Francisco 1991.

7 Diese Forschungsarbeit sowie Einzelheiten zum Vorgang des Fokussierens werden beschrieben in: Gendlin, Eugene: »Focusing«, New York 1981.

8 Beides kann ich beteuern – die Wirksamkeit des Fokussierens und dessen eher feinfühlige und ungreifbare Eigenschaften, worin ich zwei Kurse belegt habe. Manchen Leuten fällt es leichter als anderen, diese Denkweise anzunehmen, und es zu erlernen, bedarf der Anleitung, des Feedback und einer gewissen Ausformung ebenso wie der direkten Unterweisung, sobald man dahintergekommen ist, wie es geht. Lernen zu »fokussieren« erreicht den gleichen Schwierigkeitsgrad wie jede andere Form von empfindsamem perzeptorischem Lernen – Weinproben, Röntgenbilder oder Tierfährten interpretieren usw.

9 Gendlin (1981).

10 Suzuki, D. T.: »Zen and Japanese Culture«, Princeton 1959, S. 104–105, 109, 157.

11 Dodds, E. R.: »The Greeks and the Irrational«, Berkely 1951. Siehe auch Onians, R. B.: »The Origins of European Thought«, Cambridge 1951.

12 Dieses Gefühl, das mit dem Begriff *yugen* bezeichnet wird, ist bei Zen-begeisterten Malern und Dichtern Japans viel gepriesen. Der Dichter Seami sagt, yugen ist »die Sonne hinter einem blumenbedeckten Hügel untergehen sehen, in einem riesigen Wald umherzuwandern ohne einen Gedanken an Umkehr, an der Küste stehen und einem Boot nachzusehen, das hinter fernab gelegenen Inseln verschwindet, den Blick versonnen auf Wildgänse richten und zusehen, wie sie auf ihrer Reise in den Wolken entschwinden«. Alan Watts fügt hinzu in: »Nature, Man and Woman«, London 1958: »Doch es gibt eine geistige Haltung, die ungestüm ist und allzeit bereit, herbeizueilen und mit ein Geheimnis zu lüften, herauszufinden, wohin die Gänse tatsächlich gezogen sind... und durch diese Augen sieht man eine Landschaft nur im grellen Licht der Mittagssonne. Es ist gerade diese Haltung, die traditionalistische Kulturkreise bei westlichen Menschen als äußerst unerträglich empfinden, nicht nur weil sie taktlos und ungebildet ist, sondern weil sie blind ist. Sie kann nicht einmal unterscheiden zwischen der Oberfläche und der Tiefe. Sie sucht Tiefe zu finden, indem sie in die Oberfläche hineinschneidet. Doch Tiefe ist nur zu erkennen, wenn sie sich selbst offenbart und sich immer wieder vor dem prüfenden Geist zurückzieht.«

13 Cassirer, Ernst: »Language and Myth«, New York 1946.

14 Zitiert nach Scott, Nathan: »Negative Capability: Studies in the New Literature and the Religious Situation«, New Haven 1969.

15 Gardner, Howard und Winner, Ellen: »The Development of Metaphoric Competence: Implications for Humanistic Disciplines«, in: Sacks, S. (Hrsg.): »On Metaphor«, Chicago 1979.

16 »Sie schauen an, was ich anschaue, aber sie sehen nicht, was ich sehe.« Dimnet, Ernest, zitiert in: de la Mare, Walter: »Behold this Dreamer!«, London 1939, S. 647.

17 Maritain, Jacques: »Creative Intuition in Art and Poetry«, London 1953.

18 Zitiert nach Scott (1969).

19 Eliot, T. S.: »Four Quartets«, London 1959.

20 Aus John Andersons Einführung zu Heideggers: »Discourse on Thinking«, New York 1966.

21 Rilke, Rainer Maria: »Briefe an einen jungen Dichter«, 43. Aufl., Frankfurt 1997, S. 21.

22 Whalley, George: »Teaching Poetry«, in: Abbs, Peter (Hrsg.): »The Symbolic Order«, London 1989, S. 227.

23 Housman, A. E., zitiert in: Ghiselin (1952).

24 Croce, Benedetto: »Aesthetic«, übersetzt von Ainslie Douglas, New York 1972.

25 MacNeice, Louis: »Snow«, Nachdruck in: Allott, Kenneth (Hrsg.): »The Penguin Book of Contemporary Verse«, Harmondsworth 1962. Im Kontext der augenblicklichen Diskussion ist es interessant, wie Allott MacNeice kommentiert: »Er ist zu verbissen und ungeduldig, sein Thema ruhig und gelassen anzugehen und zu versuchen, es zu verstehen. Er greift danach, klopft es zurecht und übertüncht alle Risse seiner Auffassung mit seiner Wort- und Sprachkunst.«

26 Borges, Jorge Luis: »Labyrinths«, Harmondsworth 1970, Hervorhebungen von Guy Claxton.

27 Sacks, Oliver: »Rebecca«, in: »Der Mann, der seine Frau mit einem Hut verwechselte«, Hamburg 1990, S. 235 ff.

28 Kanisza, G.: »Organisation of Vision: Essays in Gestalt Psychology«, New York 1979.

29 Dieses und andere anschauliche Beispiele in diesem Kapitel sind entnommen aus: Langer, Ellen (1991).

30 Holmes, D. und Houston, B. K.: »Effectiveness of Situation Redefinition and Affective Isolation in Coping with Stress«, Journal of Personality and Social Psychology, Vol. 29 (1979), S. 212–218.

31 Teasdale, John, Segal, Zindel und Williams, Mark: »How does Cognitive Therapy Prevent Depressive Relapse and Who Should Attentional Control (Mindfulness) Training Help?«, Behavioral Research and Therapy, Vol. 33 (1995), S. 25–39.

32 Teasdale et al. (1995).

33 Goleman, Daniel (1996).

KAPITEL 12

1 Dieses Ereignis kommt in einem Film über Summerhill, vom Canadian Film Board, in den frühen siebziger Jahren vor.

2 Diese Geschichte wird erzählt in: Watzlawick, Paul, Weakland, John und Fisch, Richard (1974).

3 Labouvie-Vief, Gisela: »Wisdom as Integrated Thought: Historical and Developmental Perspectives«, in: Sternberg, R. J. (Hrsg.): »Wisdom: its Nature, Origins and Development«, Cambridge 1990.

4 Kekes, J., zitiert nach Kitchener, Karen und Brenner, Helene: »Wisdom and reflective judgement«, in: Sternberg (1990).

5 Robin Skynner erörterte dies in einem Seminar mit Fritjof Capra am Schumacher College, Devon, Juni 1992.

6 Rogers, Carl: »A Way of Being«, New York 1981.

7 Kierkegaard, Soren, zitiert nach Pascual-Leone, Juan: »An Essay on Wisdom: Toward Organismic Processes that Make It Possible«, in: Sternberg (1990).

8 Sternberg, Robert J.: »Implicit Theories of Intelligence, Creativity and Wisdom«, Journal of Personality and Social Psychology, Vol. 49 (1985), S. 607–627.

9 Kegan, Robert: »In over our Heads: the Mental Demands of Modern Life«, Cambridge 1994.

10 Meacham, John: »The Loss of Wisdom«, in: Sternberg (1990).

11 Diesem und den folgenden Zitaten in diesem Kapitel wurden Hervorhebungen von Guy Claxton hinzugefügt.

12 Zitate von Tauler und Einzelheiten über sein Leben entnommen aus: Moss, Donald, M.: »Transformation of Self and World in Johannes Tauler's Mysticism«, in: Valle, R. S., und von Eckartsberg, R. (Hrsg.): »The Metaphors of Consciousness«, New York 1981.

13 Whyte, Lancelot Law: »The Unconscious before Freud«, London 1978, S. 10.

14 Auszüge aus: »Free and Easy: A Spontaneous Vajra Song«, von Lama Gendun Rinponche.

15 Suzuki, Shunryu: »Zen Mind, Beginner's Mind«, New York 1970.

16 Sahn, Seung: »Dropping Ashes on the Buddha«, S. Mitchell (Hrsg.), New York 1976.

17 Zitate aus: Suzuki, D. T.: »The Zen Doctrine of No Mind«, London 1969; und Yampolsky, Philip: »The Platform Sutra of the Sixth Patriarch«, New York 1967.

421

KAPITEL 13

1 Jaynes, Julian: »The Origin of Consciousness in the Breakdown of the Bicameral Mind«, Boston 1976.

2 Dodds (1951).

3 Diese Zitate stammen aus: Whyte (1978).

4 Ebenda, S. 41–42.

5 Postman (1992).

6 Ebenda, S. 111

7 Ebenda, S. 118–119.

8 Aus: Heidegger, Martin (1966), Hervorhebungen von Guy Claxton.

9 Beschreibung des GMAT im GMAT-Bulletin 1996/97, veröffentlicht von: Graduate Management Admission Council, Princeton, NJ.

10 Siehe die Zusammenstellung von: American Psychological Association: »Intelligence: Knowns and Unknowns«, unter Vorsitz von Ulric Neisser, erschienen in: American Psychologist, Vol. 51 (1996), S. 77–101.

11 Ceci und Liker (1986).

12 Peters, Tom: »The Pursuit of Wow! Every Person's Guide to Topsy-Turvy Times«, New York 1994.

13 Peters, Tom: »Too Wired for Daydreaming«, Independent on Sunday, 13. Februar 1994.

14 Peters (1994).

15 Rowan, Roy: »The Intuitive Manager«, Boston 1986.

16 De Bono, Edward: »De Bono's Thinking Course«, London 1985.

17 Rowan (1986).

18 Mintzberg, Henry: »The Rise and Fall of Strategic Planning«, New York 1994.

19 Quinn, Brian, zitiert nach Mintzberg (1994).

20 Siehe De Bono (1985).

21 West, Michael, Fletcher, Clive und Toplis, John: »Fostering Innovation: A Psychological Perspective«, Leicester 1994.

22 Eine Zusammenfassung von Dwecks Werk, siehe Chiu, C., Hong, A. und Dweck, C. S.: »Toward an Integrative Model of Personality and Intelligence: A General Framework and Some Preliminary Steps«, in: Sternberg, R. J. und Ruzgis, P. (Hrsg.): »Personality and Intelligence«, Cambridge 1994.

23 Weitere Beispiele und Erörterungen zum Thema Wissenschaftliche Bildung siehe Claxton, Guy: »Educating the Inquiring Mind: The Challenge for School Science«, Hemel Hempstead 1991; Claxton, Guy: »Science of the Times: A 2020 Vision of Education«, in: Levinson, R. und Thomas, J. (Hrsg.): »Science Today: Problem or Crisis?«, London 1996; Cosgrove, Mark: »A Study of Science-in-the-making as Students Generate an Analogy for Electricity«, International Journal of Science Education, Vol. 17 (1995), S. 295–310; und Osborne, Roger und Freyberg, Peter (Hrsg.): »Learning in Science«, Auckland und London 1985.

24 Archbishop William Temple, zitiert in: Watts, Alan: »In my Own Way«, New York 1973.

25 Siehe beispielsweise Gallwey, Timothy: »The Inner Game of Tennis«, London 1975; Clark, Frances Vaughan: »Exploring Intuition: Prospects and Possibilities«, Journal of Transpersonal Psychology, Vol. 3 (1973), S. 156–169.

26 Langer, E., Hatem, M., Joss, J. und Howell, M.: »Conditional Teaching and Mindful Learning: the Role of Uncertainty in Education«, Creativity Research Journal, Vol. 2 (1989), S. 139–150.

27 Siehe Nisbet, J. und Shucksmith, J.: »Learning Strategies«, London 1986.

28 Whyte (1978), Hervorhebungen von Guy Claxton.

Literatur

Abbs, Peter (Hrsg.): »The Symbolic Order«, London 1989.

Allott, Kenneth (Hrsg.): »The Penguin Book of Contemporary Verse«, Harmondsworth 1962.

Baddeley, A. D., Weiskrantz, L. (Hrsg.): »Attention: Selection, Awareness and Control«, Oxford 1993.

Bahrick, H. P., Fitts, P. M., Rankin, R. E.: »Effect of Incentives Upon Reactions to Peripheral Stimuli«, Journal of Experimental Psychology, Vol. 44 (1952).

Bastick, Tony: »Intuition: How We Think and Act«, Chichester 1982.

Belenky, Mary Field, Clinchy, Blythe McVicker, Goldberger, Nancy Rule, Tarule, Jill Mattuck: »Women's Ways of Knowing: The Development of Self, Voice, and Mind«, New York 1986.

Berry, Dianne C., Broadbent, Donald E.: »On the Relationship Between Task Performance and Associated Verbalizable Knowledge«, Quarterly Journal of Experimental Psychology, Vol. 36A (1984).

Berry, Dianne, Dienes, Zoltan: »Implicit Learning«, London 1992.

Borges, Jorge Luis: »Labyrinths«, Harmondsworth 1970.

Bornstein, R. F., Pittman, T. S. (Hrsg.): »Perception Without Awareness: Cognitive, Clinical and Social Perspectives«, New York 1992.

Bourdieu, Pierre: »In Other Words: Essays Towards a Reflexive Sociology«, Stanford 1990.

Bowers, K. S., Regehr, G., Balthazard, C., Parker, K.: »Intuition in the Context of Discovery«, Cognitive Psychology, Vol. 22 (1990).

Bradshaw, John: »Peripherally Presented and Unreported Words May Bias the Perceived Meaning of a Centrally Fixated Homograph«, Journal of Experimental Psychology, Vol. 103 (1974).

Bruner, Jerome, Matter, Jean, Papanek, Miriam: »Breadth of Learning as a Function of Drive Level and Mechanisation«, Psychological Review, Vol. 62 (1955).

Bruner, Jerome, Postman, Leo: »Emotional Selectivity in Perception and Reaction«, Journal of Personality, Vol. 16 (1947).

Bursill, A. E.: »The Restriction of Peripheral Vision During Exposure to Hot and Humid Conditions«, Quarterly Journal of Experimental Psychology, Vol. 10 (1958).

Carraher, T. N., Carraher, D., Schliemann, A. D.: »Mathematics in the Street and in Schools«, British Journal of Developmental Psychology, Vol. 3 (1985)

Cassirer, Ernst: Language and Myth, New York 1946

Ceci, S. J., Bronfenbrenner, U.: »Don't Forget to Take the Cupcakes out of the Oven: Strategic Time-Monitoring, Prospective Memory and Context«, Child Development, Vol. 56 (1985)

Ceci, S. J., Liker, J.: »A Day at the Races: A Study of IQ, Expertise and Cognitive Complexity«, Journal of Experimental Psychology: General, Vol. 115 (1986).

Churchland, P. S., Sejnowski, T. J.: »The Computational Brain«, Cambridge, MA 1992.

Churchland, Patricia: »Neurophilosophy«, Cambridge 1986.

Claxton, Guy: »Cognitive Psychology: New Directions«, London 1980.

Claxton, Guy: »Educating the Inquiring Mind: The Challenge for School Science«, Hempstead 1991.

Claxton, Guy: »Noises from the Darkroom: the Science and Mystery of the Mind«, London 1994.

Claxton, Guy: »Structure, Strategy and Self in the Fabrication of Conscious Experience«, Journal of Consciousness Studies, Vol. 3 (1996).

Combs, Arthur, Taylor, Charles: »The Effect of Perception of Mild Degrees of Threat on Performance«, Journal of Abnormal and Social Psychology, Vol. 47 (1952).

Conan Doyle, Sir Arthur: »The Cardboard Box«, Strand Magazine, Vol. 5 (1893).

Cosgrove, Mark: »A Study of Science-in-the-making as Students Generate an Analogy for Electricity«, International Journal of Science Education, Vol. 17 (1995).

Coulson, Mark: »The Cognitive Function of Confusion«, Abhandlung für die British Psychological Conference, London 1995.

Cowen, Emory L.: »The Influence of Varying Degrees of Psychological Stress on Problem-solving rigidity«, Journal of Abnormal and Social Psychology, Vol. 47 (1952).

Croce, Benedetto: »Aesthetic«, New York 1972.

Cumming, Geoff: »Visual Perception and Metacontrast at Rapid Input rates«, Dphil thesis, University of Oxford (1971).

Darley, J.M., Gross, P. H.: »A Hypothesis-confirming Bias in Labeling Effects«, Journal of Personality and Social Psychology, Vol. 44 (1983).

De Bono, Edward: »De Bono's Thinking Course«, London 1985.

426

De Bono, Edward: »The Mechanism of Mind«, Harmondsworth 1971.

de la Mare, Walter: »Behold this Dreamer!«, London 1939.

Dennett, Daniel: »Consciousness Explaines«, London 1992.

Dickinson, Emily: »Dichtungen«, Mainz 1995.

Dixon, N.F.: »On Private Events and Brain Events«, Behavioral and Brain Sciences, Vol. 9 (1986).

Dodds, E.R.: »The Greeks and the Irrational«, Berkeley 1951.

Edelman, Gerald: »Neural Darwinism: The Theory of Neuronal Group Selection«, New York 1992.

Eliot, T.S.: »Four Quartets«, London 1959.

Ellenberger, Henri: »The Discovery of the Unconscious«, New York 1970.

Emerson, R.W.: »Self-Reliance«, The Collected Works of Ralph Waldo Emerson, Vol. II, Cambridge, MA 1979.

Feldman, Christina, Kornfield, Jack (Hrsg.): »Stories of the Spirit, Stories of the Heart«, San Francisco 1991.

Fensham, P.J., Marton, F.: »What has Happened to Intuition in Science Education?«, Research in Science Education, Vol. 22 (1992).

Fischbein, Efraim: »Intuition in Science and Mathematics«, Dordrecht, Holland 1987.

Fitzgerald, F. Scott: »Zärtlich ist die Nacht«, Zürich 1982.

Freud, Sigmund: »Der Moses des Michelangelo«, Gesammelte Werke, Band 10, Frankfurt 1946.

Freud, Sigmund: »Ratschläge für den Arzt bei der psychoanalytischen Behandlung«, Gesammelte Werke, Band 8, Frankfurt 1943.

Gardner, Howard: »The Theory of Multiple Intelligences« – Presentation to the Annual Conference of the British Psychological Society Division of Educational and Child Psychologists, York (Januar 1996).

Gazzaniga, M.: »The Social Brain: Discovering the Networks of the Mind«, New York, 1985.

Gelernter, David: »The Muse in the Machine: Computers and Creative Thought«, London 1994.

Gendlin, Eugene: »Focusing«, New York 1981.

Gerard, R.W.: »The Biological Basis of the Imagination«, Scientific Monthly (June 1946).

Ghiselin, Brewster (Hrsg.): »The Creative Process«, Berkely 1952.

Ginzburg, Carlo: »Myths, Emblems, Clues«, London 1990.

Goleman, Daniel: »Emotionale Intelligenz«, München 1996.

Goodman, N. G. (Hrsg.): »A Benjamin Franklin Reader«, New York 1945.

Granger, G. W.: »Night Vision and Psychiatric Disorders«, Journal of Mental Science, Vol. 103 (1957).

Greenfield, Susan: »Journey to the Centers of the Mind«, Oxford 1955.

Heidegger, Martin: »Discourse on Thinking«, New York 1966.

Hillman, James: »Archetypal Psychology: A Brief Account«, Dallas 1983.

Hillman, James: »Insearch: Psychology and Religion«, Dallas 1967.

Hebb, D. O.: »The Organization of Behavior«, New York 1949.

Holender, D.: »Semantic Activation Without Conscious Identification in Dichotic Listening, Parafoveal Vision and Visual Masking: A Survey and Appraisal«, Behavioral and Brain Sciences, Vol. 9 (1986).

Holmes, D., Houston, B. K.: »Effectiveness of Situation Redefinition and Affective Isolation in Coping with Stress«, Journal of Personality and Social Psychology, Vol. 29 (1979).

Hughes, Ted: »Poetry in the Making«, London 1967.

Huxley, Aldous: »Island«, London 1962.

Janet, P.: »The Major Symptoms of Hysteria«, New York 1907.

Jaynes, Julian: »The Origin of Consciousness in the Breakdown of the Bicameral Mind«, Boston 1976.

Kahneman, D., Slovic, P., Tversky, A. (Hrsg.): »Judgement under Uncertainty: Heuristics and Biases«, Cambridge 1982.

Kahneman, D.: »Attention and Effort«, Englewood Cliffs, NJ 1973.

Kanisza, G.: »Organisation of Vision: Essays in Gestalt Psychology«, New York 1979.

Karmiloff-Smith, Annette: »Beyond Modularity: a Developmental Perspective on Cognitive Science«, Cambridge 1992.

Kegan, Robert: »In over our Heads: the Mental Demands of Modern Life«, Cambridge, MA 1994.

Korzybski, A. H.: »Science and Sanity«, New York 1949.

Kruglansky, A. W., Freund, T.: »The Freezing and Unfreezing of Lay Inferences: Effects on Impressional Primacy, Ethnic Stereotyping and Numerical Anchoring«, Journal of Experimental Social Psychology, Vol. 19 (1983).

Langer, Ellen, Mindfulness: »Choice and Control in Everyday Life«, London 1991.

Latane, B., Darley, J. M.: »The Unresponsive Bystander: Why Doesn't He Help?«, New York 1970.

Levinson, R., Thomas, J. (Hrsg.): »Science Today: Problem or Crisis?«, London 1996.

Lewicki, P., Hill, T., Czyzewska, M.: »Nonconscious Acquistion of Information«, American Psychologist, Vol. 47 (1992).

Lowe, John Livingston: »The Road to Xanadu«, Boston 1927.

Luria, A. R.: »The Mind of a Mnemonist«, Harmondsworth 1975.

Lynn, Steven, Rhue, Judith: »The Fantasy-prone Person: Hypnosis, Imagination and Creativity«, Journal of Personality and Social Psychology, Vol. 51 (1986).

Mandler, George: »Mind and Emotion«, New York 1975.

Marcel, Tony: »Slippage in the Unity of Consciousness«, CIBA Symposium 174, Experimental and Theoretical Studies of Consciousness, Chichester 1993.

Maritain, Jacques: »Creative Intuition in Art and Poetry«, London 1953.

Master, R. S. W.: »Knowledge, Knerves and Know-how: The Role of Explicit Versus Implicit Knowledge in the Breakdown of a Complex Skill Under Pressure«, British Journal of Psychology, Vol. 83 (1992).

McCloskey, M.: »Intuitive Physics«, Scientific American, Vol. 248 (1983).

Milner, A. D., Rugg, M. D. (Hrsg.): »The Neuropsychology of Consciousness«, London 1992.

Minsky, Marvin: »The Society of Mind«, London 1988.

Mintzberg, Henry: »The Rise and Fall of Strategic Planning«, New York 1994.

Nisbett, R., Wilson, T.: »Telling More than We Know: Verbal Reports on Mental Processes«, Psychological Review, Vol. 84 (1977).

Noddings, Nel, Shore, Paul: »Awakening the Inner Eye: Intuition in Education«, New York 1984.

Norberg-Hodege, Helena: »Ancient Futures: Learning from Ladakh«, Shaftesbury 1991.

Oatley, Keith: »Best Laid Schemes«, Cambridge 1992.

Onians, R. B.: »The Origins of European Thought«, Cambridge 1951.

Osborne, Roger, Freyberg, Peter (Hrsg.): »Learning in Science«, Auckland, London 1985.

429

Peters, Tom: »The Pursuit of Wow! Every Person's Guide to Topsy-Turvy Times«, New York 1994.

Peters, Tom: »Too Wired for Daydreaming«, Independent on Sunday, 13. Februar 1994.

Postman, Neil: »Technopoly«, New York 1992.

Reber, Arthur: »Implicit Learning and Tacit Knowledge: an Essay on the Cognitive Unconscious«, Oxford 1993.

Rilke, Rainer Maria: »Briefe an einen jungen Dichter«, Frankfurt 1997.

Rogers, Carl: »A Way of Being«, New York 1981.

Rokeach, Milton: »The Effect of Perception Time Upon the Rigidity and Concreteness of Thinking«, Journal of Experimental Psychology, Vol. 40 (1959).

Rowan, Roy: »The Intuitive Manager«, Boston 1986.

Runeson, Sverker: »On the Possibility of ›Smart‹ Perceptual Mechanisms«, Scandinavian Journal of Psychology, Vol. 18 (1977).

Sacks, Oliver: »Der Mann, der seine Frau mit einem Hut verwechselte«, Hamburg 1990.

Sacks, S. (Hrsg.): »On Metaphor«, Chicago 1979.

Sahn, Seung: »Dropping Ashes on the Buddha«, S. Mitchell (Hrsg.), New York 1976.

Schacter, Daniel (Hrsg.): »Memory Distortions: How Minds, Brains and Societies Reconstruct the Past«, Cambridge, MA 1995.

Schacter, Daniel: »Implicit Memory: History and Current Status«, Journal of Experimental Psychology: Learning, Memory and Cognition, Vol. 13 (1987).

Schon, Donald: »The Reflective Practitioner: How Professionals Think in Action«, New York 1983.

Schooler, Jonathan, Engstler-Schooler, Tonya: »Verbal Overshadowing of Visual Memories: Some Things Are Better Left Unsaid«, Cognitive Psychology, Vol. 22 (1990).

Schooler, Jonathan, Ohlsson, Stellan, Brooks, Kevin: »Thought Beyond Words: When Language Overshadows Insight«, Journal of Experimental Psychology: General, Vol. 122 (1993).

Scott, Nathan: »Negative Capability: Studies in the New Literature and the Religious Situation«, New Haven 1969.

Simonton, D. K.: »Genius, Creativity and Leadership: Historiometric Inquiries«, Cambridge 1984.

Simpson, Brian: »The Escalator Effect«, The Psychologist, Vol. 5 (1992).

Skernberg, R.T., Wagner, R.K. (Hrsg.): »Mind in Context«, Cambridge 1994.

Skinner, B.F.: »On ›Having‹ a Poem«, Cumulative Record, New York 1972.

Smith, Ronald, Sarason, Irwin, Sarason, Barbara: »Psychology: the Frontiers of Behavior«, San Francisco 1982.

Smith, S.M., Blankenship, S.E.: »Incubation and the Persistence of Fixation in Problem Solving«, American Journal of Psychology, Vol.104 (1991).

Smith, S.M., Brown, J.M., Balfour, S.P.: »TOTimals: A Controlled Experimental Method for Studying Tip-Of-Tongue States«, Bulletin of the Psychonomic Society, Vol.29 (1991).

Smith, S.M., Ward, T.B., Finke, R.A. (Hrsg.): »The Creative Cognition Approach«, Cambridge, MA 1995.

Spencer Brown, George: »Laws of Form«, London 1969.

Spencer, Herbert, »An Autobiography«, Berkely 1952.

Sprague, J.M., Epstein, A.N. (Hrsg.): »Progress in Psychobiology and Physiological Psychology«, New York 1976.

Sternberg, R.J. (Hrsg.): »Wisdom: Its Nature, Origins and Development«, Cambridge 1990.

Sternberg, R.J., Ruzgis, P. (Hrsg.): »Personality and Intelligence«, Cambridge 1994.

Sternberg, Robert J.: »Implicit Theories of Intelligence, creativity and wisdom«, Journal of Personality and Social Psychology, Vol.49 (1985).

Sutcliffe, J.P.: »›Credulous‹ and ›Skeptical‹ Views of Hypnotic Phenomena: Experiments in Esthesia, Hallucination and Delusion«, Journal of Abnormal and Social Psychology, Vol.62 (1961).

Suzuki, D.T.: »The Zen Doctrine of No Mind«, London 1969.

Suzuki, D.T.: »Zen and Japanese Culture«, Princeton, NJ 1959.

Suzuki, Shunryu: »Zen Mind, Beginner's Mind«, New York 1970.

Taylor, I.A., Getzels, J.W. (Hrsg.): »Perspectives in Creativity«, Chicago 1975.

Teasdale, John, Segal, Zindel, Williams, Mark: »How Does Cognitive Therapy Prevent Depressive Relapse and Who Should Attentional Control (Mindfulness) Training Help?«, Behavioral Research and Therapy, Vol.33 (1995).

Valle, R.S., Eckartsberg, R. von (Hrsg.): »The Metaphors of Consciousness«, New York 1981.

Velmans, Max: »Is Human Information Processing Conscious?«, Behavioral and Brain Sciences, Vol. 14 (1992).

Viesti, Carl: »Effect of Monetary Rewards on an Insight Learning Task«, Psychonomic Science, Vol. 23 (1971).

Wason, Peter, Johnson-Laird, Philip: »The Psychology of Reasoning: Structure and Content«, London 1972.

Watts, Alan: »Nature, Man and Woman«, London 1958.

Watzlawick, Paul, Weakland, John, Fisch, Richard: »Change: Principles of Problem Formation and Problem Resolution«, New York 1974.

Weil, Simone: »Gravity and Grace«, London 1972.

Weiskrantz, Lawrence: »Blindsight: A Case Study and Its Implications«, Oxford 1986.

West, Michael, Fletcher, Clive, Toplis, John: »Fostering Innovation: A Psychological Perspective«, Leicester 1994.

Westcott, Malcolm: »Toward a Contemporary Psychology of Intuition«, New York 1968.

Whittlesea, B. W., Jacoby, L. L., Girard, K. A.: »Illusions of Immediate Memory: Evidence of an Attributional Basis for Feelings of Familiarity and Perceptual Quality«, Journal of Memory and Language, Vol. 29 (1990).

Whyte, Lancelot Law: »The Unconscious Before Freud«, London 1978.

William Wharton: »Last Lovers«, London 1991.

Wilson, Timothy, Schooler, Jonathan: »Thinking Too Much: Introspection Can Reduce the Quality of Preferences and Decisions«, Journal of Personality and Social Psychology, Vol. 60 (1991).

Woolridge, D.: »The Machinery of the Brain«, New York 1963.

Wright, Morgan: »A Study of Anxiety in a General Hospital Setting«, Canadian Journal of Psychology, Vol. 8 (1954).

Yampolsky, Philip: »The Platform Sutra of the Sixth Patriarch«, New York 1967.

Yaniv, I., Meyer, D. E.: »Activation and Metacognition of Inaccessible Stored Information: Potential Bases for Incubation Effects in Problem-solving«, Journal of Experimental Psychology: Learning, Memory and Cognition, Vol. 13 (1987).